中国博士后科学基金特别资助项目（项目编号：2018T110539）
中国博士后科学基金面上一等资助项目（项目编号：2016M590490）

我国竞技体育内生动力培育路径及治理机制研究

辜德宏◎著

人民体育出版社

图书在版编目（CIP）数据

我国竞技体育内生动力培育路径及治理机制研究 / 辜德宏著. -- 北京：人民体育出版社, 2024. -- ISBN 978-7-5009-6484-1

Ⅰ.G812

中国国家版本馆 CIP 数据核字第 2024WJ4241 号

*

人 民 体 育 出 版 社 出 版 发 行
北京中献拓方科技发展有限公司印刷
新 华 书 店 经 销

*

710×1000　16 开本　23.25 印张　427 千字
2024 年 11 月第 1 版　2024 年 11 月第 1 次印刷

*

ISBN 978-7-5009-6484-1
定价：99.00 元

社址：北京市东城区体育馆路 8 号（天坛公园东门）
电话：67151482（发行部）　　　　邮编：100061
传真：67151483　　　　　　　　　邮购：67118491
网址：www.psphpress.com

（购买本社图书，如遇有缺损页可与邮购部联系）

序 一

辜德宏博士于2016年1月进入苏州大学体育学博士后流动站，我是他的博士后合作导师。他本科和硕士就读于湖南师范大学体育学院，博士毕业于上海体育学院，一直在体育教育训练学相关领域进行学习与耕耘，主要研究方向为竞技体育组织与管理。进站前，德宏博士已在竞技体育组织与管理方面取得了颇有价值的研究成果。他在博士论文中也对我国竞技体育发展方式的转变提出了创新性的见解。其中，首提内生式发展方式是我国竞技体育发展方式转变的目标指向，并对竞技体育内生式发展方式的概念、内涵、特征、转变的目标、要求、支撑条件、内容，以及在竞技体育内生式发展方式转变中政府作用的调整等问题进行了深入的阐释。

进入博士后流动站后，德宏博士继续深入研究我国竞技体育内生式发展方式转变机制、路径等关键问题，先后形成了《多中心治理视域下我国竞技体育内生动力培育路径研究》与《多元治理背景下我国竞技体育内生动力培育机制研究》的研究思路和主体内容，经过反复讨论，最终确立了"我国竞技体育内生动力培育路径及治理机制研究"的博士后研究报告的选题。

德宏博士对学术研究有着深深的热爱，在站期间他阅读了大量科研论文、学术著作，撰写了多篇论文，参与了多项课题研究，取得了丰硕的研究成果。他不仅先后获批了中国博士后科学基金特别资助项目和面上一等资助项目，而且获得了国家社科基金项目"我国竞技体育内生动力培育路径及治理机制研究"，并担任了我主持的国家社科基金重大项目第二子课题"竞技体育深化改革问题的法律研究"的主要研究工作，带领团队发表相关论文13篇，为课题顺利结项作出了重要贡献。

2020年2月，德宏博士以"我国竞技体育内生动力培育路径及治理机制研究"这一主题为研究报告进行博士后出站答辩时，以国家体育总局政策法规司原副司长、体育文化发展中心原主任梁晓龙为主席的专家团对他的研究成果给予了高度评价，一致推荐优秀出站。这些科研经历为他开阔了学术视野，积淀了科研经验，使他的科研水平得到了迅速提升，也助力他先后晋升为湖南师范大学的教授、博导。

　　本书是德宏在博士后出站报告基础上进一步完善而成的著作。他用了近3年时间进行了认真的修改，调整、补充了相关内容，最终形成了7个章节、30来万字并具有一定深度的文稿，为推进中国式体育现代化和体育强国建设提供了理论依据和实践推广范式。现推荐给大家，供同人们对我国竞技体育内生式发展进行深入的交流研究。

　　书山有路勤为径，学海无涯苦作舟。我相信德宏博士对学术的热忱和百折不挠的品质，必将引导他带领学术团队脚踏实地、勤恳奋勉，创造出更多高质量的学术研究成果。

国务院学位委员会第五、六、七届体育学科评议组成员
全国高校体育教育指导委员会技术学科组组长
苏州大学特聘教授、东吴智库首席专家

2023年2月于姑苏

序 二

辜德宏博士于2011年9月进入上海体育学院学习，2014年12月博士毕业。他很早就有了从事体育学术研究的目标与理想，在攻读博士学位期间，他就表现出了钻研的干劲，具有灵敏的学术嗅觉，在选题上表现出学术天赋。其间他产出了较多科研成果，获得了国家奖学金。他的博士学位论文从政府职能对竞技体育发展方式构成要素影响的视角研究了我国竞技体育发展方式转变问题。两年后，他的博士论文经过进一步修改完善后得以出版，成就了他人生中的第一本学术著作《我国竞技体育发展方式转变研究：基于政府作用的视角》。这本著作不仅阐释了竞技体育的概念和价值定位、大众竞技体育与精英竞技体育的关系、竞技体育发展方式的概念及结构模型等基础性理论问题，而且梳理了我国竞技体育发展方式演变的历史轨迹和特点，分析了我国政府对竞技体育发展方式结构性要素的影响及影响两者关系的因素，我国竞技体育内生式发展方式转向的目标、要求、内容、支撑条件和政府作用调整的任务、内容等实践性问题。可以说，他的第一本著作为深化认识我国竞技体育发展方式转变问题提供了学理性的支撑和实践推进的参考。

从上海体育学院毕业后，德宏博士于2016年进入了苏州大学体育学博士后流动站，师从王家宏教授；2018年去了华中师范大学做体育学的高级访问学者，师从王健教授。在两位优秀导师的指导下，他的科研能力和学术素养进一步提升，科研成果颇丰，主持了2项国家社科基金项目、1项博士后科学基金特别资助项目、1项博士后科学基金面上一等资助项目，发表了30多篇C刊论文。他长期关注竞技体育组织与管理领域的问题，针对竞技体育发展中的一些重点、难点问题，提出了一些自己的见解和观点。从他近几年刊发的论文来看，德宏博士的学术观点鲜明，对竞技体育组织与管理层面的现实问题也比较了解，分析问题的针对性强，往往能深化我们对竞技体育改革与发展中一些关键性问题的认识。

本书是对德宏博士的博士论文研究议题的延续与进一步深挖。他在本书中依据内生发展理论和自组织理论，从动力来源、需求归属、价值生产、功能发挥、运行态势等角度出发，界定了竞技体育发展的内生动力概念，进而在此基础上，从"我国竞技体育发展中的社会和市场力量及其作用、我国竞技体育发展中社会和市场力量成长的历史审视、部分西方国家竞技体育发展中社会和市场力量成长的历史审视、新时代我国竞技体育内生动力成长所处的社会环境及其影响、新时代我国竞技体育内生动力的培育与治理"5个方面，系统分析了我国竞技体育发展内生动力培育与治理的相关问题。本书取得了很好的研究成果，被立项为国家社科基金项目与博士后项目。

德宏博士喜爱读书，勤于思考和写作，从事学术研究较真、较劲，往往为了厘清一个问题，查阅大量文献，向不同群体进行咨询，对相关情况、现象展开细致观察，并乐此不疲。他也常跟我谈起，通过跟很多志同道合的朋友、长辈、老师、实践者甚至学生进行交流，通过不断阅读文献和深入了解实践，他的思路更为开阔，他的研究更贴合实情和更具生命力。我想，只要他秉持这样的学术态度和追求，他将会取得更多、更好的成果。我也热切期待他用自己的勤奋和努力给我们带来更多、更好的作品。

2023年2月于上海

目 录

第一章 导论 ·· 1

  第一节 问题的提出 ··· 1

  第二节 研究的目的和意义 ··· 3

    一、研究目的 ··· 3

    二、研究意义 ··· 3

  第三节 研究综述 ·· 4

    一、竞技体育发展战略或策略研究 ·· 5

    二、竞技体育发展模式或方式研究 ·· 7

    三、竞技体育管理体制或机制研究 ·· 9

    四、竞技体育治理研究 ··· 13

    五、研究述评 ·· 15

  第四节 关键概念的界定 ·· 15

    一、对竞技体育定义的认识 ··· 15

    二、对竞技体育发展方式的认识 ··· 21

    三、对竞技体育发展内生动力的认识 ··································· 26

  第五节 研究的对象、思路与方法 ·· 35

    一、研究对象 ·· 35

    二、研究思路 ·· 35

    三、研究方法 ·· 36

第二章 我国竞技体育发展中的社会和市场力量及其作用 ············· 44

  第一节 我国竞技体育发展中社会和市场力量的类型 ················· 44

    一、家庭 ·· 44

    二、学校 ·· 45

    三、体育企业 ·· 46

    四、民非体育企业 ·· 47

    五、枢纽型体育社会组织 ··· 47

第二节 我国竞技体育发展中社会和市场力量的作用 …… 48
　　一、培养多层次竞技体育人才 …… 48
　　二、传播竞技体育精神和文化 …… 49
　　三、推进竞技体育的专业化发展 …… 50
　　四、优化竞技体育的产品结构 …… 52
　　五、拓展竞技体育人才培养模式 …… 53
　　六、促进职业体育的生根发芽 …… 55
第三节 对我国竞技体育发展中社会和市场力量作用的审视 …… 56
　　一、参与的运动项目和发展领域具有明显的局限性 …… 56
　　二、在竞技体育人才培养效果和效力方面相对偏弱 …… 57
　　三、参与竞技体育发展的规范性和专业性有待提高 …… 57
　　四、参与竞技体育发展过于追求利益淡漠人才培养 …… 59
第四节 对我国竞技体育发展中社会和市场力量成长情况的分析 …… 60
　　一、社会和市场力量成长必须适应的体制背景 …… 60
　　二、社会和市场力量成长情况及其影响因素指标的遴选 …… 61
　　三、社会和市场力量成长及其影响因素的结构方程模型 …… 64

第三章 我国竞技体育发展中社会和市场力量成长的历史审视 …… 78

第一节 我国竞技体育发展中社会和市场力量的成长轨迹 …… 78
　　一、中华人民共和国成立初期的蓬勃发展阶段（1949—1951年） …… 78
　　二、政府介入的重塑发展阶段（1952—1959年） …… 79
　　三、灾害引发的发展调整阶段（1960—1965年） …… 81
　　四、"文化大革命"导致的发展被破坏阶段（1966—1977年） …… 82
　　五、经济体制改革及奥运备战带动的恢复发展阶段（1978—1991年） …… 84
　　六、职业化和产业化改革推动的快速发展阶段（1992—2013年） …… 85
　　七、需求变化与产业结构转型升级促进的黄金发展阶段（2014年至今） …… 87
第二节 我国竞技体育发展中社会和市场力量的成长特点 …… 89
　　一、国家战略目标的变化引领了社会和市场力量的成长方向 …… 89
　　二、政府管理模式影响了社会和市场力量的成长空间和方式 …… 90
　　三、不同主体的需求情况建构了社会和市场力量的成长动力 …… 91
　　四、国家与社会关系的变化改造了社会和市场力量的成长环境 …… 91
第三节 我国竞技体育发展中社会和市场力量成长的路径 …… 92
　　一、服务于生产与建设的成长路径 …… 93
　　二、服务于减负与增效的成长路径 …… 95

三、服务于经济发展转型的成长路径 ··· 98
　　　四、服务于民众需求转换的成长路径 ·· 102
　　　五、服务于产业结构调整的成长路径 ·· 105
　第四节　我国竞技体育发展中社会和市场力量的成长模式 ····················· 110
　　　一、嵌入：国家的干预与治理方式 ·· 110
　　　二、依附：社会和市场的成长策略 ·· 111
　　　三、革新：保持其发展活力的手段 ·· 113
　　　四、共赢：内含于其中的调谐机制 ·· 115
　　　五、成长模式的特点、贡献与不足 ·· 117

第四章　部分西方国家竞技体育发展中社会和市场力量成长的历史审视 ······· 123
　第一节　美国竞技体育发展中社会和市场力量成长的历史审视 ············· 123
　　　一、美国竞技体育发展中社会和市场力量的成长轨迹 ····················· 123
　　　二、美国竞技体育发展中社会和市场力量的成长特点 ····················· 129
　　　三、美国竞技体育发展中社会和市场力量的成长路径 ····················· 131
　　　四、美国竞技体育发展中社会和市场力量的成长模式 ····················· 142
　第二节　俄罗斯竞技体育发展中社会和市场力量成长的历史审视 ········· 145
　　　一、俄罗斯竞技体育发展中社会和市场力量的成长轨迹 ·················· 145
　　　二、俄罗斯竞技体育发展中社会和市场力量的成长特点 ·················· 152
　　　三、俄罗斯竞技体育发展中社会和市场力量的成长路径 ·················· 155
　　　四、俄罗斯竞技体育发展中社会和市场力量的成长模式 ·················· 168
　第三节　德国竞技体育发展中社会和市场力量成长的历史审视 ············· 170
　　　一、德国竞技体育发展中社会和市场力量的成长轨迹 ····················· 171
　　　二、德国竞技体育发展中社会和市场力量的成长特点 ····················· 180
　　　三、德国竞技体育发展中社会和市场力量的成长路径 ····················· 184
　　　四、德国竞技体育发展中社会和市场力量的成长模式 ····················· 193
　第四节　英国竞技体育发展中社会和市场力量成长的历史审视 ············· 195
　　　一、英国竞技体育发展中社会和市场力量的成长轨迹 ····················· 196
　　　二、英国竞技体育发展中社会和市场力量的成长特点 ····················· 206
　　　三、英国竞技体育发展中社会和市场力量的成长路径 ····················· 212
　　　四、英国竞技体育发展中社会和市场力量的成长模式 ····················· 222
　第五节　法国竞技体育发展中社会和市场力量成长的历史审视 ············· 225
　　　一、法国竞技体育发展中社会和市场力量的成长轨迹 ····················· 225
　　　二、法国竞技体育发展中社会和市场力量的成长特点 ····················· 234

三、法国竞技体育发展中社会和市场力量的成长路径……………………237
四、法国竞技体育发展中社会和市场力量的成长模式……………………248
第六节　发展的经验与启示………………………………………………………251
一、发展经验…………………………………………………………………251
二、发展启示…………………………………………………………………252

第五章　新时代我国竞技体育内生动力成长所处的社会环境及其影响……………254

第一节　新时代我国社会主要矛盾及其影响……………………………………254
一、新时代我国社会主要矛盾及其在竞技体育领域的映射………………254
二、新时代我国社会主要矛盾对竞技体育发展的影响……………………255
三、新时代我国社会主要矛盾给竞技体育内生动力培育带来的机遇与挑战……259
第二节　新时代进一步加强体育强国建设目标及其影响………………………260
一、新时代进一步加强体育强国建设目标在竞技体育领域的映射………260
二、新时代进一步加强体育强国建设目标对竞技体育发展的影响………262
三、新时代进一步加强体育强国建设目标给竞技体育内生动力培育带来的机遇与挑战……………………………………………………………263
第三节　新时代国家治理体系和治理能力现代化建设及其影响………………265
一、新时代国家治理体系和治理能力现代化建设在竞技体育领域的映射……265
二、新时代国家治理体系和治理能力现代化建设对竞技体育发展的影响……266
三、新时代国家治理体系和治理能力现代化建设给竞技体育内生动力培育带来的机遇与挑战………………………………………………………268

第六章　新时代我国竞技体育内生动力的培育与治理……………………………271

第一节　国家试点的温州社会力量办体育模式…………………………………271
一、案例1：高校打造高水平运动人才培养基地……………………………271
二、案例2：公私合办心桥体操艺术俱乐部培养后备人才…………………272
三、案例3：华奥舞蹈俱乐部立足民众多元需求办训、办赛………………272
四、案例4："省队市办、市队企办"——凯易路马术俱乐部………………272
五、案例5：羽毛球国手民间培养基地——兴华羽毛球俱乐部……………273
六、温州经验与启示…………………………………………………………273
第二节　新时代我国竞技体育发展中政社关系改革展望………………………278
一、深化"放管服"改革，竞技体育举国体制继续做减法…………………278
二、社会和市场力量加强自身建设，在更多领域发挥更大作用…………280
三、政府引导下社会和市场力量的有序成长与发展………………………281

四、社会和市场力量逐步建立和完善自组织发展运行机制……283
　第三节　新时代我国竞技体育发展内生动力的培育路径……288
　　一、培育的目标……288
　　二、培育的技术手段……295
　　三、我国不同竞技体育发展形态中内生动力的培育思路……301
　第四节　新时代我国竞技体育内生式发展的治理机制……317
　　一、政府元治理……317
　　二、行业自治……326
　　三、多元共治……334

第七章　总结与展望……342
　第一节　研究结论……342
　第二节　研究建议……343
　第三节　研究贡献、不足与展望……345

参考文献……347

附录……349
　附录一　访谈提纲（一）……349
　附录二　访谈提纲（二）……350
　附录三　访谈提纲（三）……351
　附录四　调查问卷……352

致谢……357

第一章

导　论

第一节　问题的提出

　　一直以来，我国竞技体育都是在政府主导下发展的，政府打造了我国竞技体育发展的竞争优势，发挥了竞技体育的外交功能，构建了竞技体育有序发展的框架。竞技体育举国体制有效发挥了资源配置、组织动员与管理等作用，帮助我国竞技体育取得了举世瞩目的成绩，实现了跨越式发展[①]。然而，政府主导在短时间内使竞技体育实现跨越式发展的同时，也伴随着竞技体育发展结构的不均衡、发展成本的巨大、发展的可持续性减弱等弊病，其主要原因在于政府作为竞技体育发展的主要投资人，垄断了竞技体育发展的利益，在一定程度上挤压了社会和市场的发展空间，抑制了竞技体育发展的内生动力。虽然改革开放以来，我国一直在进行竞技体育管理体制改革，积极转变政府职能，发挥社会和市场在竞技体育发展中的作用，但我国竞技体育的发展主要依靠政府投入、政策支持和制度保障，社会和市场力量相对薄弱，难以起到支撑竞技体育发展的主导作用，竞技体育发展的内生动力催发不足。

　　在社会的不同发展阶段，国家会根据社会主要矛盾的变化而拟定不同的国家战略，并由此触发社会各领域发展战略的调整。党的二十大报告中指出："从现在起，中国共产党的中心任务就是团结带领全国各族人民全面建成社会主义现代化强国、实现第二个百年奋斗目标，以中国式现代化全面推进中华民族伟大复兴。"无疑，新的百年奋斗目标的开启必然影响我国竞技体育的发展实践，全面建设社会主义现代化国家背景下应有新的竞技体育发展定位和布局。2023年，全国居民人均可支配收入为39218元，其中城镇居民人均可支配收入为51821元，农村居民人均可支配收入为21691元，人民生活水平显著提高，对美好生活的向往不断

[①] 辜德宏. 我国竞技体育发展方式转变研究：基于政府作用的视角[M]. 苏州：苏州大学出版社，2016：1-2.

增强，生活需求日益多元化、个性化、高品质[①]。可见，经过多年的艰苦奋斗，国家发展和社会建设取得了翻天覆地的变化，新时代国家肩负起建设社会主义现代化强国与实现中华民族伟大复兴的光荣使命，坚持以人民为中心，把人民对美好生活的向往作为奋斗目标。由于政府主要满足了基本公共体育服务产品的生产与供给需求，所以对于个性化、差异化的竞技体育产品的生产与供给，则需要依靠社会和市场力量。

从世界竞技体育的发展经验来看，充分激发社会和市场的活力是美国、德国等世界竞技体育强国长盛不衰的关键所在。学校体育、社会体育、职业体育形成了其竞技体育自组织发展的内生动力链条，不仅让其有充足的竞技体育人口和竞技体育后备人才，而且培养了诸多精英竞技人才。其竞技体育涵括精英竞技与大众竞技两个层面，这让竞技体育的多元功能及其不同形态间的发展更为协调、衔接更为紧密[②]。更为关键的是，在内生于个人成长和发展需求的社会化、市场化发展模式下，更有利于形成覆盖无死角且服务更个性化、差异化、多元化的竞技体育产品生产与供给态势。例如，美国州立高中协会联合会（National Federation of State High School Associations，NFHS）的校际竞技运动拥有 19500 所高中会员单位，直接覆盖学生人数达 1200 万[③]；美国大学生体育协会（National Collegiate Athletic Association，NCAA）拥有 1100 余所会员学校[④]。此外，美国还拥有近 30 个职业体育联盟，所有城市都至少拥有一支职业体育俱乐部[⑤]。虽然政府主导型或社会主导型发展模式各有优劣，但毋庸置疑，美国竞技体育多年来长盛不衰的发展经验启示我们，在人们发展需求日益多元化、个性化、差异化的背景下，我们需要重视进一步开发社会和市场力量的作用，以更好地生产与供给多元化的竞技体育产品与服务[⑥]。

综上所述，我国原有的政府主导型发展模式遭遇了一些发展瓶颈，发展的成本和代价高、发展的结构不均衡、发展的后备人才萎缩明显是其中突出的三大问

[①] 国家统计局. 中华人民共和国 2023 年国民经济和社会发展统计公报[EB/OL]. （2024-02-29）[2024-04-04]. https://www.gov.cn/lianbo/bumen/202402/content_6934935.htm.

[②] 辜德宏. 我国竞技体育发展方式转变的逻辑起点辨析[J]. 天津体育学院学报，2015，30（5）：383-387.

[③] NFHS. About us[EB/OL]. (2022-01-22)[2024-04-11]. https://www.nfhs.org/who-we-are/aboutus.

[④] NCAA. NCAA overview[EB/OL]. (2021-02-16)[2024-04-11]. https://www.ncaa.org/sports/2021/2/16/overview.aspx.

[⑤] 辜德宏，田兵兵. 美国竞技体育发展中社会和市场力量的成长路径研究[J]. 北京体育大学学报，2022，45（9）：124-135.

[⑥] 辜德宏. 我国竞技体育发展中社会和市场力量的作用及优化策略研究[J]. 体育科学，2022，42（2）：12-20，38.

题。如何对其进行有效化解，需要我们对原有发展模式和政府作用方式进行反思。与此同时，我国发展步入新时代，国家发展战略和方式均须转向，解决人民日益增长的美好生活需要和不平衡不充分的发展之间的矛盾成为各领域改革与发展的总指针。针对个性化、差异化、多元化竞技体育产品的生产与供给问题，需要重视和予以解决，那么这一问题要靠谁来解决或支撑，就成为必须考量的问题。实际上，西方发达国家的发展经验给了我们启示，社会和市场力量更能满足竞技体育发展的多元需求。那么，如何在我国国情条件下，培育社会和市场力量，并使其与政府作用相辅相成，就成为亟待解决的理论和现实问题。为此，本书通过探索我国竞技体育发展中社会和市场力量的作用、成长轨迹、成长路径、成长模式，影响我国竞技体育发展中社会和市场力量成长的因素，部分西方发达国家的发展经验，来思考我国竞技体育内生动力培育的路径和治理机制。

第二节　研究的目的和意义

一、研究目的

（1）通过对我国竞技体育发展中社会和市场力量作用的梳理，把握它们在我国竞技体育发展中能做什么、不能做什么、成长情况及成长受到哪些因素的影响。

（2）通过对我国竞技体育发展中社会和市场力量的成长轨迹、成长路径及成长模式的梳理，把握我国在培育竞技体育内生动力方面的特征及战略意图。

（3）通过对部分西方发达国家竞技体育发展中社会和市场力量的成长轨迹、成长路径及成长模式的梳理，以及我国经济社会发展环境和条件的变化对竞技体育发展影响的分析，把握当前我国竞技体育内生动力培育路径的设计思路。

（4）通过对政府、社会、市场三大发展主体在不同竞技体育产品生产、供给中的作用与关系的梳理，把握我国竞技体育内生式发展多元治理机制的设计思路。

二、研究意义

（一）理论意义

（1）本书立足于审视政府、社会、市场三大发展主体与竞技体育发展的供需适配关系、自组织运行态势，以明晰竞技体育发展内生动力的概念，帮助人们更好地认识竞技体育发展动力的内生性和外生性问题。

（2）本研究指出了嵌入与依附是我国竞技体育发展中国家与社会间相对稳定的结构性关系；革新与共赢则是调谐两者关系，保持双向互动，激发发展活力的理念、手段与机制。从国家与社会互动的角度出发，深化认识我国竞技体育发展中的政社关系。

（3）本研究梳理了我国竞技体育发展中社会和市场力量的作用、作用机制、存在的不足，建构了评估其成长情况、影响因素及两者关系和作用的结构方程模型，剖析了我国竞技体育发展中社会和市场力量成长的轨迹、特点、路径、模式，解析了新时代我国竞技体育内生动力培育的目标、技术手段、思路及元治理、自治、共治机制。本研究针对我国竞技体育发展内生动力培育的系列问题进行深度审视与思考。

（二）实践意义

（1）本研究通过对我国竞技体育内生动力培育路径的历史审视，以及部分西方发达国家内生动力培育经验的梳理，总结、借鉴经验教训为今后更好地发展服务。

（2）本研究通过对培育目标和技术手段的梳理，指出了新时代我国竞技体育内生动力培育路径设计的方向，并从政策激励、技术帮扶、管理革新、文化育人4个层面提出了培育的相应技术手段。

（3）本研究根据我国4类竞技体育发展形态的属性和特点，从发展的目标定位、产品的生产与供给、发展理念和资源配置手段的调整、发展的路径方面提出了相应的内生动力培育思路，并指出了培育我国竞技体育内生动力的政府元治理机制，社会和市场的行业自治机制，政府、社会、市场等主体的多元共治机制，为推进我国竞技体育内生动力培育及治理体系和能力现代化改革提供了参考。

第三节 研 究 综 述

从发展社会学的研究历史来看，"内生式发展"的概念首次出现于1975年，当时瑞典财团在关于"世界的未来"的一份报告中提出："如果发展作为个人解放和人类的全面发展来理解，那么事实上这个发展只能从一个社会的内部来推动。" 1983年，法国经济学家弗朗索瓦·佩鲁[①]在其专著《新发展观》中指出，"内生的"

---

① 弗朗索瓦·佩鲁. 新发展观[M]. 张宁，丰子仪，译. 北京：华夏出版社，1987：2-3（前言页）.

发展表示一个国家合理开发与利用其内部力量和资源的发展。格罗斯曼和赫尔普曼[1]指出，内生式发展是一种激发内部生长能力的发展模式，是一种依靠基层力量推动的发展模式。可见，内生发展理论强调事物发展的动力来自事物内部，并且是自身内部发展资源和发展主体的优化整合，基层力量应成为推动发展的原动力，且逐渐形成自组织发展的作用机制。为此，本书借鉴该理论，将我国竞技体育发展内生动力的培育界定为对社会和市场力量的培育。体育学术界尚未见关于竞技体育发展内生动力的专门性研究，关于竞技体育发展内生动力的问题主要在竞技体育发展战略或策略研究、竞技体育发展模式或方式研究、竞技体育管理体制或机制研究中有所涉及。

一、竞技体育发展战略或策略研究

从竞技体育发展战略或策略研究来看，主要通过以下两大研究路径指涉内生动力培育的问题。

（1）通过对国外竞技体育发展特点与经验的分析，挖掘其对我国竞技体育发展中社会和市场力量的培育带来的启示。例如，浦义俊等[2]通过对日本竞技体育发展方式转型脉络和动力机制进行分析后，提出我国竞技体育发展应以"创新、协调、绿色、开放、共享"的发展理念为指导，使政府"独轮驱动"向政府、市场、社会、个人"四轮驱动"的多元化竞技体育治理格局转变。叶小瑜和李海[3]在研究了德国、澳大利亚、英国三国政府体育社会组织的特征后，提出我国应正确处理政府和体育社会组织关系，依据国情构建中国特色培育模式，优化体育社会组织发展政策环境，探索体育社会组织多元化筹资渠道，建立政府购买体育公共服务长效机制，重视培育基层社区体育社会组织和积极推进志愿者队伍建设。辜德宏等[4]在研究了美国、俄罗斯、英国、德国4个西方国家政府对竞技体育发展方式的影响后，提出我国应根据所处环境、条件的不同，调整政府和竞技体育发展方式直接关联且关联度高的状况。他们还指出，应通过政府职能的转化，给我国竞技体育发展方式以更大的选择空间。杨晶伟[5]在研究了英国竞技体育政策变迁的历史

---

[1] GROSSMAN G M, HELPMAN G E. Endogenous innovation in the theory of growth[J]. The Journal of Economic Perspectives, 1994, 8(1): 23-44.
[2] 浦义俊, 辜德宏, 吴贻刚. 日本竞技体育发展方式转型、动力机制与启示[J]. 沈阳体育学院学报, 2019, 38(5): 7-14, 55.
[3] 叶小瑜, 李海. 德、澳、英三国培育体育社会组织的特征启示[J]. 体育文化导刊, 2018(9): 33-37.
[4] 辜德宏, 蔡端伟, 周健将. 美、俄、英、德政府对竞技体育发展方式的影响[J]. 山东体育学院学报, 2016, 32(3): 1-7.
[5] 杨晶伟. 近代英国竞技体育政策研究[J]. 体育文化导刊, 2015(4): 32-35.

及特点后，指出我国应构建科学的竞技体育政策决策机制，形成政府引导、授权社会的竞技体育发展机制。郭振[1]在分析了日本大学竞技体育组织机构发展特征的基础上，提出应适当给予我国大学竞技体育组织的话语权，从而确立其在国家竞技体育组织中的作用。胡安义等[2]通过对德国竞技体育后备人才培养情况进行研究，提出我国要进一步转变单一、封闭的专业化三级人才培养模式，积极鼓励学校、社会团体、企业单位、家庭等参与竞技后备人才培养，逐渐形成以专业人才培养模式为主体、以学校化与社会化培养模式为补充的中国特色竞技体育后备人才培养模式。李琳等[3]通过对俄罗斯2020年前体育发展战略研究的分析，指出其发展青年体育社会组织、发展俄联邦大学生体育联合会（含创建体育俱乐部和提供信息支持）等促进大学竞技体育发展的措施值得我国借鉴。此类研究中的标志性成果为池建[4]的专著——《竞技体育发展之路：走进美国》，该书系统介绍了美国竞技体育在学校竞技体育和职业体育方面的发展历程、运行机制、发展特征等，并在此基础上提出了对我国竞技体育社会化和市场化发展的一些构想。

（2）通过对我国竞技体育发展环境、条件、问题的剖析，梳理我国竞技体育改革与发展举措，进而提出一些推进社会和市场力量成长的建议。例如，赵吉峰和邵桂华[5]提出，新时代我国竞技体育应当实现由被组织向自组织、由"一家独办"型向多主体协同型的转变。马德浩[6]提出，为实现我国竞技体育发展方式的有效转变，在管理体制上，要进一步转变政府职能，着力构建政府、社会组织与市场组织多元主体共治的体制；在运行机制上，要科学合理地进行运动项目布局，构建以学校培养为主，以政府、俱乐部和家庭培养为辅的多元化竞技体育人才培养机制，建立精简有序、竞技与普惠兼顾、多元主体参与的体育竞赛机制。赵吉峰和邵桂华[7]提出，针对我国竞技体育中的三级训练体制难以适应体育体制改革的现状，可通过国家队"体育总局+地方""体育总局+协会""体育总局+社会"共建

---

[1] 郭振. 日本大学的竞技体育组织[J]. 体育学刊, 2015, 22（3）：100-105.
[2] 胡安义, 吴希林, 蔡开明. 德国竞技体育后备人才的培养与启示[J]. 体育文化导刊, 2013（9）：67-70.
[3] 李琳, 陈薇, 李鑫, 等. 俄罗斯2020年前体育发展战略研究[J]. 上海体育学院学报, 2012, 36（1）：1-4.
[4] 池建. 竞技体育发展之路：走进美国[M]. 北京：人民体育出版社, 2009：1-2（前言页）.
[5] 赵吉峰, 邵桂华. 新中国成立以来竞技体育赶超发展的演进历程、现实问题与转型方向[J]. 天津体育学院学报, 2021, 36（2）：241-248.
[6] 马德浩. 新中国成立以来我国竞技体育发展方式演进历程与展望[J]. 中国体育科技, 2021, 57（1）：4-11.
[7] 赵吉峰, 邵桂华. 中国竞技体育国家队社会化组建模式的改革探索[J]. 天津体育学院学报, 2019, 34（2）：132-136, 178.

的模式进行调整和优化。辜德宏[1]指出，多年来我国竞技体育实行政府主导的运行模式取得了跨越式的发展，但也伴随产生了发展成本高、代价大、发展结构不均衡、发展可持续性差等问题。因此，随着我国体育社会化和市场化改革的不断推进，以及社会和市场力量的不断发展壮大，我国竞技体育发展运行模式应从"强政府、弱社会"转变为"强政府、强社会"。戴永冠和王牡娣[2]提出，在推进我国竞技体育管办分离的改革过程中，应当最大限度让政府、社会、企业、教练员、运动员等利益主体参与讨论和设计，避免政府唱独角戏。邵桂华和满江虹[3]提出，要以"自组织理论"为基础，建立起竞技体育可持续发展的自组织观，激发竞技体育系统自适应、自创生、自演化的内在机理。陈道裕等[4]提出，我国应从驱动机制构建、完善制度建设、促进保障体系和社会力量驱动4个方面，促进我国竞技体育人才培养方式的协同发展。梁青[5]指出，竞技体育改革方向必然是走向多元化、社会化的道路，从而使体育领域中的利益主体出现多元化、多主体的竞争格局。邵桂华和满江虹[6]提出，竞技体育的可持续发展需要科学调整其科研经费比例和产业资金比例，并由此产生"自我发展"机制。

二、竞技体育发展模式或方式研究

从竞技体育发展模式或方式研究来看，涉及内生动力问题的研究视角和内容主要集中在以下两个方面。

（1）论证政府主导的一元管理模式对竞技体育发展内生动力的制约、影响，并指出培育内生动力是推进竞技体育可持续发展的关键。辜德宏[7]提出，政府应进一步简政放权，进一步打破体制内和体制外机构或组织的竞争壁垒，进一步开发和培育民间力量，培育竞技体育发展的内生动力，促进竞技体育的内生发展。浦

---

[1] 辜德宏. 供需视阈下我国竞技体育发展战略研究[J]. 北京体育大学学报，2018，41（3）：14-25，32.
[2] 戴永冠，王牡娣. 中国竞技体育管办分离问题及演进路径分析[J]. 天津体育学院学报，2017，32（2）：106-111.
[3] 邵桂华，满江虹. 基于自组织理论的我国竞技体育发展体制分析：问题与解决途径[J]. 天津体育学院学报，2015，30（2）：132-135.
[4] 陈道裕，赵国华，张丹丹. 我国竞技体育人才多元化培养方式的协同发展研究[J]. 中国体育科技，2015，51（4）：16-20.
[5] 梁青. 新形势下我国竞技体育改革方向及演进态势分析：基于转型陷阱及自组织理论视角[J]. 沈阳体育学院学报，2012，31（5）：16-19.
[6] 邵桂华，满江虹. 基于系统动力学的我国竞技体育可持续发展能力研究[J]. 体育科学，2010，30（1）：36-43，69.
[7] 辜德宏. 我国竞技体育发展方式转变研究：基于政府作用的视角[M]. 苏州：苏州大学出版社，2016：145.

义俊和吴贻刚[1]指出，当前政府主导的粗放型发展模式易导致体制僵化，社会体育组织积极性下降，竞技体育资源配置不合理，以及流动性差、利用率低等问题，因此要以社会化与市场化为导向，推动我国竞技体育管理体制向政府与社会分权共管的模式演进，形成政府与社会相结合的利益共同体，发展民主参与和决策机制，引导我国竞技体育朝内生式发展。陈洪[2]指出，我国的竞技体育发展方式在政府单一主体的治理下，表现出了公共资源的利用效率不高、非公共资源的调动范围有限、运动员的全面发展受约束等问题，进而提出了政府主导、分项管理，强化企业（市场力量）主体性地位，构筑非营利组织（社会力量）基础性地位，以及推进政府、市场力量与社会力量之间广泛合作的多中心治理路径。鲍明晓和李元伟[3]指出，中华人民共和国成立以来在竞技体育发展方式上虽然取得了卓越的成就，但也造成了普及与提高的传导机制阻滞、社会办和市场办的空间难以打开等问题。马玉芳[4]认为，竞技体育体制与社会的不相容、高水平竞技体育的社会孤立、竞技体育国内文化市场的衰退、运动后备人才培养的萎缩、运动成绩谎言化、经济对竞技体育支持的迟疑和退出、体育与教育之间鸿沟的加深等问题时有发生。她还进一步提出，应对我国竞技体育举办方式进行全面改革，由国家办逐步向社会办、企业办、学校办和社会其他机构办转变，走多元化发展道路。骆先鸣[5]认为，竞技体育发展方式转变的基本内涵为，将实现内生增长作为发展的长远目的，将科学训练作为发展的内在要求。

（2）通过对竞技体育发展目标、发展战略、发展模式、价值选择、运行机制等发展要素的分析，来把握我国竞技体育发展模式的历史演变及特征，进而提出从政府主导型发展模式转变为政府、社会、市场三者结合型发展模式的思路。例如，辜德宏等[6]提出，新时代政府应主要着力于提供基本性的公共体育服务及努力解决公共体育服务的均等化问题，而对于差异化、个性化的准公益性和私益性竞技体育产品或服务的生产与供给，应引进社会和市场力量参与提供，从而让不同

---

[1] 浦义俊，吴贻刚. 美国竞技体育发展方式的历史演进及动因研究：兼谈对我国竞技体育发展方式转型的启示[J]. 南京体育学院学报：社会科学版，2016，30（6）：98-106.
[2] 陈洪. 竞技体育发展方式转变的多中心治理路径[J]. 首都体育学院学报，2014，26（1）：3-6.
[3] 鲍明晓，李元伟. 转变我国竞技体育发展方式的对策研究[J]. 北京体育大学学报，2014，37（1）：9-23，70.
[4] 马玉芳. 关于我国竞技体育发展方式转变若干问题的研究[J]. 体育与科学，2012，33（2）：102-105.
[5] 骆先鸣. 我国竞技体育发展方式转变若干问题的思考[J]. 中国体育教练员，2011，19（2）：38-42.
[6] 辜德宏，符丁友，曹国强. 新时代我国竞技体育发展中社会和市场力量的培育路径研究[J]. 武汉体育学院学报，2021，55（3）：20-27，35.

发展主体在不同区域、不同领域,提供相应的竞技体育产品或服务。卢文云[①]提出,新时代我国竞技体育发展应充分发挥其多元功能,全面推进竞赛体制和后备人才培养体制改革,构建举国体制与市场机制相结合的新体制,从要素驱动向创新驱动转变。田丽敏等[②]提出,我国竞技体育市场化改革应对举国体制给予辩证扬弃,围绕市场这一发展主线,以各方利益的共赢共享为主要诉求,并彰显一定的人文关怀。辜德宏等[③]指出,为实现我国竞技体育内生式发展方式的转变,要生产和提供多元竞技体育产品,进行学校体育的专项化教学改革,逐步改变体育系统办学的格局,推进政府职能转变,培育社会和市场力量。陈洪[④]认为,为转变竞技体育发展方式,需谋求政府、企业与非营利组织之间的合作,实现由政府主导型向多中心治理型转变。孙科和杜成革[⑤]指出,要打破竞技体育为国争光的内在路径,对竞技体育的价值体系与运行体制进行调整和完善。何强[⑥]指出,竞技体育发展模式的选择和变革的重点应当是目标任务多元化、组织模式综合化、资源整合多元化、运行模式市场化。此类研究中的标志性成果为熊晓正等[⑦]的专著——《我国竞技体育发展模式的研究》,该书系统介绍了我国竞技体育发展模式的历史演变、竞技体育社会化和市场化改革中的成败与得失、竞技体育发展与改革中的特点及经验等,进而提出了分类管理、政府主导、社会运作,市场为主、计划为辅等重构发展模式及推进竞技体育社会化和市场化发展的一些思路。

三、竞技体育管理体制或机制研究

从竞技体育管理体制或机制研究来看,主要通过以下三大研究路径和视角指涉内生动力培育问题。

(1)通过审视竞技体育举国体制产生的历史背景、发展特点、历史功绩,来反思其存在的利弊、是否需要继续存在、发展完善的方向和策略,进而提出调整

---

① 卢文云. 迈向体育强国我国竞技体育发展面临的问题与对策[J]. 沈阳体育学院学报,2020,39(2):75-81,107.
② 田丽敏,李赞,熊文. 我国竞技体育市场化改革:制度变迁的阶段划分、变迁特征及其启示[J]. 武汉体育学院学报,2019,53(5):23-27,75.
③ 辜德宏,蔡端伟,王家宏. 对我国竞技体育内生式发展方式转变的思考[J]. 体育文化导刊,2017(10):71-75.
④ 陈洪. 竞技体育发展方式转变的多中心治理路径[J]. 首都体育学院学报,2014,26(1):3-6.
⑤ 孙科,杜成革. 中国竞技体育的发展模式及其变革走向[J]. 体育学刊,2012,19(1):20-24.
⑥ 何强. 我国竞技体育奥运战略的历史审视:兼论奥运战略的可持续发展[J]. 首都体育学院学报,2012,24(3):240-244.
⑦ 熊晓正,夏思永,唐炎,等. 我国竞技体育发展模式的研究[M]. 北京:人民体育出版社,2008:1-2(前言页).

政府、社会和市场作用与功能的思路。例如，钟秉枢[1]提出，社会主义集中力量办大事的举国体制的优势明显，市场配置资源的竞争优势也不容忽视，在社会主义市场经济条件下，应把两者有机结合起来，建构有利于实现国家利益的新型举国体制。秦剑杰等[2]提出，在新时代竞技体育后备人才培养过程中，我国要坚持举国体制，同时也要实现人才培养多元化；要进一步加强体教结合，全面提高体育人才的综合素质；要合理引入社会资源，创新体育人才的流通途径。王凯[3]提出，当前我国冬奥备战更适合"强政府、强社会"的"新举国体制"，这一体制在备战中注重阶段任务与事业使命同步发展；在备战主体上强调政府主导与社会主体协同发展；在备战内容上注重场内备战与场外备战同步实施；在备战方法上注重传统经验与新兴科技共同助力。鲍明晓[4]提出，构建举国体制与市场机制相结合的新机制总的原则是政府主导下的市场有效参与，重点是充分激活市场机制在体育发展中的作用。袁守龙[5]指出，为了实现竞技体育强国目标，要坚持以人民为中心的体育发展观，不断建立与经济社会发展相适应的管理体制，通过完善竞技体育法规制度，进一步转变政府职能，加快项目协会实体化、社会化和市场化步伐，统筹政府、社会、市场、个人、行业等多元化力量，引导和鼓励其承担奥运会训练参赛任务。刘波[6]指出，我国在完善举国体制的同时，应优化发展模式，针对基础项目和可市场化项目采取不同的发展策略。熊斗寅[7]指出，举国体制要针对社会主义市场经济的特点进行改革，要逐步向全民体制过渡，要让政府主管部门主要发挥领导、协调、监督作用，要让中国奥委会成为实体并负责实施《奥运争光计划》，要建立学校运动俱乐部，以六大体院为基地，培养高水平运动员。戴永冠和罗林[8]指出，举国体制改革需要以政府投资引导社会投资，以制度保障社会投资的利益预期，推进人才培养体系逐步社会化、市场化，体育竞赛项目职业化，最终形成

---

[1] 钟秉枢. 新型举国体制：体育强国建设之保障[J]. 上海体育学院学报，2021，45（3）：1-7.
[2] 秦剑杰，李倩，雷萌萌，等. 新时代竞技体育后备人才培养的体制创新[J]. 石家庄学院学报，2021，23（3）：97-102，114.
[3] 王凯. 强政府、强社会：北京冬奥备战"新举国体制"研究[C]//中国体育科学学会. 第十一届全国体育科学大会论文摘要汇编. 北京：中国体育科学学会，2019：2.
[4] 鲍明晓. 构建举国体制与市场机制相结合新机制[J]. 体育科学，2018，38（10）：3-11.
[5] 袁守龙. 从"举国体制"到政府、市场和社会协同：对中国竞技体育发展的思考[J]. 体育科学，2018，38（7）：12-14.
[6] 刘波. 原民主德国竞技体育体制分析与评价[J]. 上海体育学院学报，2017，41（5）：1-8.
[7] 熊斗寅. 我国竞技体育如何从举国体制向全民体制过渡[J]. 军事体育学报，2013，32（4）：1-7.
[8] 戴永冠，罗林. 竞技体育举国体制分析：兼论后奥运时期举国体制发展[J]. 体育学刊，2012，19（5）：54-58.

以社会投资为主、政府制度扶持、市场配置资源、个人积极参与的全民发展体育的体制。刘波[1]指出，不够普及的基础项目离开举国体制就失去了生存的土壤，因此从竞技体育可持续发展的角度出发，首先应该继续坚持举国体制，并在此基础上对部分普及的项目通过俱乐部体制或职业化来提高水平。此类研究中的标志性成果为梁晓龙等[2]的专著——《举国体制》，该书系统介绍了我国竞技体育举国体制的概念、内容体系、历史背景、发展特点、历史功绩，指出了社会办竞技体育的积极性没有充分调动、多元化利益格局的整合机制有待完善、市场作用发挥不够，并提出了一些发展完善的思路、原则、举措。

（2）立足于有限政府、有效政府、服务型政府理论，探讨政府竞技体育管理职能转变的思路，进而指出社会和市场要在具体运作层面拥有更大的作为空间。例如，张俊珍等[3]提出，当前我国应立足供给侧结构性改革，以体制创新形成政府主导、社会参与、市场自主运行的竞技体育资源配置方式。马德浩[4]提出，政府应当完成从划船者向掌舵者的角色转变，把更多的精力集中在竞技体育发展的宏观战略与政策制定上。蒋东升[5]提出，我国体育利益格局的调整实质就是简政分权、管办分离。但是，不管是简政分权，还是管办分离，并不都是在体育管理中不要政府，而是要改变政府职能，改大包大揽、行政干预为政府主导，以市场调节为主。胡小明[6]提出，将竞技体育项目区分为职业化项目、奥运优势项目、难以推广普及的项目，分类设计政府作用方式和力度，定位政府管理职能。谢琼桓[7]指出，培养体育精英的渠道会进一步放宽，鼓励社会、企业、家庭积极参与高水平运动员的培养，一些赛事会淡化行政色彩。戴健[8]认为，"后奥运时代"政府竞技体育管理职能的总目标为，强化政府的宏观调控职能、弱化微观管理职能、发展市场监督职能，构建效率政府和服务政府。

（3）通过对各国不同竞技体育管理模式和特点的分析，探讨政府主导型、社会主导型及两者结合型管理模式的优劣势，进而指出我国走向结合型管理模式及

---

[1] 刘波. 德国统一前后竞技体育发展特点研究[J]. 北京体育大学学报，2010, 33（10）: 25-28.
[2] 梁晓龙，鲍明晓，张林. 举国体制[M]. 北京：人民体育出版社，2006: 1-2（前言页）.
[3] 张俊珍，许治平，郭伟，等. 供给侧结构性改革背景下竞技体育资源配置与利用的实证研究[J]. 体育学研究，2020, 34（4）: 63-71.
[4] 马德浩. 英国、美国、俄罗斯竞技体育管理体制演进趋势及其启示[J]. 天津体育学院学报，2018, 33（6）: 516-521.
[5] 蒋东升. 体育体制改革论析：基于"举国体制"的辨析[J]. 体育科学研究，2014, 18（6）: 11-15.
[6] 胡小明. 中国体育改革的突破口：打开转变发展方式的制度性瓶颈[J]. 体育与科学，2013, 34（1）: 26-27, 20.
[7] 谢琼桓. 论北京奥运后中国竞技体育的价值取向和策略取向[J]. 武汉体育学院学报，2011, 45（11）: 5-14.
[8] 戴健. "后奥运时代"政府竞技体育管理职能转变的目标选择[J]. 上海体育学院学报，2010, 34（6）: 1-3, 9.

政府、社会、市场作用与功能调整的改革思路。例如，彭国强和杨国庆[①]通过分析世界竞技体育强国重点项目奥运备战举措，提出我国应挖掘政府、社会、协会、俱乐部等优势资源，分类强化重点项目备战参赛等备战措施。陈洪等[②]提出，我国应该学习英国竞技体育治理中的合作机制，即英国政府及其代理机构英国体育理事会（UK Sport）与利益相关者之间，建立跨部门、跨组织间的利益共同体，并高度依赖这种合作伙伴性质的治理网络。马德浩[③]通过梳理英国、美国、俄罗斯竞技体育管理体制的演进趋势，提出我国政府要加强与体育社会组织的合作管理，逐步推进中华全国体育总会和中国奥委会的实体化进程，搭建开放性的平台，为市场组织参与竞技体育发展提供机会，注重从法治层面保障它们的合法权益，高度重视职业体育的发展并尊重其运行的市场规律等。浦义俊和吴贻刚[④]对美国竞技体育发展方式的历史演进特征进行梳理，提出应加强体育立法深度与广度，形成"依法治体"的职能履行机制，最终强化政府的宏观调控职能和提高市场的资源配置能力；构建责任明确、相互制衡、权力分化的政府与社会相结合的竞技体育组织结构体系和利益共同体，着重培育社会体育组织的自治能力与民主意识等。杨晶伟[⑤]提出，英国竞技体育政策保障了其竞技体育决策机制的透明和民主，竞技体育多元筹资渠道的良好运行，政府引导、授权社会的竞技体育发展机制的形成，建议我国构建科学的竞技体育政策决策机制，完善透明的竞技体育资金分配政策，形成政府引导、授权社会的竞技体育发展机制。浦义俊和吴贻刚[⑥]从历史学、社会学、外交学、体育学等多重视角对伊朗竞技体育发展进行分析，提出我国竞技体育发展方式转型应摒弃赶超式发展思维，坚持走内生式发展之路；持续力、深度和幅度有赖于政府领导力；需要进一步构建更为深厚的竞技体育文化形态体系。徐林江[⑦]提出，美国竞技体育发展的社会管理模式使其长期保持世界领先的强国地位，我国限于国情应进一步坚持和完善举国体制，并逐步健全体教结合的竞技体

---

① 彭国强，杨国庆. 世界竞技体育强国重点项目奥运备战举措及对我国备战东京奥运会的启示[J]. 体育科学，2020，40（2）：3-14，39.
② 陈洪，马瑛，梁斌，等. "国家在场"视角下英国竞技体育治理实践研究[J]. 体育科学，2019，39（6）：22-27，54.
③ 马德浩. 英国、美国、俄罗斯竞技体育管理体制演进趋势及其启示[J]. 天津体育学院学报，2018，33（6）：516-521.
④ 浦义俊，吴贻刚. 美国竞技体育发展方式的历史演进及动因研究：兼谈对我国竞技体育发展方式转型的启示[J]. 南京体育学院学报：社会科学版，2016，30（6）：98-106.
⑤ 杨晶伟. 近代英国竞技体育政策研究[J]. 体育文化导刊，2015（4）：32-35.
⑥ 浦义俊，吴贻刚. 伊朗竞技体育崛起探骊及启示[J]. 体育文化导刊，2015（7）：108-112.
⑦ 徐林江. 中美竞技体育发展比较研究[J]. 体育文化导刊，2013（12）：32-34.

育后备人才培养模式。刘波[①]认为，德国竞技体育最大的特点在于充分利用体育俱乐部的作用，由政府建设体育场馆并将之交付给学校和俱乐部使用，他建议我国完善体育职业化体制，发展多元模式。郭轶群等[②]提出，应按竞技体育产品属性来确定投资主体，调整政府对竞技体育经费的支出比例和分担结构，并对投入产出进行效益评价，及时调整经费结构。马志和等[③]指出，根据竞技体育产品的性质，明确政府自身的职能定位，在竞技体育领域形成多中心治理格局。已有研究虽未有针对竞技体育内生动力培育问题的专门选题，但已指出了这一问题的重要性，并着力从管理体制改革层面探索有效解决措施，如推进管办分离、推进协会实体化、转变政府职能等。

四、竞技体育治理研究

体育学术界关于体育治理问题的研究相对滞后于其他学科，专门针对竞技体育治理问题的研究更是缺乏。从学者们不多的研究来看，大致是按照"政府主导模式导致的问题—推进多元治理的优势与改革必要性—政府作用的调整及社会力量的培育"这样的研究思路和路径进行研究的。例如，陈丛刊和王思贝[④]提出，坚持人民主体性是体育治理体系和治理能力现代化建设的基本原则。为落实该原则，应提升竞技体育综合实力，丰富竞技体育产品的生产与供给，实现为国争光、为民谋福，丰富人民的体育文化生活。杨国庆[⑤]指出，"十四五"时期要打造竞技体育多元协同治理新体系，形成竞技体育与经济社会融合发展新局面，塑造竞技体育项目均衡协调发展新格局，构架竞技体育多元人才培养新模式，建立竞技体育科学化、智能化发展新平台。白银龙和舒盛芳[⑥]提出，我国要坚持党对推进竞技体育治理现代化工作的绝对领导，始终把实现善治作为治理目标，厘清治理主体间

---

① 刘波. 德国体育体制研究对进一步完善我国体育体制的启示[J]. 北京体育大学学报，2011，34（11）：5-9，14.
② 郭轶群，苏明理，谢英. 中国竞技体育服务产品供给与政府管理转型：基于制度经济学视角[J]. 西安体育学院学报，2011，28（6）：641-644，661.
③ 马志和，戴健，刘林箭. 我国政府竞技体育管理职能转变探析[J]. 上海体育学院学报，2010，34（5）：1-3，11.
④ 陈丛刊，王思贝. 坚持人民主体性：体育治理体系和治理能力现代化的价值导向[J]. 武汉体育学院学报，2021，55（1）：13-18.
⑤ 杨国庆. "十四五"我国竞技体育发展的时代背景与创新路径[J]. 武汉体育学院学报，2021，55（1）：5-12.
⑥ 白银龙，舒盛芳. 我国竞技体育治理演进历程、时代特征与展望[J]. 天津体育学院学报，2021（3）：314-322.

的职责权限，推进多元主体协同治理。辜德宏等[①]提出，未来在竞技体育深化改革中，要围绕阻碍竞技体育社会化和市场化改革的重大实践问题，将相关法理性研究视角和观点融入竞技体育发展的相关立法、司法、执法中，形成具体的制度性文件或法规条例，解决立法的有效性及司法和执法的可操作性等问题。

杜丛新等[②]通过对比分析美国、英国、澳大利亚、中国4个国家体育治理体系的发展历程、现状及特征，提出我国应建立政府主导的多中心协同治理体系，提高协会治理水平和治理效率，推动竞技体育和群众体育协调发展，推进落实体教融合发展的体育治理体系。龚正伟和刘星[③]指出，新冠疫情下，为改善我国体育治理，应将体育相关资源下沉至基层，通过将治理关口下移至社区，从而提升社区体育治理能力，以达到保障公民体育权利、增进人民健康福祉的善治状态。辜德宏[④]提出，为实现竞技体育供给方式改革，应依法治体，构建基于政府元治理的多元主体共治机制。陈洪[⑤]提出，政府应着力推动运动项目的分类管理，进一步培育并强化企业、非营利组织在发展竞技体育过程中的主体作用。陈世阳和闫旭峰[⑥]提出，为治理竞技体育领域的不正之风，应改革现有"政府独大"的管理体制，树立"多元并存、相互制约、分工合作"的治理理念，探索建立具有中国特色的竞技体育治理体制。刘戈[⑦]认为，我国应合理划分政府体育管理系统和社会体育管理系统的管理权限，借助社会力量办体育，拓宽多元投资渠道，广泛吸纳社会资源为体育提供支持，结合我国实际建立规范有序的职业体育监管体系。刘青[⑧]指出，未来中国体育管理的发展趋势与政府改革，应当紧跟世界各国体育管理发展的潮流，符合社会主义市场经济条件下文化发展的规律，适应我国体育发展的内在要求，探索政府主导下的体育管理多元化运行机制。

---

① 辜德宏，孟文光，王家宏. 竞技体育深化改革中的重大法律问题研究回顾与前瞻[J]. 武汉体育学院学报，2020，54（5）：48-55.
② 杜丛新，吴家乐，高缘，等. 美、英、澳、中体育治理体系比较研究[J]. 体育成人教育学刊，2020，36（3）：71-76.
③ 龚正伟，刘星. 新型冠状病毒肺炎疫情下基于人类命运共同体理念的我国体育治理方略[J]. 体育学研究，2020，34（2）：34-40.
④ 辜德宏. 供需视阈下我国竞技体育发展战略研究[J]. 北京体育大学学报，2018，41（3）：14-25，32.
⑤ 陈洪. 我国体育科技成果转化的领域、路径与保障机制[J]. 科技管理研究，2013，33（13）：150-153.
⑥ 陈世阳，闫旭峰. 治理理论视角下中国竞技体育不正之风体制原因探析：以中国足球为例[J]. 廉政文化研究，2012，3（5）：6-11.
⑦ 刘戈. 中英体育管理体制比较研究[J]. 体育文化导刊，2012（12）：16-19，28.
⑧ 刘青. 转型时期中国体育管理的发展与改革[J]. 成都体育学院学报，2007（6）：1-6.

五、研究述评

学者们已经指出了我国竞技体育内生动力培育这一问题的重要性,也指出了从政府作用的视角审视该问题具有重要现实意义。这些为本研究的选题和相关研究提供了较好的借鉴。已有研究主要为本研究提供了 3 个方面的启示:一是研究选题上的启示。已有研究指出了我国竞技体育可持续发展的关键在于推进社会和市场力量的参与。这提出了一个如何实现的问题,即如何设计有效的培育路径问题。二是研究切入点上的启示。已有研究指出了政府作用与功能的调整是影响社会和市场力量生长发育的关键。这提示我们可以从政府、社会、市场三者作用与功能的调整视角来审视竞技体育发展内生动力培育的路径问题,把握问题的关键,并且结合当前国家推进多元治理的发展背景,来审视三者作用与功能的重构思路以符合现实发展需求。三是研究理论构建上的启示。已有研究指出了将竞技体育产品分类,并相应调整政府、社会、市场力量的作用范围与方式是竞技体育改革的主要目标和方向。这为本研究分类建构我国竞技体育发展内生动力的培育路径及内生式发展的多元治理机制指明了方向。

已有研究尚缺乏对竞技体育内生动力培育路径的专门性研究,也缺乏从多元治理的角度审视竞技体育内生动力培育路径及治理机制设计问题的研究。鉴于此,本研究将在已有研究基础上,着力探讨多元治理与我国竞技体育内生动力培育路径之间的关系,通过把握多元治理对政府、社会、市场三大主体作用与功能的影响,来梳理我国竞技体育内生动力培育路径及治理机制问题,以期为推进我国竞技体育的内生式发展提供参考。

第四节 关键概念的界定

一、对竞技体育定义的认识

(一)主流观点:一种单向度的发展定位

我国明确提出竞技体育的概念是在 20 世纪 70 年代末期。1979 年 2 月 23 日,《体育报》刊登了谷世权和过家兴的文章《体育是一门综合科学》[①],该文章提出

---

① 谷世权,过家兴. 体育是一门综合科学[N]. 体育报,1979-02-23(版次不详).

体育要划分为大众体育和竞技体育，并指出竞技体育是研究如何加强运动训练的科学性、探索运动训练的客观规律、不断提高各项运动技术水平和成绩、攀登世界运动技术高峰、创造世界纪录、夺取比赛优胜的一个体育分支。随后的 6 月 20 日，《体育报》刊登了金禾的文章《关于 Sport 的概念》[①]，该文章将 Sport 译为竞技体育。自此，我国学者围绕 Sport 的翻译、含义，竞技体育的称谓、概念及其是否属于体育等问题展开了讨论。

1981 年全国体育学院通用教材《体育理论》[②]中对竞技体育下的定义为，竞技体育是为了最大限度发挥个人或集体的运动能力，争取优异成绩而进行的运动训练和竞赛。

1990 年全国体育学院通用教材《运动训练学》[③]中对竞技体育下的定义为，竞技体育是在全面发展身体，最大限度地挖掘和发挥人在体力、心理、智力等方面潜力的基础上，以提高运动技术水平和创造优异运动成绩为主要目的的一种活动过程。

此后的体育专业教材大体秉承"竞技体育就是以争取优异竞赛成绩为主要目的的高水平体育运动"这一定义的基本思路。这种观点由于具有官方性，并且以教材形式进行传播，其对于竞技体育的所指在大部分人的头脑中已经根深蒂固，再加上实践中我国一直将竞技体育等同于争金夺银的高水平竞技体育，所以这种观点占据目前的主流地位。

（二）理论争鸣：发展功能和价值的反思

实际上我国已有不少学者认识到"竞技体育就是以争取优异竞赛成绩为主要目的的高水平体育运动"这一观点存在不足，认为这种观点主要是从参与的成绩目标出发予以考虑的，而基于此形成的认识与游戏的本质属性存在一定的矛盾，且针对的群体被缩窄。学者们在研究了国外 Sport 的定义、历史演变及竞技体育（竞技运动）的特点、属性等基础上，提出了不同的竞技体育定义。

周爱光[④]在研究了 ICSPE（International Council of Sport and Physical Education，国际运动与体育理事协会）对竞技运动的定义及国外学者对于竞技运动、游戏的认识后，提出竞技运动是一种具有规则性、竞争性或者挑战性、娱乐性、不确定

---

① 金禾. 关于 Sport 的概念[N]. 体育报，1979-06-20（版次不详）.
② 全国体育学院教材委员会. 体育理论[M]. 北京：人民体育出版社，1981：6.
③ 全国体育学院教材委员会. 运动训练学[M]. 北京：人民体育出版社，1990：5.
④ 周爱光. 试论"竞技体育"的本质属性：从游戏论的观点出发[J]. 体育科学，1996，16（5）：4-12.

性的身体活动。竞技运动具有多种本质属性，在不同类型的竞技运动中，这些属性的表现程度不一样。如果把竞技运动的概念只解释成为高水平的选手竞技运动或锦标竞技运动，就不可能正确地把握竞技运动这一概念的外延。

吕继光和孙桂秋翻译了国外学者约翰·W.洛伊的《竞技运动的本质含义》[①]一文，文中指出竞技运动是一种要求有超凡身体技能的、有高度组织的游戏。竞技运动区别于游戏的点是它要求显示出超凡的身体技能，即使用提高了的身体技能和一定场合内全部体力活动来征服客观对抗对象。这暗示着通过大量的学习和训练，运动员一项或多项与竞技比赛有关的身体素质达到了较高水平。竞技运动还是一种有组织安排的游戏，但某种个别的体育形式并不需要反映出在有组织安排的模式中竞技体育所具有的全部特点。

韩丹[②]在对国外Sport和Game的发展演变进行历史梳理及综合国外多个学者对于Sport的定义和认识后，提出现代Sport就是制度化的、运动项目身体技能的竞赛活动，属于提供精神娱乐服务的文化范畴。

任海[③]在把握我国对竞技体育（竞技运动）定义认识的不足、造成的不良后果，以及综合国外多个学者对于竞技运动的定义和认识后，提出竞技运动是参与者在竞争的环境中，本着诚信自律的道德精神，遵守安全、公平的比赛规则，通过直接或间接的身体对抗，相互激发潜能，促进其身体、心理和社会行为健康发展的体育活动。他认为它应该是一种供大众参与的体育形态。

上述学者对于竞技体育（竞技运动）定义的认识具有以下几点启示：第一，都重视竞争性的特点，但并不把竞争简单地归结为争取优异比赛成绩；第二，都肯定了身体运动的特点，并且认为竞技体育（竞技运动）是需要一定身体素质或技能的身体运动；第三，竞技体育（竞技运动）不是一种简单的、自发性的游戏，而是具有一定组织形式的高级游戏；第四，竞技体育（竞技运动）的目标人群是大众，而不仅仅是高水平运动员。

（三）重新界定：基于对发展实践的梳理

实际上，从现代竞技体育的发展来看，它是依托一个个运动项目的诞生、发展、成熟而形成的一种体育形态。学习和掌握一定的专项体能或技能是参与竞

---

① Loy J W. 竞技运动的本质含义[J]. 吕继光，孙桂秋，译. 体育文史，1998（5）：49-52.
② 韩丹. 论斯泡特（SPORT）的源流、发展和当代形态[J]. 体育与科学，2006，27（2）：4-11.
③ 任海. "竞技运动"还是"精英运动"？——对我国"竞技运动"概念的质疑[J]. 南京体育学院学报（社会科学版），2011，25（6）：1-6.

体育的基本条件。同时，决定各运动项目能否进入奥运会的一个基本条件就是项目的普及程度。显然，竞技体育虽然具有发展体能或技能的特点，但它并不是专门针对高水平竞技选手的体育形态。另外，以项目为基础进行的运动竞赛，至少是2人的参与形式，要实现不同个体或团队间的公平和有序竞争，就要按照一定的规则进行，并进行相应的活动组织与安排。因此，具有一定的活动规则和组织形式也是参与竞技体育的基本条件。

从现代竞技体育的标志性运动——奥林匹克运动来看，其宗旨是，通过开展没有任何形式的歧视并按照奥林匹克精神——以互相理解、友谊、团结和公平比赛精神的体育活动教育青年，从而为建立一个和平且更美好的世界作出贡献[1]。现代奥林匹克运动的创始人顾拜旦提出，体育运动绝非少数人的特权，应该属于社会各阶层，应该属于全人类[2]。由此可知，竞技体育是针对大众的体育形态，具有多样化的组织与参与形式，其参与的目的不仅仅是争夺比赛成绩，而是具有更为宽广的目的、意义，核心是通过运动和竞赛促进人与社会的全面发展。

接下来，结合我国特定的历史环境来审视学者们在1979年提出的竞技体育定义。1971年10月25日，联合国恢复了我国的合法席位。1973年11月16日，亚运会联合会恢复了我国的合法权利。1974年2月9—11日，国际奥委会执委会对此事进行了讨论，并默认了亚运会联合会恢复我国席位的做法[3]。1975年4月9日，中华全国体育总会向国际奥委会提交了要求恢复我国合法席位的申请[4]。到1978年10月，包括田径在内的绝大部分国际单项体育组织恢复了我国的合法席位[5]。1979年11月26日，国际奥委会正式恢复了我国的合法席位。20世纪70年代是我国重新回到世界发展体系、体育重新回到世界赛场的年代。参加以奥运会为标志的国际大赛，为祖国争夺荣誉是当时国家和人民的迫切需求。这就不难理解当时我国学界为何会从参与目的的角度来界定竞技体育，并且将竞技体育指向选手竞技。

鉴于上述认识，基于定义的价值中立性原则，本研究在周爱光提出的定义基础上，对竞技体育（竞技运动）作出如下操作性定义[6]：竞技体育（竞技运动）

---

[1] 熊斗寅. 论奥林匹克理想[J]. 北京联合大学学报：人文社会科学版，2007，5（2）：49-55.
[2] 熊斗寅. 顾拜旦体育思想研究系列之六 顾拜旦论大众体育及其他[J]. 体育与科学，2004，25（3）：22-25.
[3] 伍绍祖. 中华人民共和国体育史（1949—1998）：综合卷[M]. 北京：中国书籍出版社，1999：244-248.
[4] 伍绍祖. 中华人民共和国体育史（1949—1998）：综合卷[M]. 北京：中国书籍出版社，1999：250.
[5] 伍绍祖. 中华人民共和国体育史（1949—1998）：综合卷[M]. 北京：中国书籍出版社，1999：252.
[6] 辜德宏. 我国竞技体育发展方式转变的逻辑起点辨析[J]. 天津体育学院学报，2015，30（5）：383-387.

是一种具有组织性、规则性、竞争性或挑战性、娱乐性、不确定性的较量专项体能或技能的人文活动。它具有不同程度的强化专项体能或技能，正式或非正式的组织形式及竞赛方式，多样化的参与目的、体验与收获，大众化的目标人群等特点。

（四）发展序位：几种体育形态间的关系

关于竞技体育（竞技运动）与学校体育、社会体育（群众体育）的关系，任海[①]提出，竞技体育（竞技运动）不是小众的精英竞技，而是大众都能参与的一种体育形态。竞技体育（竞技运动）是多种体育形态间的连接点（图1-1）。这种观点较好地揭示了几种体育形态间的关系。同时，这也提醒我们注意，学校体育和社会体育中也有归属于竞技体育（竞技运动）的成分，并且这个归属部分是学校体育和社会体育中的独特部分，是实现与精英竞技进行连接与互动的结合部。

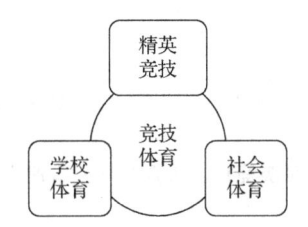

图1-1 竞技体育——多种体育形态间的连接点

在上述基础上，本研究认为，竞技体育（竞技运动）实际包括精英竞技和大众竞技两个层面。精英竞技是高级发展形态，大众竞技是基础发展形态。大众竞技不同于学校体育中的体育教学与活动，也不同于社会体育（群众体育）中的健身活动，而是在这两者的基础上，专项化程度、竞争性程度、组织化程度更高更强的体育形态。具体来说，竞技体育（竞技运动）就是针对某个或某些体育项目进行系统性、周期性、连续性的专项学习、练习或训练，使自身具有一定基础的专项体能或技能，并能在不同形式的运动竞赛中应用与展示自身的专项竞技能力和水平，以追求自身运动技能的完美表现和运动畅快感为核心目标的一种体育形态[②]。精英竞技、大众竞技及其产生示意图如图1-2所示。

---

① 任海."竞技运动"还是"精英运动"？：对我国"竞技运动"概念的质疑[J]. 南京体育学院学报：社会科学版，2011，25（6）：1-6.
② 辜德宏. 我国竞技体育发展方式转变的逻辑起点辨析[J]. 天津体育学院学报，2015，30（5）：383-387.

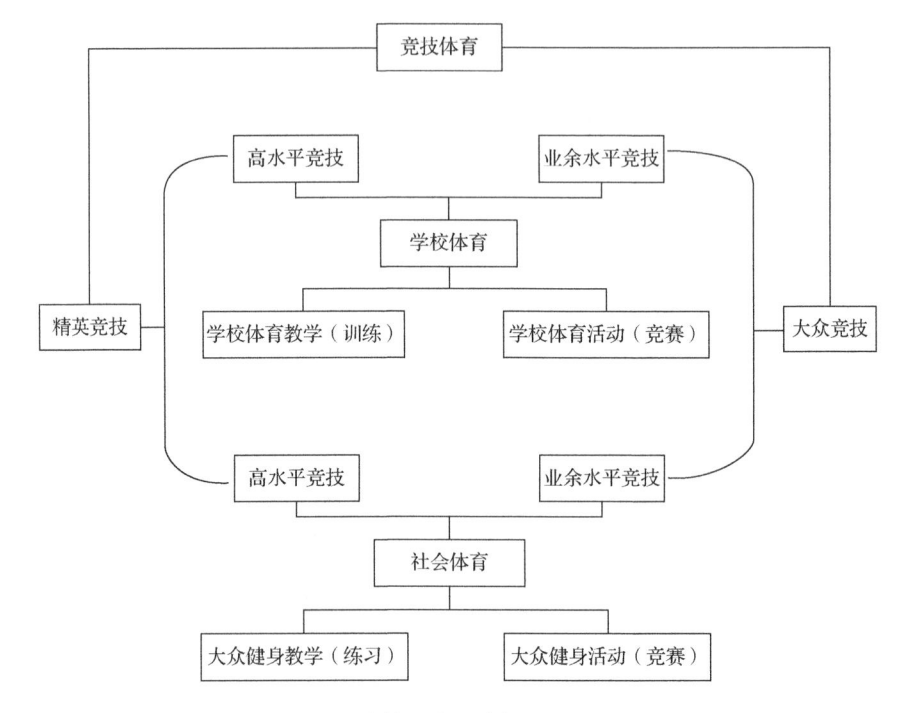

图 1-2　精英竞技、大众竞技及其产生示意图

基于此，本研究认为大众竞技是连接学校体育、社会体育与精英竞技的载体。学校体育和社会体育作为竞技体育发展的基础，先从中产生大众竞技这种发展形态，再以大众竞技为基础向上产生精英竞技这种发展形态[①]，如图 1-3 所示。

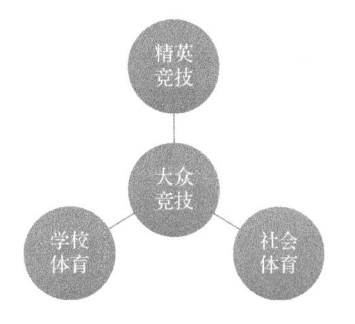

图 1-3　精英竞技、大众竞技与学校体育、社会体育的关系示意图

---

① 辜德宏. 我国竞技体育发展方式转变的逻辑起点辨析[J]. 天津体育学院学报，2015，30（5）：383-387.

二、对竞技体育发展方式的认识

（一）竞技体育发展方式释义

"发展"最初是生物学意义上的概念，主要指涉生物体的进化。随后"发展"扩展为社会学意义上的概念，指涉经济、社会等的发展变化[1]。沃尔夫[2]提出，发展（Develop）是有机物体发现自身的潜在能力的过程，是向着其"固有的存在形式"发展演变的过程。达尔文[3]指出，生物学上的发展（Develop）是生物体向着"更为完善的存在形式"发展演变的过程。在生物学意义上，"发展"一词的含义从向生物体"固有的存在形式"到向其"更为完善的存在形式"的发展，"发展"的形态更为高级，"发展"的含义更为丰富深化。这说明随着社会的进步及人们认识水平的提升，"发展"的意涵呈现动态的发展变化特征。

黑尔德[4]提出，社会的发展与生物的生长存在相似之处，可以借用生物学的胚胎发育过程来说明社会组织形态的发生、发展。这意味着发展由单纯的生物学意义演变成为自然科学与社会科学的融合体概念。并且，随着人类社会的不断发展演进，"发展"一词更多地关涉经济、社会的发展变化。由于生产力是社会发展的第一要素，"发展"始终围绕着经济发展这一中心而展开讨论，随后随着世界各国现代化建设进程的加快，"发展"涉及社会发展的各个方面、各个领域[5][6]。发展是事物在自身矛盾推动下的自我更替过程[7]。发展是一种有方向的运动、变化，其根源在于结构重组使得新质突现，产生结构和功能的复杂化[8]。人类社会的发展是一个发展含义不断拓展、关键要素不断提升、发展机制不断创新的过程[9]。从生物学意义上的概念发展到社会学意义上的概念，"发展"一词的意涵更为确切、更为科学。它具有明确的方向性，指向更为先进的发展方向。它具有静态的存在形态，表现

---

[1] ARNDT H W. Economic development: A semantic history[J]. Economic Development and Cultural Change, 1981, 29(3): 457-466.
[2] WOLFF C F. Theoria generationis[M]. Leipzig: Verlag von Wilhelm Engelmann, 1759: 11-12.
[3] DARWIN C. The origin of species, 1859-1959[J]. Bios, 1959, 30(2): 67-72.
[4] HERDER J G. "German Peoples" (1784)[EB/OL].(2023-12-02)[2024-07-04]. https://germanhistory-intersections.org/en/germanness/ghis:document-296.
[5] 张曦. 发展理论及其源流[J]. 云南民族大学学报：哲学社会科学版，2011，28（6）：65-79.
[6] CREWE E, HARRISON E. Whose development? An ethnography of aid[M]. London: Zed Books, 1998: 24-27.
[7] 杨乔文，曾启富. 发展的含义[J]. 西北民族学院学报：哲学社会科学版，1983（2）：20-24.
[8] 毛建儒. 论发展的含义及其机制[J]. 理论探索，1997（6）：16-18.
[9] 李周，国鲁来. 发展的含义及评价体系的演进与全面小康社会建设[J]. 中国农村观察，2006（2）：2-7，32.

为更为高级的新质态。它具有动态的变化性，在实践中不断地发展完善。

《现代汉语词典（第7版）》[①]中指出，发展是指事物由小到大、由简单到复杂、由低级到高级的变化。方式是指说话做事所采取的方法和形式。那么，"发展方式"可以理解为事物由小到大、由简单到复杂、由低级到高级的变化过程中所采取的方法和形式。方法是指关于解决思想、说话、行动等问题的门路、程序等。形式是指事物的形状、结构等。因此，发展方式具有两层意涵：一是发展方式是某些手段和行为方式的结合体；二是发展方式呈现出一定的外在表现形态。

"发展方式"一词应用于实践，主要用于经济领域。通过对实践中的发展方式的解读，能够更好地把握其丰富的内涵。经济发展方式指决定经济发展的各种因素的结合和作用以实现经济发展的方法和途径，涉及发展什么、为谁发展、怎样发展的问题[②]。如果去掉其具体指涉的经济这一领域，发展方式就是由决定事物发展的各种因素的结合和作用而产生的实现事物发展的方法和途径，主要指涉发展什么、为谁发展、怎样发展3个方面。这样可以推导出发展方式首先在于明确决定事物发展的构成要素，其次在于将这些构成要素具体化和组合化，从而形成推进事物发展的方法和途径。途径是完成某事的方法和通向某个地方的道路。因此，发展方式就是由各发展要素构成的发展手段、行为方式、发展道路与发展形态的集合。发展方式的内涵可以从发展的目标、内容、取向、理念、要求、动力、手段、途径、形态等方面来理解。

发展方式应用于不同的领域就构成了某一具体事物的发展方式。对于这种具体事物的发展方式的理解，可以从发展方式的定义与内涵出发，结合该事物的发展实践来进行解读。因此，本研究认为，竞技体育发展方式就是由决定竞技体育发展的各种要素的结合而产生的推进竞技体育发展的手段、行为方式、发展道路、发展形态的集合，主要指涉发展什么、为谁发展、怎样发展3个方面。竞技体育发展方式的内涵需要立足于具有某种具体指向的发展方式，并结合竞技体育发展的目标、内容、取向、理念、要求、动力、手段、途径、形态等方面的实际来理解。

（二）外生式发展方式：我国竞技体育跨越式发展的背后

近代中国的体育事业是追求体育现代化的发展过程，走的是一种典型的后发

---

① 中国社会科学院语言研究所词典编辑室. 现代汉语词典[M]. 7版. 北京：商务印书馆，2016：352，366，367，1467.
② 简新华，李延东. 中国经济发展方式根本转变的目标模式、困难和途径[J]. 学术月刊，2010，42（8）：67-73.

外生式发展道路。现代竞技体育是西方发达国家的产物，而且我国一直在赶超西方发达国家的竞技体育，将我国竞技体育概括为一种后发式的发展毋庸置疑。对于外生性的发展，发展社会学认为，现代化的外生性主要表现在两个方面：一是现代化中的很多制度文化要素都采借于外部社会，以此为经济发展创造条件；二是现代化的动力主要来自政府和社会上层精英而非民间，特别是政府，往往直接干预经济发展[①]。当时，我国竞技体育的发展实际是一种超前的发展，它的发展超越了当时竞技体育发展的内在需求和实际条件，不是竞技体育内在发展规律的真实写照，而是在民族形象、地位等外在压力影响下的超越现实发展水平的非常规发展。最初竞技体育的发展大量参照了苏联的训练经验和模式，不仅借鉴了许多先进的训练理念和方法，而且形成了集中力量办体育的举国体制。同时，我国竞技体育的发展动力主要来自国家和政府，因此将我国竞技体育概括为一种外生性的发展也能够成立。

在外生的现代化中，民间现代性因素缺乏，政府人为干预并打破现代化发展的各要素之间的自然逻辑，凭借行政权力集中国力推进现代化，使现代化得以在较短时间内展开。伴随而来的是，它将引发一些发展的不平衡、冲突和错位问题[①]。在我国竞技体育的后发外生型发展中，政府通过政策引导、组织管理、国家投入等措施影响了竞技体育自身内在发展的各要素之间的自然逻辑，使竞技体育较快赶超了部分西方发达国家，实现了跨越式发展。从政策引导方面来看，政府拟定了不同的发展战略，即普及与提高相结合—缩短战线保证重点—竞技体育适度超前发展—奥运争光，调控了不同时期竞技体育发展的战略重点，干预了其自然发展的逻辑序列。从组织管理方面来看，竞技体育经历了分工负责制—体委集中制—集中双轨制，从由体委领导、各行业协会（部门）实施，到体委集中统一管理，再到国家体育总局集中领导管理，政府不同程度地干预了竞技体育发展的体制机制，影响了其内生机制的形成。从国家投入方面来看，中央财政和地方财政承担了不同层级专业运动队的运转费用，政府干预了竞技体育的自我发展能力，影响了其内生能力的发展。

这种后发外生型发展带给我国竞技体育一些相应的发展问题，主要表现为发展结构的不均衡、发展成本的投入高、发展的可持续性差。从发展结构来看，奥运项目与非奥运项目、夏奥项目与冬奥项目、优势项目与潜优势项目、重点项目

---

① 张琢，马福云. 发展社会学[M]. 北京：中国社会科学出版社，2001：135-136.

与一般项目结构发展失衡。同时，东部和西部竞技体育发展水平也存在较大差异。从发展成本来看，从中华人民共和国成立初期至1977年，国家对体育事业的财政投入为22.8亿元。1978—2006年，各级财政对全国体育系统共投入资金1196.6亿元[1]。备战2008年奥运会，国家的专项资金拨款为40亿元[2]。从发展可持续性来看，在美国参加课余训练的学生总数是730.23万，占全国人口总数的4.3%；俄罗斯为1000万，占4.4%；德国为175万，占10.4%，而我国只有470万，占0.39%[3]。另据相关统计，2001年我国在训总人数为419048人，2004年为398439人，减少了20609人。其中，2001年体育学校（以下简称体校）在训的少年儿童学生为372290人，2004年为330923人，减少了41367人。同时，大多数项目的人才成材率偏低：2019年全国二级运动员为32948人，但只有305人获世界冠军，占0.93%；总体而言，我国二级运动员每年获世界冠军的人数占总人数的比例不到1%[4]。

总的来说，政府按照国家发展需求，重塑了竞技体育的发展逻辑，使竞技体育走上了一条外生式的发展道路。在政府的干预下，我国竞技体育虽然实现了跨越式的赶超发展，但也造成了竞技体育的发展具有一定的人文缺陷和粗放发展的特点。竞技体育发展对于运动员的人文关怀尚需加强，竞技体育的教育价值亟待重视。竞技体育发展亟须改变主要靠扩大规模、依靠政策和保障等要素驱动的外生粗放型发展，转向主要依靠科技创新和管理创新驱动的内生集约型发展。

（三）内生式发展方式：我国竞技体育可持续发展的未来

从发展社会学的理论变迁来看，20世纪50年代，立足于传统和现代社会的对立与转化，产生了现代化理论，认为西方化或照搬西方模式是非西方不发达国家实现现代化发展的唯一途径[5][6][7][8]。20世纪60年代末，学者们针对现代化理论背景下，西方发达国家与非西方不发达国家之间的掠夺与被掠夺的不平等关系，提出了依附理论。强调非西方不发达国家只有与西方发达国家脱离关系，摆脱它

---

[1] 国家体育总局. 改革开放30年的中国体育[M]. 北京：人民体育出版社，2008：235-236.
[2] 国家体育总局政策法规司. 2008年北京奥运会的理论与实践[M]. 北京：人民体育出版社，2005：10.
[3] 卢元镇，张新萍，周传志. 2008年后中国体育改革与发展的理论准备[J]. 体育学刊，2008，15（2）：1-6.
[4] 谢云. 我国竞技体育后备人才培养：发展现状与路径选择[J]. 天津体育学院学报，2022，37（5）：532-538，577.
[5] 张琢，马福云. 发展社会学[M]. 北京：中国社会科学出版社，2001：94-98.
[6] ADELMAN I, MORRIS C T. A factor analysis of the interrelationship between social and political variables and per capita gross naitonal product[J]. Quarterly Journal of Economics, 1965, 79(4): 555-578.
[7] ADSERA A, RAY D.History and coordination failure[J]. Journal of Economic Growth, 1998, 3(3): 267-276.
[8] CHIROT D, HALL T D.World-system theory[J]. Annual Review of Sociology, 1982, 8(1): 81-106.

们的剥削与控制才有可能发展。如果一个国家的发展脱离与世界的联系，发展就会具有一定的局限性[1][2][3]。20世纪70年代中期，产生了世界体系理论，该理论认为一个国家或社会在世界体系中的地位可以改变，世界体系整体变动的时空特点决定单个国家的变化状况。但它过于重视整体体系的决定作用，忽视国家发展的努力，忽视对国家发展道路的探讨，因而其在实际应用中具有一定的缺陷[4]。

20世纪七八十年代，学者们开始从发展的本体论基础出发，对现代化理论、依附理论、世界体系理论进行反思与解构，并逐渐形成了内生式或内源性发展理论。诸多学者对内生式或内源性发展进行了研究，提出了各自的观点。例如，强调动力来源方向和发展目标的观点：从本质上讲，内源性发展是由内部产生的发展，是着眼于为人类服务的发展。强调发展过程和结果的目的性、指向性的观点[5][6]：内生式发展表示一个国家合理开发与利用其内部力量和资源的发展。内生式发展模式是一种具有"自我导向"的发展过程，通过这种过程会达到自己想要的发展形式。强调动力来源组成和推动发展的方式的观点[7]：内生式发展是一种激发内部生长能力的发展模式，是一种自下而上、依靠基层力量推动的发展模式。

内生发展理论强调事物发展的关键在于自身内部形成自生和自我发展机制。它观照社会发展的内在需求和发展实际，以人的发展为中心，批判吸收外来的经验，重视自下而上的人民参与的原动力。它较好地揭示了发展的取向、动力、方式等问题，具有较好的阐释力，也较为切合发展的实际，成为发展理论研究目前关注的焦点，在实践中发挥着越来越重要的指导作用。

根据前人的研究，本研究认为内生式发展的实质就是体现事物自身内在发展规律和需求的发展方式，是一种具有自我发展动力和能力的发展方式。竞技体育的内生式发展就是遵循其内在发展规律，符合其内在发展需求，使其产生自我发

---

[1] 张琢，马福云. 发展社会学[M]. 北京：中国社会科学出版社，2001：65-71，84-89.

[2] EASTERLY W, LEVINE R. Africa's growth tragedy: Policies and ethnic divisions[J]. The Quarterly Journal of Economics, 1997: 1203-1250.

[3] JEFFRY A F. Modern political economy and Latin America[M]//ENGERMAN S L, SOKOLOFF K L. Factor endowments, institutions, and differential paths of growth among new world economies: A view from economic historians of the United States. New York: Routledge, 2019: 122.

[4] 张琢，马福云. 发展社会学[M]. 北京：中国社会科学出版社，2001：94-98.

[5] BOISIER S. Is there room for local development in a globalized world?[J]. Cepal Review, 2005, 87(2): 45-60.

[6] BARKE M, NEWTON M. The EU Leader initiative and endogenous rural development: The application of the programme in two rural areas of Andalusia, southern Spain[J].Journal of Rural Studies, 1997, 13(3): 319-341.

[7] 弗朗索瓦·佩鲁. 新发展观[M]. 张宁，丰子仪，译. 北京：华夏出版社，1987：2.

展动力和能力，并最终促使竞技体育发展的价值与功能得以内在统一的发展方式[①]，如图1-4所示。

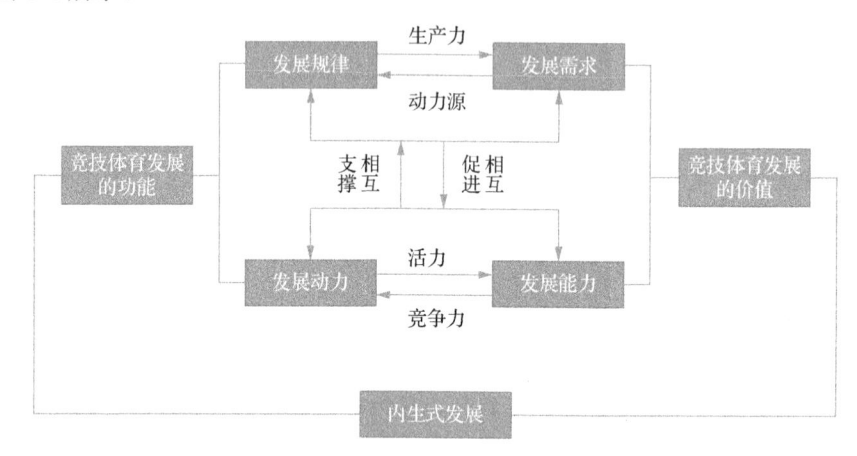

图1-4 竞技体育内生式发展方式概念解析图

三、对竞技体育发展内生动力的认识

（一）由内生发展理论引发的思考

内生发展理论强调事物发展的关键在于通过自身内部发展各要素的整合来建构一个具有自我良性发展循环的内生动力链条，以便让自身形成自生或自我发展机制。无疑，从内生发展理论来看，社会或事物发展的关键在于从自身内部寻求发展动力，通过对自身内在发展因素的挖掘，构建良好的发展运行态势，形成可持续的自我发展循环。

（二）自组织理论带来的启发

自组织理论认为，自然界和社会系统中的事物均存在从无序走向有序的进化方式，具体有两种情况：一种是自身不能自主组织演化，只能依靠外界指令推动被动地从无序走向有序的被组织（他组织）；另一种是事物无须外界干涉，自身就能自我组织实现有序化的自组织[②]。由此可见，自组织理论也强调事物发展的动力来源于自身内部，自身内在发展因素能进行自我组织和发展运行，并形成一种自我有序发展的运行态势。自组织理论用于揭示一个宏观系统（如生命系统、社会

---

① 辜德宏. 我国竞技体育发展方式转变研究：基于政府作用的视角[M]. 苏州：苏州大学出版社，2016：188.
② 刘宏亮，牛建军，刘永. 基于自组织理论的体育教学系统发展研究[J]. 山东体育学院学报，2019，35（5）：84-89.

系统）的子系统如何自行组织，实现从无序走向有序、从低序走向高序、从简单走向复杂演化的一般条件、机制和规律性[1]。自组织系统是在无外力的强行推动下作出演化的过程，其展现出系统各元素在时间、空间、功能上协调运作，由无序走向有序、由低级走向高级的一种复杂发展机制[2][3]。无疑，自组织理论更强调事物发展的自我组织与运行，以及表现出的良好发展态势。

综上，自组织理论与内生发展理论都强调从社会或事物内部寻求发展动力。但两相比较，内生发展理论更多的是一种对发展性质或状态的描述，主要表现为一种静态的观察视角，它更为强调基层或民间力量的作用，关照事物发展的内在需求，并强调在此基础上建构事物自我发展的动力和能力。自组织理论则更多的是一种对发展运行特点或态势的描述，主要表现为一种动态的观察视角，它更为关照事物自我组织和自我发展的作用，强调以此来实现发展的有序和良性循环，并在此基础上发挥事物的作用和功能。

（三）竞技体育发展内生动力释义

《现代汉语词典（第7版）》[4]指出，动力是使机械做功的各种作用力，如水力、风力、电力、畜力等；比喻推动工作、事业等前进和发展的力量。从词典的解释来看，动力就是一种或多种作用力、推进力，也就是说它涉及的是具体的动力来源，并不涉及作用机制层面。同时，鉴于第二种解释更符合研究议题的意涵，本研究就在此解释的基础上进行相关界定：竞技体育发展的动力即推动竞技体育前进和发展的力量。

由于推动竞技体育前进和发展的力量主要来源于不同发展主体的作用力，即政府作用力、社会作用力、市场作用力等，所以审视竞技体育发展的内生动力问题就可以理解为，梳理推动竞技体育前进和发展的各类主体与竞技体育发展的关系问题，即什么发展主体的作用力是内生动力，什么发展主体的作用力是外生动力。问题的关键就在于区分竞技体育发展动力的外生性和内生性。

根据内生发展理论与自组织理论强调的不同侧重点，思考动力是否来源于基层或民间就是区分内生动力与否的第一重标准，是否形成自组织机制就应当是衡

---

[1] 杨树林，曹烃. 空间生产：残疾人体育自组织的创建机制研究[J]. 社会工作，2020（4）：51-60，111.
[2] 林春生. 自组织理论视野下的教学设计思考[J]. 现代教育科学：普教研究，2007（5）：9-10，5.
[3] 于冲，刘巍，秦晨晨. 基于自组织理论的我国体育公共服务社会化发展模式研究[J]. 体育文化导刊，2018（10）：35-39.
[4] 中国社会科学院语言研究所词典编辑室. 现代汉语词典[M]. 7版. 北京：商务印书馆，2016：313.

量内生动力与否的另一标准。另外，发展竞技体育实际就是提供一定产品或服务以满足不同主体需求的实践活动，它总是具有一定的价值主体和价值需求，总是会开发出一定的发展功能以匹配其发展的价值主体及需求。由此，竞技体育发展的内生动力就是依靠基层或民间力量推动，促使竞技体育发展更好地服务于其内在发展需求，并使其内在价值和功能得以统一，进而形成自组织发展机制的力量（发展主体）。从动力来源、需求归属、价值生产、功能发挥、运行态势等角度出发，能够更好地认识竞技体育发展动力的内生性和外生性问题。

（四）社会和市场力量：竞技体育发展的内生动力

（1）人和人的需求是竞技体育发展需关照的核心价值主体与需求。从现代竞技体育的产生来看，其依托不同运动项目对个体的娱乐、运动、健身、交往等需求的满足，即竞技体育的生发是立足于对个体生存和发展的需求的回应、开发、满足。人始终是人类社会发展最根本的价值主体。只有将人的生存和发展作为竞技体育发展的内在价值主体和诉求，才会更好地形成其自组织发展机制。由此可见，个体的人就应当是竞技体育的原发价值主体。也就是说，竞技体育的发展应该且必须最终落脚于服务于人的发展和人的发展需求。社会和国家则是竞技体育发展到一定规模并具备一定影响力后衍生出的价值主体。由于个体的发展总是置于一个社会发展和国家发展之中，社会和国家的发展能够为个体的发展营造更好的发展环境和条件。从这个意义上来看，社会和国家也是竞技体育发展的重要价值主体。但需要注意的是，只有人的发展和人的发展需求才是竞技体育发展的原发性价值主体和需求。

（2）政府的特性使其与竞技体育的内在价值主体和需求有所疏离。政府作为国家发展的代理人，首要考虑的是整体性、全局性、关键性问题，如果将价值需求分为个体需求、集体需求、社会需求、国家需求，则政府自然容易将国家需求、社会需求、集体需求置于个体需求之上。尤其当国家的规模较大时，个体的需求就更容易被平均化，以协调社会和国家发展的整体需求或利益。因此，由政府作为竞技体育的发展主体，就可能导致竞技体育发展与其内在价值主体的需求有所背离，竞技体育发展的价值和功能产生一些偏差。当然，可以采取一些措施来控制这一问题，但政府始终只是竞技体育发展核心价值主体的代理者，它只能无限接近被代理者的需求，而无法真正成为被代理者，参与发展的外生性特点早已注定。政府作为代理者，还可能产生自身的利益诉求，即采取一些方式干预竞技体育的发展走向，使之更好地与自身的利益相吻合。例如，更大力度支持高显示度的发展内容，以获取晋升或证明管理的合法性、有效性等。

（3）社会和市场的特性使其与竞技体育的内在价值主体和需求联系紧密。社会力量作为一种主要依托志愿机制发挥作用的发展主体，其参与竞技体育发展，就是纯粹地服务于不同运动项目的发展需求，服务于参与不同运动项目人群的需求。诚然，它们可能在服务的规模、范围、质量等方面存在某些不足，但毋庸置疑，它们能够根据参与运动的个体的意愿和需求提供相应服务。从这个意义上来看，社会力量参与竞技体育发展天然地蕴含了内生性的特点。市场力量要追求发展利润，最关键的就是要把握市场需求，而竞技体育发展的市场需求就是对不同个体需求的把握，即只有生产和供给能满足个体需求的竞技体育产品、服务，才能最大限度地保证其发展利润。从这个意义上来看，市场力量能较好地对个体需求、意愿、喜好等进行甄别和反馈，更能代表和反映竞技体育发展中的个体需求问题。

（4）世界竞技体育强国的发展实践举证社会和市场是其发展的内生动力。从美国、德国、英国等竞技体育强国的发展实践来看，社会和市场是其竞技体育发展的内生动力，政府只提供助力。美国竞技体育主要依托学校竞技体育和职业体育，德国和英国则主要依托社会体育俱乐部和职业体育，它们这种以社会和市场力量为根基的竞技体育发展模式，围绕着广大青少年的成长、成才需求，将参与竞技体育内化为个人成长、成才的一种手段，竞技体育发展模式的建构更为符合竞技体育发展的内在需求。实践发展也证明，世界竞技体育强国竞技体育的发展拥有强大的群众基础和超强的发展实力。虽然，德国和英国的奥运会成绩在一定阶段有些波动，但从其三大球、田径的发展来看，它们始终处于世界一流水平。这种高竞争性的国际大项长期处于高位，在很大程度上反映了其发展的群众基础和竞技实力。由此可见，社会和市场力量构成竞技体育发展的内生动力，建构竞技体育内生式发展的动力链条有现实样本。当然，我国国情和它们的不同，是否合适迁移它们的做法或如何改造其发展模式等问题尚需进一步讨论，但毋庸置疑，社会和市场力量能够构筑竞技体育发展的内生动力。

（五）竞技体育举国体制：一种高效但非内生性的发展机制

（1）建构在国家对资源要素的投入和运动员职业保障基础之上，竞技体育发展被建构的外生性特点显著。从理论界的讨论和实践界的发展来看，竞技体育举国体制的成效如下：一是建构了专业化的运动员、教练员、管理人员、后勤人员队伍，以及专业化的训练场地、设施；二是用国家或地方财政资金来保障竞技体育发展所需的人力、物力；三是专业运动员在训期间待遇及退役后就业有保障。这3点背后反映的是国家制度的一种安排，它主要围绕为国争光这一政治功能来组织竞技争光类产品的生产与供给，其服务的价值主体主要是国家，服务的价值需求主要是国家的政治需求。这些并不是由竞技体育自生发展产生的需求，也不是竞技体育自组织发展会形成的发展方式或格局。当然，服务于国家和国家发展需求也是现代竞技体育发展需要回应的重要价值主体和需求，以此为基点建构的发展模式也为我国经济社会的发展作出了突出贡献，但这背后终究还是反映了发展的外生性问题。正如学者所说，强有力的外部控制使竞技体育呈现出明显的"被组织"特色[①]。

（2）发展的动力链条不完整，发展的内生性存在先天不足。竞技体育举国体制主要抓的是精英竞技，其发展的小众竞技特点明显。实际上，竞技体育本应是服务于大众群体多元需求的一种体育发展形态，尤其是磨砺广大青少年身体、心理、意志品质等的一种有效手段。西方发达国家的经验也让我们看到，竞技体育是培养卓越人才的一种独特手段，其针对大众群体的发展模式也恰恰建构了竞技体育发展的内生动力。大众参与和小众参与—构筑竞技体育发展基础—促进精英竞技发展，对比这两种发展模式（大众参与的竞技体育发展模式与小众参与的竞技体育发展模式）建构的动力链条，无疑是大众参与的模式更为厚实、发展更有稳固性[②]。与此同时，竞技体育举国体制主要是在体育系统内建构了自己的一套发展体系，体育系统之外的力量及体制外的民间力量在一定程度上是被排斥的。竞技体育举国体制背后的支撑是科层制行政管理体制，主要推手是政府，主要绩效考核是为国争光目标的实现程度。行政发包制和政治锦标赛构成了中央政府统摄地方政府协调一致发展竞技体育的关键。在计划经济时代，我国发展的资源基本掌握在国家手中，行政作用机制也是最主要的动员机制，但步入社会主义市场经济时代后，社会和市场力量开始拥有相当一部分发展资源，行政作用机制也不再是唯一的作用机制。上述动力链条与竞技体育多元功能和综合作用的发挥有一定背离。

---

① 邵桂华,满江虹.基于自组织理论的我国竞技体育发展体制分析:问题与解决途径[J].天津体育学院学报,2015,30（2）：132-135.
② 辜德宏.我国竞技体育发展方式转变的逻辑起点辨析[J].天津体育学院学报,2015,30（5）：383-387.

（3）未能使竞技体育形成自组织的内生发展循环。具体如下：一是竞技体育发展的结构不均衡，其主要表现在奥运项目和非奥项目发展不均衡、奥运重点项目和奥运非重点项目发展不均衡、男子项目和女子项目实力发展不均衡、经济发达地区和非经济发达地区竞技实力发展不均衡等方面，而这些非均衡并不是由竞技体育自身发展产生的非均衡，而是由国家干预过多后产生的非均衡，即"缩短战线、有所为、有所不为"等外部因素干预引发的非均衡问题。二是小众、冷门项目是我国竞技体育发展的主导项目。按照内生发展理论，运动项目受民众喜爱的程度应当是推动项目发展的内生动力，会决定项目发展的普及程度，在很大程度上能反映项目发展的高度。这些项目即使可能达不到世界顶尖水平，但相对于其他项目来说，也应该具有更高的竞技水平，因为喜爱程度高—参与人数多—有更多的苗子和更好的竞技基础—竞技水平高，这是符合发展逻辑的正常发展轨迹和发展常态。按照这个逻辑，如果是一种内生发展的态势，那么我国普及程度高的项目应该具有更高的竞技实力和水平。当然，小众和大众项目发展基础的不同可能并不能完全对应于竞技水平，但长期以来小众项目具有更高的竞技水平，而大众项目只具有相对偏低的竞技水平，这反映了目前竞技体育的发展形势尚未形成内生式发展循环，或者说内生性不足。三是后备人才数量持续萎缩。近些年，举重、体操、跳水等传统优势项目后备人才数量持续下降，如果竞技体育举国体制形成内生式发展循环，那么实践中就不应该出现这样的情况或现象，因此这也从侧面反映了内生性不足的问题。再联系前面第二点来看，高竞技水平和优异的竞赛成绩本该吸引更多的人参与相应的运动项目，并且由国家主导扶持应该有更好的发展基础和条件，实际情况却是举重、体操、跳水这些项目参与度一直不高，虽然其背后的原因很复杂，但无疑也在一定程度上反映了发展的内生性不足问题。

（六）对竞技体育发展中政府作用的理解

1. 对竞技体育举国体制中政府作用的审视

竞技体育举国体制能帮助我国竞技体育取得跨越式发展，是因为它与我国计划经济体制协调一致，与我国管理体制、机制高度匹配，为此它能有效进行相关资源动员与计划配置，从而保障了我国竞技体育发展资源配置的快速化和有效化，也由此建构了具有中国特色的竞技体育发展循环，即国家政治需求—主管机构落实—国家财政支持—国家政策保障—专业人员承担—优异竞赛成绩—扩大国际影响—提升国家地位—满足国家政治需求—强化国家政治需求……由于竞技体育举国体制形成的是以国家政治需求为中心的竞技体育发展循环，相应地，以争金夺银为目标，以国家和政府投入为手段就具有合理性，并能不断强化而形成稳固的发展循环。可以说政府作用力是此种情况下我国竞技体育发展的内生动力，因为竞技体育只被等同于为国争光的体育。由此建构的发展循环依托的动力就是政治效应或金牌效应。无疑，这种情形下的竞技体育是一种被建构的具有特殊使命和任务的非常态竞技体育发展形态。

但是，改革开放以来，竞技体育所处的发展环境和条件已然变化，上述稳固的发展循环出现了一些问题。一是竞技体育发展的摊子越来越大，财政不堪重负。二是无法再高质量解决运动员退役后的安置问题，而长期专业训练导致运动员文化素养不高，因此产生就业难问题。三是在市场经济条件下，个人有更多的发展选择，而能成长为奥运冠军或世界冠军的人只是极少数。四是国家经济和科技实力的提升，已在发挥更为重要的外交功能。五是民众的多元化竞技体育需求日益增加，竞技体育多元功能的开发要求不断被凸显。六是竞技体育的经济功能开发迅速，竞技体育演化出了公益性、准公益性、私益性3类产品。七是竞技体育发展服务于国家建构的使命已完成，服务于国族建构的使命还任重道远[①]。无疑，原有发展循环中的一些环节存在被弱化、被分化、被复杂化等问题，这就使得原有的彼此正向强化的强联系关系发生变化，政府作用趋于低效。改革开放以来，我国竞技体育管理机构、职能的多次调整，国家不断深化推进竞技体育发展的社会化、市场化改革等也反映了这一问题。综合来看，我国竞技体育的发展越来越强调回归本源，即由以服务于国家和政治需求为中心转向以服务于民众和生活需求为中心。非常态化下的以政府为主要发展动力逐步转向以社会和市场为主要发展动力的新常态化。

2. 对多国竞技体育发展中政府作用调整的审视

随着现代竞技体育发展规模的不断扩大，其发展影响力也在不断增强，它不再是纯粹地服务于人和社会发展需求的竞技体育，而是被赋予太多政治意涵的国际交往符号，象征着国家发展的综合实力和国家发展的国际地位。尤其是奥运会、世界杯这种以国家组队参赛的竞技形式，更是强化了各国对竞技体育政治功能的重视。例如，美国奥委会于1981年采用"金牌行动计划"，即凡进入世界锦标赛前6名或进入1/4决赛（淘汰赛）的前8名个人或集体，都可以在1989—1992年

---

① 任海. 体育强国：由重在国家建构到重在国族建构[J]. 上海体育学院学报，2018，42（1）：1-6.

的 4 年间每年每人获得 2500 美元[①]。显然，这是一种带有较强经济激励色彩的竞技体育政策行为。俄罗斯于 1999 年重新设立了政府竞技体育主管机构，建立了国家队训练中心，重新对竞技体育的发展加大财政投入，体育赛事活动拨款增长 3 倍，2003 年俄罗斯对竞技体育的预算拨款更是达到了 40 亿卢布[②]。政府通过机构设置、相关政策法规制定和资金投入引导竞技体育发展为国家利益服务。英国经历 1996 年奥运会的失利后，于 1997 年出台《奥运奖牌计划》《奥运争光计划》，明确了英国竞技体育在奥运会的战略目标。英国于 2005 年获奥运会举办权后更是出台多项政策以强化其竞技体育发展的政治功能[③]。

从上述国家的相关做法来看，政府在强化自身在竞技体育发展中的作用，而它们强化政府作用的目的，都是希冀更好地引导竞技体育实现为国争光的政治功能。美国和英国采用的是典型的社会主导型竞技体育发展模式，俄罗斯最初也是意图走社会主导型发展模式，这就意味着以社会和市场力量为主导形成的竞技体育自组织机制，并不是以实现为国争光的政治功能为内在需求的，或与之弱相关。因此，政府需要加强自身的他组织干预作用，利用财政投入和政策引导竞技体育发展服务于国家政治需求。综上，竞技体育的为国争光等政治功能是被现代社会发展建构出来的一种功能，即它属于一种非内生性的竞技体育发展需求，即便荣誉需求也是民众的精神需求之一，但每个人对之的感知度、满意度不同，而且它也不是事关普通人生存、发展、荣誉的根本性或原则性问题。因此，政府作用的加强主要是对国际政治交往和格局的一种回应，是对竞技体育发展功能的一种建构，是对竞技体育发展形势的一种他组织干预。也就是说，多国竞技体育发展中政府作用的调整，并不是反映政府为竞技体育发展的内生动力，而恰恰反映了政府是外生动力或他组织力量。但要注意的是，这与竞技体育发展是否需要政府作用是两码事。

3. 对竞技体育产品属性与发展主体作用的审视

（1）从竞技体育产品的属性来看，政府有发展竞技体育的责任。竞技体育作为文化产品，具有公益性、准公益性和私益性之分。政府是提供竞技争光类、竞技参与类等公益性和准公益性产品的责任主体，可以直接参与生产与供给，也可

---

① 舒盛芳. 大国竞技体育崛起及其战略价值研究[D]. 上海：上海体育学院，2010：72-77.
② 马忠利. 俄罗斯体育重归政府管理的过程及缘由探析[J]. 成都体育学院学报，2008，34（3）：8-11.
③ 陈珊，肖焕禹. 伦敦奥运周期英国体育政策研究[J]. 体育文化导刊，2013（12）：18-20.

以采用外包、租赁、购买等形式，动员其他社会主体参与生产与供给，自身则履行规划、监督、审计等职责，最终实现发展竞技体育的目标。对于竞技表演类等私益性质的产品，政府一般不参与其生产与运营，但由于其也是经济社会发展的重要组成部分，政府也有自己应尽的责任和义务，工作的重点就是营造良好、稳定、公正的发展环境。由此可见，政府虽然不是竞技体育发展的内生动力，但由于它是经济社会稳定和发展的保护者，它也要为竞技体育的发展提供助力。而且，当竞技体育产品中还有归属为公共服务的成分时，政府就更需要有所为、有所不为。当然，这种作为可以是为社会和市场力量提供帮助或营造环境。

（2）从发展主体在竞技体育产品生产与供给中作用的优劣势来看，政府作用不可或缺。从管理学领域关于政府、市场、社会三者作用的理论和实践发展来看，三者都有作用失灵的时候，也都有各自作用的优势。由于三者各有不同的核心利益诉求，只有三者有机结合与适度分离，才是取长补短、发挥各自优势的理想之道。其中，政府是代理人角色，存在代理人利益和被代理人利益的隐形冲突可能。为此，政府需要把握其有限政府、有效政府、服务型政府的角色定位，为社会和市场力量建构竞技体育发展的内生动力提供助益。社会和市场没有双重角色，但有其发展的价值取向，市场偏重于获取经济利益，社会仅在有限范围和程度内作为。充分发挥市场的竞争机制、利益机制，社会的志愿服务机制是它们发挥自身优势并形成自组织机制的关键所在。与此同时，只有三类主体彼此间相互协同合作，才能更有效地避免竞技体育产品生产与供给上的不平衡、不充分问题，更好地满足人民日益增长的美好生活需要，更有效地实现竞技体育公益性、准公益性和私益性产品的高质量生产与供给。

4. 从自组织与他组织机制的关系审视政府作用

系统是各种要素相互作用与联系形成的运动之物，系统的内部要素之间，以及系统与外部环境之间，发生着永恒不灭的相互作用[①]。由此可见，任何系统都同时遭受着来自内部和外部两种作用的共同影响，自组织或他组织是对形成事物秩序的决定性作用的强调，只有内部作用起决定性主导时事物才是自组织的，只有外部作用起决定性主导时事物才是他组织的，但事物的发展总是由自组织机制和他组织机制一起推动的。因此，即便政府作用力是竞技体育发展的外生力量，是竞技体育发展的他组织机制，但政府作用与社会和市场力量的互动也有助于推进

---

① 宋爱忠."自组织"与"他组织"概念的商榷辨析[J]. 江汉论坛，2015（12）：42-48.

竞技体育的有序发展。而且，当系统处于一些特殊发展时期或发展环境、条件时，需要他组织机制来破除发展限制，帮助激发自组织机制。实际上，中华人民共和国成立初期，我国竞技体育发展的资源条件有限，但又要在短时间内实现高质量发展，因此政府建构了他组织干预机制，成功应对了当时发展环境、条件等的局限性，实现了竞技体育跨域式发展的特殊历史使命。他组织机制的选择与设计符合历史条件和需求，也为我国竞技体育的有序发展打下了基础。改革开放以来，国家不断推进竞技体育的社会化、市场化改革，竞技体育发展的自组织机制逐渐生发，竞技体育的发展环境、条件、需求等发生变化，两种作用机制的发展格局有所调整。

第五节 研究的对象、思路与方法

一、研究对象

本书以我国竞技体育发展中内生动力的培育路径问题为研究对象，进而探讨我国进入新时代发展背景下，竞技体育内生动力的培育路径及内生式发展的治理机制。

二、研究思路

从我国竞技体育发展的历程来看，培育我国竞技体育内生动力的关键在于，推进社会和市场力量的有效参与和竞争。解决这一问题的关键在于破除管理体制和机制造成的路径设计困境。当前国家积极推行多元治理，这为整合三大发展主体的作用与功能，打开社会和市场力量的参与和竞争空间奠定了基础。为此，围绕优化整合三大发展主体的作用与功能，推进社会和市场的有效参与和竞争这一主线，来建构竞技体育内生动力培育路径与治理机制，这就是本研究的总体框架（图1-5）。

图1-5 本研究的总体框架

三、研究方法

（一）文献资料法

查阅了国内外相关网站、期刊、书籍、研究报告、现行政策法规等文献资料，获取了政府角色、政府职能、治理、管理体制机制改革、竞技体育改革与发展、体育体制改革、体育社会组织等方面的相关研究成果，归纳分析已有研究成果的研究主题、学术观点、研究视角、理论依据、研究方法等，为本研究的研究范畴、研究视角、研究观点、研究思路等的确定提供借鉴。具体如下。

（1）阅读了以举国体制、竞技体育发展模式、中国体育发展史、改革开放30年体育发展、体育社会组织改革等为主题的专著8本，以政府角色、政府职能、治理为主题的专著10本。

（2）在中国知网进行了文献检索，以2009—2019年为检索年限，以"竞技体育发展战略""竞技体育发展策略""竞技体育发展模式""竞技体育发展方式""竞技体育管理体制""竞技体育管理机制"为主题，以核心期刊为来源类别，分别检索到313篇、45篇、5篇（后设为查找篇名，出现10篇）、661篇、78篇、119篇文献，选取了相关度较高的300余篇文献。通读两遍后，选取100余篇文献进行了精读，并对其中部分论文的引用文献进行了查阅。

以2009—2019年为检索年限，以"体育治理""多中心治理""治理能力和治理体系现代化"为主题，以核心期刊为来源类别进行了检索，分别检索到257篇、196篇、521篇文献，选取了相关度较高的200余篇文献。通读两遍后，选取100多篇文献进行了精读，并对其中部分论文的引用文献进行了查阅。

（3）查阅了党的十九大报告全文、《国务院办公厅关于印发体育强国建设纲要的通知》《竞技体育"十三五"规划》《奥运争光计划》、局长会议讲话等文件，以及以"体育管理体制""竞技体育管理""国内外体育政策""体育改革"为主题的30余份研究报告，详细阅读了其中的10余份研究报告。另外，在国家统计局官网、教育部官网、文化和旅游部官网、中华志愿者协会官网、中国政府官网、上海市体育局官网、上海青少年体育网、北京市体育局官网、广东省体育局官网、辽宁省体育局官网、江苏省体育局官网、山东省体育局官网等查阅了诸多相关资料和数据。

（二）访谈法

依据本研究的研究目的，结合研究内容，设计了 3 份访谈提纲（见附录一、附录二、附录三），对相关研究者及实践管理者进行了访谈。访谈内容主要集中在研究者和实践管理者对于竞技体育发展的功能和价值定位、推进多元治理对竞技体育发展的影响、对竞技体育内生动力培育的影响、制约竞技体育内生动力成长的因素、竞技体育产品生产与供给的调整与优化等方面的见解。在 2017 年 9 月第 13 届学生运动会论文报告会期间及 10 月的全国竞技体育科学论文报告会期间，对 8 位青年学者和与会专家进行了访谈。2018 年 6—8 月，访谈了杭州地区的 2 位高校体育管理者，4 位教练员，2 位办俱乐部、1 位办赛的教师及 1 位篮管中心领导兼 CBA（China Basketball Association，中国男子篮球职业联赛）赛事官员。在 2019 年 11 月第 11 届全国体育科学大会期间，对 10 位青年学者进行了访谈。2020 年 1 月，在苏州大学对国家体育总局政法司 1 位前官员、上海体育学院 1 位专家进行了访谈。2020 年 9 月，奔赴湖南长沙、益阳、常德等地，针对社会力量办训及体育局办训情况对相关人员进行了访谈。2020 年 10 月，奔赴温州与 3 家体育俱乐部管理者及市体育局相关主管进行了关于社会力量办训和办赛的访谈。访谈人员信息如表 1-1 所示。与此同时，还进行了多次非正式性访谈，主要通过电话、微信、邮件的方式，对从事竞技体育研究、体育治理研究、职业体育研究、体育管理研究的青年学者，以及部分高校、俱乐部相关人员进行了一些追问或咨询，进一步了解前期的访谈问题及俱乐部、学校在体育后备人才培养中的作用，政府在业余训练、运动竞赛组织与管理中的作用等问题。

表 1-1　访谈人员信息表

序号	姓名	职称（学历/职务）	研究（工作）方向	所在单位
1	方×	副教授（博士）	健美操高水平队教练员	厦门理工学院
2	尹××	副教授（博士）	学校体育	华东师范大学
3	邱×	副教授（博士）	校园足球	苏州大学
4	王××	教授（博士生导师）	体育人文社会学	苏州大学
5	陈××	副教授（博士）	体育人文社会学	常州大学
6	盖×	博士	运动员人力资本	北京体育职业学院
7	陈×	博士	竞技体育	天津体育学院
8	赵××	教授（博士）	运动员选材	郑州大学
9	尚××	教授（主任）	学校体育	浙江××××

续表

序号	姓名	职称（学历/职务）	研究（工作）方向	所在单位
10	俞××	副教授（副主任）	运动队管理	浙江××××
11	周××	讲师（硕士）	武术队教练员	浙江××××
12	胡××	讲师（硕士）	体育舞蹈队教练员 区体育舞蹈公开赛策划	浙江××××
13	倪××	讲师（硕士）	网球队教练员 创办有1家网球俱乐部	浙江××××
14	钱×	讲师（硕士）	荷球队教练员	浙江××××
15	唐××	讲师（硕士）	创办有1家体育俱乐部	浙江××××
16	张×	篮管中心竞赛部官员（CBA执行官员）	高水平篮球队管理；高水平篮球赛事管理	国家体育总局[中篮联（北京）体育有限公司]
17	唐××	副教授（博士）	民族传统体育	南京体育学院
18	张××	教授（博士生导师）	学校竞技体育	湖北大学
19	王××	教授（博士生导师）	奥林匹克史	福建师范大学
20	陈××	教授（博士）	竞技体育	临沂大学
21	胡×	教授（博士后）	社会体育	湖南城市学院
22	马××	副教授（博士）	体育发展方式	华东师范大学
23	马××	教授（博士后）	民族传统体育	泉州师范学院
24	蔡×	副教授（博士）	社会体育	湖南工业大学
25	布×	教授（博士）	社会力量办训办赛	温州大学
26	汤××	教授（博士生导师）	高水平运动队管理	湖南师范大学
27	梁××	研究员（副司长）	竞技体育	国家体育总局
28	舒××	教授（博士生导师）	竞技体育	上海体育学院
29	魏×	总经理	社会力量办训办赛	长沙市楚唯青少年体育俱乐部
30	欧××	经理	社会力量办训办赛	湖南腾跃体育产业发展有限公司
31	王××	副校长	运动队管理	益阳市羽毛球运动学校
32	吴×	教练员	运动训练	益阳市羽毛球运动学校
33	郑××	副局长	运动队管理	常德市鼎城区体育局
34	杨×	处长	运动队管理	常德市鼎城区体育局
35	李××	总经理	社会力量办训办赛	温州市瓯海区吕志武游泳俱乐部
36	徐××	总经理	社会力量办训办赛	温州市体校心桥体操艺术俱乐部
37	张××	总经理	社会力量办训办赛	温州市龙湾瑶溪凯宏网球俱乐部

(三) 问卷调查法

采用德尔菲法，选择了 16 位相关领域的专家（表 1-2）进行了两轮《我国竞技体育发展中社会力量的成长情况及其影响因素调查问卷》设计的咨询，在达成共识后，确定了问卷指标和内容，并请 10 位专家（表 1-3）对问卷效度进行了检验，所有专家均认为问卷设计合理。问卷分为 3 部分：一是填答人基本信息；二是我国竞技体育发展中社会力量的成长情况问题，由 16 个题目组成；三是影响我国竞技体育发展中社会力量成长或作用发挥的因素问题，由 24 个问题组成。然后，在问卷网上进行了预调查，回收问卷 465 份，有效问卷 400 份。经探索性因子分析，并结合反馈意见，删减了部分指标进行正式调查，问卷分为 3 部分：一是填答人基本信息；二是我国竞技体育发展中社会力量的成长情况问题，由 13 个题目组成；三是影响我国竞技体育发展中社会力量成长或作用发挥的因素问题，由 20 个问题组成（见附录四）。

表 1-2 问卷设计咨询专家信息表

序号	姓名	职称（学历/职务）	研究（工作）方向	所在单位
1	张××	教授（博士生导师）	竞技体育组织与管理	北京体育大学
2	樊××	教授（博士生导师）	体育人文	苏州大学
3	李××	教授（博士生导师）	职业体育	苏州大学
4	张××	教授（博士生导师）	学校竞技体育	湖北大学
5	梁×	教授（博士）	职业体育	暨南大学
6	张×	教授（博士后）	职业体育	盐城师范学院
7	胡×	教授（博士后）	体育人文	湖南城市学院
8	陈×	教授	体育人文	重庆师范大学
9	杨×	教授（博士后）	体育人文	杭州师范大学
10	张××	副教授（博士后）	体育人文	湖南工业大学
11	王××	副教授（博士后）	体育统计	湖南工业大学
12	陈××	副教授（博士后）	体育人文	常州大学
13	姜×	副教授（博士）	体育法学	上海政法学院
14	叶××	副教授（博士）	学校体育	安徽师范大学
15	马××	副教授（博士）	体育教育训练学	淮阴师范学院
16	吕××	副教授（博士）	体育教育训练学	苏州工业园区服务外包职业学院

表 1-3 问卷效度检验专家信息表

序号	姓名	职称（学历/职务）	研究（工作）方向	所在单位
1	王××	教授（博士生导师）	体育人文社会学	苏州大学
2	吴××	教授（博士生导师）	竞技体育组织与管理	上海体育学院
3	吴×	教授（博士生导师）	运动队管理	上海体育学院
4	李××	教授（博士生导师）	竞技体育	湖南师范大学
5	金××	教授（博士生导师）	体育人文	湖南师范大学
6	张××	教授（博士生导师）	学校竞技体育	湖北大学
7	樊××	教授（博士生导师）	体育人文	苏州大学
8	梁×	教授（博士）	职业体育	暨南大学
9	张×	教授（博士后）	职业体育	盐城师范学院
10	胡×	教授（博士后）	体育人文	湖南城市学院

正式问卷于2020年10月通过问卷网、微信、邮箱、电话请相关领域的专业人士进行填答，调研对象涵括了体育教师、科研人员、管理人员、体育俱乐部或企业从业人员，但调研对象大部分为体育教师和科研人员，以及硕士和博士学历背景的体育领域的知识精英，这虽然有利于保证填答的专业性和客观性，但也可能使得研究结果存在一定局限性。当然，本研究也针对温州社会力量办训、办赛等情况进行了多次实地调研，印证了本研究的结论和观点。由于是通过同事、同学、朋友来发放问卷并寻找与联系填答者的，所以无法统计发送了多少份问卷，最后回收问卷489份，删除无效问卷74份，最终有效问卷为415份，问卷的有效回收率为84.9%，填答者人数多于问卷题项数量的10倍（330）。问卷填答人员信息如表1-4所示。

表 1-4 问卷填答人员信息表

类别	选项	人数（n=415）	比例/%
年龄/岁	18~24	29	6.99
	25~30	39	9.40
	31~40	155	37.35
	41~50	131	31.56
	51~60	30	7.23
	61 及以上	31	7.47
性别	男	295	71.08
	女	120	28.92

续表

类别	选项	人数（n=415）	比例/%
最高学历（含在读）	博士研究生	184	44.34
	硕士研究生	103	24.82
	大学本科	86	20.72
	大学专科	13	3.13
	高中/中专/技校	15	3.62
	初中	14	3.37
职称	初级	37	8.92
	中级	112	26.99
	副高级	127	30.60
	正高级	60	14.46
	其他	4	0.96
	无	75	18.07
担任导师情况	无	266	64.10
	硕士研究生导师	117	28.19
	博士研究生导师	20	4.82
	其他	12	2.89
主要工作领域*	体育教师	258	
	教练员	66	
	体育科研人员	114	
	体育俱乐部/企业从业人员	22	
	体育俱乐部/企业管理	26	
	体育行政管理人员	26	
	教育行政管理人员	25	
	其他职业人员	19	

*由于人员存在交叉，故未计算比例。

采用折半法进行信度检验。一般来说，当 Cronbach's α 系数的值不低于 0.7 时，表明量表的内部一致性较好，越接近 1，说明信度水平越高；在检验过程中，题项删减的原则是当修正题项与总体相关性系数低于 0.3 时，以及当删除某个题项能够显著提高 Cronbach's α 系数时[1]。运用 SPSS 21.0 软件对上述两个量表展开信度检验（表 1-5）。结果显示，《社会和市场力量成长情况或程度量表》与《影响

---

[1] 卢纹岱. SPSS for Windows 统计分析[M]. 北京：电子工业出版社，2000：187.

社会和市场力量成长的因素量表》的 Cronbach's α 信度系数分别为 0.954、0.937，折半系数（Split-half）分别是 0.936、0.891 和 0.919、0.880，成长质量、作用发挥及作用效力 3 个分量表的内部一致性系数依次为 0.921、0.903 和 0.843，管理机制、发展条件与发展环境 3 个分量表的内部一致性系数依次是 0.843、0.934 和 0.870，α 系数均超过 0.80，说明这两个量表具有较高的信度。

表 1-5　两个调查问卷各分量表的内部一致性系数

项目	《社会和市场力量成长情况或程度量表》			《影响社会和市场力量成长的因素量表》		
	成长质量	作用发挥	作用效力	管理机制	发展条件	发展环境
α 系数	0.921	0.903	0.843	0.843	0.934	0.870

（四）数理统计法

采用 AMOS 17.0 软件，对回收的有效问卷的统计数据进行数据分析，为本研究提供论证依据。在探索性因子分析的基础上，使用 AMOS17.0 检验了"我国竞技体育发展中社会和市场力量成长情况或程度的结构模型、影响我国竞技体育发展中社会和市场力量成长的因素结构模型，以及两者之间关系"的结构效度及模型与实际数据的适配度。本研究使用了卡方自由度比（χ^2/df）、适配指标（GFI）、基准线比较估计量（CFI）、渐进残差均方和平方根（RMSEA）等指标评价模型的数据适配度[1]。

（五）实地观察法

课题负责人在高校体育部门工作，2016 年 6 月至 2018 年 12 月，对部门武术、体育舞蹈、网球、荷球运动队的资源获取、训练、管理情况进行了参与式的观察、交流，深度了解了基层学校运动队建设与发展中的一些实际问题，对其发展模式和经验进行了一些梳理。与此同时，2018 年 9 月至 2019 年 12 月，课题负责人对所在高教园区项目协会组织的篮球、足球、体育舞蹈联赛的开展情况进行了观察、了解，对所在部门两位教师开设的体育俱乐部情况进行了考察和交流。2020 年 7—12 月，课题负责人对湖南师范大学的排球、篮球、足球 3 支高水平运动队、2 家社会体育俱乐部进行了实地观察。2020 年 10 月，课题负责人在温州观摩了游泳、体操、网球 3 家社会性体育俱乐部的情况，掌握了社会力量办赛、办训的实际

---

[1] 吴明隆. 结构方程模型：AMOS 的操作与应用[M]. 2 版. 重庆：重庆大学出版社，2010：52-53.

问题和困难等一线材料。

另外,笔者于 2013 年 11 月 24 日至 12 月 7 日参与了在南京仙林中心举办的"中国田径高水平教练员训练创新培训工程——耐力项群第一期培训"工作,并与其他两位同学一起对参与培训的一线教练员 107 人进行了科学训练等问题的调查,与部分教练员交流了竞技体育发展的信息。2014 年 3—12 月,笔者每周有 2~3 天到上海市青少年体育训练管理中心工作,参与了区县业余训练科长工作会议、业余训练管理干部培训会议、体教结合工作会议、体育传统校调研、社会力量办训调研、上海市青少年体育后备人才培养方式发展转型课题研讨会等。笔者在博士后期间参与了重大课题项目,主管竞技体育部分的研究内容,通过课题组会议及与其他成员的交流了解了很多竞技体育发展的实践和理论问题。

第二章

我国竞技体育发展中的社会和市场力量及其作用

第一节　我国竞技体育发展中社会和市场力量的类型

一、家庭

家庭是指以个人和家庭成员为主要投资形式的一种社会力量。我国竞技体育发展中以家庭形式培养成才的典型代表是斯诺克球员丁俊晖。据报道，他 8 岁开始随父亲训练，而且训练初期就采取了半天学习、半天训练的专业化发展模式，他 11 岁小学毕业后，采取全天进行训练的职业化发展模式，而其训练和比赛所需费用早期完全由家庭承担，后期则由丁俊晖本人参加各级各类台球赛事所获奖金及其他个人无形资产的开发资金来维持。丁俊晖的父亲在资金支持、环境营造、训练和赛事情况收集中积极作为，对丁俊晖的成长起到了至关重要的作用[1]。

与此同时，还有一种家庭培养模式，其典型代表是网球运动员李娜。从李娜的成长轨迹来看，前期采用专业队的训练和成长模式，但是 2009 年 1 月，网管中心决定允许李娜单飞，其后完全由李娜自身承担其训练和竞赛所需费用。当然，李娜在单飞时已经具有较高的竞技水平和知名度，参加网球职业赛事较多且奖金丰厚，虽然其要对网管中心给予一定分红，但她参加职业赛事及自身无形资产的开发已足以支持其自行聘请教练员、自费参加比赛[2][3]。它与前一种家庭模式的不同之处在于，在职业后期采用的是家庭培养模式。无疑，这也启示我们家庭培养模式会存在早期开发和后期开发两种不同的方式。

---

[1] 佚名. 丁俊晖[EB/OL].（2022-11-22）[2023-04-21]. https://baike.so.com/doc/1191122-1259913.html.
[2] 佚名. 李娜[EB/OL].（2019-01-22）[2022-04-21]. https://baike.so.com/doc/992653-1049360.html.
[3] 兰彤，张郁，何艳. 从"李娜现象"看中国乒乓球运动改革[J]. 南京体育学院学报：社会科学版，2011，25（6）：115-119.

二、学校

美国是通过学校培养竞技体育人才的典型国家，我国虽在这方面也有过一些摸索和经验，但与之相比还有很大发展空间。"清华模式"和"南体模式"是我国学校竞技体育成功的典范。"清华模式"是"小学—中学—大学"一条龙体教结合培养模式的典型，培养的优秀运动员有伏明霞、郭晶晶、何姿、劳丽诗、周吕鑫、胡凯等。从培养模式来看，清华附中和清华附小是培养运动精英的摇篮，优质的教育资源是其生源质量得以保障的关键，同时该校教练员皆为业内精英，具有丰富的带训经验和较高的理论水平，而且其场地、设施国内一流，这些为其成功打下了基础。值得注意的是，"清华模式"培养运动员非常重视运动员的文化学习。清华大学从1997年开始自己培养学生运动员，运动员只有达到一定的文化成绩标准才能入学和毕业。清华大学的马约翰班就制定有具体的学习和行为管理制度，每个学生开学时都有一个基础分，扣光了就得离开，严格要求学生周一至周五晚上自习并由班主任监督。运动员被大学录取需要一定的文化成绩，A类项目（田径、篮球、射击）为65%保送，B类项目（足球、排球、游泳、健美操、击剑）则要求文化水平达到本科一批分数线。他们平时上午学习，下午训练，每天训练2个多小时[①②]。

"南体模式"是典型的"训练—教学—科研"三位一体的体教结合培养模式[③]，培养了跳水奥运冠军陈若琳、击剑奥运冠军仲满等诸多奥运冠军和世界冠军。从南京体育学院官网首页得知，该学院共有16人25人次获得22项次奥运会冠军，10人343人次获得223项次世界冠军。从办学模式来看，南京体育学院将省优秀运动队及其后备队伍、体育单科性高校和省体育科研所集中在一起。在教育方面，该校建立了"小学—中学—大专—本科—研究生"一条龙的成长通道。在训练方面，该校形成了一线、二线、三线队伍紧密衔接的业余与专业相结合的一条龙训练体系。在科技保障方面，该校形成了江苏省体育科学研究所，南体内部科研、医疗机构，江苏省体工队教练员、医务人员、保健员、康复人员紧密联系的"训—科—医"保障体系[④]。

---

① 种青. "教体结合"背景下的"清华模式"[J]. 中国学校体育，2017（11）：20-23.
② 新华社客户端. 体教并重育人为先：管窥体教融合的"清华模式"[EB/OL]. (2020-08-31) [2024-04-11]. https://baijiahao.baidu.com/s?id=1676518323967433950&wfr=spider&for=pc.
③ 翟丰，张艳平. 我国高校现行体教结合模式的比较研究[J]. 西安体育学院学报，2013，30（4）：482-484.
④ 华洪兴. 超越"路径依赖"，谋求全面发展："体教结合"的探索与思考[J]. 体育科学，2006，26（6）：75-78.

三、体育企业

体育企业主要是指职业体育俱乐部、体育公司等以营利为目的的市场主体。其中，职业体育俱乐部是具有独立法人地位的市场主体，承担了运动员的选拔、训练、竞赛、管理等相关工作，并根据市场需求生产和供给高水平体育赛事服务或产品。鉴于运动训练和运动竞赛是竞技体育中的两大核心内容，这两大块内容都是围绕运动员的培养和成才而展开的。因而，通常所说的竞技体育中的企业主要是指职业体育俱乐部。

从我国职业化的项目来看，市场化程度最高的当属男足和男篮。尽管他们的国际大赛成绩不理想，但不可否认的是国家队长训机制已然不复存在，职业联赛成为我国国字号球员与其他精英球员一起进行锤炼的舞台，各职业体育俱乐部也成为他们日常训练和竞赛的基本组织单元。从这个角度来看，职业体育俱乐部已经在我国男子足球和篮球顶尖人才的培养方面发挥了独特的作用。与此同时，职业体育俱乐部还改变了原有的单一的竞技体育产品生产与供给模式，不仅能在参加重大国际大赛时让球员以国家队形式集中以生产和供给为国争光类产品，还能在平时生产和供给国内最高水平的专业赛事产品，这极大地丰富了人民群众的业余文化生活。

体育公司主要是指从事体育制造，体育培训，体育赛事运营、转播，体育经纪等体育经营性活动的市场组织或机构。它们为竞技体育的发展提供专业化的场地、器材、设备、服装，从事高水平运动员培养，开发高水平商业性赛事，全球范围内挖掘职业运动员等，是推动竞技体育发展，尤其是促进职业体育高质量发展的重要产业链。例如，江苏金陵体育器材股份有限公司提供篮球、排球、田径等20余类项目的各类高端装备制造。上海久事国际赛事管理有限公司承办了国际田联钻石联赛上海站、上海劳力士大师赛、斯诺克上海大师赛、F1喜力中国大奖赛等。北京智美传媒股份有限公司每年运营300余场体育赛事，同时还涉足体育营销、体育服务、体育传媒等业务。莱茵达体育发展股份有限公司布局了斯坦科维奇杯、亚洲职业篮球联赛、WBC（World Boxing Council，世界拳击理事会）世界职业拳王争霸赛等，还涉足了体育传媒、体育教育、体育网络等6个方向。乐视体育文化产业发展（北京）有限公司拥有中超、德甲、英超等重大赛事的核心资源，并拥有17类运动项目、121项比赛版权，平均每年有4000场的赛事直播。

四、民非体育企业

民非体育企业是指不以营利为目的而成立的体育培训学校或社会性体育俱乐部。在我国竞技体育发展中主要有两种形式的民非企业：一种是以个人形式成立的一些项目培训学校或俱乐部，如上海曹燕华乒乓培训学校和徐根宝足球基地学校；另一种是由企业出资建立的项目培训学校或俱乐部，如国家足球山东鲁能体育训练基地（原为山东鲁能泰山足球学校）。

1999年2月，乒乓球世界冠军曹燕华创办上海曹燕华乒乓培训学校并担任校长。学校依托上海市杨泰实验学校来提供优质的九年义务教育。2001年9月，学校与上海市体育运动学校合作成立上海市曹燕华乒乓球俱乐部，形成了集"三线、二线、一线"于一体的人才培养与输送体系。获得世界杯等国际比赛冠军51项，向国家队输送许昕、尚坤等6名优秀运动员[1]。

徐根宝足球基地学校由著名足球教练员徐根宝投资建造，总投资约3000万元人民币，培养了张琳芃、武磊等优秀球员[2]。以根宝基地球员为班底的U18男足队伍获得了2017年天津全运会的冠军。

国家足球山东鲁能体育训练基地成立于1999年7月29日，由山东电力集团公司和山东鲁能体育文化发展有限公司发起，并进行组织与管理，是一所集九年义务教育、中等教育、足球训练于一体的全日制、寄宿制学校。学校先后向各级别国家足球队输送球员210余人，向中超、中甲、中乙足球俱乐部输送球员260余人，在全国性足球赛事中夺得冠军38项[3][4]。

五、枢纽型体育社会组织

枢纽型体育社会组织是指由负责社会建设的有关部门认定或发起组建，服务于同类别、同性质、同领域社会组织的发展和管理，在政治上发挥桥梁纽带作用、在业务上处于龙头地位、在管理上承担业务主管职能的联合性社会组织[5]。该组织主要分为政治性人民团体、行业性协会或联合会、综合性社会组织联合会或社区

---

[1] 上海曹燕华乒乓培训学校简介[EB/OL].（2024-04-05）[2024-04-11]. http://www.caotts.com/caotts/pc/single_2_0.html.
[2] 徐根宝足球学校[EB/OL]. [2022-04-21]. https://baike.so.com/doc/23752237-24308180.html.
[3] 鲁能泰山足球学校[EB/OL]. [2022-04-21]. https://baike.so.com/doc/6231359-6444692.html.
[4] 学校概况[EB/OL]. [2022-04-21]. http://www.lnschool.cn/football/article_detail/61?type=2.
[5] 王名，等. 社会组织与社会治理[M]. 北京：社会科学文献出版社，2014：177.

组织服务中心3种类型。第一类主要包括工会、妇委会、残联、中国大学生体育协会、中国中学生体育协会等，多是按人群特征来划分的；第二类主要包括中国国家奥委会、中华全国体育总会、各单项运动项目协会、职业体育联盟等，主要体现一定的行业发展特征和需求；第三类主要包括居委会、社区服务中心、社区体育组织等，主要体现属地化、基层化的特征。这些枢纽型体育社会组织的存在，有利于建构一个涵盖不同群体、不同行业、不同区域的纵横交错的发展网络，实现竞技体育发展的无缝衔接。

第二节 我国竞技体育发展中社会和市场力量的作用

一、培养多层次竞技体育人才

（1）通过创设零门槛、体验式参与的普及路径，培养更多的竞技参与者，扩大竞技体育人口规模[1]。改革开放之后，体育领域的社会化和市场化改革加速推进，为社会和市场力量进入体育培训业提供了良好的环境。1979年，国家体育运动委员会（以下简称国家体委，现为国家体育总局）提出，要广开财路，把培养优秀运动员的路子搞宽，积极支持和帮助产业系统逐步恢复优秀运动队[2]。自1980年起，国家体委开始强调动员社会力量办体育[3]。各类体育培训机构依托不同运动项目针对幼儿、青少年、成人等群体提供项目参与体验或专项发展服务，这些为扩大我国竞技体育人口作出了贡献。

（2）通过灵活多样的组织形式，拓宽青训的培养口径，壮大竞技体育后备人才队伍。社会和市场力量开办的体育培训学校（体育俱乐部）不仅服务于青少年的竞技参与，还服务于青少年的竞技发展。一个省、市、县可以有多所体育培训学校（体育俱乐部），而相应的一线、二线、三线队伍却相对有限，尤其是一线和二线运动员有严格的编制限制。无疑，社会和市场力量的参与拓展了原有单一的业余体校的人才培养模式，使青少年竞技体育后备人才培养拥有了更多的途径和更大的规模。

---

[1] 辜德宏. 我国竞技体育发展中社会和市场力量的作用及优化策略研究[J]. 体育科学，2022，42（2）：12-20，38.
[2] 国家体育总局. 改革开放30年的中国体育[M]. 北京：人民体育出版社，2008：151.
[3] 伍绍祖. 中华人民共和国体育史（1949—1998）：综合卷[M]. 北京：中国书籍出版社，1999：272.

(3)通过市场机制集聚发展资源,打造更多的成才通道,培养精英竞技人才。首先,国内职业联赛的开发,让我国的精英竞技人才有了一个更高的锻炼和成长平台。其次,我国体育市场价值的升值,让诸多国际精英人才瞄准了中国市场,吸引了一些国内外高水平教练员、运动员、科研人员等,为我国精英竞技人才的成才拓展了通道。在访谈中,学者们一致认为社会和市场力量多年来对我国竞技体育人才的培养起到了一定的促进作用。

二、传播竞技体育精神和文化

(1)通过创设更多传播运动项目精神和文化的载体,产生更大的传播效应。社会和市场力量办训是以运动项目为基本单元来进行具体操作的,它们教授专项化的运动技能,组织专项化的训练与竞赛,使参与群体体验到以不同项目为基础的体育精神和文化。实际上,人们对体育的兴趣爱好始于对不同运动项目的感受,人们对体育的需求具有鲜明的个性化特征,体育精神和文化的传播以不同运动项目为载体来进行,有利于满足不同群体的参与需求及增强其体验感。同时,不同的社会和市场力量可以形成更多的传播通道和途径,让更多的人接触与感受项目精神和文化,进而让人们更好地体会竞技体育精神和文化的魅力。

(2)通过建构贴近人们生活的传播途径和渠道,有效提升传播效力。社会和市场力量办训是一种扎根基层、活跃在人们身边的文化传播形式,它以参与者和体育培训学校(体育俱乐部)为中心向周边区域、人群辐射,让广大人民群众零距离地感受项目承载的竞技体育精神和文化,使竞技体育精神和文化的传播具有一种日常化、常规化的发展路径。原有的专业队培养体制主要通过大型体育赛事来传播竞技体育精神和文化,其传播效应从产生时段和传播方式上来看存在一定的局限性。

(3)通过建构潜在影响人们体育观的文化场域,反复地、持续地影响人们的思想观念。社会和市场力量办训是以市场化的竞技体育产品或服务为最终输出形式的,其产品或服务的生产与供给行为本身就具有较高的市场价值,而其培养出来的精英运动员更能收获巨大的财富,获得较高的社会地位,如贝肯鲍尔、姚明,这就让人们慢慢地认识到从事竞技体育行业是能带来财富和成功的。人们在不知不觉中慢慢地改变自身对体育的认识,对从事竞技体育产生更高的认同度,国人的体育观也逐渐得到改造。与此同时,参与竞技体育还能够让人的身体和精神接受磨炼,形成与项目竞技精神和文化相吻合的精神气质与强健体魄。社会和市场力量办训可以让更多的群体以专业化的方式获得这一收益。

三、推进竞技体育的专业化发展

（1）通过把握民众在竞技体育发展中的供需关系，建构、调整与优化民间的专业资源，拓展我国竞技体育发展的专业资源总量。在市场经济条件下，资本的力量不仅能够为竞技体育的发展提供更多的专业化场地、器材、设施等硬件资源，还能有效集聚不同层次和水平的教练员、运动员、科研人员等软件资源。改革开放以来，我国体育场地、器材、设施数量不断增多，现代化、科技化、智能化水平不断提高，教练员、运动员、科研人员的业务素养不断提高，国际化程度越来越高，参与青训、职业体育、高水平商业赛事的民间资本规模越来越大，投入越来越多，国际高水平赛事不断涌入，尖子运动员国际间的流动与合作培养增强。这些在普及和提高层面为促进各项目的专业化发展提供了有利条件，对提高我国竞技体育发展的整体专业化程度和水平起到了积极推动作用。

从我国体育场地发展的情况来看，2013 年的第 6 次全国体育场地普查情况与 2003 年的第 5 次普查相比，改善情况明显（表 2-1）。

表 2-1　第 5 次和第 6 次全国体育场地普查基本情况统计表[①]

统计指标	2013 年	2003 年	增量	增长率/%
总数量/万个	169.46	85.01	84.45	99.34
总用地面积/亿 m^2	39.82	22.50	17.32	76.93
总建筑面积/亿 m^2	2.59	0.75	1.84	245.33
总场地面积/亿 m^2	19.92	13.30	6.62	49.77
人均场地面积/m^2	1.46	1.03	0.43	41.75
每万人拥有体育场地数量/个	12.45	6.58	5.87	89.21

（2）通过提升自身的组织与管理能力，以更好地适应现代化社会对竞技体育发展的复杂要求，与体制内力量一起提升我国竞技体育组织与管理的整体专业化水平。高度发达的现代社会是一个分工不断细化、合作不断深化的社会。社会和市场力量办训只有不断细化自身的组织与管理能力，才能适应市场的竞争。为此，社会和市场力量办训逐渐形成了自己的营销团队、选材团队、训练团队、科技攻

---

① 李国，孙庆祝. 新世纪以来我国体育场地发展变化的实证研究：基于第 5 次与第 6 次全国体育场地普查数据的统计分析[J]. 西安体育学院学报，2016，33（2）：164-171.

关团队、竞赛管理团队、宣传团队等，在不断摸索中逐步提高自身组织与管理的专业化水平。同专业队体制相比，社会和市场力量办训在专业化管理水平、资金投入规模方面还有较大差距，但现代竞技体育发展的国际化趋势越来越明显，竞争所涉及的领域越来越广，国家财政投入的方式很难惠及所有项目、所有层次、所有问题，而社会和市场力量可以按照自身需求和运作方式去寻求优质专业资源，打造具有自身特色和优势的复合型组织与管理团队。无疑，社会和市场力量办训有利于将我国竞技体育的发展化整为零，依托遍布全国的不同类型、规模、层次的专业化组织，整体提升我国竞技体育发展专业化水平，从而更容易成为一种普惠型的常态化发展机制。

（3）通过建构不断自我革新的、专业化发展的动力机制，不断优化自身参与竞技体育发展的竞争力，并对体制内力量形成一种"倒逼"效应，共同提升我国竞技体育专业化发展的质量和效益。在优胜劣汰的市场竞争环境中，项目发展的专业化水平是大众衡量社会和市场力量办训质量的关键，因此，要在社会主义市场经济条件下获得更好的生存与发展空间，社会和市场力量办训必须不断提升自身产品生产与服务供给的专业化发展水平。这也将对体制内专业体育的训练与管理产生冲击，迫使其进一步提升发展质量和效益。竞争机制、利益机制和志愿机制是促进社会和市场力量不断进行自我改革与创新的动力机制。具体如下：其一，从竞争机制来看，优胜劣汰的作用机制是社会和市场力量竞争各自生存与发展空间的核心，能驱使它们不断审视自身发展不足，通过改革与创新来提升自身的专业化发展水平，从而获得更大的生存与发展空间。其二，从利益机制来看，在市场经济条件下，发展竞技体育需要一定的资金、场地、器材、设施，教练员和其他工作人员需要一定的经济收入来维持生活，因此，利益的互惠和交换将成为不同主体参与竞技体育发展的主要生存逻辑，利益的考量、博弈与均衡也将成为它们提升自身专业化发展水平的内在机理。其三，从志愿机制来看，参与者自主参与、自愿付出和奉献的精神与行为具有主动性和义务性等特点，能够对利益机制形成一种有益的补充。志愿机制是弥补政府和市场作用不足的有效机制[①]，在广州亚运会、北京奥运会等重大体育赛事中，志愿者的社会责任感、公益心、奉献精神和行为等是提升赛事活动专业化服务水平的重要保障。

---

① 丁元竹，江汛清．志愿机制形成的社会机理[J]．中国志愿服务研究，2020，1（1）：27-54，200．

四、优化竞技体育的产品结构

(1) 通过分层、分类生产与供给多元化的竞技体育产品或服务,丰富竞技体育发展的产品结构。社会和市场力量主要围绕办训和办赛这两大内容来组织竞技体育产品或服务的生产与供给活动。从办训的角度来看,它们不仅针对高水平精英运动员,而且面向普通民众,服务的群体涵盖了幼儿、青少年、成人;服务的目的除了竞技争光,还有竞技参与、体验、发展、展示、表现及自我价值实现等;服务的内容除了提供竞技参与类和竞技争光类产品或服务,还提供竞技表演类产品。它们还能更好地区分目标群体的需求,根据个体特征、条件等进行更具针对性的培养或产品供给。从办赛的角度来看,它们提供多层次、多样化的竞技表演类产品或服务。它们不仅提供高水平运动员参与的专业性赛事产品或服务,而且提供群众参与的体验性、展示性赛事及极具观赏性的职业性体育赛事、商业性体育表演赛事等。它们根据目标群体的多元化、需求特点的多样化,设计不同规模、不同参赛目的、不同参赛群体、不同参赛方式等灵活机动的办赛模式,更好地满足了人民群众对竞技体育赛事的观赏、参与、体验等多元需求[①]。

(2) 通过对竞技体育综合作用与功能的开发,形成更为完整的竞技体育产品结构类型。改革开放前,我国竞技体育长期被视作为国争光的体育事业,竞技体育发展的政治功能至上,经济功能不彰,竞技体育产品或服务的生产与供给也基本围绕为国争光这一政治功能而展开。可以说,当时我国竞技体育产品或服务的结构与世界主流相比是不完整的。直到1994年我国职业联赛正式登台,这一局面才开始发生改变。竞技体育的经济功能逐步受到重视,职业化赛事的规模和质量稳步提高。2018年,中超联赛收入达15.9亿元,中超联赛版权卖出10年110亿元[②]。2016年,乐视体育花27亿元获得了两年中超联赛的独家新媒体转播权[③]。国际高水平职业赛事、商业性赛事不断引进,竞技表演类产品得以蓬勃发展,并与竞技参与类、竞技争光类产品一起促使我国竞技体育的产品结构更为完整。竞技表演类产品的诞生,使产品结构从二元结构发展为三元结构,产品属性从公益

---

① 辜德宏. 我国竞技体育发展中社会和市场力量的作用及优化策略研究[J]. 体育科学,2022,42(2):12-20,38.
② 佚名. 中超2018商业价值白皮书:版权10年110亿元赞助4.65亿元[EB/OL].(2019-03-21)[2024-04-13]. https://baijiahao.baidu.com/s?id=1628619981128462394&wfr=spider&for=pc.
③ 赵亚芸. 乐视27亿买下中超新媒体版权 国内赛事首次进入付费时代[EB/OL].(2016-02-24)[2020-11-20]. http://www.cnr.cn/list/finance/20160224/t20160224_521460370.shtml.

第二章 我国竞技体育发展中的社会和市场力量及其作用

性与准公益性发展为集公益性、准公益性、私益性于一体。在访谈中，学者们也一致认同职业体育拓展了我国产品结构。

（3）通过把握市场需求的变化特点、趋势，动态调整竞技体育产品供给结构。市场力量参与竞技体育发展需要遵循优胜劣汰的竞争机制，必须敏锐地捕捉市场需求特征和变化趋势，将根据市场需求特点和变化来调适自己的产品生产与供给结构作为其生存之本。社会力量参与竞技体育发展虽然不是由竞争机制决定的，但同样需要根据市场需求特点和变化趋势来调整自身的服务方向、内容和重点，以更好地提升体育资源利用效率，在产品或服务种类、规模、质量等方面切实满足大众的体育需求。因此，作为扎根于人民群众身边的体育组织，社会和市场力量参与竞技体育发展都需要根据人民群众对竞技体育的需求特点和变化趋势来对其产品生产和供给结构进行动态调整。在实践中，它们也在根据区域特点、需求特征、自身资源等进行自动调适。例如，青岛以水资源为主，在水上项目上充分发挥自身的竞争优势；沈阳围绕冰雪资源优势进行产品的生产与供给。

五、拓展竞技体育人才培养模式

（1）通过促进多元主体参与竞技体育发展，为拓展竞技体育人才培养模式释放活力。改革开放之前，我国主要依托"国家队—省市体工队—业余体校"的三级训练体制，国家是竞技体育人才培养的单一主体。自1980年起，国家体委开始积极拓宽优秀运动员的培养途径，集体项目向城市厂矿企业和高校过渡，逐步发展社会办队[1]。1987年，国家教育委员会（以下简称国家教委）和国家体委联合试办高校高水平运动队，当时共审批了59所普通高等院校作为试点单位。自此，教育系统开始出现多种高水平运动队，高水平竞技人才由体育系统垄断培养的格局有所改变[2]。1992年，我国确定了以足球为试点项目推进体育职业化改革的思路。1994年，全国足球甲级联赛揭幕，我国竞技体育的发展开始着力于培育市场发展主体[3]，竞技体育的发展主体逐渐多元化。改革开放以来，我国出现了高水平运动员培养的"清华模式""南体模式"等，学校、家庭、体育俱乐部等社会、市场主体已然成为我国竞技体育的重要发展组成部分。

（2）通过市场化和社会化作用机制，不断激发体制外力量的主观能动性，积

---

[1] 伍绍祖. 中华人民共和国体育史（1949—1998）：综合卷[M]. 北京：中国书籍出版社，1999：272.
[2] 国家体育总局. 改革开放30年的中国体育[M]. 北京：人民体育出版社，2008：151.
[3] 熊晓正，夏思永，唐炎，等. 我国竞技体育发展模式的研究[M]. 北京：人民体育出版社，2008：91-95.

极探索不同项目的多元化人才培养模式。

① 逐步形成体教结合的学校人才培养模式。1987—1994年共有59所高校拥有试办高校高水平运动队资格,1995年增加了53所高校,至2017年达到275所[1][2],2020年达到283所[3]。体教结合的人才培养模式已经形成了一定的规模和布局,培养出了胡凯、韩德君、贾明儒、张春军等优秀运动员。

② 出现了一些校企合作的人才培养模式。由于高校在某些体育项目的场地设施、专业师资等方面存在一些瓶颈,它们积极寻求与相关企业的合作,来共同培养竞技体育人才。尤其是高尔夫、马术、冰雪项目等,很少有学校拥有相应的专业场地和教练员资源,因此一般是与相关企业合作培养人才。例如,天津体育学院与天津环亚国际马球会合作培养马术人才,北京商贸学校与北京外企莱茵体育文化有限责任公司、国家游泳中心、国家速滑馆合作培养冰雪项目人才,湖南涉外经济学院的高尔夫校企合作模式已培养了30多位职业球员。

③ 形成了市场化、职业化的人才培养模式。自1994年起,我国出现了多支职业球队,企业投资办职业俱乐部、商业性赛事的积极性增强。目前,我国已经形成以中超和CBA为龙头的职业体育发展模式。篮球、排球、足球、乒乓球、羽毛球、网球等职业联赛的参赛队伍稳定,竞技水平不断提升,优秀运动员时有涌现,国际化程度越来越高,职业体育人才培养的效应逐渐显现。

(3) 通过探索不同的学训模式,促进竞技体育人才全面发展,弥补专业化人才培养模式的不足。

① 以与普通学生同校、同班学习的方式为运动员提供了更好的学习环境。普通学校办训和社会体育俱乐部办训大多利用学生的课余时间,运动员和其他学生一起进行文化课学习,课后再集中训练。这种不脱离教育系统的学习模式为他们营造了一种更为完整的教育环境,更有利于他们的全面成长。

② 非封闭式的学习、训练、生活管理模式为运动员创造了一种更有利的成长环境。与原有专业队的封闭式军事化管理模式相比,无论是体教结合模式、校企合作模式,还是职业队模式,都没有采取完全封闭式的严格军事化管理模式,而是给运动员留出了与社会接触的空间,这更有利于促进他们的社会化发展。

---

[1] 吕蒙,安继彩,张校峰. 我国高校高水平运动队建设的回顾与展望[J]. 焦作大学学报,2018(4):120-123.
[2] 赵建峰,张殷波,李建英. 基于多尺度的我国高校高水平运动队的空间分布和均衡性分析[J]. 天津体育学院学报,2018,33(3):191-196.
[3] 教育部办公厅. 教育部办公厅关于公布2020年普通高校高水平运动队技术调整结果的通知[EB/OL]. (2020-01-14)[2022-01-22]. http://www.moe.gov.cn/srcsite/A17/moe_938/s3279/202001/t20200122_416289.html.

③ "倒逼"专业队学训模式的改革与创新。社会和市场力量办训、办赛大多在课余时间、节假日，运动员接受文化教育有更好的保障，因此得到越来越多家长的认同。由此，少体校、体工队也作出了一些调整。例如，上海市要求参加青少年10项系列赛的运动员文化课成绩必须达到一定的分数，并将原有的三集中模式改为了二集中、一集中模式。此外，运动竞赛的时间也更多地安排在了节假日，以更好地协调学训矛盾[①]。

六、促进职业体育的生根发芽

（1）通过利益调节机制，为职业体育的发展培育各类社会资本，不断完善支撑职业体育发展的产业链条。西方职业体育发展的背后有一个良性运行的产业链在支撑，如职业联赛、青训、运动医疗与康复保健、体育经纪、赛事转播等。在市场经济条件下，通过利益机制能更有效地吸引社会资本参与办训、办赛、高端体育设备制造、体育专项服务、赛事智能转播等。实际上，2014年以来关注我国竞技体育发展的社会资本不断增多，投资力度和强度不断升级。逐渐放开的社会化和市场化发展空间，吸引了越来越多的社会资本参与竞技体育发展的不同领域，打造了支撑职业体育发展的产业链。例如，中国万达集团并购了瑞士盈方体育传媒集团、美国世界铁人公司、法国拉加代尔集团运动部门，富力切尔西足球学校首期投入5亿元。

（2）通过培养更多的竞技体育爱好者，为职业体育的发展更新消费群体和消费观念。职业体育的发展需要有庞大的消费群体和消费意愿来支撑，而对职业体育或高水平竞技体育缺乏体验的群体，自然就会缺少消费动力，因而增加大众的竞技体育体验、扩大高体验群体的规模至关重要。越来越多的体育培训机构可以让更多的青少年群体更便利地参与竞技体育，长时间的训练和消费习惯可以提高其对竞技体育的热情，进而在其成年后成为职业体育发展的稳定消费群体。另外，参与竞技体育可以有效磨砺青少年的身心，培养兴趣爱好甚至一技之长，促进青少年的全面发展。这有利于整个社会加深对竞技体育育人功能的认识，增加家长在儿童运动参与方面的时间，增强和提高资金投入意愿与投入水平，并在这一过程中更新家庭的体育消费观，使家长成为支持职业体育发展的潜在或直接消费群体。

（3）通过打造职业体育赛事和品牌，增强职业体育作为一种职业预期与职业

---

① 辜德宏，周战伟，郭蓓. 政府对专业性运动竞赛的改革与创新：基于对上海市青少年10项系列赛的分析[J]. 首都体育学院学报，2016，28（1）：64-68，76.

规划对有运动天赋的学生及其家庭的吸引力。通俗地讲,职业体育就是将从事某一运动项目的训练和竞赛作为自身的职业。从西方发达国家职业体育的发展来看,职业体育是竞技体育发展中的顶层发展形态,其发展的专业化和精细化程度高,也就是说职业体育除了需要个体具有较好的运动天赋,还需要经过长时间的专业化训练,以及精细化的职业发展规划、设计和准备。因此,高度发达的职业体育需要大众对其有清楚的认识和考量,有较为成熟的职业规划意识,本着自主参与、自愿投资、自担风险的理念,做好进入职业化发展阶段的规划和相关准备。在实践中,一些足球、篮球、网球、乒乓球项目培训学校发挥了为职业体育培养后备人才的作用,如富力切尔西足球学校、国家足球山东鲁能体育训练基地都将自身挖掘的精英球员作为重点培养对象,以不同的方式为其进入各级职业足球俱乐部做准备。同样,这些专项培训学校在招生过程中也将此作为招生的重点宣传内容之一,为家长和学生充分考量投资的风险、必要性、可行性提供信息,进而为运动员的职业发展准备与规划打下基础。

第三节 对我国竞技体育发展中社会和市场力量作用的审视

一、参与的运动项目和发展领域具有明显的局限性

(1)从社会和市场力量参与运动项目的情况来看,主要集中在非奥项目、奥运非重点项目,社会化和市场化程度好的项目。究其原因,一是奥运重点项目有专业队体制存在,其发展有国家经济、制度、人力等多重保障,社会和市场力量在场地设施、教练员、组织与管理等方面的专业性与之存在差距,需要采取错位生存与发展的策略。二是项目的经济效应直接影响社会和市场力量的参与意愿、程度。由于社会和市场力量参与竞技体育发展也需要一定的资源投入,盈利自然就是保障其生存与发展的关键。社会化程度高、市场价值高的项目,其生源更有保证,盈利更现实,自然也就更易获得社会和市场力量的青睐。

(2)从社会和市场力量参与的发展领域来看,主要集中在办训和办赛这两大块,前者主要集中于青训领域,后者主要是商业性或职业性体育赛事的组织与运营,而在运动员信息或竞赛信息收集、分析,运动康复与保健,运动科技服务或攻关等方面较少涉及。其中原因与前面大致相同,一是存在专业体制垄断性竞争的限制;二是存在盈利不足、投入大、回报小或周期长问题。

二、在竞技体育人才培养效果和效力方面相对偏弱

（1）目前，社会力量办训主要集中在业余训练层面，以及对青少年儿童的运动兴趣开发和培养层面，即大体集中在竞技体育人才培养的基础阶段或初级阶段。参与高端竞技体育人才培养相对较少，而且从竞技体育精英人才的培养效果来看，还很难与专业体制的作用相抗衡，目前主要起发展的补充作用。虽然近些年来，利用我国社会和市场力量培育出了丁俊晖、胡凯、许昕等精英竞技人才，但绝大部分世界冠军仍然来自专业体制。竞技体育举国体制经过多年的发展与完善，其三级训练体制在选材育才，训练与竞赛的组织、管理等方面形成了较为成熟的发展经验、模式，这也使得其在精英竞技人才的培育方面具有得天独厚的优势。

（2）从当前我国体育社会组织发展的规模和影响力来看，发展数量相对偏少，发展的覆盖面和推广效果尚待扩大。截至2018年底，全国共有体育类社会团体33722个，体育基金会42个，体育民办非企业单位19986个[1]。这与德国每890人拥有1个非营利体育组织，每10万人拥有112个非营利体育组织相比差距明显[2]。再看影响力，美国19500所高中1200万名中学生参与美国州立高中全国联合会（National Federation of State High School Associations，NFHS）的校际竞技运动[3]。德国足球协会拥有24481个俱乐部、145084支球队，会员有1400多万之众[4]。日本青少年体育俱乐部协会拥有31863个青少年体育俱乐部，864303名会员、教练员和其他人员[5]。无疑，我国体育社会组织在发展规模、影响力、作用发挥等方面仍与发达国家存在较大差距。

三、参与竞技体育发展的规范性和专业性有待提高

（1）专业化程度参差不齐，整体专业化水平尚待提高。现代竞技体育已经发展成为专业化程度高的竞争行业，投入大、牵涉面广、竞争激烈、管理复杂、保障条件高等是其典型特点[6]。这种变化造成的直接结果是，只有拥有足够的资本和

---

[1] 中华人民共和国民政部. 2018年民政事业发展统计公报[EB/OL]. （2019-08-15）[2023-04-12]. https://www.mca.gov.cn/images3/www2017/file/201908/1565920301578.pdf.
[2] 刘国永，裴立新. 中国体育社会组织发展报告：2016[M]. 北京：社会科学文献出版社，2016：49.
[3] NFHS. About us[EB/OL]. (2022-01-22)[2024-04-11]. https://www.nfhs.org/who-we-are/aboutus.
[4] DFB. Mitglieder-Statistik 2020[EB/OL]. [2022-04-11]. https://www.dfb.de/fileadmin/_dfbdam/223584-Mitgliederstatistik.pdf.
[5] JSPO. Junior Sport Clubs[EB/OL]. [2022-04-11]. https://www.japan-sports.or.jp/english/tabid649.html.
[6] 辜德宏，王家宏，钱琦. 政府对竞技体育发展方式干预的影响因素及重构任务[J]. 天津体育学院学报，2016，31（2）：106-111.

动员能力联合科技、体育、医疗等多个部门，才能保证高训练和高竞赛质量。我国竞技体育中的社会和市场力量具有不同的发展资源和能力，这也就导致了它们相互间专业化程度和水平的高低不同。总的来说，越是基层，越是经济欠发达地区，其专业化程度和水平越低。我国竞技体育社会化和市场化改革的年限较短，虽然社会和市场力量在此过程中获得了一些发展，摸索出了一定的发展经验和模式，但总体来看，它们的专业化水平和层次与欧美等发达国家相比差距明显。尤其高度职业化的项目，选材、训练、竞赛等环节都是高度精细化，在信息采集、数据分析、模拟训练、临场指挥等方面，采用复合型团队进行细致的分工与合作。

（2）创新能力较为薄弱，发展的竞争力有待提高。众所周知，创新是保持发展竞争优势的关键，创新有学习创新和自主创新之分。相对而言，自主创新有利于更好地保持竞争优势和发展的主动权。从我国竞技体育中社会和市场力量的发展实践来看，它们具有一定的学习创新能力，能主动学习西方的先进知识和经验，再根据中国市场的实情进行一些发展创新。例如，一些运动类 App 的设计就参照了国外 RunKeeper、Runtastic 等软件的设计思路和内容。在运动训练领域则引进了核心力量训练、悬吊训练、振动训练等一些国外先进训练理论与手段。在我国足球和篮球职业化改革的过程中，它们也大量学习美国、英国等国家职业体育发展的先进做法、制度、管理办法。但与此同时，这也一定程度上反映了它们的自主创新能力还相对较弱，原创性的理论、技术创新匮乏，导致其发展较难跟上市场需求变换的节奏，自身的发展活力因此受限，市场竞争力也因此受到影响，较难在复杂多变的市场竞争中获取发展优势。

（3）品牌化、国际化的社会和市场力量少，发展结构不合理，发展效益亟待优化。品牌是商品经济发展到一定阶段的产物，在现代市场经济竞争中，品牌能给商品生产者带来巨大的经济和社会效益[1][2]。为此，打造自身发展的品牌、走国际化道路就成为市场竞争中企业做大做强的通行做法。从我国的发展实践来看，体育服装业形成了安踏、特步等品牌，但与耐克、阿迪达斯等国际知名品牌相比，它们的品牌效应和国际化程度有一定差距。在赛事运营方面有中奥体育、智美体育、万达体育等，在赛事转播方面有 PPTV 体育、腾讯体育、乐视体育等。相对而言，它们已有一定的知名度和影响力，尤其万达体育近几年发展迅猛。然而，相较于 ESPN（Entertainment and Sports Programming Network，娱乐与体育节目电

---

[1] 李秀石. 谈品牌效应[J]. 中学政治教学参考，2002（Z2）：80-81.
[2] 品牌效应[EB/OL]. [2024-04-11]. https://baike.baidu.com/item/%E5%93%81%E7%89%8C%E6%95%88%E5%BA%94/6512368?fr=ge_ala.

视网)、天空体育、EA（Electronic Arts，艺电）游戏公司、IMG（International Management Group，国际管理集团）等公司仍然具有不小的差距。我国知名企业以赛事转播和运营两类产品为主，对于体育经纪、体育游戏等内容都涉及较少。

（4）行业规范和自治能力尚待提高。建构行业标准，规范行业行为，进行行业自治是一个行业产生自我发展动力和形成自我发展能力的基础。目前，我国体育行业标准缺乏，根据工标网检索结果，现行有效的体育标准约230条，其中国家层面的有100条，主要围绕体育场馆工程建造、检验、照明、器械要求、开放条件与技术要求等方面[①]。再结合国家体育总局公布的"体育行业标准项目计划"来看，标准制定集中在场地、器材、照明、技术使用等方面，而关于体育培训、赛事策划、组织与管理，体育用品制造，体育经纪等未能找到相关标准[②]，这一定程度上反映了行业发展还没有进入科学化、规范化发展的轨道。当然，2022年1月，国家体育总局办公厅发布了《体育总局办公厅关于征求〈青少年体育俱乐部基本要求〉行业标准（征求意见稿）意见的通知》，表明国家开始着力解决这一问题。同时，除职业俱乐部形成了职业联盟，其他社会和市场力量大多"各自为政"。目前多数体育社会组织未建立规范的内部运行机制和法人内部治理制度，存在民主自治缺失的问题，会员大会或会员代表大会形同虚设，法人治理体系不健全，治理规则不完善，治理机构不完整[③]。

四、参与竞技体育发展过于追求利益淡漠人才培养

（1）竞技体育人才培养方面的责任感有待加强。一些社会和市场力量参与青训、职业体育等并不是出于对竞技体育的热爱和对社会效益的追求，而是意欲通过人才交易，获取房地产或其他政策优惠、社会声誉等潜在利益。在这样的盈利模式下，社会和市场力量缺乏发展竞技体育的主人翁意识，时刻以经济利益来权衡行为决策，不仅存在推进竞技体育发展的责任感淡薄的现象，还会破坏、扭曲竞技体育发展中的一些运行机制。例如，在运动员的输送中，以其出价高低而不是运动员水平高低为衡量标准。缺乏责任感和主人翁意识不利于维系社会和市场力量参与竞技体育发展的稳定和可持续性，未来需要正视这一问题。

[①] 工标网. 标准分类[EB/OL].（2024-05-28）[2024-06-28]. http://www.csres.com/s.jsp?keyword=%CC%E5%D3%FD&pageNum=1.
[②] 国家体育总局. 体育行业标准项目计划[EB/OL].（2006-03-15）[2022-01-22]. https://www.sport.gov.cn/n4/n23362064/n23362030/n23708992/n23709044/c23709208/content.html.
[③] 刘国永，裴立新. 中国体育社会组织发展报告：2016[M]. 北京：社会科学文献出版社，2016：53-54.

（2）参与竞技体育发展还需避免过于功利化。本来，赚钱是市场主体的正常意愿。然而，一旦急功近利，只看短期利益，不注意打好基础，就会导致发展的无序或低水平。从美国、德国、英国等国家职业篮球、足球等项目的发展来看，系统、科学的青训体系，循序渐进的发展设计，科学严谨的训练，严格的教练员考核机制等，有利于保障运动员在职业发展中甚至退役后有更为扎实的基础和更为广阔的发展空间。目前，我国社会和市场力量在参与青训和职业体育发展中还存在揠苗助长、不注重梯队建设、过于注重通过引援来提高竞赛成绩等问题，这表明体育发展还需要慢下来补一些课。在访谈中，ZCH提到："培育市场要通过文化引导及现代媒体手段，使社会主体理性得到更多提升，以避免发展的功利化和短视化。"

（3）参与竞技体育发展的公平竞争意识还需进一步加强。我国是一个典型的重伦常的大国，曾经出现过重人情、讲位序等意识和行为。受此影响，在部分事务的实际运行中也存在走关系的做法，此类惯习不仅极难根除，而且极易引发从众行为，久而久之在一些行业或领域中形成了一些潜规则，影响发展实践中的公平竞争。而如果市场公平竞争的环境长期遭受破坏，那么不仅会打消一些发展主体参与的信心，而且会阻碍竞技体育整体向更高层次、更高水平方向的发展。由此，不仅需要国家加大规范引导和惩治力度，还需要社会和市场理论公平、有序参与竞争与发展。

第四节　对我国竞技体育发展中社会和市场力量成长情况的分析

一、社会和市场力量成长必须适应的体制背景

（1）政治制度。我国是社会主义国家，这一根本政治制度决定了我国竞技体育的发展不可能像资本主义国家一样走相同的自由市场经济路子。社会主义市场经济决定了我国的市场化改革需要体现社会主义的特点和优越性。由于社会主义市场经济最大的特点是市场作用机制在国家宏观调控下对资源配置起基础性作用[1]，所以市场配置资源的手段要与计划配置资源的手段互为补充，两者不可偏废；市

---

[1] 李祥林. 中国体育竞赛表演产业发展的历程、逻辑与趋势：基于政府行为变迁视角[J]. 体育科学，2021，41（3）：10-17.

场要以计划为指导，计划要以价值规律为基础，两者要相互渗透交融在一起；微观经济活动主要靠市场，宏观经济活动主要靠计划，两者要有所侧重。这就决定了我国竞技体育发展中社会和市场力量的成长既要把握市场需求、价值规律，根据市场机制调配发展资源，进行产品或服务的生产与供给，又要懂得分析国家宏观发展环境和调控政策，把握国家政策走向、社会经济发展需求，科学制定自身发展战略，保持发展方向的准确性、前沿性。

（2）组织和领导制度。我国国家机构的组织原则是民主集中制。既要讲民主，又要有集中，这就决定了我国竞技体育的管理体制始终会处在党和政府的管理下。社会和市场力量参与竞技体育发展，要想获取自身的成长和发展空间，就必须在政治正确的前提下，与党和国家的发展方针、政策、法规一致，而不可能像美国之类的资本主义国家，将自身的发展利益置于国家利益之上。因此，我国的国家利益和资本利益不会像西方资本主义国家，成为并立的两极，而只可能走符合中国特色社会主义特点的路子，即二者发展的统一。这也决定了国家与社会和市场力量在竞技体育发展中会有一些利益博弈、协调与均衡，但在此过程中涉及国家利益、政治需求的一些事项仍然会以国家利益和需求为最高导向。

（3）经济制度。我国以公有制为主体、多种所有制经济共同发展的基本经济制度决定了政府始终掌握着国家绝大多数的资源。而且，坚持公有制的主体地位和国有经济的主导作用是经济社会各领域发展的基本原则。这就意味着在竞技体育发展中，政府将始终发挥主导作用，当然这种主导作用并不是说要起垄断或控制作用，而是表现在对竞技体育发展的引导、推动、影响等方面。在访谈中，国家体育总局政策法规司前官员 LXL 谈道："审视我国竞技体育的发展，一定要考虑到我国是以公有制为主体的经济制度，绝大多数发展资源是掌握在政府手中的。"同时，国有经济要发挥主导作用决定了竞技体育市场化改革的限度，即私有经济不管发展到怎样的规模、层次、水平，都应以不影响国有经济的主导地位和作用为界限。

二、社会和市场力量成长情况及其影响因素指标的遴选

（1）针对我国竞技体育发展中社会和市场力量的成长情况，学者们指出，它们在发展规模、发展均衡性、发展规范性、发展专业化程度等方面还存在不足，

在精英运动员培养、对竞技体育发展的作用及贡献等方面还较为薄弱[1][2][3]。综合学者们的观点及我国竞技体育的发展实践来看，审视社会和市场力量的成长情况，主要在于厘清它们表现为一种什么样的成长情况，以及它们在哪些方面发挥作用、发挥作用的情况如何。为此，本研究初步设计了成长质量、作用发挥及作用效力3个维度16个指标。

（2）针对影响社会和市场力量成长的因素，学者们认为，我国的管理体制、机制及经济基础、文化传统等是影响其成长的主要因素。在我国特有的国情下，竞技体育采取相应的发展模式取得了突出成就，但唯金牌的理念需要改变，竞技体育的多元功能及服务群体亟待进一步开发，政府的管理职能需要进一步转化，竞技体育发展需要进一步完善其法治化和规范化发展进程，社会和市场力量需要进一步提升自身实力等[4][5][6][7]。实际上，经济基础和文化传统是对社会和市场力量成长的环境与条件的考察。在实践发展中，除了考虑这些外在因素的影响，还要考虑竞技体育发展自身的内在环境和条件因素。为此，本研究初步设计了管理体制、管理机制、发展环境、发展条件4个维度24个指标。

（3）采用德尔菲法确定问卷指标，采用专家咨询法进行问卷效度检验。首先，选择了16位相关领域的专家进行了两轮《我国竞技体育发展中社会力量的成长情况及其影响因素调查问卷》设计的咨询，第一轮去掉了作用发挥维度中的1个指标、作用效力中的2个指标、发展环境维度中的1个指标。此外，专家还对管理体制这个维度提出了疑问，认为该维度应该作为发展背景来考量，而不应该再放在问卷中调查。由此，第二轮删除了管理体制这个维度（3个指标），并修改了5个指标的表述方式，发专家进行第二轮咨询，最终达成共识，确定了问卷最终的指标和内容（表2-2、表2-3）。其次，邀请10位专家对问卷内容效度进行检验，所有专家均认为问卷设计合理（详见第一章第五节"研究方法"部分和附录四）。问卷的发放、回收、填答人员信息及信度检验详见第一章第五节"研究方法"部分。

---

[1] 任海. "竞技运动"还是"精英运动"？：对我国"竞技运动"概念的质疑[J]. 南京体育学院学报（社会科学版），2011，25（6）：1-6.
[2] 王三保. 中国竞技体育发展战略的困境及突破路径研究[J]. 北京体育大学学报，2019，42（10）：72-81，101.
[3] 刘红建. 新形势下竞技体育国家队建设和管理优化路径研究：基于美、英、德、日的国际经验[J]. 山东体育学院学报，2020，36（6）：81-89.
[4] 钟秉枢. 新时代竞技体育发展与中国强[J]. 上海体育学院学报，2018，42（1）：12-19.
[5] 马志和. 竞技体育发展的政府逻辑与我国的策略选择[J]. 山东体育学院学报，2020，36（5）：47-51.
[6] 杨国庆，彭国强. 改革开放40年中国竞技体育发展回顾与展望[J]. 体育学研究，2018，1（5）：12-22.
[7] 卢文云. 迈向体育强国我国竞技体育发展面临的问题与对策[J]. 沈阳体育学院学报，2020，39（2）：75-81，107.

第二章　我国竞技体育发展中的社会和市场力量及其作用

表 2-2　社会和市场力量成长情况或程度指标编码表

一级指标	二级指标	三级指标
社会和市场力量成长情况或程度	成长质量	当前我国竞技体育发展中社会和市场力量的数量（发展规模）对于竞技体育发展需求满足程度的情况（X21）
		当前我国竞技体育发展中不同区域社会和市场力量发展的均衡性情况（X22）
		当前我国竞技体育发展中社会和市场力量涉足领域的全面性情况（X23）
		当前我国竞技体育中社会和市场力量发展的规范化程度（X24）
		当前我国竞技体育中社会和市场力量发展的专业化程度（X25）
	作用发挥	当前我国社会和市场力量在精英运动员培养方面的作用（X26）
		当前我国社会和市场力量在体育后备人才培养方面（青训）的作用（X27）
		当前我国社会和市场力量在推进职业体育发展方面的作用（X28）
		当前我国社会和市场力量在高水平赛事开发方面的作用（X29）
	作用效力	当前体育社会组织对我国竞技体育发展的贡献程度（X30）
		当前学校对我国竞技体育发展的贡献程度（X31）
		当前企业（体育俱乐部）对我国竞技体育发展的贡献程度（X32）
		当前家庭和个人对我国竞技体育发展的贡献程度（X33）

表 2-3　影响社会和市场力量成长的因素指标编码表

一级指标	二级指标	三级指标
影响社会和市场力量成长的因素	管理机制	我国政府的简政放权程度（X1）
		我国重权力、以官为尊的思想观念（X2）
		我国重人情和关系的办事传统（X3）
		金牌至上的竞技体育发展理念（X4）
		我国竞技体育发展中的既得利益集团（在传统体制中有利益保障或更能谋取利益的群体、团体）（X5）
	发展条件	我国竞技体育发展中法制化建设的情况（相关政策、法规、制度、规章等建设情况）（X6）
		我国竞技体育发展中标准化建设的情况（行业发展各环节基础性或统一性的要求、标准建设情况）（X7）
		我国竞技体育发展中规范化发展的情况（遵循相关制度、标准等进行发展的情况）（X8）
		我国竞技体育发展中法治化发展的情况（依靠政策、法规、制度、规章等进行治理的情况）（X9）
		社会和市场力量中相关场地、设施、器具等硬件资源的匮乏（X10）
		社会和市场力量中相关专业人员的匮乏（X11）
		社会和市场力量中相关人员专业水准的参差不齐（X12）

续表

一级指标	二级指标	三级指标
影响社会和市场力量成长的因素	发展环境	我国市场经济的发展程度（X13） 我国竞技体育社会化和市场化发展的程度（X14） 我国"重文轻武"的传统观念（X15） 我国传统的"小农意识"（保守、个人主义、自由散漫、不思进取等）（X16） 我国GDP（X17） 我国人均GDP（X18） 我国区域经济发展的均衡性（X19） 我国产业发展结构［第一产业（种植业、林业、畜牧业、养殖业等）、第二产业（加工制造业等）、第三产业（除了第一产业、第二产业的其他行业）结构发展情况］（X20）

（4）研究目的与假设。研究目的：探究权衡社会和市场力量成长情况和影响它们成长及作用发挥的因素的指标，厘清其内部结构关系及影响程度，并据此对当前我国竞技体育发展中社会和市场力量的成长情况及影响它们成长的因素的情况进行分析。结合国家与社会关系理论及各国发展实践来看，两者的作用强度更多表现为此消彼长，"强国家、弱社会"是两者作用或关系的常态。由此，假设1：管理机制的刚性与社会和市场力量的成长及作用发挥呈负相关。考虑到发展环境、发展条件是社会和市场力量成长或发展的基础，发展环境和发展条件越发达，社会和市场力量的成长及作用发挥情况会越好。由此，假设2：发展条件的先进性与社会和市场力量的成长及作用发挥呈正相关。假设3：发展环境的先进性与社会和市场力量的成长及作用发挥呈正相关。

三、社会和市场力量成长及其影响因素的结构方程模型

（一）模型识别

将数据导入AMOS 17.0软件中，建立初始全体变量结构方程模型（图2-1）。初始全体变量结构方程模型共有33个测量题项，即33个测量指标，因此$q(q+1)/2=561$。本模型需要估计80个参数，分别为41个因子负荷、39个测量指标的误差方差，$t=80<561$，属于过度识别（over-identified），满足模型识别要求。

（二）模型拟合

将正式调研数据导入已建立的模型中，采用固定负荷方法对模型进行分析，结果显示，X^2/df值为4.126，大于3，这表示观察数据导出的方差-协方差矩阵与

第二章 我国竞技体育发展中的社会和市场力量及其作用

假设模型导出的方差-协方差矩阵相等的假设条件无法获得支持,即初始模型与观察数据无法适配。此外,渐进残差均方和平方根（RMSEA）=0.102>0.08；适配度指标（GFI）和调整后适配度指标（AGFI）均小于 0.9。上述指标均未达到适配度标准,说明初始的全体变量结构方程模型有待进一步修正。

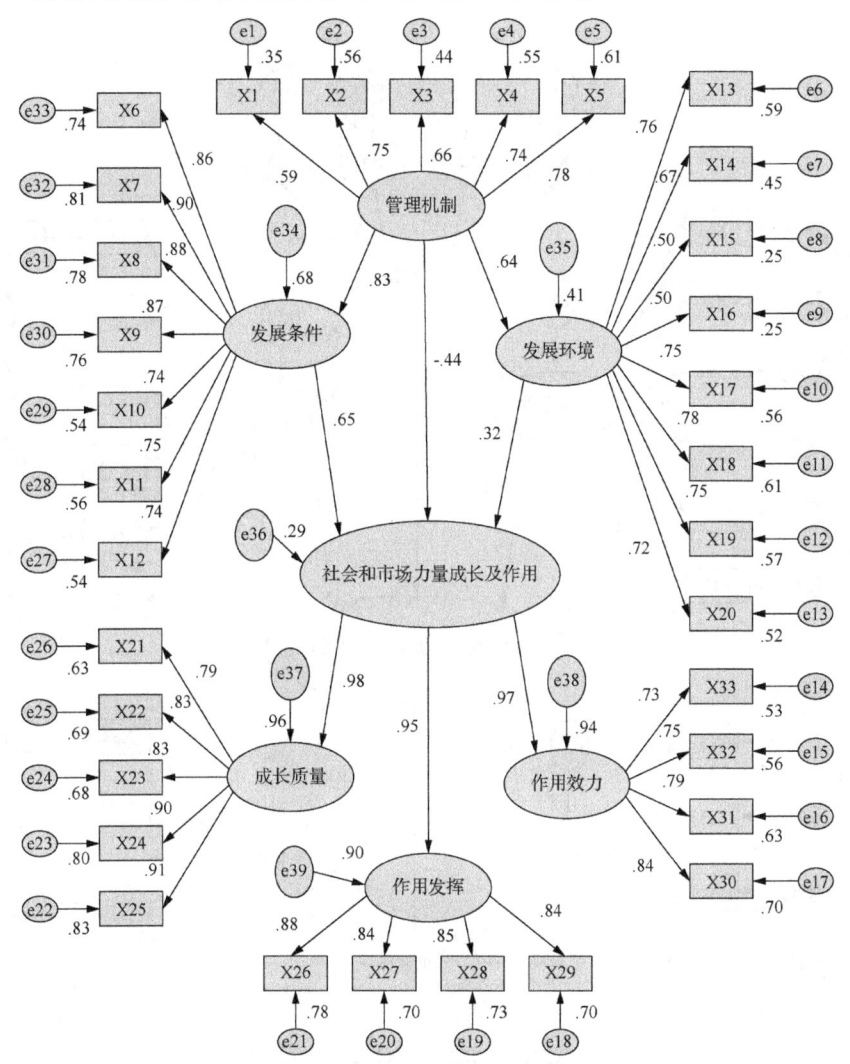

图 2-1 初始全体变量结构方程模型

（三）模型修正

在初始全体变量结构方程模型中,假设各观察指标不存在共变关系。根据初始结构方程模型结果输出报表中提供的修正指标值（MI）,并结合实际情况,删掉了 X3、X8、X15、X16、X22 测量题项（X3、X8、X16、X22 4 个测量题项出现跨维度相关，X15 测量题项标准化路径系数低于 0.5），进而分别建立 e3 与 e4、e5 与 e6、e6 与 e7、e7 与 e8 等共变关系，从而对初始全体变量结构方程模型进行了修正（图 2-2）。

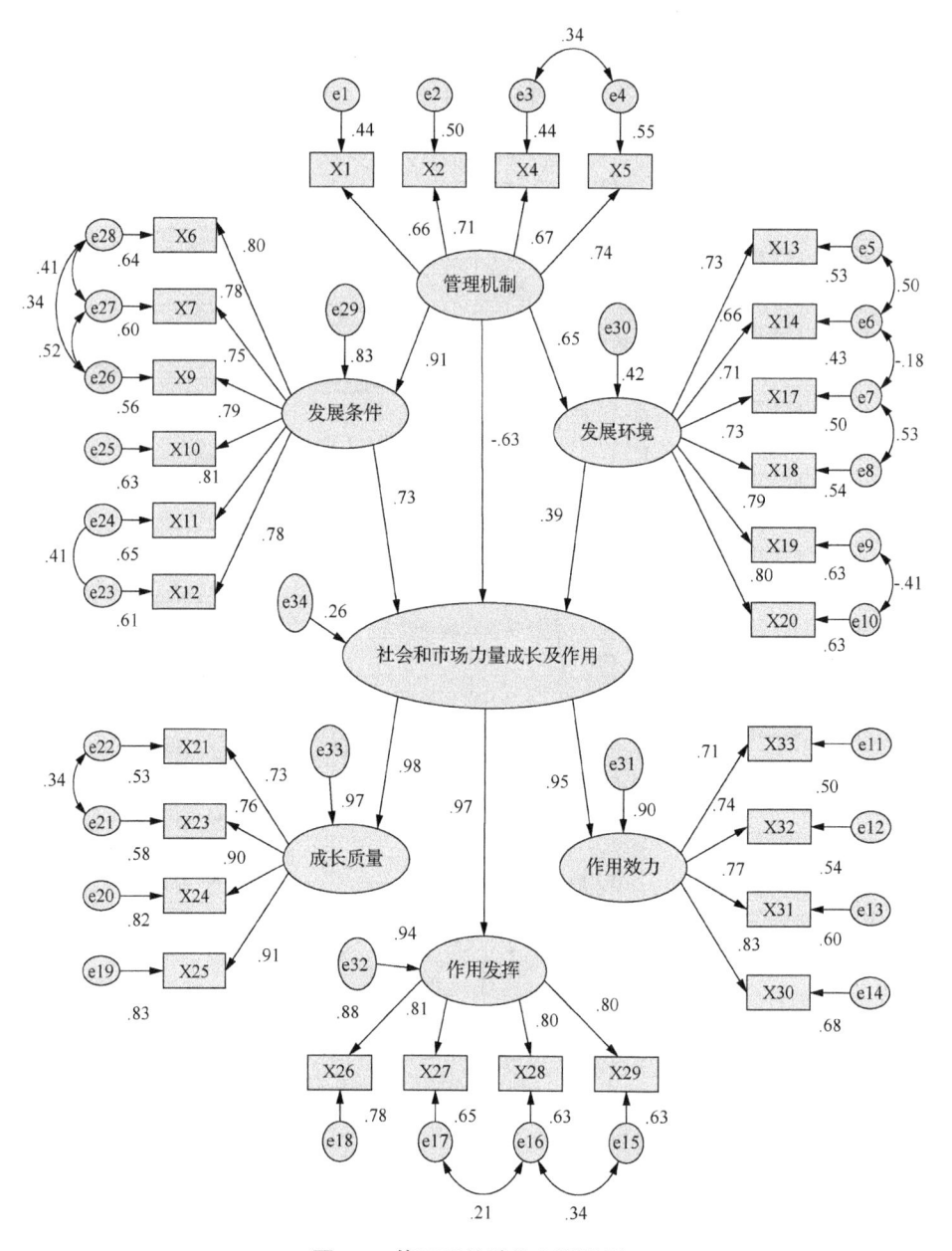

图 2-2　修正后的结构方程模型

第二章 我国竞技体育发展中的社会和市场力量及其作用

修正后的结构方程模型同样本数据达到适配标准，模型与样本数据适配（表 2-4）。修正后结构方程模型分析结果如表 2-5 所示。

表 2-4 修正后结构方程模型拟合度指标

拟合度指标	X^2/df	GFI	RMR	RMSEA	NFI	RFI	IFI	CFI
理想值	<3	>0.9	<0.05	<0.08	>0.9	>0.9	>0.9	>0.9
模型拟合值	1.995	0.901	0.043	0.049	0.925	0.915	0.961	0.961

表 2-5 修正后结构方程模型分析结果

测量维度	测量题项	标准化系数	P	CR	AVE
管理机制	X1	0.665	***	0.73	0.52
	X2	0.708	***		
	X4	0.667	***		
	X5	0.745	***		
发展条件	X6	0.865	***	0.93	0.65
	X7	0.838	***		
	X9	0.798	***		
	X10	0.776	***		
	X11	0.784	***		
	X12	0.769	***		
发展环境	X13	0.781	***	0.85	0.53
	X14	0.658	***		
	X17	0.709	***		
	X18	0.700	***		
	X19	0.671	***		
	X20	0.779	***		
成长质量	X21	0.742	***	0.91	0.66
	X23	0.769	***		
	X24	0.878	***		
	X25	0.886	***		
作用发挥	X26	0.883	***	0.90	0.69
	X27	0.819	***		
	X28	0.813	***		
	X29	0.796	***		
作用效力	X30	0.824	***	0.85	0.58
	X31	0.775	***		
	X32	0.734	***		
	X33	0.711	***		

*显著性符号。

（四）模型评价

（1）从社会和市场力量的成长情况来看，我国竞技体育发展中的社会和市场力量成长情况与成长质量、作用发挥、作用效力存在正相关关系，这表明3个方面发展情况越好，社会和市场力量成长情况就越好。也就是说，社会和市场力量在成长的质和量方面的优劣情况，在竞技体育发展主要领域作用发挥的好坏情况，不同类别主体对竞技体育发展的作用效力大小情况，作为其内在构成要素，与社会和市场力量的成长情况产生同频共振。

① 针对成长质量维度，最终确定为4个因素，分别为发展的规模（数量）情况、发展的全面性情况、发展的规范化程度、发展的专业化程度。发展的规模（数量）情况是对发展的量的情况的反映，通过将其与竞技体育发展需求满足程度进行比较，能够客观地反映当前的发展状况；反映发展的质的情况则主要从发展涉足的领域、发展的规范化程度和专业化程度来衡量。为此，从当前我国竞技体育发展中社会和市场力量涉足领域的全面性情况、参与竞技体育发展的规范化程度、发展的专业化程度这3个方面来反映社会和市场力量成长的品质和作用范围。另外，发展均衡性情况未被纳入结构方程模型中，这可能反映了区域发展的结构性差异并不是当前制约它们发展的关键性因素。

② 针对作用发挥维度，最终确定为4个因素，分别为在精英运动员培养方面的作用、在体育后备人才培养方面的作用、在推进职业体育发展方面的作用、在高水平赛事开发方面的作用。从世界各国竞技体育的发展实践来看，社会和市场力量作用发挥的核心内容就在于上述4个方面。

③ 针对作用效力维度，最终确定为4个因素，分别为体育社会组织对竞技体育发展的贡献程度、学校对竞技体育发展的贡献程度、企业（体育俱乐部）对竞技体育发展的贡献程度、家庭和个人对竞技体育发展的贡献程度。由于社会和市场力量主要由上述4类主体组成，所以了解4类主体在当前我国竞技体育发展中的作用效力情况，有利于分析和把握其成长及作用发挥效果。

将路径系数做归一化处理，即先将3个指标的路径系数加总，然后用每个指标的路径系数除以这个加总值，得到每个指标的权重系数（下同）。具体各指标权重如表2-6所示。从表2-6中可见，成长质量维度权重系数最高，说明社会和市场力量自身的建设问题是成长中的关键问题，并且发展的规范化和专业化程度对于它们的发展壮大尤为重要。

第二章 我国竞技体育发展中的社会和市场力量及其作用

表 2-6 社会和市场力量成长情况指标体系权重系数一览表

一级指标	二级指标 指标	权重	三级指标 指标	权重
社会和市场力量成长情况	成长质量	0.338	当前我国竞技体育发展中社会和市场力量的数量（发展规模）对于竞技体育发展需求满足程度的情况（X21）	0.459
			当前我国竞技体育发展中社会和市场力量涉足领域的全面性情况（X23）	0.478
			当前我国竞技体育中社会和市场力量发展的规范化程度（X24）	0.566
			当前我国竞技体育中社会和市场力量发展的专业化程度（X25）	0.572
	作用发挥	0.334	当前我国社会和市场力量在精英运动员培养方面的作用（X26）	0.267
			当前我国社会和市场力量在体育后备人才培养方面（青训）的作用（X27）	0.246
			当前我国社会和市场力量在推进职业体育发展方面的作用（X28）	0.243
			当前我国社会和市场力量在高水平赛事开发方面的作用（X29）	0.243
	作用效力	0.328	当前体育社会组织对我国竞技体育发展的贡献程度（X30）	0.272
			当前学校对我国竞技体育发展的贡献程度（X31）	0.252
			当前企业（体育俱乐部）对我国竞技体育发展的贡献程度（X32）	0.243
			当前家庭和个人对我国竞技体育发展的贡献程度（X33）	0.233

与此同时，通过对其各维度指标均值的观察，可以从一定程度上判断当前社会和市场力量在不同维度指标方面的成长情况（表 2-7）。首先，从成长质量情况来看，其均值为 11.6988，由于它小于中值 12，所以此方面发展情况还相对薄弱。再进一步观察其所包含的 4 个指标，X23~X25 均值小于 3，这说明发展的全面性、规范化程度、专业化程度 3 个方面的社会和市场力量成长情况相对偏弱，在实践中还需进一步加强。其次，从作用发挥情况来看，其均值为 12.2048，由于其大于中值 12，所以此方面发展情况相对较好。再进一步观察其所包含的 4 个指标，X26 均值小于 3，这说明社会和市场力量在对精英运动员的培养方面还相对薄弱，符合现实发展情况，即大部分奥运冠军仍然主要出自体校系统。X27~X29 均值大于 3，这说明社会和市场力量在后备人才培养、推进职业体育发展、高水平赛事开发 3 个方面的作用较好，也正好反映了它们与竞技体育举国体制的区别，即在

市场开发和普及层面有更好的作为。最后，从作用效力情况来看，其均值为12.3639，由于其大于中值12，所以此方面发展情况相对较好。再进一步观察其所包含的4个指标，X33均值小于3，这说明家庭和个人对我国竞技体育发展的贡献还相对薄弱；X30~X32均值大于3，这说明企业（体育俱乐部）、学校、体育社会组织发挥的作用较好，符合现实发展情况，虽然我国出现了少数由家庭培养的精英运动员，但家庭和个人与其他三大主体的作用相比还远远不成规模。

表2-7 社会和市场力量成长情况或程度各指标均值表

指标	N	最小值	最大值	均值	标准偏差
X21	415	1	5	3.02	1.016
X23	415	1	5	2.87	1.063
X24	415	1	5	2.89	1.066
X25	415	1	5	2.91	1.022
X26	415	1	5	2.85	1.132
X27	415	1	5	3.03	1.041
X28	415	1	5	3.14	1.026
X29	415	1	5	3.19	0.997
X30	415	1	5	3.06	1.054
X31	415	1	5	3.16	1.091
X32	415	1	5	3.20	1.051
X33	415	1	5	2.95	1.149
成长质量	415	4	20	11.6988	3.65457
作用发挥	415	4	20	12.2048	3.69475
作用效力	415	4	20	12.3639	3.58542

（2）从影响社会和市场力量成长的因素来看，管理机制、发展条件、发展环境3个维度能较好地反映影响社会和市场力量成长的情况。其中，管理机制指标与社会和市场力量成长及作用发挥呈负相关，这验证了假设1，可能说明了两个问题：一是我国竞技体育管理机制滞后于改革发展需求，在一定程度上制约了社会和市场力量的成长。二是竞技体育举国体制有一些不适应或落后于市场经济发展规律和需求的地方，在实践中制约着我国竞技体育发展中社会和市场力量的成长，即管理机制收得越紧，越影响社会和市场力量的成长。从模型来看，管理机制主要是通过影响发展环境和条件来对社会和市场力量的成长施加影响的。发展条件和环境指标与社会和市场力量的成长呈正相关，这验证了原假设2、假设3。影响社会和市场力量成长的因素指标体系权重系数如表2-8所示。

第二章 我国竞技体育发展中的社会和市场力量及其作用

表 2-8 影响社会和市场力量成长的因素指标体系权重系数一览表

一级指标	二级指标		三级指标	
	指标	权重	指标	权重
影响社会和市场力量成长的因素	管理机制	-0.36	我国政府的简政放权程度（X1）	0.237
			我国重权力、以官为尊的思想观念（X2）	0.255
			金牌至上的竞技体育发展理念（X4）	0.241
			我国竞技体育发展中的既得利益集团（X5）	0.266
	发展条件	0.417	我国竞技体育发展中法制化建设的情况（X6）	0.170
			我国竞技体育发展中标准化建设的情况（X7）	0.166
			我国竞技体育发展中法治化发展的情况（X9）	0.159
			社会和市场力量中相关场地、设施、器具等硬件资源的匮乏（X10）	0.168
			社会和市场力量中相关专业人员的匮乏（X11）	0.172
			社会和市场力量中相关人员专业水准的参差不齐（X12）	0.166
			我国市场经济的发展程度（X13）	0.165
			我国竞技体育社会化和市场化发展的程度（X14）	0.149
	发展环境	0.223	我国 GDP（X17）	0.161
			我国人均 GDP（X18）	0.165
			我国区域经济发展的均衡性（X19）	0.179
			我国产业发展结构（X20）	0.181

首先，针对管理机制维度，最终确定了 4 个指标，分别为我国政府的简政放权程度，我国重权力、以官为尊的思想观念，金牌至上的竞技体育发展理念，我国竞技体育发展中的既得利益集团。由于管理机制是指管理系统的结构及其运行机理[①]，所以本研究主要从把握权力的限度、管理的方式、管理的理念、管理的阻碍这几个方面来考察这一方面的影响情况，即政府管理权力的限度影响竞技体育发展中社会和市场力量成长的空间，官本位思想和文化影响社会和市场力量成长的成本，金牌至上的发展理念影响社会和市场力量成长的走向与机会，既得利益集团的利益冲突与矛盾影响社会和市场力量成长的阻力。

① 我国政府的简政放权程度反映着国家与社会间的关系。培育社会和市场力量意味着要实现一定程度的国退民进，因此，我国政府的简政放权程度影响社会和市场力量的成长空间。我国主要通过改变行政管理的范围、内容、方式等，让管理运行更为科学、有效。但管理体制改革并未取得实质性进展，行政主导和干

① 张秦. 软治理模式：网络情境下"桥"式反腐机制建立的研究[M]. 北京：中国言实出版社，2016：5.

预始终贯穿各领域，在一定程度上影响了管理机制的改革成效。竞技体育领域中的管办分离改革虽然进行了多年，但是项目协会仍没有真正去行政化，发展运行中仍然会或多或少地受到一些行政干预。这也是学者们在访谈中一致指出的影响社会和市场力量成长的最大问题。政府主管部门对协会、职业体育联盟、俱乐部等的管理放权程度影响着它们参与竞技体育发展的程度及社会化、市场化改革的进程。

② 我国重权力、以官为尊的思想观念根深蒂固，在一定程度上影响了管理的方式，进而影响社会和市场力量成长的成本。不管是管理还是治理，都由人来进行组织、动员与协调，那么管理者自身的理念、习惯和素养等就成为影响管理运行实效的内在基因。这也是当前我国出台一系列好的政策、法规、方针，在实践中不仅达不到预期效果，反而有些走样甚至起负面作用的重要原因之一。改革政策、方针、举措真正要落实，关键还要靠管理者的理解能力和执行能力，尤其是基层管理者的素养及其看待相关问题的观念和态度。我国重权力、以官为尊的思想观念沿袭已久，长官意志很多时候仍然是一些管理部门进行决策和实践操作中奉行的标尺，管理中的官僚主义作风、等级意识也在一定范围内存在，这些干扰着管理中体制内力量看待体制外力量的态度，干扰着相关管理机构或部门对社会和市场力量的处事方式。

③ 金牌至上的竞技体育发展理念影响竞技体育发展的重心和结构，在一定程度上扭曲了竞技体育组织与管理的目标和内容，影响社会和市场力量的成长走向与机会。竞技体育本应有不同类型产品的生产与供给，为国争光只是竞技体育发展功能或作用的一部分，用金牌等同于竞技体育发展的全部，用成绩来衡量竞技体育发展的好坏，这将导致管理评价、管理理念、管理内容、管理重心等产生一些偏差，竞技体育的综合功能与作用也就无法得到完整的发挥。如果只重视金牌，那么其他类竞技体育产品的生产与供给就会被弱化，社会和市场力量因此获得的发展空间和机会也就极为有限。

④ 我国竞技体育发展中的既得利益集团通过自身的发展地位和话语权优势，在一定程度上干预着改革的推进，给社会和市场力量的成长带来发展阻力。多年来在我国体育事业的发展过程中，由于有不同发展主体的参与和投入，形成了错综复杂的利益格局，不同系统间、不同部门间、不同单位间形成了相应的利益集团，对触犯或消减自身利益的改革存在或明或暗的抵触。体育口、教育口、文化口，体制内单位和体制外单位，学校、俱乐部、家庭，教练员、运动员、管理人

员等不同群体,在竞技体育发展中除了投入相应的资源,还有各自的利益诉求和考量,由此也形成了相应的利益圈子和团体。对于在以往发展模式中有所获利的群体而言,过去的发展模式不仅取得了瞩目的成绩,自身也能收获可观的利益,由此也对原有发展模式产生了惯性心理依赖。因而,虽然各种改革的目标向好,但改革终究是要打破以往的利益格局,有些利益团体或成员可能受损,有些利益团体或成员可能受益,这就很难让那些利益将受到损失的团体或成员主动适应改革。可以说,当改革涉及利益格局调整时,在改革实践中就会遭遇各种不同的抵触或阻力,而且这种抵触、排斥、抗拒还将长期存在,同时还会有多种不同的抵触、排斥、抗拒形式。多年来我国体育领域的改革基本反映了这一现象,社会和市场力量的成长也受此影响。

另外,重人情和关系的办事传统这一指标没被纳入。作为一个有历史传统的伦理大国,国人有着重人情和讲关系的办事传统,这有时候有利于磨合一些矛盾和冲突,调谐一些群体间的关系。虽然有时候它也会影响管理的客观性和公正性,即根据远近亲疏关系来决定管理的严厉与否,或者采取不同的自由裁量权尺度,可能会在一定程度上扭曲社会和市场力量成长的机会与空间。但总的来看,这一文化传统在实践发展中仍然被奉为圭臬。

其次,针对发展条件维度,最终确定了6个指标,分别为我国竞技体育发展中法制化建设的情况,我国竞技体育发展中标准化建设的情况,我国竞技体育发展中法治化发展的情况,社会和市场力量中相关场地、设施、器具等硬件资源的匮乏,社会和市场力量中相关专业人员的匮乏,社会和市场力量中相关人员专业水准的参差不齐。这些指标主要反映了直接影响竞技体育发展中社会和市场力量成长的基础和空间情况。

① 我国竞技体育发展中法制化建设的情况。它是指竞技体育发展中相关政策、法规、制度、规章等的建设情况。这一发展情况决定了社会和市场力量在竞技体育领域内受到制度化保障、约束、激励等的状况。

② 我国竞技体育发展中标准化建设的情况。它是指竞技体育行业发展各环节基础性的或统一性的要求、标准的建设情况。这一发展情况决定了社会和市场力量在竞技体育领域内是否有统一的参照框架、标准化要求,这将使之处于一种竞争有序的发展状态。

③ 我国竞技体育发展中法治化发展的情况。它是指竞技体育发展中依靠政策、法规、制度、规章等进行治理的情况。这一发展情况反映了竞技体育领域内

的发展与竞争是否受到实质性的制度化保障、约束、激励等。法治还只是进行制度保障的前提，即有相应的政策文本保护发展权益，但接下来就需要在实践中予以贯彻执行，这就取决于法治化发展的情况。

④ 社会和市场力量中相关场地、设施、器具等硬件资源的匮乏。竞技体育的发展跟其他行业不一样的地方之一就在于需要大量的专业性运动场地（馆）、器材、设备。很多时候只有具备相应的场地、器材，才能开展正常运营，如游泳、网球。但是在实践中，高规格的体育场馆、器材总是异常昂贵，因此相关硬件资源的匮乏是影响社会和市场力量成长的重要发展条件性因素。

⑤ 社会和市场力量中相关专业人员的匮乏。竞技体育发展的专业化要求高，而且这种发展的高要求并不仅仅局限于运动场馆、器材、设备的高度专业化，更重要的是体现在训练、营养、康复等方面专业人员的专业化水平上。从我国竞技体育发展的传统来看，这些高度专业化的人员主要聚集在体制内、体育系统内，体制外的社会和市场力量专业人员的匮乏成为一大制约发展的条件。

⑥ 社会和市场力量中相关人员专业水准的参差不齐。随着我国体育社会化和市场化的发展演进，已经积累了一些相关专业从业人员，尤其是职业体育的发展，培育了一大批体育经纪人、球探、高水平教练员、高水平裁判员，这些扩大了我国竞技体育发展的专业资源。但与此同时，由于市场经济发展的差异性，不同项目、不同地域之间发展具有不同的发展资源、发展回报，这也就造成了相关专业人员的专业水准参差不齐，在一定程度上影响了社会和市场力量的成长。

此外，我国竞技体育发展中规范化发展的情况这一指标未被纳入，这可能反映了在国家政策引导、市场竞争环境等因素影响下，竞技体育发展已相对规范，当前我国体育社会化与市场化改革已经向高阶发展阶段转变，即从注重发展的规范化方面过渡到了强调发展的标准化建设层面。

最后，针对发展环境维度，最终确定了6个指标，分别为我国市场经济的发展程度、我国竞技体育社会化和市场化发展的程度、我国GDP（Gross Domestic Product，国内生产总值）、我国人均GDP、我国区域经济发展的均衡性、我国产业发展结构。这些指标主要反映了影响社会和市场力量成长的经济发展背景、条件、文化等方面外在制约的大环境情况。

① 我国市场经济的发展程度。这是一个整体层面上，社会和市场力量成长的大环境。市场经济的开放程度、发展成熟度，决定了我国市场经济条件下各行各业发展的空间和机遇。这也是影响竞技体育领域中社会和市场力量成长的一大重

要因素。

② 我国竞技体育社会化和市场化发展的程度。相对于上一因素来说，这可以说是社会和市场力量成长的小环境。因为在市场经济条件下，不同行业有不同程度的社会化、市场化开放程度和发展成熟度，所以竞技体育领域自身的社会化、市场化改革推进力度及进程将直接影响竞技体育领域中社会和市场力量成长的空间与机遇。

③ 我国 GDP。GDP 被公认为衡量国家经济状况的最佳指标，反映了一个国家（地区）的经济表现、国力、财富[①]。无疑，一个国家（地区）的 GDP 发展水平主要反映了这个国家（地区）总体的经济基础、消费观念和消费能力。相应地，这也就构成了影响竞技体育发展中社会和市场力量成长与发展的大环境，即一个国家（地区）的 GDP 水平越高，竞技体育社会化和市场化的发展空间或潜力越大，毕竟更高的 GDP 反映了一个国家（地区）拥有更多的经济资源总量、更好的总体经济形势、更高的人民生活水平，而这些也决定了国民整体消费观念的层次和整体消费能力。

④ 我国人均 GDP。由于人均 GDP 在一定程度上反映了居民的人均收入和生活水平，所以它更能反映一个国家和社会整体的发展水平与质量，并更能体现国家的综合实力和国际竞争力。人均 GDP 比 GDP 更能反映国家和社会的整体消费层次、水平和观念。因为 GDP 反映的是一种叠加的总量，贫富不均和消费差异问题被掩盖，虽然人均 GDP 也存在一定被平均现象，但相对而言，它更能反映国家和社会整体的财富状况及消费水准。根据马斯洛需求理论，当人们的基本需求得到满足后会转向更高层次的需求。实际上，当一个国家人均 GDP 达到 4000 美元时，人们就会开始关注幸福指数[②]。由此可见，人均 GDP 影响着人均可支配收入、人们的需求取向、消费意向等。这些将成为影响我国竞技体育发展中社会和市场力量成长、发展的重要因素。

⑤ 我国区域经济发展的均衡性。一个国家由若干个行政区组成，各行政区的资源和经济发展条件直接影响着区域内各项事业、产业的生存与发展状况。从我国改革开放的发展实践来看，我国区域经济采用了以先发带动后发，逐步实现共同富裕的发展战略，即东部沿海地区先行先试，再逐步带动中西部地区的协同发

[①] 顾敏芳，张磊，程志理. 从 GDP 三种表现形态分析我国体育产业的发展[J]. 市场周刊（理论研究），2010（12）：30-31，54.

[②] 李维刚，于存皓. 人均 GDP 和幸福指数的关系分析[J]. 中国经贸导刊，2013（11）：12-13.

展。这一发展战略促成了我国经济发展的巨大飞跃,但与此同时也造成了区域经济发展的非均衡,并由此反映到了经济社会发展的诸多领域。例如,我国体育社团组织大多在大城市聚集,中小城市和农村地区体育社会组织数量不多,东部地区相对好于西部地区,大中城市好于县城及农村地区[1]。由此可见,区域经济发展的均衡程度将影响竞技体育发展中社会和市场力量的发展布局、发展结构。

⑥ 我国产业发展结构。社会和市场力量参与竞技体育发展基本集中在办训、办赛、体育用品制造、体育经纪等领域,这些都属于体育产业的范畴,而体育产业属于第三产业。因此,国家产业结构的发展情况就会影响社会和市场力量的成长与发展空间。中华人民共和国成立之初,形成的是以农业为基础、以工业为主导的产业格局;改革开放后,第三产业获得稳步发展。1985年,第三产业产值占比超越了第一产业,但占据主要地位的行业仍然是批发和零售等传统服务产业。2013年,第三产业产值超越第一产业、第二产业,中国进入服务型经济社会,但商业贸易的比重仍居首位,高层次的生产服务业发展缓慢[2]。事实上,我国真正意义上的体育产业是在改革开放后开始形成的,并随着国家对体育产业战略作用的调整而逐渐取得了更大的发展空间。由此可见,国家产业发展结构的调整与优化,对体育产业及竞技体育中社会和市场力量的成长至关重要。当前,我国已进入加速向第三产业发展转型的经济发展阶段,国家密集出台了多项推进体育产业发展的相关政策,并将体育产业定位于推动国民经济发展的支柱型产业之一,我国竞技体育发展中社会和市场力量的成长与发展未来可期。

此外,我国"重文轻武"的传统观念、我国传统的"小农意识"这两个指标未被纳入,这可能说明我国体育经过多年的发展,国人的体育观念已经有所改变,再加上国际上职业体育、体育产业的影响力日趋增大,体育正在造就越来越多的高收入运动员,这些在很大程度上改变了人们的传统认识观。同时,改革开放以来,在中西文化、文明的不断碰撞中,在城市化建设的推进中,国家的现代化建设取得一定成效,公民意识逐渐生发,小农意识的影响程度有所下降,影响范围有所缩小。

与此同时,通过对其各维度指标均值的观察,可以在一定程度上判断当前影响社会和市场力量成长因素的情况(表2-9)。首先,从管理机制情况来看,其均

---

[1] 刘国永,裴立新. 中国体育社会组织发展报告(2016)[M]. 北京:社会科学文献出版社,2016:50.
[2] 惠宁,刘鑫鑫. 新中国70年产业结构演进、政策调整及其经验启示[J]. 西北大学学报:哲学社会科学版,2019,49(6):5-20.

第二章 我国竞技体育发展中的社会和市场力量及其作用

值 15.6265 大于中值 12，因此此方面影响程度相对较大。其中 X4（金牌至上的竞技体育发展理念）均值最大，说明它的影响最大。竞技体育要发挥其多元化作用和功能，生产和供给多元化竞技体育产品，满足广大人民群众的多元化需求，就需要转变单一的发展理念。其次，从发展条件情况来看，其均值 23.7325 大于中值 18，因此此方面影响程度相对较高。其中，X11 和 X12 的均值分别大于和等于 4，说明相关专业人员的匮乏和相关人员专业水准的参差不齐是制约社会和市场力量成长较关键的因素。最后，从发展环境情况来看，其均值 22.9783 大于中值 18，因此此方面发展情况相对较好。再进一步观察其所包含的 6 个指标中，X13 和 X14 的均值较大，说明我国市场经济的发展程度、我国竞技体育社会化和市场化发展的程度这两个因素影响程度高，更为直接地影响社会和市场力量参与竞技体育发展的效益及其成长。

表 2-9　影响社会和市场力量成长因素均值表

指标	N	最小值	最大值	均值	标准偏差
X1	415	1	5	3.77	0.945
X2	415	1	5	3.78	1.016
X4	415	1	5	4.11	0.934
X5	415	1	5	3.97	0.873
X6	415	1	5	3.95	0.925
X7	415	1	5	3.86	0.889
X9	415	1	5	3.91	0.898
X10	415	1	5	3.97	0.923
X11	415	1	5	4.04	0.888
X12	415	1	5	4.00	0.875
X13	415	1	5	3.95	0.894
X14	415	1	5	3.93	0.949
X17	415	1	5	3.82	0.990
X18	415	1	5	3.86	1.013
X19	415	1	5	3.84	0.957
X20	415	1	5	3.60	0.948
管理机制	415	4	20	15.6265	3.02050
发展条件	415	6	30	23.7325	4.57078
发展环境	415	6	30	22.9783	4.57699

第三章

我国竞技体育发展中社会和市场力量成长的历史审视

由于非政府主体总是在一定的国家管理基础上参与经济社会发展的各类事务，所以要梳理竞技体育发展中社会和市场力量的成长轨迹，就需要审视其发展中的政社关系及作用。那么，政府在不同阶段的发展需求，就催生了相应的发展引导或干预行为，并由此影响社会和市场力量参与竞技体育发展的空间、重心、方式等，进而使社会和市场力量呈现出不同的阶段性成长特征。为此，本章根据政府对竞技体育发展的需求、发展引导或干预行为、社会和市场力量的作为及发展表现或状态，来梳理社会和市场力量在不同阶段的成长特点。

第一节 我国竞技体育发展中社会和市场力量的成长轨迹

一、中华人民共和国成立初期的蓬勃发展阶段（1949—1951年）

（一）国家对竞技体育的发展定位

在中华人民共和国成立初期的蓬勃发展阶段，竞技体育并没有被单列出来，而是和群众体育交融在一起服务于全体人民，并按照普及化和经常化的方针进行发展。冯文彬在1949年10月26—27日召开的第一次全国体育工作者代表大会上所作的题为《新民主主义的国民体育》的报告中提出，要建立和发展体育组织，团结全国体育工作者，把爱好体育活动的人都组织起来、团结起来。与此同时，1950年军委总政治部提出，与青年团积极配合，在部队大力开展竞技体育，并从军队抽调一批领导骨干充实体育战线。同时，青年团也不断输送干部到体育战线，不少人成为各级体育部门的中坚力量和领导骨干。由此可见，此阶段国家通过政策指导、组织帮扶、理论建设等措施大力鼓励发展体育社会组织来实现无缝隙的竞技体育产品、服务的生产与供给。

（二）竞技体育的管理体制和机制

当时的主管机构和实施组织运行的都是社会组织。1949 年 10 月，中华全国体育协进会改组为中华全国体育总会筹备委员会[1]。1951 年 8 月，团中央要求县级以下各级团组织建立军事体育部，区及区以下设立军事体育委员会，大城市的区设立军事体育部，作为各级团委开展工作的助手[2]。省和解放军的优秀运动员队伍成为提高我国竞技体育技术水平的骨干[3]。1952 年，中华全国体育总会成立，并相继在省一级和州、市、县下设了分会，在行业系统和基层单位成立体育协会，人民解放军体委和行业系统的体育协会及单项运动协会都是该组织的团体会员。该组织为全国群众性、非营利性体育法人社团，具体任务是举办（联合举办）全国性体育竞赛和运动会，加强与国际竞赛组织的联系，举办和参加国际体育竞赛活动[4]。

（三）社会和市场力量的作用

不同的社会组织和团体组织开展了一系列竞技体育活动或竞赛，并且较好地做到了扎根于基层，为广大群体提供了常态化的竞技体育赛事或活动。当时全国各大、中城市，各机关、工厂、学校举办运动会十分踊跃。在中华全国体育总会分会、共青团、妇联、工会组织的推动下，一些省、市级运动会开始举行。例如，1949 年举行了北京市人民体育大会，1950 年举办了安阳五四运动大会，1951 年举行了全国足球、篮球和排球比赛[5]。随后，从当年的全国篮球和排球比赛中选取了 55 名篮球和排球选手，授予其全国篮球或排球选手称号，并以此为班底组建了篮球和排球的中央体训班（国家队前身）[6]。

二、政府介入的重塑发展阶段（1952—1959 年）

（一）国家对竞技体育的发展定位

在政府介入的重塑发展阶段，国家将竞技体育单列了出来，高度重视高水平

---

[1] 颜绍泸. 竞技体育史[M]. 北京：人民体育出版社，2006：250.
[2] 伍绍祖. 中华人民共和国体育史（1949—1998）：综合卷[M]. 北京：中国书籍出版社，1999：14.
[3] 颜绍泸. 竞技体育史[M]. 北京：人民体育出版社，2006：249.
[4] 同[1].
[5] 颜绍泸. 竞技体育史[M]. 北京：人民体育出版社，2006：252.
[6] 伍绍祖. 中华人民共和国体育史（1949—1998）：综合卷[M]. 北京：中国书籍出版社，1999：35.

竞技体育的发展及政治功能。1952 年，国家提出必须使普及与在适当范围内提高体育运动水平相结合[1]，并创建了"中央体训班"来培养优秀运动员，以便在国际竞赛中争夺荣誉[2]。1956 年，"提高体育运动水平"首次与"增强人民体质"被并列提出。1959 年，正式出台"普及与提高相结合的发展方针"[3]。至此，发展竞技体育的问题开始单列，发展目标取向都是着眼于提高运动技术水平，消解在国际体育交往中的劣势，彰显大国地位。需要注意的是，此阶段内 1957—1958 年的体育工作受"大跃进"运动的影响，产生了一些"浮夸、弄虚作假、形式主义、盲目蛮干、不要科学"等不良风气，干扰了当时竞技体育的正常发展[4]。

（二）竞技体育的管理体制和机制

国家建立了专门管理竞技体育的行政机构，并开始构建专业化的竞技体育人才培养模式，体育社会组织的作用范围有所缩减。1952 年 11 月，中央人民政府体育运动委员会成立，下设运动竞赛司和群众体育指导司，管理所有运动项目[5]。1955 年，在人民解放军训练总监部下设了管理全军体育训练和体育工作队的体育局[6]。1956 年，国家体委成立了运动技术委员会来协调项目的发展和管理[7]。1956 年 3 月，国务院发布《体育运动委员会组织简则》，明确了国家体委对竞技体育的组织与管理地位。各省、自治区、直辖市及其所辖的地县级政府也设立了相应的体育运动委员会，负责各行政区的体育工作[8]。同时，国家体委与中华全国体育总会、国防体育协会（以下简称国防体协）等体育社会组织进行了分工协作。其中，中华全国体育总会实行会员制，各单项运动协会、行业体育协会为团体会员，中华全国体育总会依靠各级基层协会开展具体工作；国防体协实行俱乐部制，在一些有条件的城市设置单项运动俱乐部，实施专项运动管理[9]。

（三）社会和市场力量的作用

精英竞技人才的培养集中在国家手中，体育社会组织主要负责一些大众竞技

---

[1] 伍绍祖. 中华人民共和国体育史（1949—1998）：综合卷[M]. 北京：中国书籍出版社，1999：39.
[2] 梁晓龙，鲍明晓，张林. 举国体制[M]. 北京：人民体育出版社，2006：18-19.
[3] 熊晓正，夏思永，唐炎，等. 我国竞技体育发展模式的研究[M]. 北京：人民体育出版社，2008：10-11.
[4] 伍绍祖. 中华人民共和国体育史（1949—1998）：综合卷[M]. 北京：中国书籍出版社，1999：106-107.
[5] 李振国. 国家体育总局运动项目管理体制改革回顾[J]. 体育文化导刊，2008（4）：3-7.
[6] 伍绍祖. 中华人民共和国体育史（1949—1998）：综合卷[M]. 北京：中国书籍出版社，1999：24.
[7] 熊晓正，夏思永，唐炎，等. 我国竞技体育发展模式的研究[M]. 北京：人民体育出版社，2008：5.
[8] 颜绍泸. 竞技体育史[M]. 北京：人民体育出版社，2006：250-251.
[9] 熊晓正，夏思永，唐炎，等. 我国竞技体育发展模式的研究[M]. 北京：人民体育出版社，2008：5-6.

体育、群众性体育活动或竞赛的开展。为了集中力量快速培育高水平竞技选手，国家相继建立了多支国家队[①]，广泛建立了青少年业余体校[②]，逐步形成国家队、省级体工队、业余体校一条龙的高水平竞技选手培养模式。相应地，体育社会组织的作用范畴就聚焦于大众竞技和群众性体育竞赛或活动方面。1952年，中华全国体育总会筹备委员会推行劳卫制，意图使国民体育运动广泛、经常地开展，并不断提高运动技术。中华全国体育总会成立后，要求各地在各基层单位广泛建立运动小组和各种运动队[③]。

另外，1953—1956年，全国共举行县、市级以上运动会6000多次。1955年，还举办了第1届全国工人体育运动大会[④]。同时，1953—1957年，全国相继成立了13个体育单项协会，这些协会致力于各运动项目技术的提高和运动的发展[⑤]。由此可见，此阶段国家虽然在强化政府体育主管部门的作用，弱化社会组织的作用，但仍然注重让社会组织在普及层面发挥自身作用，为高水平竞技体育的发展打基础，拓宽发展口径。

三、灾害引发的发展调整阶段（1960—1965年）

（一）国家对竞技体育的发展定位

在灾害引发的发展调整阶段，为了应对经济发展困难，竞技体育发展主要落脚于提高这一层面，并且主要针对重点项目，集中在中央和省一级层面落实提高工作。受到前期"大跃进"运动及1959年后的连续3年自然灾害的不良影响，国家的经济社会发展陷入低谷。1960年，国务院提出"调整、巩固、充实、提高"的发展方针[⑥]。1961年，各省、自治区、直辖市体委贯彻"缩短战线，确保重点，猛攻尖端"原则，以10个主要项目为重点，在国家体委和省（自治区、直辖市）体委两级调整和部署优秀运动队[⑦]。由此可见，此阶段的竞技体育表现为在中央和省体委这一封闭的系统内进行小众专业群体的训练和竞赛。广大人民群众可以参与的竞技体育，则演变为以群众性体育活动或竞赛的形式来实施和运作。

---

① 伍绍祖. 中华人民共和国体育史（1949—1998）：综合卷[M]. 北京：中国书籍出版社，1999：52.
② 颜绍泸. 竞技体育史[M]. 北京：人民体育出版社，2006：251.
③ 伍绍祖. 中华人民共和国体育史（1949—1998）：综合卷[M]. 北京：中国书籍出版社，1999：20-21.
④ 颜绍泸. 竞技体育史[M]. 北京：人民体育出版社，2006：252.
⑤ 伍绍祖. 中华人民共和国体育史（1949—1998）：综合卷[M]. 北京：中国书籍出版社，1999：51.
⑥ 伍绍祖. 中华人民共和国体育史（1949—1998）：综合卷[M]. 北京：中国书籍出版社，1999：108.
⑦ 伍绍祖. 中华人民共和国体育史（1949—1998）：综合卷[M]. 北京：中国书籍出版社，1999：115.

（二）竞技体育的管理体制和机制

国家体委总揽了竞技体育和群众体育的组织管理权，省级以下体委和有关体育社会组织主抓竞技体育普及层面工作及群众性体育活动、竞赛。20世纪60年代初，除中国火车头体育协会外，各行业体协被撤销，基层组织也相应消失，中华全国体育总会的会员制名存实亡，国防体协各俱乐部活动基本停止，管理工作集中在各级体委手中[1]。1963年，国家体委要求各级体委加强对群众体育工作的领导，当时农村体育与民兵训练相结合，城市职工体育与备战、生产相结合，部队体育与练兵相结合[2]。全国大中型厂矿和企事业单位、机关在党委的领导下，配合工会组织加强了对职工体育的领导，举行了职工单项和多个项目的运动会，在单位和系统内逐渐形成制度[3]。

（三）社会和市场力量的作用

体育社会组织管理的作用逐渐削弱。区、县及以下级，在1961—1962年都未举办运动会。全国和省级比赛大都围绕10个重点项目进行[4]。国家组织体育竞赛活动就是为了检查和保持优秀运动队的运动技术水平[5]。受此发展定位的影响及经济条件的制约，1961—1962年厂矿、企业、机关结合生产和工作，主要开展一些小型多样的体育活动，活跃群众业余生活，不搞规模较大的运动会，不组织运动量大的体育锻炼。学校组织一些小型竞赛，但不搞全校性的体育竞赛[6]。1963年后，全国性和区域性的体育赛事大大增加，一些在调整期没有开展竞技比赛的项目基本都恢复了全国性比赛[7]。但这时的大型竞技体育比赛主要由体委进行发动、组织与管理。

四、"文化大革命"导致的发展被破坏阶段（1966—1977年）

（一）国家对竞技体育的发展定位

竞技体育领域也没有摆脱"政治斗争"的厄运，除了一小段时间受其外交功

---

[1] 熊晓正，夏思永，唐炎，等. 我国竞技体育发展模式的研究[M]. 北京：人民体育出版社，2008：7-8（前言页）.
[2] 伍绍祖. 中华人民共和国体育史（1949—1998）：综合卷[M]. 北京：中国书籍出版社，1999：135-136.
[3] 伍绍祖. 中华人民共和国体育史（1949—1998）：综合卷[M]. 北京：中国书籍出版社，1999：139-140.
[4] 伍绍祖. 中华人民共和国体育史（1949—1998）：综合卷[M]. 北京：中国书籍出版社，1999：119.
[5] 伍绍祖. 中华人民共和国体育史（1949—1998）：综合卷[M]. 北京：中国书籍出版社，1999：120.
[6] 伍绍祖. 中华人民共和国体育史（1949—1998）：综合卷[M]. 北京：中国书籍出版社，1999：122.
[7] 伍绍祖. 中华人民共和国体育史（1949—1998）：综合卷[M]. 北京：中国书籍出版社，1999：157-158.

第三章　我国竞技体育发展中社会和市场力量成长的历史审视

能的影响有所发展，其他时间整体发展处于瘫痪和半瘫痪状态。"文化大革命"初期，各级体委的专业运动队，在参加"文化大革命"的同时，还继续坚持训练和参加比赛。但1967年1月，林彪、江青一伙用"政治斗争"代替了运动训练和竞技比赛。原有的竞技体育管理制度被废止，训练和竞赛体系完全崩溃，各专业运动队被迫解散[①]。1971年后，受第31届世界乒乓球锦标赛和"乒乓外交"的影响，部分项目国家队和省市专业队恢复训练。但1974年的"批林批孔"运动和1976年的"反击右倾翻案风"运动，再次造成了全国性动乱，竞技体育发展再次陷入低谷[②]。

（二）竞技体育的管理体制和机制

各级组织与管理机构遭到严重破坏，其间有过一小段恢复，但之后又遭到破坏。1966年5月，"文化大革命"开始，各级领导干部相继被揪斗。1966年7—8月，省、地、市级体委都被迫停止正常的工作。1967年初，又掀起了全国性的夺权高潮，各级党委和行政机构被搞乱，完全不能正常工作[③]，专业运动员停止了正常训练，群体活动几乎消失[④]。1971年全国体育工作会议（以下简称全国体工会议）后，国家体委重新归属国务院管辖，但省级以下体委仍实行军管。同年7月，中央任命王猛为国家体委革委会主任。1972—1973年初，各级革委会相继撤销体委的军官组，成立了体育局，不少地方恢复、健全了体育总会分会和一些重点项目的单项运动协会，体育活动逐渐得以恢复[⑤]。但1974年1月，"四人帮"发动"批林批孔"运动，篡夺了体育的领导权，竞技体育的发展又处于一种无序和自发组织的状态[⑥]。

（三）社会和市场力量的作用

受"政治斗争"及业务骨干遭受"政治迫害"的影响，政府管理机构失去管理功能，管理人员相继被迫害或下放，社会组织的作用和功能也逐渐消失，直到后期才有所恢复。1966年7—8月，各级工会、青年团、妇联组织中与体育工作

[①] 伍绍祖. 中华人民共和国体育史（1949—1998）：综合卷[M]. 北京：中国书籍出版社，1999：174-175.
[②] 伍绍祖. 中华人民共和国体育史（1949—1998）：综合卷[M]. 北京：中国书籍出版社，1999：177-179，198.
[③] 伍绍祖. 中华人民共和国体育史（1949—1998）：综合卷[M]. 北京：中国书籍出版社，1999：171.
[④] 伍绍祖. 中华人民共和国体育史（1949—1998）：综合卷[M]. 北京：中国书籍出版社，1999：173-174.
[⑤] 伍绍祖. 中华人民共和国体育史（1949—1998）：综合卷[M]. 北京：中国书籍出版社，1999：172.
[⑥] 伍绍祖. 中华人民共和国体育史（1949—1998）：综合卷[M]. 北京：中国书籍出版社，1999：198-199.

有关的机构先后陷于停顿。1967—1969 年，国内、国际的重大体育比赛完全取消，很多项目的训练和竞赛活动完全中断[①]。1973 年，由于要备战第 7 届亚洲运动会[②]，专业队开始进行系统的正规训练，社会各界也开始积极响应，各种体育竞赛和活动相继开展起来。1974 年共计举办运动会 15806 次，其中国家体委主办的全国性竞赛有 41 次，1975 年举办了 21110 次，国家体委举办了 15 次综合运动会，省、市、自治区、县体委主办了 1746 次综合性竞赛[③]。由此可见，此时体育社会组织有所恢复，并开始参与一些体育竞赛活动的组织与开展。

五、经济体制改革及奥运备战带动的恢复发展阶段（1978—1991 年）

（一）国家对竞技体育的发展定位

在经济体制改革及奥运备战带动的恢复发展阶段，国家重申了普及与提高相结合、国家办与社会办相结合的方针，但强调了工作重点要放在提高层面，并最终确立了竞技体育超前发展的战略目标。1978 年 1 月，全国体工会议上重申应坚持普及与提高相结合的发展方针，并强调要开展体育竞赛，开展国际体育交往，迅速攀登体育运动高峰[④]。1979 年 2 月，国家体委确定了省以上级体委在普及与提高相结合的前提下侧重抓提高的部署[⑤]。1980 年 1 月，王猛在全国体工会议上对中华人民共和国成立后 30 年的体育工作总结道，要正确认识普及和提高的关系，并有所侧重，要加强同教育、卫生、工会、共青团、妇联等部门的密切合作，依靠大家办体育。后来，国家体委又确立了竞技体育适度超前发展的战略，提出要集中力量发展优势项目，把那些短期能赶上世界先进水平的项目抓上去，争取夺取更优异的成绩[⑥]。

（二）竞技体育的管理体制和机制

"文化大革命"后，基层体育组织于 1978 年开始恢复和重建。到 1979 年初，整个体育组织与管理系统基本恢复，并开始正常发挥作用[⑦]。在 1978 年 12 月党的

---

① 伍绍祖. 中华人民共和国体育史（1949—1998）：综合卷[M]. 北京：中国书籍出版社，1999：173-175.
② 伍绍祖. 中华人民共和国体育史（1949—1998）：综合卷[M]. 北京：中国书籍出版社，1999：178.
③ 伍绍祖. 中华人民共和国体育史（1949—1998）：综合卷[M]. 北京：中国书籍出版社，1999：181-182.
④ 伍绍祖. 中华人民共和国体育史（1949—1998）：综合卷[M]. 北京：中国书籍出版社，1999：258-259.
⑤ 伍绍祖. 中华人民共和国体育史（1949—1998）：综合卷[M]. 北京：中国书籍出版社，1999：268.
⑥ 熊晓正，夏思永，唐炎，等. 我国竞技体育发展模式的研究[M]. 北京：人民体育出版社，2008：9-10（前言页）.
⑦ 伍绍祖. 中华人民共和国体育史（1949—1998）：综合卷[M]. 北京：中国书籍出版社，1999：257-258.

第三章 我国竞技体育发展中社会和市场力量成长的历史审视

十一届三中全会上,确定了"对内改革、对外开放"的国家发展战略。竞技体育开始摸索市场化发展的路子,政府虽然仍对竞技体育的发展起着主导作用,但不再是唯一投资主体,市场开始成为参与竞技体育发展的重要补充。竞技体育在进一步巩固发展其政治效应的基础上,开始挖掘其发展的经济效应。

1979年10月,我国奥委会恢复了在国际奥委会中的合法席位,国家体委将工作重点放在了提高奥运项目的运动技术水平方面,对于非奥项目及奥运非重点项目则逐步放给社会和市场,办训和办赛的社会化程度逐步提高,政府主管部门开始有选择性地简政放权,竞技体育社会化改革拉开序幕,社会和市场力量有了更大的发展空间。

(三)社会和市场力量的作用

社会和市场力量主要针对大众竞技体育层面开展工作,同时兼顾了一部分高水平竞技体育人才培养的工作。1980年后,群众体育逐步转向以各行业、各部门办为主,体委进行协调指导,并将自身工作重点放在了提高运动技术水平方面[1]。与此同时,国家提倡和鼓励有条件的城市、行业、企业、高校设置高水平运动队,改革教练员选拔制度,探索国家队多元管理体制[2]。在以国家为主体办竞技体育的前提下,大力提倡社会团体、集体、个人等社会力量参与发展[3]。竞赛社会化程度逐步提高,到1988年,社会办全国性比赛已占76%、市级比赛占70%。全运会、省运会上都有不少行业组队参赛,一些单项比赛涌现出更多的企业、高校队[4]。在此阶段,社会化改革开始,形成了国家办和社会办相结合的发展模式,并以竞技体育发展为先导,带动其他体育的协调发展[5]。

六、职业化和产业化改革推动的快速发展阶段(1992—2013年)

(一)国家对竞技体育的发展定位

职业化和产业化改革推动的快速发展阶段,高度重视"奥运争光"目标的实现,开始在更多领域下放权力,并围绕竞技体育的产业化和市场化改革进行战略布局。首先,对项目进行了分类管理,奥运项目在保证国家投入的基础上,积极

---

[1] 伍绍祖. 中华人民共和国体育史(1949—1998):综合卷[M]. 北京:中国书籍出版社,1999:272.
[2] 熊晓正,夏思永,唐炎,等. 我国竞技体育发展模式的研究[M]. 北京:人民体育出版社,2008:10-11(前言页).
[3] 颜绍泸. 竞技体育史[M]. 北京:人民体育出版社,2006:257-258.
[4] 伍绍祖. 中华人民共和国体育史(1949—1998):综合卷[M]. 北京:中国书籍出版社,1999:300.
[5] 伍绍祖. 中华人民共和国体育史(1949—1998):综合卷[M]. 北京:中国书籍出版社,1999:296.

争取社会资助；非奥项目主要面向社会和市场，国家视情况给予一定补助。其次，拓宽人才培养途径，提倡后备人才培养模式的多元化发展。以足球为龙头推动我国体育职业化改革试点工作，拓展发展的新模式[①]。最后，为推进体育产业改革与发展，围绕体育彩票、体育装备与制造、商业性体育赛事开发、青训等进行改革探索。1992年6月，中共中央、国务院《作出关于加快发展第三产业的决定》，体育产业问题被提上议事日程。1994年8月，国家体委相继成立了产业办公室、体育彩票管理中心、体育基金筹集中心和体育器材装备中心等。1996年制定的《中华人民共和国国民经济和社会发展"九五"计划和2010年远景目标纲要（草案）》，对体育产业化发展在法律层面予以确认[②]。各地区相继出台相关政策及体育产业发展扶持基金，诸多社会和市场力量参与办训、办赛，发展体育制造业等。国家对竞技体育的发展定位发生了一些变化，竞技体育的经济功能受到重视，其社会化和市场化改革获得进一步发展空间。

（二）竞技体育的管理体制和机制

在职业化和产业化改革推动的快速发展阶段，为贯彻落实政事分开、管办分离，进行了一些政府体育管理机构的改革和管理职能的转变，为社会和市场力量参与竞技体育的发展创造了一定的有利条件。从其改革举措来看，主要包括调整与优化行政管理体制及构建中国特色的协会制两个方面。1994年，国家体委机关由15个厅、司、局缩减为13个，工作人员由470人减至381人。1998年，国家体委改组为国家体育总局，被纳入国务院直属机构系列，内设机构减少到9个，人员编制减少到180人。各级地方行政机构也进行了相应的调整。1994年，国家体委共成立了14个运动项目管理中心，实体化协会41个，占全部协会的65.1%。到1997年，我国共成立了20个运动项目管理中心，管理41个单项协会和56个运动项目，各中心既是独立的事业单位，又具有管理本项目的行政职能，还是协会的常设办事机构。国家体育总局将大量事务性工作交给它们，将自身工作重点向宏观调控转移[③]。

（三）社会和市场力量的作用

随着我国竞技体育发展规模的不断扩大，以及其经济、社会、文化等功能的

---

① 熊晓正，夏思永，唐炎，等. 我国竞技体育发展模式的研究[M]. 北京：人民体育出版社，2008：12（前言页）.
② 颜绍泸. 竞技体育史[M]. 北京：人民体育出版社，2006：260.
③ 熊晓正，夏思永，唐炎，等. 我国竞技体育发展模式的研究[M]. 北京：人民体育出版社，2008：30-31.

不断彰显，社会和市场力量积极参与竞技体育的社会化和市场化改革，作用范畴不断扩大，积极效应逐渐显现。从 1994 年开始，国家体委开始将一些项目采取分散型、分散与集中结合型的方式，通过竞争选拔组成国家队参加集训和比赛[①]。对非奥优势项目及非奥项目，逐步引导地方、行业、厂矿、企业多形式、多渠道、多层次兴办训练网点。到 1996 年，运动技术学院达 20 所，同时有 57 所高校和 280 所中学试点培养高水平运动员。全国性行业体协大多建立了高水平运动队，一些大型企业办了三大球高水平队[②]。1994 年，我国足球职业化改革正式开始。到 2008 年，我国四大职业联赛的职业俱乐部队伍总数超过了 130 家。2002—2005 年，CBA 每个赛季平均上座率在 82%以上[③]。家庭和体育俱乐部培养优秀竞技人才也有了一些成功案例。竞技体育发展的主体越来越多元，社会和市场力量的作用也越来越明显。

七、需求变化与产业结构转型升级促进的黄金发展阶段（2014 年至今）

（一）国家对竞技体育的发展定位

在需求变化与产业结构转型升级促进的黄金发展阶段，竞技体育的多元功能备受关注，并为社会和市场力量参与生产和供给多元化竞技体育产品，助推经济结构转型升级创造有利条件。

（1）国家高度重视充分发挥竞技体育的多元功能。2014 年 10 月下发的《国务院关于加快发展体育产业促进体育消费的若干意见》中指出："发展体育事业和产业是提高中华民族身体素质和健康水平的必然要求，有利于满足人民群众多样化的体育需求、保障和改善民生，有利于扩大内需、增加就业、培育新的经济增长点，"2016 年国家体育总局印发的《竞技体育"十三五"规划》中指出："发挥其（竞技体育）在全面建设小康社会中的综合功能和重要作用""要充分发挥竞技体育在打造健康中国、推动经济转型升级、增强国家凝聚力和文化竞争力等方面的独特作用和综合功能，"《2011—2020 年奥运争光计划纲要》中指出："促进我国竞技体育全面协调可持续发展，为全面建设小康社会和构建社会主义和谐社会做出积极的贡献。"

（2）国家大力扶持体育产业的改革与发展。2014 年 9 月，李克强主持召开国

---

① 熊晓正，夏思永，唐炎，等. 我国竞技体育发展模式的研究[M]. 北京：人民体育出版社，2008：32.
② 熊晓正，夏思永，唐炎，等. 我国竞技体育发展模式的研究[M]. 北京：人民体育出版社，2008：32-33.
③ 国家体育总局. 改革开放 30 年的中国体育[M]. 北京：人民体育出版社，2008：180.

务院常务会议，指出："发展体育产业，增加体育产品和服务供给……也有重要意义。要坚持改革创新，更多依靠市场力量……一要简政放权、放管结合……三要优化市场环境，支持体育企业成长壮大。"社会和市场力量参与竞技体育有了更好的发展环境，也具有了一定规模和效益。目前，职业体育具有了一定体量。2015年，中超联赛版权以5年80亿元出售；2016年，中超联赛两年独家新媒体转播权售出27亿元[1]。另外，竞技体育发展的内生动力逐渐增强，民众参与竞技体育的主动性大幅提升。例如，2023年，贵州"村超""村BA"等民众自己组织、主动参与的体育赛事火爆全网。由此可见，国家对竞技体育的发展定位进一步明确，虽然"奥运争光"仍然重要，但竞技体育在推动经济、社会、文化等方面建设与发展的积极作用更需要发挥，竞技体育产品或服务的需求结构发生变化，需要更多元化的主体参与生产和供给。

（二）竞技体育的管理体制和机制

在需求变化与产业结构转型升级促进的黄金发展阶段，以足球和篮球为试点进行项目协会实体化改革，为社会和市场力量参与竞技体育的发展创造更有利的条件。2015年，国务院办公厅印发的《中国足球改革发展总体方案》中明确提出调整改革中国足球协会。2016年，中国足球协会与国家体育总局基本脱钩。我国从足球项目开始进一步推进管办分离，落实项目协会实体化。虽说前路漫长，但跨出的这一步无疑为今后我国竞技体育的改革与发展指明了方向。

2017年2月，姚明当选新一届中国篮球协会（以下简称中国篮协）主席。同年3月31日，国家体育总局办公厅发布《关于篮球改革试点有关事项的通知》，宣布从4月1日起，中国篮协成为中国篮球的业务管理机构。2019年6月，国家10部委联合发文，体育总局88个协会全面脱钩改革启动。《关于全面推开行业协会商会与行政机关脱钩改革的实施意见》（发改体改〔2019〕1063号）中指出："按照去行政化的原则，落实'五分离、五规范'的改革要求，全面实现行业协会商会与行政机关脱钩……2020年底前基本完成。"该文件中还给出了具体的改革任务、实施办法。为此，单项体育协会的实体化改革有了较为具体的实施内容和要求。

（三）社会和市场力量的作用

随着体育产业和职业化改革的持续推进，社会和市场力量参与竞技体育的发

---

[1] 辜德宏. 供需视阈下我国竞技体育发展战略研究[J]. 北京体育大学学报，2018，41（3）：14-25, 32.

展具有了一定的规模、质量、效益。2023—2024赛季，中国女子篮球联赛共有19支球队。中国排球联赛女排有15支球队、男排有14支球队。《中国足球中长期发展规划（2016—2050年）》中指出："目前，我国经常参加足球运动的人数达到一定规模，球迷人数过亿""近十年，中超足球联赛场均观赛规模达到1.5万人次。"

随着国家对体育产业发展的关注及诸多利好政策的出台，越来越多的民间资本瞄向了青训和商业性体育赛事的市场价值，富力切尔西足球学校即为资本投资青训的典型。再加上体育彩票的发行，社会和市场力量承担了竞技体育发展的一部分资金，分担了政府的负担。2016年6月30日，天津股权交易所设立全国首个体育产业板。同年7月30日，11家"互联网＋体育"企业集体挂牌[①]。在我国竞技体育发展中，社会和市场力量不断发展壮大。

此外，社会和市场力量在竞技体育后备人才培养方面发挥着更重要的作用。学校参与竞技体育发展，有典型的"南体模式"和"清华模式"；家庭参与竞技体育发展，有典型的丁俊晖模式、李娜模式、彭帅模式；社会体育俱乐部则培养出了许昕、武磊等。

第二节 我国竞技体育发展中社会和市场力量的成长特点

一、国家战略目标的变化引领了社会和市场力量的成长方向

从国家对竞技体育的发展定位来看，竞技体育发展的功能、目标与国家发展的战略目标定位高度一致。由于国家掌握了绝大部分资源，社会和市场力量只有对国家导向有所回应才能获得更多更好的机会，由此也在一定程度上框定了社会和市场力量参与竞技体育发展的作用和功能。

中华人民共和国成立之初，百废待兴，首要任务是恢复生产和建设，由此体育被定位于为人民服务，为国防和国民的健康服务[②]。相应地，国家广泛发动社会和市场力量参与多元竞技体育产品或服务的生产与供给，在基层和全国范围内组织、开展了不同形式的体育活动、竞赛，为推进竞技参与和竞技发展提供了便利。

[①] 佚名. 11家企业登陆天津体育产业板[EB/OL].（2016-08-01）[2024-04-12]. https://www.toutiao.com/article/6313678706410553602/?channel=&source=search_tab.
[②] 辜德宏，张宏博，谢晏璞. 我国竞技体育发展方向的历史审视[J]. 体育成人教育学刊，2018，34（2）：14-21.

1951年后，随着国际交往的增多及为准备参加第15届奥运会，竞技体育的政治外交功能受到重视，发展竞技体育、提高竞技水平的问题开始被单列出来，并多次受到强化[①]。相应地，社会和市场力量主要针对非奥项目、奥运非重点项目及基层竞技参与、体验等进行产品、服务的生产与供给。

1978年改革开放后，体育的经济功能开始受到关注和开发，社会和市场力量成长的空间得以拓展，开始围绕体育竞赛服务业、体育培训业等进行产品的生产与供给。2014年，国家放开商业性和群众性赛事的审批及陆续出台一系列体育产业政策法规后，社会和市场力量开发竞技体育经济功能、调整体育产业结构的作用加强，社会和市场力量参与竞技体育发展的范围更大。党的二十大报告中指出，全面建设社会主义现代化国家，我国各项事业发展的首要任务是高质量发展。社会和市场力量对此也作出了积极回应，开始注重提供多元化、高质量的竞技体育产品与服务，从而满足民众的多样化、高质量竞技体育需求，并以此获得自身所需的成长资源。

综上，社会和市场力量的作用、功能开发及发展重心与国家发展战略目标调整息息相关。这实际上也反映了它们具有自身发展的特点和优势，只有与政府的作用和功能定位有所区别，协同发挥互补作用，才能更好地实现竞技体育的综合功能及目标。

二、政府管理模式影响了社会和市场力量的成长空间和方式

从我国竞技体育的管理体制和机制来看，政府主导着竞技体育的发展方向、目标、内容等，形塑了我国竞技体育的发展方式，由此政府的管理方式也干预和影响着社会和市场力量参与竞技体育发展的空间和方式，社会和市场力量需要根据政府管理体制和机制来调适自身参与的程度和方式。1952年11月，中央人民政府体育运动委员会成立。自此，我国竞技体育就有了行政主管机构，发展也受到政府规划、组织与管理的影响。

政府主管部门先后确定了"普及与提高相结合""普及基础上侧重提高""竞技体育适度超前""奥运争光计划"等发展方针和规划，对项目发展进行了一些战略布局，划分了奥运项目、非奥项目，奥运重点项目、潜优势项目、一般项目等，采取了不同的财政拨款方式和力度，构建了竞技体育人才培养的三级训练网络，

[①] 辜德宏，张宏博，谢晏璞. 我国竞技体育发展方向的历史审视[J]. 体育成人教育学刊，2018，34（2）：14-21.

设计了不同的国家队组队模式和机制，拥有对运动员注册与参赛资格及社会和市场力量办赛的管理权、审批权等。社会和市场力量相应地采取了差异化发展和适应性调整策略，主动回避政府垄断或主要投入的领域，如奥运优势项目的精英运动员培养，自动适应政府管理机构的管理理念、方式、制度要求等。

三、不同主体的需求情况建构了社会和市场力量的成长动力

社会和市场力量作为发展主体，具有主观能动性，虽然其成长会受发展环境和条件的制约，但与此同时它们还会根据国家、社会、市场的需求内容、特征、要求等进行调适，在已有条件下找寻发展空间并凝练自己的发展特点和优势。中华人民共和国成立之初，不同社会组织根据当时国家发展的需要，扎根基层，广泛提供群众性体育竞赛、体育活动产品或服务。1952年后，国家成立了专门的竞技体育管理机构和训练体系，社会和市场力量就更多地围绕普及层面来提供竞技参与、竞技体验等产品或服务。

随着改革开放深入和经济体制转轨，体育的社会化、市场化改革得以提出和推进，社会和市场力量不仅生产与供给群众性竞技参与、竞技体验等产品或服务，而且开始涉足青训、商业性赛事等竞技发展、竞技表演类产品或服务。北京奥运会后，民众对竞技体育的为国争光效应有所淡化，竞技参与、竞技体验、竞技欣赏等多元需求进一步被激发。

随着2014年国家取消对群众性和商业性体育赛事的行政审批权，以及随后出台的一系列扶持体育产业发展的政策，民众的多元竞技体育需求得到了制度的支持，社会和市场力量在竞技参与、竞技体验、竞技发展、竞技表演、赛事转播、中介服务等方面广泛发挥自己的作用。由此可见，社会和市场力量充分发挥了自身的敏感性、经济性、灵活性等特点，根据不同发展阶段不同主体的需求特点提炼自身的发展效用和优势。

四、国家与社会关系的变化改造了社会和市场力量的成长环境

从我国竞技体育发展中社会和市场力量成长的历程来看，总体上呈现了一种自上而下的指引与自下而上的迸发相结合的发展特点，即成长既受国家和政府方针、政策、组织管理等的引导，又受民众和社会需求、观念、经济水平等的激发。从中华人民共和国成立以来我国管理体制和机制的改革历程来看，实质上就是一种国家和社会关系的调整，即政府管理的内容、程度、方式与社会参与管理的内

容、程度、方式之间的变化。两者关系的调整也体现在了竞技体育发展中，即政府与社会和市场力量之角色、作用、关系的调适。

当国家收紧管理时，主要表现在计划经济年代，社会发展的空间相对有限，民间力量的成长也较为受限。当国家逐步放权后，即经济转轨和社会主义市场经济发展阶段，社会发展的空间相对打开，社会和市场力量不仅能够获得更多的发展空间，而且能够利用自身特点和优势拓展发展资源，建构新的发展空间。例如，在改革开放前，竞技体育举国体制占据绝对的主导地位，社会和市场力量准入的空间较小，由于存在三级训练网及行政主管部门对运动员注册、参赛资格、赛事审批权等进行集中管理，它们主要在普及层面发展竞技参与、竞技体验等产品或服务，或在非奥项目等国家有意放权给社会的一些领域发展。

在体育社会化和市场化改革的初期，由于行政管理体制仍旧管办一体和专业队体制仍旧存在，当时社会和市场力量办职业队、职业联赛具有明显的行政依附特征，即依托专业队、国家政策拨款或房地产政策优惠等来获取自身发展利益。随着体育社会化、市场化改革的不断深入，政府主管部门不断简政放权，调整与优化自身管理职能，社会和市场力量在更多项目、更多领域获得了发展空间。它们不仅在办训和办赛方面有所表现，而且在运动智能穿戴、"互联网＋"运动、电视转播、体育中介服务等领域有一些发展，规模也越来越大。

第三节　我国竞技体育发展中社会和市场力量成长的路径

成长路径的概念最初来自企业管理领域，用于对某个组织的发展进程的描述和概括[1]。企业成长路径就是企业实现持续成长所采取的方式、方法、途径，企业成长的路径会随环境的变化而不断进行改进和作出新的选择[2]。从学者们的研究来看，成长路径可以有多种呈现方式。那么，可以通过把握竞技体育发展中供需关系的重大变化来梳理社会和市场力量的成长路径，即社会和市场力量通过对不同时期国家发展导向的回应来建构自身的生存与发展策略，并形成相应的成长路径[3]。由此，把握竞技体育发展中的阶段性需求及社会和市场力量的作用变化，审视社

---

[1] 郑哲. 新时期军队英模人物成长路径研究[D]. 长沙：国防科技大学，2018：19.
[2] 史竹青. 创新型企业成长路径研究[D]. 哈尔滨：哈尔滨工程大学，2011：46，65.
[3] 扈春荣，辜德宏，田兵兵，等. 韩国社会力量参与射箭项目发展的成长轨迹、路径及作用机制[J]. 体育教育学刊，2023，39（1）：72-79，2.

会和市场力量的成长路径，解读不同成长路径是如何形成的、成长路径是怎么样的、成长路径对成长产生了什么影响等问题。

一、服务于生产与建设的成长路径

（一）形成的历史缘由

中华人民共和国成立之初，百废待兴，党和国家的首要任务是维护政权稳定，以及恢复工农业生产和进行经济建设。而且，当时在国外一些资本主义国家的封锁下，生产与建设的条件极为困难，良好的体能有利于保障民众在生产技术相对落后的条件下进行高负荷的生产与建设活动。同时，由于体育竞赛活动有利于缓解人们的工作压力、提升团队凝聚力和增强团队认同感，所以各类基层组织经常举行运动竞赛。

（二）发展的目标定位

国家着力于培养更多的发展主体，以实现服务于全体人民及促进生产、建设与国防的需要。1949年9月，《中国人民政治协商会议共同纲领》中规定："提倡国民体育推广卫生医药事业，并注意保护母亲、婴儿和儿童的健康。"同年10月，在全国体育工作者代表大会上，朱德指出体育要为人民、国防、国民的健康服务。1950年7月，在全国体育工作者暑期学习会上，冯文彬提出新体育的目标是增进国民的健康，发展新中国的建设和巩固新中国的国防。从新体育的目标来看，实现全员覆盖是关键。无疑，这确定了国家培育民间力量的态度及方略。

（三）发展的基础条件

（1）在观念意识上，党带领人民群众推翻了"三座大山"的压迫，建立了中华人民共和国，人们的政治热情高涨，再加上当时物质条件还较为匮乏，人们的业余文化生活没有太多选择，人们对体育的需求也相对简单，这些为推动全民参与和全面发展体育及竞技体育事业奠定了思想基础。

（2）在物质基础上，经历过战争的消耗后，国家经济遭受了较大的破坏，经济发展条件较为落后，缺乏集中的财力组织一些全国性和大型集中性的训练、竞赛活动，因此当时主要采用化整为零以各基层单位为主要组织单元的发展方式。

（3）在组织保障上，当时群众性体育组织的发展受到国家的大力支持，青年团、中华全国体育总会筹委会、教育部、中华全国体育总工会等主导了竞技体育的发展。这就为当时基层群众性体育组织的培育、发展创造了良好的氛围、环境和示范效应。

(四)发展的技术手段

(1)以实体性社会组织的组织与管理为发展引领。中华人民共和国成立之初,形成了以团中央为主管领导,中华全国体育总会为具体操作,教育部、中华全国总工会等部门系统协作的体育管理机制[1]。当时的体育大赛都由中华全国体育总会负责承办[2]。中华全国体育总会的最高权力机关为中华全国体育总会委员会,并下设组织部、宣传部、国际联络处、秘书处、各项专门委员会、中央国防体育俱乐部[3]。可见,当时的中华全国体育总会是实体性的民间体育组织。

(2)以获取行政批复和依托政治动员为主要管理手段。从当时管理的运行来看,群众性体育组织主要依靠行政批复和财政拨付来组织与管理相关体育工作。据统计,1980年以前,我国体育事业经费中社会投入的资助为零[4][5]。中央和地方财政成为竞技体育发展的唯一资金来源。同时,当时各社会组织、团体、个人开展体育运动,更多地依托人们的政治热情,即人们对当时主要领袖的崇拜,对主要领导人和新政权的政治号召的积极响应。而且,青年团不具有行政级别,它也无从领导其他行业系统内的体育活动,只能是依靠向中央请示、报告,由中央批复后再下发相关通知、公告,再由其组织开展相关体育活动。

(3)以传播科学知识和发展专业技术人员为工作推进的抓手。为了保障发展的科学性,政府组织了各种学习会。1950年7月,中华全国体育总会筹备委员会在清华园举办了第一期全国体育工作者暑期学习会,有来自全国23个省、15个市及旅大区的208名学员参会学习[6]。1950年《新体育》杂志创刊,并把对苏联体育的介绍放在显著位置,同时还通过报告、出访、邀请苏联专家来华讲学等方式学习和宣传苏联体育的发展经验[7]。此外,1952年成立了华东体育学院(上海体育大学的前身),1953年成立了中央体育学院(北京体育大学的前身),开始培养体育专业人才。竞技体育逐渐由更多的专业化人才和科学化知识来引领发展。

---

[1] 伍绍祖. 中华人民共和国体育史(1949—1998):综合卷[M]. 北京:中国书籍出版社,1999:13.
[2] 伍绍祖. 中华人民共和国体育史(1949—1998):综合卷[M]. 北京:中国书籍出版社,1999:20.
[3] 伍绍祖. 中华人民共和国体育史(1949—1998):综合卷[M]. 北京:中国书籍出版社,1999:16.
[4] 李艳翎. 经济体制转轨时期中国竞技体育运行的研究[D]. 北京:北京体育大学,2000:20.
[5] 国家体委计划财务司. 体育事业统计年鉴[Z]. 北京:国家体育运动委员会内部资料,1994:102.
[6] 伍绍祖. 中华人民共和国体育史(1949—1998):综合卷[M]. 北京:中国书籍出版社,1999:6-7,41.
[7] 伍绍祖. 中华人民共和国体育史(1949—1998):综合卷[M]. 北京:中国书籍出版社,1999:40-41.

（五）成长的特征与效果

1. 成长特征

（1）以全员竞技参与和体质健康促进为核心发展目标。受当时国家发展环境和条件的影响，竞技体育与群众体育交融在一起，将现代竞技体育项目作为推进大众竞技参与的载体，在经常性的业余运动训练和竞赛中发展民众的身体素质。

（2）以政治动员和财政拨付为发展原动力。在计划经济体制下，各类社会主体按国家规划配置发展资源，政府不仅实施政治号召和动员，而且拨付相应的费用引导各机构、组织、单位进行实践。

（3）枢纽型体育社会组织发挥主导作用，并承担实际的发展运行职能。青年团、中华全国体育总会筹委会、教育部、中华全国体育总工会等设置了各自的分支管理机构，在各自的领域内培养专业体育人才、传播专业体育知识、开展各类大型体育活动或竞赛。

2. 成长效果

（1）依托单位制，形成了区域性的竞技体育发展微单元，使广大民众拥有自己身边的体育组织、体育场地、体育活动或竞赛，为促进竞技参与和竞技发展的大众化、经常化、生活化打下了基础。

（2）基层单位和组织对于业余运动训练和竞赛的组织与管理能力得到了极大锻炼，同时也培养了一大批体育骨干、优秀体育工作者，为推进我国体育事业的发展提供了帮助。

（3）建构了一种多方共赢的良性发展动力链条，通过大众竞技参与提升国民体质健康，服务于生产、建设与国防，让国家、政府、单位、个人之间形成了一种良性互动。个体体质健康的增强不仅能提升个人生命质量和生活质量，而且能提升单位和社会生产效率甚至生产力。同时，个体体质健康的增强也有助于提升整体国防实力。

二、服务于减负与增效的成长路径

（一）形成的历史缘由

从经济发展条件来看，当时受到"大跃进"运动及1959年后的连续3年自然灾害的不良影响，国家的经济社会发展陷入低谷。这就造成当时政府难以对竞技体育发展投入过多的资源。从自身发展成本来看，竞技体育项目众多，要想尽早在国际上取得突破，就必须缩短战线，把握重点，以形成一些有效突破点。由此，国家在不同阶段调整了对项目的扶持政策和力度，让社会和市场力量参与一些项目的发展，以帮助政府减负与增效。

（二）发展的目标定位

国家为了集中资源打造发展的竞争优势，将竞技体育的一些项目和领域交付给社会和市场，以避免发展战线过长，以及调动社会、市场的发展活力，从而实现减负与增效的目的，即政府主管部门收缩了对竞技体育的管理范畴，将一些自己无力顾及的非奥项目、奥运非重点项目放手给社会，这样既能够减轻负担，又能够增强活力。1958年，《体育运动十年发展纲要》中提出"争取十年或者更短时间内，在主要运动项目上，赶上和超过世界水平"的奋斗目标。1961年，国家明确了"缩短战线，确保重点"的体育发展战略[1]。自1980年起，国家体委开始强调动员社会力量办体育，积极拓宽优秀运动员的培养途径[2]。国家体委、省一级体委则侧重于抓提高[3]，集中保证奥运重点项目，改革国家队的组队方式，试行常年、集训和以冠军队为主组队的3种形式[4]。1987年，国家教委和国家体委联合试办高校高水平运动队[5]。1992年，确定以足球为试点项目推进体育职业化改革的思路[6]。从改革的举措和选择来看，政府主管部门主要基于合理配置紧要资源及社会和市场力量进入一些非重要领域去摸索的考虑。

（三）发展的基础条件

（1）在观念意识上，国家高度重视竞技体育的政治外交功能，将竞技体育视作为国争光的政治符号，这有利于彰显我国社会主义制度的优越性，有利于彰显我国发展的综合实力，有利于彰显大国地位和争夺国际影响力、话语权。为此，政府主管部门思想高度统一，集中优势兵力，猛攻尖端，在奥运赛场争金夺银。其他与之弱相关的则放手给社会和市场力量。

---

[1] 熊晓正，夏思永，唐炎，等. 我国竞技体育发展模式的研究[M]. 北京：人民体育出版社，2008：10-11.
[2] 伍绍祖. 中华人民共和国体育史（1949—1998）：综合卷[M]. 北京：中国书籍出版社，1999：272.
[3] 伍绍祖. 中华人民共和国体育史（1949—1998）：综合卷[M]. 北京：中国书籍出版社，1999：267-268.
[4] 伍绍祖. 中华人民共和国体育史（1949—1998）：综合卷[M]. 北京：中国书籍出版社，1999：300.
[5] 国家体育总局. 改革开放30年的中国体育[M]. 北京：人民体育出版社，2008：151.
[6] 熊晓正，夏思永，唐炎，等. 我国竞技体育发展模式的研究[M]. 北京：人民体育出版社，2008：91-95.

(2）在物质基础上，20世纪60年代经济条件相对较差，因此政府主管部门压缩项目和代表队是被动受到经济条件的制约。改革开放之后，经济条件逐步恢复并得以发展，而随着经济体制改革的不断推进，经济发展状况越来越好，社会和市场力量有了更多更好的盈利机会，相应地也迎来了更大更好的发展空间。

（3）在组织保障上，1988年，国家体委选择了12个项目，进行项目协会实体化改革试点[①]。1993年，以足球为突破口加快推进项目实体化改革。1994年，扩大了改革范围，合并成立了6个运动项目管理中心，各中心是独立的事业单位，但又被赋予了管理项目的行政职能，同时还是协会的常设办事机构[①]。政府主管部门开始重新强调"三结合"的社会分工，并且通过对自身内部机构、管理职能和运行机制的改革与调整，给予社会和市场力量的成长以更多更好的发展空间。

（四）发展的技术手段

（1）以项目的金牌价值为取舍。减负增效首先要做的是甄别哪些项目要予以关照，哪些项目要有一定的割舍，这就意味着要对运动项目的发展效益进行评估。从我国竞技体育的发展实践来看，减负增效是为了集中兵力打造发展的竞争优势，在奥运赛场上争金夺银。因而一些与金牌战略弱相关的项目、领域就成为社会和市场力量成长的主阵地。

（2）以运动队的编制调整为抓手。我国各省市都有一定的二线、一线专业队数量及运动员编制规模的设置，为了减负增效，国家对专业运动队数量的设置及运动员的编制规模进行了一些调整，取消了一些项目的运动队设置，减少或取消了一些运动员的编制。然而，各运动项目又具有自身独特的价值，这就需要依托社会和市场力量获取更多自身发展的资源，这就为社会和市场力量的成长提供了一些平台。

（3）以利益激励和市场机制为内驱力。社会和市场力量的生存与发展需要由稳定的利润来维系，在没有专项财政拨款后，政治动员和行政性指令再难以支撑它们生存和发展的需要，市场的逐利天性及市场竞争的优胜劣汰机制、投入产出比等，就成为它们完善自我造血功能的内驱力。

---

① 国家体育总局. 改革开放30年的中国体育[M]. 北京：人民体育出版社，2008：142-143.

（五）成长的特征与效果

1. 成长特征

（1）在一些有限的项目范围内发展。由于国家投入了诸多人力、物力、财力到奥运优势和重点项目，且设置了一些准入门槛，所以社会和市场力量主要针对非奥项目、奥运非重点项目进行推广、普及和发展。

（2）主要依靠市场和志愿机制来进行资源配置。虽然国家也针对非奥项目、奥运非重点项目组织比赛及给予一些发展支持，但日常运行和主要的发展资源还是依靠社会、市场，针对不同发展环节、内容结合志愿、市场机制予以发展。

（3）社会化和市场化程度高的项目更受青睐。从我国发展实践来看，足球、篮球、羽毛球、高尔夫球等普及程度高或市场化程度高的项目，有更多的社会和市场力量参与其中，而小众、冷门项目则参与者相对偏少。

2. 成长效果

（1）推动了一些竞技体育项目的发展，建构了一些运动项目的自组织发展机制，拥有了自身成长与发展的专属行业和领地。通过调动社会各界的力量和资源，既让更多运动项目以灵活机动的形式满足不同群体的多元需求，又让自身找到了一个可以实现理想和抱负的发展领域。

（2）积累了一些运动项目的社会化和市场化发展经验，为自身的发展与壮大打下了基础。社会和市场力量通过专业化的组织管理与运行模式，不断提升自身参与竞技体育发展的竞争力，为参与体育全球化发展与竞争提供帮助。

（3）摸索了一些有效的项目精英人才培养模式，为自身发展迎来了更多关注和支持。根据不同运动项目的特点和群众基础，推动不同运动项目形成了各自的发展模式。如采用家庭模式培养的丁俊晖、谷爱凌，由俱乐部培养的许昕、武磊等，这些精英竞技人才的成功培养不仅吸引了更多社会和市场力量参与进来，而且收获了更多政府、民间资本的投入与支持。

三、服务于经济发展转型的成长路径

（一）形成的历史缘由

随着社会主义市场经济改革的不断推进，开发体育的经济功能越来越受到社

会各界的重视。受奥运争光任务压力和国有事业单位性质的双重影响，竞技体育经济功能的开发更适于交给灵活机动的社会和市场力量。由此，体育主管部门逐步简政放权，引导一些社会和市场力量参与商业性体育赛事开发，建立体育培训学校，开发商业性体育赛事和职业体育。

（二）发展的目标定位

在1978年12月党的十一届三中全会上，确定了"对内改革、对外开放"的国家发展战略。政府开始利用行政与市场手段来配置资源，组织经济及其他社会领域的生产与发展。1979年，国家体委提出要广开财路，积极支持和帮助产业系统逐步恢复高水平运动队[1]。当时全国有33560个工矿企事业单位建立了体育领导机构，配备兼、专职干部57000多名，成立11500多个体育代表队，拥有近150万名运动员[2]。但由于它并不是立足于培养国家级或世界级选手的，所以它只能算是大众或业余层面的竞技体育。1998年，国务院实行机构改革后，很多行业代表队逐渐从全国赛场上消失，部门（行业）系统在竞技体育发展中的作用日趋式微[3]。20世纪90年代产生了一批由个人、社会组织或团体创建的体育培训学校，开始有社会力量走市场化道路培养精英运动员。1994年，足球职业联赛拉开序幕，从此提供了一种全新的竞技体育产品。过去的竞技争光类产品主要服务于民众的荣誉需求，而职业体育还服务于民众的欣赏需求。竞技体育发展的经济功能得以开发，资源配置手段开始多元。

（三）发展的基础条件

（1）在观念意识上，国家开始重视商品和市场的作用，进行了一些改革以转变人们的观念，调动体制外力量参与竞技体育发展的积极性。1984年，体育系统率先对奥运会金牌获得者奖励1万元，由此产生了广泛的影响[4]。1986年4月，国家体委公布了《关于体育体制改革的决定（草案）》，确立了以社会化改革为突破口、以竞赛和训练改革为重点的改革思路。1993年4月，国家体委印发了《关于深化体育改革的意见》及《关于培育体育市场、加速体育产业化进程的意见》

---

[1] 伍绍祖. 中华人民共和国体育史（1949—1998）：综合卷[M]. 北京：中国书籍出版社，1999：300.
[2] 伍绍祖. 中华人民共和国体育史（1949—1998）：综合卷[M]. 北京：中国书籍出版社，1999：279.
[3] 高雪峰. 中国竞技体育管理变革之路：中国竞技体育管理主体多元化研究[M]. 北京：人民体育出版社，2007：93.
[4] 伍绍祖. 中华人民共和国体育史（1949—1998）：综合卷[M]. 北京：中国书籍出版社，1999：356.

等5个附件，确定了以转变运行机制为核心，面向市场、走向市场，以产业化为方向的改革思路[①]。可见，主管机构不仅明确了放开的领域，还积极通过制度设计来建构竞技体育社会化、市场化的改革思路。

（2）在物质基础上，体制内和体制外力量广开思路，不仅为竞技体育的发展筹措了大量资金，而且为搞活竞技体育发展机制提供了经验。1980年10月，在广州第一次举行了由职业运动员参加的万宝路网球精英大赛[②]。1981年，北京举行了第1届国际马拉松赛。1985—1994年，中国汽车运动联合会举办的7届国际汽车拉力赛和越野赛，为国家创汇3000万美元[③]。1994年，中国职业足球联赛杯名转让获960万元[④]。这些不仅打破了过去竞技体育发展单纯依靠财政拨款的惯例，而且极大改变了关于竞技体育就是"烧钱"的想法，人们开始积极探索竞技体育社会化和市场化改革的措施与手段。

（3）在组织保障上，1980年，国家体委开始将群众体育和大众竞技体育切割给社会组织，自身则主要负责高水平竞技体育。1986年的体育体制改革，国家体委更是将全国性的单项比赛交由各单项协会管理，各系统、各行业的全国性运动会交由各主管部门和行业体协管理。1993年的体育体制改革，国家体委大力推进运动项目的协会制改革，明确了项目协会要对本项目优秀运动队伍的建设和后备人才的培养负责。项目协会还具有依法从事经营活动的职权。随后成立了项目管理中心，其运行资金、人员配置都由各级体育行政部门负责，项目协会仍然间接地受到行政干预[⑤]。

（四）发展的技术手段

（1）以管理体制和机制改革为保障。党的十一届三中全会后，国家陆续对管理机构和职能进行改革，推进政事分开、管办分离，为社会和市场参与竞技体育发展创造条件。与此同时，开始将市场机制注入竞技体育的发展中。各省市体委将一些非经营性资产转为经营性资产，并相继成立了体育服务公司之类的经营实体，还吸引企业以赞助或联办的方式，资助体育竞赛及办高水平运动队[⑥]。邓小平

---

① 国家体育总局. 改革开放30年的中国体育[M]. 北京：人民体育出版社，2008：9-10.
② 伍绍祖. 中华人民共和国体育史（1949—1998）：综合卷[M]. 北京：中国书籍出版社，1999：393.
③ 伍绍祖. 中华人民共和国体育史（1949—1998）：综合卷[M]. 北京：中国书籍出版社，1999：394.
④ 俞继英. 奥林匹克足球[M]. 北京：人民体育出版社，2001：34.
⑤ 辜德宏. 我国竞技体育发展方式转变研究：基于政府作用的视角[M]. 苏州：苏州大学出版社，2016：140.
⑥ 国家体育总局. 改革开放30年的中国体育[M]. 北京：人民体育出版社，2008：174.

南方谈话及党的十四大后,国家通过对运动项目管理体制的改革,对国有资产经营管理的加强,以及实行经济优惠政策、加强体育经济立法等措施,引导体育系统及社会力量挖掘竞技体育的商业价值和经济功能,大力开拓体育市场。

(2)以社会化和市场化改革为抓手。我国经济体制转轨是从计划经济向社会主义市场经济转型,这实际上意味着竞技体育的发展要寻找政府之外的力量,探寻行政作用机制之外的发展机制。从我国20世纪80—90年代的体育体制改革实践来看,也是围绕体育的社会化和市场化改革这两条主线来进行的。

(3)以专业体制搭台职业体制为过渡。由于我国职业体育是从无到有的,在此之前既无职业运动员,也没有专门培养职业运动员的职业俱乐部,职业体育发展面临无米之炊的问题。为此,我国在体育职业化改革之初就形成了专业队、专业运动员支持职业队和联赛的发展态势。虽然这在一定程度上干扰了职业体育的正常发展,但回过头再审视这一做法,也实属当时的无奈之举,并对我国职业体育的改革与发展起到了一定的推动作用。

(五)成长的特征与效果

1. 成长特征

(1)从行政指令性发展走向政策引导性发展。从计划经济向社会主义市场经济转变,政府在经济发展中的作用也发生明显转变,行政计划和指令逐步转变为政策引导和宏观调控,社会和市场力量参与竞技体育发展的自主性增强。

(2)从依托财政资金转向依靠自我造血。在社会主义市场经济条件下,资源配置方式发生显著变化,社会和市场力量积极把握市场需求特征,遵循市场竞争规律,调整与优化竞技体育产品或服务的生产与供给能力,形成自我供血功能。

(3)生产与供给符合市场需求的各类竞技体育产品或服务。围绕体育培训和体育竞赛这两大核心领域,开辟了针对精英和大众参与的青训产品与服务,开辟了满足民众多元需求的体育商业性、表演性赛事及打造本国职业联赛。同时,还积极开发运动服装制造业、运动鞋制造业、体育器材制造业,逐步形成体育产业链。

2. 成长效果

(1)建立、引导一批体育企业和非体育企业共同参与竞技体育产品或服务的开发。得益于经济体制转轨和改革开放政策,各级政府积极支持社会和市场力量开发竞技体育的经济功能,而且由于是新生事物,它们由此获得了一些特殊关照和支持，体育本体产业开发和其他产业补偿性开发夹杂在一起。

（2）社会和市场力量引进一些国外先进发展经验、做法和体育赛事，为适应经济体制转轨和提高市场竞争能力打下了基础。借鉴欧美国家在职业体育、商业性体育赛事、青训等方面的做法、经验，引进、开发了一系列竞技体育产品与服务，逐步引导与转变国人的体育消费观念和行为。

（3）初步形成了体育培训业、竞赛表演业、体育用品制造业等多种体育产业形态，社会和市场力量生存与发展的行业环境初步形成。社会和市场力量开发了多种竞技体育产品或服务，建构了相互支撑、相互联动的竞技体育产业发展链条，竞技体育经济功能的开发获得了更大的发展空间和更强的发展循环。

四、服务于民众需求转换的成长路径

（一）形成的历史缘由

在北京2008年奥运会上我国竞技体育成功登顶，国民的荣誉心理得到空前的满足。满足之后则对于压抑已久的其他需求产生了强烈的渴望。再加上竞技体育发展的成本较为高昂，高峰体验过后的民众渴望将更多的资金投入与自身健康、生活、娱乐密切相关的地方。更多、更好的运动场馆，更便利的竞技参与，更专业化的运动训练和竞赛指导，更高水平的体育赛事欣赏等成为民众更为关注的需求。由于奥运争光计划仍要严抓落实，这些个性化、差异化的需求主要由社会和市场力量提供的生产与服务来满足。

（二）发展的目标定位

由于多年来竞技体育发展的弊病一直备受社会多方的诟病，再加上民众的需求也产生了一些显著的变化，社会各界对竞技体育发展改革的呼声不断加强，国家也认识到了这一问题，并在一定程度上调适了竞技体育发展的国家战略，让竞技体育发展的功能和价值更好地满足民众的多元化需求。北京2008年奥运会从开幕到举办再到闭幕，受到国际社会的高度赞扬。竞技体育为国争光、彰显大国地位和国家综合实力的政治效应发挥到了极致。会后，胡锦涛提出了进一步加强体育强国建设的体育发展目标，强调发挥体育的多元社会功能和作用，致力于推进体育发展向依靠质的提升产生的集约型发展方式转变。由此，竞技体育的发展开始强调协调发挥其多元功能和综合效应，强调以人为本，推进竞技体育的全面、协调、可持续发展。从国家对体育发展的战略导向来看，北京奥运会后竞技体育面临新的发展挑战，即更好地服务于民众的多元化竞技体育需求，全面发挥竞技体育的多元功能和综合效应。

（三）发展的基础条件

（1）在观念意识上，人们的金牌观有所淡化，对竞技体育的多元化需求日益增加。由于我国长期在奥运会赛场保持前列，再加上北京奥运会成功登顶，民众的荣誉需求有所饱和。同时，改革开放以来，人们接触到了更为丰富的竞技体育产品与服务。人们不再满足于竞技争光类这一单一的竞技体育产品与服务，产生了多元化的体育需求。竞技参与、高水平体育赛事欣赏与竞技争光荣誉感一起成为人们对竞技体育的需求。

（2）在物质基础上，国家经济实力大增，人们有了更多的闲暇时间和金钱来丰富自己的业余生活，竞技体育产品或服务的生产与供给得到了拓展。马拉松、极限运动、7人制足球赛、3对3篮球赛、羽毛球民间争霸赛等越来越多的大众竞技体育参与形式相继涌现。中国网球公开赛、高尔夫球大师赛、F1上海站、上海环球马术冠军赛等丰富多彩的大型体育赛事，带给了人们更多运动美的享受。篮球、排球、足球、乒乓球、羽毛球、围棋等国内职业或半职业联赛培养了一批批"粉丝"，催生了一批批运动"发烧友"。竞技体育生产和提供的产品与服务日新月异。

（3）在组织保障上，管理机构和职能调整加速，社会和市场力量的发展空间扩大。2005年，国家体育总局完成对运动项目管理中心的调整，共成立了23个运动项目管理中心，结束了运动项目管理的双轨制，在组织形式上实现了政事分开、管办分离[1]。到2008年，我国足球、篮球、排球、乒乓球四大职业联赛的职业俱乐部队伍总数超过了130家[2]。家庭和体育俱乐部培养优秀竞技人才也有了一些成功案例。越来越多的国际大赛被引入中国，为国人提供了更为丰富的高水平赛事产品与服务。竞技体育发展的主体越来越多元化，社会和市场力量参与竞技体育发展的作用也越来越明显。

（四）发展的技术手段

（1）以体育强国建设目标和战略为引领。北京奥运会后，国家高度重视并充

---

[1] 国家体育总局. 改革开放30年的中国体育[M]. 北京：人民体育出版社，2008：143.
[2] 国家体育总局. 改革开放30年的中国体育[M]. 北京：人民体育出版社，2008：180.

分发挥体育在促进人的全面发展、促进经济社会发展中的重要作用，进一步推动我国由体育大国向体育强国迈进。《2011—2020年奥运争光计划纲要》中指出，到2020年，我国竞技体育综合实力要进入世界竞技体育强国行列。由此可见，体育强国建设目标、战略、要求成为新时期体育事业发展的指针，体育主管部门据此调整与优化竞技体育发展的国家战略，积极转变自身管理职能，重视竞技体育政治、经济、社会、文化、生态功能的协调发展。

（2）以对竞技体育发展功能和作用的完善为改革突破口。《体育发展"十三五"规划》中指出："树立正确绩效观，充分认识竞技体育多元功能和综合社会价值……逐步形成国家办与社会办相结合的竞技体育管理体制和评估体系。"《2011—2020年奥运争光计划纲要》中指出："充分发挥体育在构建和谐社会中的特殊作用。"《"十四五"体育发展规划》中指出："体育在迈向全面建成社会主义现代化强国新征程中的地位更加凸显……把优先满足人民群众健康需求、促进人的全面发展作为体育工作的出发点和落脚点……充分发挥政府、社会、市场作用……激发社会活力……构建多元化项目发展新模式。"由此可见，竞技体育发展中的国家意志有了适度退让，竞技争光功能适度淡化，民众的多元化竞技体育需求受到进一步重视，竞技体育的多元功能和作用得以强化。

（3）以对考核评价方式的调整为抓手。2012年7月，国务院印发《国家基本公共服务体系"十二五"规划》。我国开始加强政府的公共服务职能建设，并将之作为深化行政管理体制改革的首要目标。《体育发展"十三五"规划》中指出："制定结构合理、内容明确、符合实际的基本公共体育服务标准体系……建立数据采集和监测体系……开展实施效果评估和满意度调查。"《"十四五"体育发展规划》中指出："构建更高水平的全民健身公共服务体系……推动体育生活化……举办运动项目业余联赛……持续推动公共体育场馆免费或低收费开放，完善绩效评价及资金补助政策。"各级体育行政主管部门开始进一步强化自身的体育公共服务职能。在此过程中，政府体育行政主管部门的管理方式也得到调整，即进一步贯彻落实了服务型政府的管理理念，不断强化了自身在管理中的服务者角色，通过购买服务等方式，引导多元主体参与竞技体育的发展。

（五）成长的特征与效果

1. 成长特征

（1）重视不同主体的多元需求。改革开放在促进经济发展的同时，也带来了多元文化和价值观的碰撞，国人对竞技体育的需求越来越多元化，政府单一主体难以解决这一问题，社会和市场力量则敏锐把握这一需求变化，生产与供给相应的竞技体育产品或服务，为自己创造更多的发展机会、更大的发展空间。

（2）进行个性化和分层分类式生产与供给。为满足不同主体的多元化需求，社会和市场力量针对不同群体的需求特征，打造规模不同、服务对象不同、服务内容和服务品质不同的个性化、多层级化竞技体育产品与服务。

2. 成长效果

（1）社会和市场力量参与竞技体育发展在基层具有一定数量，形成一定的发展布局和布点。受自身发展资源、发展优势、差异化竞争、区域经济条件、项目基础和人文特点等因素的影响，社会和市场力量在不同的省域、城市、社区，选择不同运动项目、不同目标群体，来设计产品或服务的内容和类型。竞争和供需适配机制最终造就区域内的若干生产与服务组织、不同运动项目发展的布局布点。

（2）竞技体育发展的多元功能和作用得以发挥，参与和受益的人群越来越广，社会和市场力量参与竞技体育发展的社会环境越来越好。竞技体育发展服务于人和社会发展的多元作用越来越显现，并且越来越与民众的生活紧密相关，这些让越来越多的人认可与支持社会和市场力量参与竞技体育发展。

五、服务于产业结构调整的成长路径

（一）形成的历史缘由

2010年，我国超过日本成为世界第二大经济体[①]。2013年，我国第三产业（服务业）增加值占GDP比重首次超过第二产业[②]。我国经济社会发展稳定，并且第三产业发展比重逐年上升，这些为推动体育产业转型升级打下了基础。2013年11月，《中共中央关于全面深化改革若干重大问题的决定》中指出："紧紧围绕使市场在资源配置中起决定性作用深化经济体制改革……支持非公有制经济健康发展。"2014年10月，《国务院关于加快发展体育产业促进体育消费的若干意见》中指出："发展体育事业和产业是提高中华民族身体素质和健康水平的必然要求，

[①] 李婕. 国家统计局发布改革开放40年经济社会发展成就报告[EB/OL].（2018-08-29）[2024-04-12]. http://www.gov.cn/xinwen/2018-08/29/content_5317294.htm.

[②] 王希，刘铮，郭信峰. 三产超二产 中国产业结构发生历史性变化[EB/OL].（2014-01-20）[2024-04-12]. http://www.gov.cn/jrzg/2014-01/20/content_2571153.htm.

有利于满足人民群众多样化的体育需求、保障和改善民生，有利于扩大内需、增加就业、培育新的经济增长点。"由此，社会和市场力量开始着力推进体育产业转型升级和产品、服务结构性调整。

（二）发展的目标定位

随着我国社会主义市场经济体制的不断发展与完善，我国的经济实力和产业结构发生了一定变化，我国体育产业、体育市场化改革也不断深化推进。近些年多个城市出现马拉松热，多种国际大赛落户中国，国内资本大鳄投资青训、发展赛事转播等，安踏、特步等国有品牌的影响力不断提升，这些现象反映了我国体育产业的发展已经具有一定的规模、效应。与此同时，西方发达国家体育产业对国民经济发展的巨大贡献，以及其对国民生活方式和精神面貌培养的积极作用也起到了标杆示范效应，由此国家进一步加强了对体育产业发展的政策支持，并强调要让体育产业成为拉动内需和经济转型升级的"特殊产业"。2019年9月，《国务院办公厅关于印发体育强国建设纲要》更是指出，到2035年体育产业成为国民经济支柱性产业。《"十四五"体育发展规划》中指出，体育产业总规模达到5万亿元，增加值占GDP的比重达到2%。

（三）发展的基础条件

（1）在观念意识上，人民生活水平显著提高，人民对美好生活的向往不断增强，生活需求日益多元化、个性化、高品质化。2016年，全国居民人均可支配收入2.38万元，人民生活水平与以往相比显著提高，我国被世界银行列入中高等收入国家行列，人们开始越来越多地追求生活品质[1]。李克强指出，当前人民群众在体育健身和体育消费等方面的意愿和需求不断提升，发展潜力巨大。竞技体育的社会化、市场化改革进程不仅拥有了更为坚实的物质条件基础，而且有了更为多元的需求保障，更为扎实和先进的消费观念、意识支撑。

（2）在物质基础上，2021年我国GDP达1143670亿元，第三产业增加值609680亿元，增长8.2%[2]。2021年，全国居民恩格尔系数为29.8%，比上年下降0.4%，居民人均服务性消费支出10645元，比上年增长17.8%，占居民人均消费支出比

---

[1] 辜德宏，王家宏，王健. 新时代我国社会主要矛盾对体育发展的影响研究[J]. 武汉体育学院学报，2019，53（3）：9-17.

[2] 国家统计局. 中华人民共和国2021年国民经济和社会发展统计公报[EB/OL].（2022-02-28）[2024-04-12]. https://www.gov.cn/xinwen/2022-02/28/content_5676015.htm.

重的44.2%[①]。我国经济社会发展稳定,恩格尔系数逐年下降。

（3）在组织保障上,2003年5月,教育部从国家体育总局手中承接了组织参加世界大学生运动会的任务。这对于提高高校办高水平运动队的积极性,提升高校办高水平运动队的层次,具有里程碑的意义[②]。同时,高校高水平运动队不断推陈出新,改革训练模式,形成了诸如"清华模式""南体模式"''小学—中学—大学'一条龙模式""校企合作"等大批新兴训练模式[③]。项目协会实体化改革步入实质化阶段,社会和市场力量参与体育培训业、赛事服务业,职业体育获得了更多更好的发展空间。

（四）发展的技术手段

（1）以政策驱动为发展引领。国家发布了大量关于体育产业的政策法规,推进体育产业转型升级,并使之成为国民经济发展的重要支柱产业。从相关政策来看,国家不仅一再强调发展体育产业对国民经济的重要作用,而且指出了要围绕"促进体育消费、推动全民参与运动"这一主线来做文章。2014年10月,国务院印发的《关于加快发展体育产业促进体育消费的若干意见》中指出:"扩大内需,促进体育消费……把体育产业作为……推动经济社会持续发展的重要力量。"2016年10月和12月相继印发《国务院办公厅关于加快发展健身休闲产业的指导意见》《国家旅游局 国家体育总局关于大力发展体育旅游的指导意见》。2019年9月4日,《国务院办公厅关于促进全民健身和体育消费推动体育产业高质量发展的意见》中提出:"推动体育产业成为国民经济支柱性产业。"2020年6月,体育总局 教育部 公安部 民政部 人力资源社会保障部 卫生健康委 应急部 市场监管总局发布的《关于促进和规范社会体育俱乐部发展的意见》中指出:"各级体育部门和单项体育协会要……重点引导、扶持依托社区、企事业单位、体育场馆举办民办非营利性社会体育俱乐部和面向青少年的社会体育俱乐部……建立政府购买服务的遴选机制、监督机制、激励和约束机制……推动落实国家对民办非企业单位的各项财税优惠政策。"可见,需调动更多力量参与,激发多元主体的创新活力,更好地搞活及做大做强体育产业,以推进体育产业的高质量发展。

[①] 国家统计局. 盛来运:逆境中促发展 变局中开新局:《2021年国民经济和社会发展统计公报》评读[EB/OL].（2022-02-28）[2024-04-12]. https://www.stats.gov.cn/sj/sjjd/202302/t20230202_1896597.html.
[②] 熊晓正,夏思永,唐炎,等. 我国竞技体育发展模式的研究[M]. 北京:人民体育出版社,2008:73-74.
[③] 辜德宏. 高尔夫后备人才培养模式的实证研究:基于湖南涉外经济学院高尔夫后备人才培养个案的考察与思考[J]. 武汉体育学院学报,2012,46（1）:82-90.

（2）以管理体制和机制改革为主要手段，为激发社会和市场力量活力松绑、破除障碍。国家体育总局于 2014 年 2 月取消了"运动员交流协议批准"的行政审批权，10 月取消了"体育商业性赛事和群众性赛事"的行政审批权。2015 年 2 月，审议通过《中国足球改革发展总体方案》，提出近期目标是理顺足球管理体制。2015 年 8 月，中国足球协会与体育总局脱钩。国家体育总局进一步转变自身管理职能，以激发社会和市场活力。

（3）以技术革新为主要抓手，推动体育产业发展转型升级。近些年，我国体育产业的发展体现了科技推动和创新引领的趋势。多款跑步、健身手机 App（应用程序）的出现，让民众的运动参与更为便利，获得运动和健身指导更为便捷、专业。多种高科技融合的智能穿戴产品不断推陈出新，体育场馆、器材、设施等具有更先进更多元的功能，这些有效带动了体育制造业的转型升级。"互联网＋体育"的创新理念，催生了体育特色小镇建设、体育旅游热、体育健身潮等产业间的交叉与融合。由此可见，依托新技术、手段、方法等，不仅有利于将运动与休闲、保健、医疗、旅游等不同行业资源进行跨界融合，拓展体育产品或服务种类，带动相关产业联动发展，满足民众、社会、国家的多元发展需求，提高人们在健身、运动、休闲、训练等方面的体验品质，而且能够通过利益机制整合更多民间力量参与体育产品或服务的生产与供给[①]。

（五）成长的特征与效果

1. 成长特征

（1）着力于提升竞技体育产品或服务的附加值。高度重视开发各类竞技体育产品的使用价值，通过技术价值、文化价值、品牌价值等，不断提升各类竞技体育产品或服务的成本收益率。

（2）智能化技术应用于各类竞技体育产品或服务的生产与供给中。互联网技术、大数据技术在运动参与、运动训练和竞赛、比赛欣赏等场景中广泛应用，大大增强了人们的使用感、体验感。物联网、区块链、人工智能（Artificial Intelligence，AI）等技术应用于体育场馆建设、运动监控、体育服装、鞋类、器材、游戏开发等，极大提升了人们参与竞技体育活动的科学性、安全性、趣味性。

（3）在稳固体育用品制造业发展的同时，积极推动体育培训业和竞赛表演业

---

① 辜德宏，王家宏，钱琦."互联网+"视阈下我国体育发展策略研究[J]. 体育文化导刊，2018（1）：6-10.

的发展。体育产业内部结构的调整与优化也在国家政策引导下稳步推进，运动服装制造业、运动鞋制造业、体育器材制造业等在原有的基础上进一步做大做强，努力提升品牌效应，不断拓展国际市场份额。同时，进一步加大对办训、办赛产品或服务的扶持力度，让这两大核心领域成为进一步拉动人们体育消费的突破口。

2. 成长效果

（1）形成了一批国产体育品牌，产生了一定的国际影响力和知名度。安踏、特步等运动服装、鞋制造公司，不断拓展国内和国外市场。金陵体育、信隆健康、共创草坪等体育器材、人造草坪公司的产品不仅在国内市场占据了绝大多数份额，也在全球开辟了不少市场。智美体育、莱茵体育、乐视体育等引进、转播一系列国际体育赛事，组织、推广一系列国内体育赛事。

（2）社会和市场力量加强了对体育科技的研发和利用，竞技体育产品质量或服务品质大为提升。通过对现代体育科技的研发与运用，智能跑鞋、运动技术分析装备、训练辅助器械等设备层出不穷，咕咚、Keep 等在线运动平台功能不断拓展，服务内容和信息增多，科学性和精确度不断提升，人们的运动参与、运动体验等更为满意，社会和市场力量的市场竞争力也得以提升。

（3）社会和市场力量推动了国内体育产业的迅猛发展，并且参与办训、办赛增多、增强。经核算，2022 年全国体育产业总规模（总产出）为 33008 亿元，增加值为 13092 亿元。与 2021 年相比，体育产业总产出增长 5.9%（未扣除价格因素，下同），增加值增长 6.9%。从内部构成看，体育服务业增加值为 9180 亿元，占体育产业增加值的比重为 70.1%，比 2021 年提高 0.1 个百分点。体育用品及相关产品制造增加值为 3686 亿元，占体育产业增加值的比重为 28.2%，比 2021 年提高 0.2 个百分点。体育场地设施建设增加值为 226 亿元，占体育产业增加值的比重为 1.7%，比 2021 年下降 0.2 个百分点。从增长速度看，体育产业实现较快增长。与 2021 年相比，体育管理活动增加值增长 16.3%，体育竞赛表演活动增加值增长 11.7%，体育传媒与信息服务增加值增长 11.3%，其他体育服务增加值增长 8.7%，体育健身休闲活动增加值增长 7.8%，体育用品及相关产品制造增加值增长 7.3%，体育场地和设施管理增加值增长 7.2%。[①]

[①] 国家体育总局，国家统计局. 2022 年全国体育产业总规模与增加值数据公告[EB/OL]．（2023-12-29）[2024-04-12]. https://www.sport.gov.cn/jjs/n5039/c27206758/content.html?sid_for_share=80113_2.

第四节 我国竞技体育发展中社会和市场力量的成长模式

一、嵌入：国家的干预与治理方式

嵌入是指一个系统有机结合进另一个系统中或者一事物内生于其他事物中的现象。社会嵌入是指个人和企业的经济行为受到以人际互动产生的信任、文化等作用机制和因素为基础的持续性社会关系和社会结构的影响[1]。虽然嵌入理论源于经济学领域，但由于其理论诠释的魅力，被广泛地运用到了不同学科中。我国竞技体育的发展实践也体现了这一理论的内涵，即国家意志贯穿竞技体育发展的始终，社会和市场力量的成长、发展与政府的干预、治理交融在一起。嵌入是政府处理政治需求与社会需求之间关系的一种方式，具体表现在以下3个方面[2]。

（1）功能嵌入。这主要是指政府通过发展方针、政策、资源配置等手段，将国家意志嵌入竞技体育发展的功能定位中，使竞技体育的发展朝向政府或国家谋划的预期。从竞技体育发展对经济社会的作用来看，它主要具有经济、政治、文化、社会、生态功能。那么，竞技体育发展服务于经济社会的发展需求，就需要完整、协调发挥其五大功能。然而，从我国竞技体育的发展历程来看，中华人民共和国成立之初强调的是竞技体育的社会、文化和政治功能。20世纪50年代中后期则开始强化竞技体育的政治功能，并逐步将其上升到核心地位。改革开放后，在继续巩固竞技体育政治功能的核心地位之余，还开始正视其经济功能的重要作用。北京2008年奥运会后，开始在并未弱化其政治功能的基础上，强调其社会、文化、经济等功能的整体协同发展。国家（政府）建构了不同时期竞技体育发展功能的重心、结构，由此，竞技体育发展中社会和市场力量也相应地调整自身发展的作用、功能、目标等。

（2）组织嵌入。这主要是指政府通过设置管理机构，将国家意志在管理实践中予以贯彻落实。中华人民共和国成立之初，体育主管机构为中国新民主主义青年团。虽然其为群众性组织，但其领导人由党和国家任命，且其组织与管理主要依靠报告、请示、遵从指令等行政手段。这也保证了中华人民共和国成立初期竞

---

[1] 张辉刚，朱亚希. 社会嵌入理论视角下媒体融合的行动框架构建[J]. 当代传播，2018（1）：41-44.
[2] 辜德宏，田兵兵，郑广霞. 我国竞技体育发展中社会和市场力量的成长模式研究[J]. 天津体育学院学报，2022，37（2）：188-195.

技体育发展中国家意志的贯彻、执行。1952年11月，中央人民政府体育运动委员会成立，我国竞技体育有了自己的行政主管机构。改革开放前，我国体育行政主管机构主导着竞技体育的发展与运行。改革开放后，虽然多次进行了政社分开、政企分开的改革，但国家体育总局始终是我国体育发展的最高管理机构，竞技体育发展中的政治需求依然有充分的组织保障。

（3）管理嵌入。这主要是指政府通过管理权限和职能的划分，将国家意志在竞技体育的发展运行过程中予以体现。中华人民共和国成立之初，形成的是以团中央为主管领导，中华全国体育总会进行具体操作，教育部、中华全国总工会等部门系统协作的体育管理机制[①]。但组织与管理的运行则主要依靠行政批复、政治动员、财政拨付等手段，这其中显然也贯穿了国家意志。1952年11月，国家成立了专门的体育行政管理机构，政府开始逐步集权，社会组织逐渐失去了竞技体育管理的权限和职能，政府演变成竞技体育发展的唯一管理主体，竞技体育发展的动力也完全来源于政府。改革开放后，政府多次进行了机构调整和职能改革，逐步推进落实简政放权、管办分离等改革，社会和市场力量拥有了更多的话语权，得以发挥更大的作用。但不容忽视的是，我国是社会主义国家，中国共产党为唯一执政党，这就决定了在我国竞技体育发展中，党和国家的行政管理、调控必不可少。

二、依附：社会和市场的成长策略

发展社会学里的依附理论认为，西方不发达国家之所以不发达，是西方发达国家利用不平等的世界政治经济格局和不平等的国际贸易关系控制和剥削非西方不发达国家的结果。"边陲"国家不得不依附于"中心"国家，并为其发展提供条件[②]。虽然该理论主要是用来阐释发达国家与不发达国家的关系的，且反映相互间的一种消极作用机制，但该理论也蕴含部分合理的理论元素。它指出，不同发展主体间存在"中心"和"外围"的不平等关系，并且由于相互间关系不平等，"外围"主体采用依附策略进行发展[③]。这一理论要义可以抽取出来，用于认识我国竞技体育内生动力培育中社会、市场与政府的关系。因为多年来我国竞技体育领域一直是"强政府、弱社会"的发展格局，政府与社会、市场之间存在地位、权力、

---

① 伍绍祖. 中华人民共和国体育史（1949—1998）：综合卷[M]. 北京：中国书籍出版社，1999：13.
② 张琢，马福云. 发展社会学[M]. 北京：中国社会科学出版社，2001：80-85.
③ 辜德宏，田兵兵，郑广霞. 我国竞技体育发展中社会和市场力量的成长模式研究[J]. 天津体育学院学报，2022，37（2）：188-195.

资源等的不平等，体制内与体制外力量具有多重发展差异，由此"中心"与"外围"关系可以成立，依附自然成为社会和市场力量的生存策略。当然要注意的是，这里并没有其原初的那种剥削与被剥削关系[①]。

（1）身份依附。这主要是指社会和市场力量通过不同方式与体制内部门、机构、单位产生勾连，以寻求自身身份合法性或更好的生存空间的发展策略。现实中比较常见的主要有，一些个人或企业办的体育俱乐部依托学校办青训，形成了非营利性体育社团组织；一些办训、办赛的社会和市场力量通过获取体育局、体校、普通学校等的挂牌，开展合作办学、实习实训、购买公共体育服务、体育赛事承办等活动。这些发展策略的共同点就是，体制外力量依托体制内机构的官方权威性，提升自己办训、办赛等活动的权威性、影响力，从而使自身发展具有更大更好的操作空间。例如，温州冶金青少年体育俱乐部早在2002年就被国家体育总局授予了国家级综合性体育运动俱乐部的称号，这为其产生了良好的宣传和虹吸效应；温州市瓯海区吕志武游泳俱乐部的前身——家景游泳馆于2013年被温州市体育局命名为温州市青少年儿童游泳训练基地，增强了其发展的影响力和竞争力。

（2）地位依附。这主要是指社会和市场力量通过不同方式向体制内部门、机构、单位传递信息，并通过赞助、捐助、成本价等方式承担官方业务来寻求它们的认可，以获取自身更多、更好发展机会的发展策略。实际上，在我国特有国情下，社会和市场力量有较为清晰的"边缘"与"中心"关系的自我发展定位，它们也都深刻认识到只有与政府主管部门、机构、单位搞好关系，才会获取更多、更好的发展机会。在现实中，一些体制外力量主动向体制内机构、单位靠拢，积极承担一些公共性或服务性事务，相应地它们获得政府机构给予的合作机会也越来越多。在访谈中，上海市和广州市青训相关部门负责人GW和LHY谈道："一些办赛、购买服务给谁不是给，最后肯定选择那些与我们有更多业务往来、有更多合作经验的机构。"[①]

（3）资源依附。这主要是指社会和市场力量通过不同方式与体制内部门、机构、单位达成共识或协议，获取其相关资源，以弥补自身发展资源不足的发展策略。现实中比较常见的主要有：一些青训机构借用名校的文化教育资源；还有一些青训机构成为省队甚至国家队人才培养基地，以获取政府的资金和政策支持；职业俱乐部向国家队、省队购买或借调专业队运动员等。据统计，1980年以前，

---

① 辜德宏，田兵兵，郑广霞. 我国竞技体育发展中社会和市场力量的成长模式研究[J]. 天津体育学院学报，2022，37（2）：188-195.

第三章 我国竞技体育发展中社会和市场力量成长的历史审视

我国体育事业经费中社会投入的资助为零①②。中央和地方财政成为竞技体育发展的唯一资金来源。由此可见，改革开放前，我国社会力量对政府的资源依附明显。改革开放后，虽然社会和市场力量获得了长足的发展，但长久以来形成的竞技体育管理体制及三级训练体制不仅形成了巨量的专业资源，而且具有强大的发展惯性和影响力，而社会和市场力量所拥有的专业性资源相对有限，全方位投入不仅周期长，并且见效慢，这就迫使它们不得不向拥有专业资源的官方机构寻求帮助。

三、革新：保持其发展活力的手段

结合网络词典的释义，革新是指"革除旧的，创造新的（事物、技术等）的行为或过程；除去旧积习而建立新的制度"③。由此可见，革新主要是对旧有事物的改革与创新，同时主要涉及技术层面和制度层面。为此，本研究主要将"革新"界定为不同发展主体通过改革与创新，为竞技体育发展中社会和市场力量的成长提供更有竞争力的技术和制度支持。从我国竞技体育的发展历程来看，适应不同时期的发展条件、需求，主动进行改革与创新是激发我国社会和市场力量发展活力、促进其成长的关键。

（1）管理体制、机制改革。自1980年起，国家体委开始拓宽优秀运动员的培养途径，逐步发展社会力量办队④。1986年，全国性的单项比赛交由各单项协会管理，各系统、各行业的全国性运动会则由各主管部门和行业体协管理。"1987年，开始试办高校高水平运动队。1988年，选择了12个项目，进行项目协会实体化改革试点。1992年，确定了以足球为试点项目推进体育职业化改革的思路。1993年，明确了项目协会要对本项目优秀运动队伍的建设和后备人才的培养负责，并具有依法从事经营活动的职权。1994年，合并成立了6个运动项目管理中心。2005年，将运动项目管理中心调整为23个，在组织形式上实现了政事分开、管办分离。"⑤2014年，国家取消了对商业性和群众性体育赛事的审批权。2015年3月，国家颁布足球改革方案，加快推进行业协会与行政机关脱钩。改革开放以来，政府主管部门不断调适竞技体育发展中国家和社会间的关系，积极通过对管理体制、机制

---

① 李艳翎. 经济体制转轨时期中国竞技体育运行的研究[D]. 北京：北京体育大学，2000：20.
② 国家体委计划财务司. 体育事业统计年鉴[Z]. 北京：国家体育运动委员会内部资料，1994：102.
③ 阿凡题·汉语. 革新[EB/OL]. [2024-04-12]. http://hanyu.afanti100.com/hanyu/idiom/profile/0535f9dd661f58344be7540146bf4b51.
④ 伍绍祖. 中华人民共和国体育史（1949—1998）：综合卷[M]. 北京：中国书籍出版社，1999：272.
⑤ 国家体育总局. 改革开放30年的中国体育[M]. 北京：人民体育出版社，2008：142-143.

的改革来激发社会、市场的发展活力。

（2）制度创新。1956年，国家颁发《中华人民共和国运动竞赛制度的暂行规定（草案）》《中华人民共和国运动员等级制度条例（草案）》《中华人民共和国裁判员等级制度条例（草案）》[1]，建构了竞技体育有序发展的制度框架，引导其走向规范化、专业化的发展道路。1959年，国家正式出台"普及与提高相结合"的体育发展方针，社会力量主要在普及层面开展相应工作[2]。1986年4月，《国家体委关于体育体制改革的决定（草案）》中指出："要调动各方面办体育的积极性，推动体育社会化、科学化。"1993年5月，《国家体委关于深化体育改革的意见》中提出："建立国家调控，依托社会，有自我发展活力的体育体制和良性循环的运行机制。"这些为竞技体育的社会化、市场化改革提供了方向指引和制度保障。1995年，国家体委颁布《全民健身计划纲要》《奥运争光计划纲要》，通过了《中华人民共和国体育法》，其中第二条指出："体育工作坚持以开展全民健身活动为基础，实行普及与提高相结合，促进各类体育协调发展。"体育法制建设取得突破性进展，竞技体育和群众体育成为我国体育事业发展中的两大核心内容。1995年，国家体委制定《体育产业发展纲要（1995—2010年）》。1996年，第八届全国人民代表大会第四次会议通过了《国民经济和社会发展"九五"计划和2010年远景目标纲要》，自此体育产业化发展具有了相关制度保障[3]。同时，《中国足球协会章程》《中国足球协会会员制章程》等法规性文件的出台，引领我国职业体育的规范化发展[4]。《2001—2010年体育改革与发展纲要》中提出："区别不同情况，扩大协会在机构设置、干部任免、经费使用、国际交流等方面的自主权。"2008年北京奥运会后，国家出台《国家基本公共服务体系"十二五"规划》《"十二五"公共体育设施建设规划》等政策法规来强化政府的体育公共服务职能。自始至终，国家不断针对发展中的问题，进行一些制度设计和创新以调适发展进程，从而为竞技体育的可持续发展，为社会和市场力量的成长提供支持。

（3）技术创新。第一，20世纪80年代，政府改革了国家队的组队方式，试行常年、集训和以冠军队为主的3种组队方式。同时，还打破了教练员终身制，逐步改变过去直接从运动员中选拔教练员的做法，对教练员队伍实行推荐、考核、竞聘、批准相结合的竞聘上岗办法；并且实行合同制，一般聘期为4年，辅以奖

---

[1] 熊晓正，夏思永，唐炎，等. 我国竞技体育发展模式的研究[M]. 北京：人民体育出版社，2008：6.
[2] 伍绍祖. 中华人民共和国体育史（1949—1998）：综合卷[M]. 北京：中国书籍出版社，1999：289.
[3] 国家体育总局. 改革开放30年的中国体育[M]. 北京：人民体育出版社，2008：174-175.
[4] 伍绍祖. 中华人民共和国体育史（1949—1998）：综合卷[M]. 北京：中国书籍出版社，1999：370.

励和处罚的管理手段[①]。这极为有效地促进了公平竞争,提升了科学化训练水平,提高了运动员培养的质量。第二,政府通过对专业性运动会和群众性运动会的改革与创新,让社会和市场力量更好地参与竞技体育发展。在天津全运会、上海市民运动会和青少年10项系列赛的改革创新中,政府针对运动训练、运动竞赛、群体性活动、赛事组织等环节进行改革与创新,让专业体育、学校竞技体育、大众竞技体育等不同发展形态间形成良性互动[②③],为扩大竞技体育人口、拓展后备人才打下基础。第三,政府设置了体育产业发展扶持基金,用以扶持体育企业的成长。第四,政府采用购买服务的方式,让社会和市场力量参与办训、办赛等,以促进它们的成长。第五,2015年,李克强提出制定"互联网+"行动计划。各行各业迎来了新的发展机遇和挑战,"互联网+体育"涵盖了健身、运训、观赛、电竞等诸多内容,通过利益机制整合更多民间力量参与"互联网+体育"产品或服务的生产与供给。

四、共赢:内含于其中的调谐机制

共赢是指(各方)共同得益[④],如各方加强合作,寻求共赢。在市场经济条件下,各发展主体的参与热情与其追逐的利益密切相关。由于竞技体育发展中的不同主体具有不同的核心利益追求,所以相互之间的利益冲突与博弈就成为一种常态化的社会现象。随着国家对社会力量的发展与扶持,个人、家庭、俱乐部、学校等发展主体追求自身发展权益的意识和能力越来越强。2003年,王治郅为留在NBA(National Basketball Association,美国职业篮球联赛)发展而拒绝回国出赛、2004年7家中超俱乐部罢赛、2005年清华大学跳水队与家长对簿公堂、2013年李娜拒绝出赛全运会等现象,反映了国家、集团、个人利益,政治、经济、社会利益等的分化与冲突加深。政府与各社会力量之间进行利益博弈的局势更为复杂。在多元发展主体与多元利益共存的局面下,要实现竞技体育的和谐发展,需要通过理性的表达与博弈达到利益的均衡,形成共赢局势[⑤]。

---

① 伍绍祖. 中华人民共和国体育史(1949—1998):综合卷[M]. 北京:中国书籍出版社,1999:302.
② 辜德宏,尚志强,周健将,等. 从"小众竞技"到"大众竞技":运动竞赛的发展动向——基于上海市民运动会的个案分析[J]. 上海体育学院学报,2016,40(3):40-45.
③ 辜德宏,周战伟,郭蓓. 政府对专业性运动竞赛的改革与创新:基于对上海市青少年10项系列赛的分析[J]. 首都体育学院学报,2016,28(1):64-68,76.
④ 中国社会科学院语言研究所词典编辑室. 现代汉语词典[M]. 7版. 北京:商务印书馆,2016:458.
⑤ 辜德宏,王家宏,尚志强. 我国政府竞技体育管理职能存在的问题及解决措施[J]. 西安体育学院学报,2017,34(1):27-33,81.

(1) 政府作用机制、市场作用机制及志愿服务机制的有机统一。政府作用机制是在整体层面对竞技体育发展作出的一种规划，它前瞻性地指明了其发展方向。然而由于它是一种预见性的规划，不一定符合市场现实的供求关系，而且由于它对市场中变化情况的反应滞后，容易造成政府作用的失效。市场作用机制是一种通过价格和竞争机制来引导发展运行的作用机制，它有助于合理配置体育资源，平衡体育供求关系，但由于它具有自发性、盲目性等特点，不能自动反映供求的长期变动趋势，不能自动实现当前利益和长远利益、局部利益和整体利益的有效结合。志愿服务机制是不同于前两者的社会作用机制，它主要通过志愿者的志愿服务来实现产品、服务的生产与供给，自愿性、无偿性、公益性是其典型特点。世界发展经验告诉我们，只有协调发挥3种作用机制的综合作用，才能获得更好的发展。奥运会的变革历程及我国广州亚运会、北京奥运会的发展经验也告诉我们，只有充分发挥市场作用机制、志愿服务机制，才能更好地应对大型和超大型体育竞赛的复杂要求。近些年，我国在大型赛事、城市马拉松、购买技能培训服务等竞赛或活动中广泛运用3种作用机制，并取得了较好的效果。在我国社会主义市场经济体制不断发展完善的背景下，只有正视政府、市场、社会各自在竞技体育发展中的作用与不足，寻求3种作用机制的有效结合，才能更好地实现它们作用的互补与合作共赢。

(2) 利益的博弈与均衡。在多元利益共存的发展背景下，竞技体育发展中的国家利益、社会利益、市场利益、个人利益等多元利益共存，不再存在某种利益的绝对化，而只存在利益的相对化，多元利益在博弈与均衡中达到一种动态的利益共生及相对平衡[①]。政府只有充分重视其他主体的合理利益诉求，并将不同主体利益的表达与博弈制度化，才能形成一种良性的发展互动与博弈均衡。事实上，改革开放以来，不同发展主体间的利益冲突与博弈频繁发生，尤其是我国开始推行职业体育改革之后，企业、俱乐部与政府主管部门之间的利益冲突增多，政府逐渐将利益的表达与博弈容纳在理性与合理的限度内，建立有效的利益表达渠道、利益博弈的基本规则，发展利益博弈的代表组织等，李娜的单飞、姚明进入NBA都是利益博弈与均衡的典型代表。随着市场作用机制的不断深入发展，单边的利益垄断或保护越来越不可行，不同主体间利益的博弈和相对均衡将成为今后发展的常态。

(3) 多元主体间的妥协与协商。在市场经济条件下，利益冲突是正常的。解

---

① 辜德宏，吴贻刚，陈军. 我国竞技体育内生式发展方式的概念、分类、内涵与特征探析[J]. 天津体育学院学报，2012，27（5）：382-385.

决这种冲突的方式不是牺牲一部分人的利益,而是协调和平衡有关的利益关系[1]。可见,在多元主体利益共存的格局中,只有各主体做到合理定位、理性博弈、有所取舍,它们之间的利益冲突才能得到有效解决。进一步来看,不同主体间利益的追逐与博弈实质也就是不同价值观之间的博弈。目前我国已经步入"多中心时代",价值观多元化是其典型特征[2],并且价值观本身并无好坏之分(当然这个成立的前提条件是价值观不以伤害他人及社会为目的)。拥有不同价值观的各利益主体应当在尊重彼此的价值观和利益诉求的基础上,平等地进行协商,并在一定程度上相互妥协,达到彼此间利益的均衡,这样才能实现各自利益的最大化。运动员与培养单位,培养单位与俱乐部、国家队,运动员与国家队、俱乐部等之间在成长和发展中可能会遇到各种各样的利益冲突或矛盾。若一味地冲突和对抗,则无益于解决问题。只有相互间有一定程度的退让和妥协,才能达成最后的一致。多年来我国竞技体育的发展实践也印证了这一说法。

五、成长模式的特点、贡献与不足

(一)成长模式的特点

(1)国家意志贯穿社会和市场力量成长的始终,国家战略、国家需要是社会和市场力量成长中需回应的先决条件。无论是中华人民共和国成立之初我国探索实行政府主导、社会辅助的竞技体育合作发展模式,还是改革开放之后我国大力推广政府、社会和市场力量举办竞技体育的多元主体发展模式,国家主导一直都是最主要的制度特征[3]。国家为保证在奥运会等国际大赛中取得优异成绩,通过行政作用机制配置竞技体育发展资源,中央政府利用纵向上的行政发包和横向上的晋升竞争来激励地方政府奋发有为[4]。由于国家掌握着社会发展的绝大部分资源,国家意志、国家战略、国家需要成为影响社会和市场力量发展机遇与走向的关键。此外,竞技体育是我国国家事业发展的重要组成部分,其发展的目标就应包括对社会主义建设的贡献与回应,即服务于国家建设、回应社会承诺、满足人民需求。社会和市场力量正是在获利的同时对这些进行贯彻、落实,即通过满足国家、社会、人民的发展需求,以获取发展的合法性、足够的发展空间、有利的发展资源。

---

[1] 孙立平. 博弈:断裂社会的利益冲突与和谐[M]. 北京:社会科学文献出版社,2006:66-69.
[2] 孙立平. 博弈:断裂社会的利益冲突与和谐[M]. 北京:社会科学文献出版社,2006:125.
[3] 辜德宏,田兵兵,郑广霞. 我国竞技体育发展中社会和市场力量的成长模式研究[J]. 天津体育学院学报,2022,37(2):188-195.
[4] 周黎安. 转型中的地方政府:官员激励与治理[M]. 上海:格致出版社,2008:191.

（2）获取发展资源或权限是社会和市场力量依附背后的核心诉求。在我国制度生态下，政府掌握着绝大部分竞技体育发展资源和权限，而且各级政府拥有资源分配的处置权，在竞技体育发展规划、资源配置、监督考核等方面拥有绝对的话语权。尤其在实行体育产业发展扶持金、政府购买服务等制度、措施以来，大量的政策优惠和财政资金抛向了社会、市场，争夺政策红利、发展资金、发展权限成为社会和市场力量发展自身的一条有利途径。它们想方设法跟政府部门搞好关系，甚至通过义务承担一些公益活动来换取发展机会和资源。各级政府也乐于见到有更多的社会和市场力量来分担一些发展任务，并开始挑选一些社会和市场力量进行资源分配，以调动更多的发展主体生产与供给竞技体育产品、服务，以更好地满足社会发展和人民群众日益增长的多元化、个性化、高品质化竞技体育需求。近年来，越来越多的社会和市场力量通过挂牌，承担输送、争光任务等方式，获取某些赛事的举办资格，某些土地、场地（馆）使用权限，政府购买服务资金等[①]。

（3）主动适应、积极改造是社会和市场力量打造其发展竞争力的关键。在市场经济条件下，优胜劣汰是决定发展成败的最终法则。社会和市场力量办竞技体育不同于政府，它们的民间性特点在很多国人的传统观念中始终是其劣势所在，人们对其的甄别存在一种先在怀疑或犹豫。因此，社会和市场力量只有具有明显的发展特点、优势，才能获得人们的信赖和青睐。同时，由于存在同行之间的竞争，以及参与者可能变动的选择性，社会和市场力量只有不断提升自身的发展实力、发展竞争力，才能始终获得人们的认可与选择。这就促使它们要勇于创新和改革、以提升发展质量、发展效益、发展影响力。改革开放以来，成长了一些社会和市场力量，但也消亡了一些，做得好的是那些勇于发展创新的企业，如久事体育、乐视体育、智美体育等。

（4）社会和市场力量的成长推动了政社关系的调整，单向性干预逐步发展为双向性博弈。随着改革开放进程的日益深化，我国社会和市场力量得到了不少政策红利、发展机遇，其发展规模和影响力已不可同日而语。同时，经过多年来与政府在利益上的博弈实践，社会和市场力量的博弈能力也有了很大提高，已逐渐成长为具有一定利益表达与博弈能力的力量。再者，经过多年的耕耘，社会和市场力量积累了一些资源，能够借助自身资源和能力生产、供给一些有利于社会民

---

① 辜德宏，田兵兵，郑广霞. 我国竞技体育发展中社会和市场力量的成长模式研究[J]. 天津体育学院学报，2022，37（2）：188-195.

生的竞技体育产品或服务，政府对此也形成了一定程度上的发展路径依赖，一些竞技体育产品、服务的生产与供给越来越需要依靠它们，再加上社会和市场力量的主人翁意识不断增强，它们逐渐重视争取自身在竞技体育发展中的话语权。政府单向干预竞技体育发展的局势不仅难以维系，而且有悖于社会发展实际。改革开放以来，政府逐渐适应并不断重视社会和市场力量的合理利益诉求，并在一定范围内与之达成协议，以协调、均衡竞技体育发展不同主体间的利益。竞技体育发展中，政府与社会和市场力量的关系也由政府单向性干预发展为双向间的博弈互动[①]。

（二）成长模式的贡献

（1）适应了国情和社会环境，让社会和市场力量得以顺利成长和发展，让竞技体育发展增加了补充力量。社会和市场力量让竞技体育的发展模式、产品、服务对象等更为多元，更好地适应了发展环境、条件的变化，更好地调谐了国家与社会的关系，更好地解决了国家利益、集体利益、个人利益间的矛盾，更好地挖掘了竞技体育的多元功能与价值。计划经济时代，政府主抓精英竞技，社会主抓大众竞技，以学校、单位为主的社会和市场力量帮助国家在基层推动竞技体育发展，建构广泛的基层发展单元，为精英竞技的发展奠定了后备人才基础。后来，国家为进一步发挥社会和市场力量在竞技体育发展中的独特作用，同时也为了给政府减包袱，开始了一系列项目的社会化、市场化改革，行业体协、企业、学校等社会和市场力量被动员起来。再后来，伴随社会主义市场经济体制的发展完善，社会性俱乐部、家庭、职业俱乐部等及时把握国家发展方针政策的变化、人民需求的变化、市场的潜力与价值，积极进行发展创新，生产与供给了智慧场馆、私教、商业性体育赛事等更为多元、更具个性化和先进性的竞技体育产品、服务，激发了我国竞技体育发展的活力。

（2）改造了竞技体育发展格局，由"强政府、弱社会"的发展格局走向了"强政府、大社会"的发展格局。长期以来，受政治制度和经济发展的影响，我国各发展领域都表现为一种"强政府、弱社会"的发展格局，在我国体育事业发展中，竞技体育领域尤为明显。这也相应地导致了发展成本高、发展代价大、发展效益单一等问题，理论界和实践界也对此争议不断。尤其在国外有社会和市场力量作为竞技体育发展主导力量并取得成功的现实蓝本，这就更让我们不得不正视社

[①] 辜德宏，田兵兵，郑广霞. 我国竞技体育发展中社会和市场力量的成长模式研究[J]. 天津体育学院学报，2022，37（2）：188-195.

和市场力量的作用及其参与竞技体育发展的重要性。为此，改革开放以来，国家在各领域积极调整自身与社会之间的关系，竞技体育的社会化和市场化改革也稳步推进，先后产生了学校、俱乐部办高水平竞技体育等多元化发展模式。越来越多的社会和市场力量创造了更多的基层竞技体育发展单元，跟不同基层的人民打交道，倾听人民最真实的声音，帮助政府解决竞技体育服务均等化、个性化、差异化等发展问题和难题。社会和市场力量发展的网络越来越大，形成的社会节点越来越多，我国竞技体育可持续发展的整体链条越来越强大，社会和市场力量与政府间的作用、关系发生变化[①]。

（3）发展社会、市场的自组织能力，提升社会和市场力量的自我组织、建设、发展能力。在我国管理体制和传统文化等的影响下，体制内力量与体制外力量存在发展机会、条件、要求等多方面的差异。社会和市场力量作为体制外的发展力量，或明或暗地面临一些排斥或抵触，尤其在与体制内力量进行竞争的时候，更是难以顺利获取相关发展资源。因此，社会和市场力量在参与竞技体育发展过程中，很多时候是动用自身的人脉、关系去拓展相关资源。这也促使它们需要不断优化与提升自身在规划设计、组织管理、运营销售等方面的发展能力，以保证自身在生产与供给竞技体育产品、服务的同时也能获得一定的收益。与此同时，由于我国市场经济的发展环境还不够成熟，整体来看，社会和市场力量在我国竞技体育发展中的地位、作用还相对薄弱。为此，政府采用了体育产业发展扶持金、政府购买服务等措施以帮助它们成长、发展。但社会和市场力量要获得这些政策、资金红利，需要经过严格的筛查与竞争，这也促使它们不断提升自身的组织、建设与发展能力，以形成自组织发展能力，打造发展特色和核心竞争力。

（4）多元主体参与发展，激发了我国竞技体育的发展活力，推进了我国竞技体育治理体系和治理能力的现代化建设。我国竞技体育虽然短时间内实现了跨越式发展[②]，但政府作为唯一发展主体，在一定程度上干预了竞技体育发展的自然逻辑，长期依靠要素投入与粗放型的发展方式也抑制了我国竞技体育的可持续发展，体育系统与教育系统绝缘，竞技体育与大众绝缘，体制内力量与体制外力量相互排斥，竞技体育发展的主体相对单一、服务对象相对固定，服务内容主要集中在竞技争光层面，竞技体育发展的管理模式相对固化、发展活力相对薄弱，治理成

[①] 韦德宏，田兵兵，郑广霞. 我国竞技体育发展中社会和市场力量的成长模式研究[J]. 天津体育学院学报，2022，37（2）：188-195.

[②] 陈洪，鲁金秋，马瑛，等. 新时代我国竞技体育网络化治理的结构转变[J]. 西安体育学院学报，2021，38（5）：549-555.

第三章　我国竞技体育发展中社会和市场力量成长的历史审视

本和代价高昂。改革开放以来，国家持续推进竞技体育的社会化、市场化改革，多种社会和市场力量积极参与竞技体育发展，逐步形成了多元化的发展模式。发展主体的多元化、竞技体育产品生产与供给的多元化，助力了我国竞技体育多元化作用与功能的发挥，竞技体育发展的服务对象从精英群体转向了精英与大众的集合，竞技体育发展的服务内容也从单一的竞技争光转向了竞技争光、竞技参与、竞技表演等的协调发展。同时，家庭、学校、俱乐部等社会和市场力量参与我国竞技体育发展的实践中，存在或多或少的利益冲突与博弈，在彼此间的冲突与博弈中，形成了一些合理的利益表达、博弈、调谐机制，帮助社会和市场力量更好地实现在竞技体育发展中的自治与共治。在新时代背景下，我国社会主要矛盾发生变化，国家也在大力推进各领域治理体系与治理能力现代化建设，社会和市场力量参与竞技体育发展的利益表达权、决策知情权、重大事项咨询权、投票权等日益受到重视，竞技体育的发展活力进一步释放，治理体系和治理能力现代化建设稳步推进。

（三）成长模式的不足

（1）社会和市场力量的成长空间与方式受政府管理模式的影响。一直以来，在我国制度生态下，竞技体育发展采取的都是"奥运争光"的发展战略与举国体制的资源配置方式，政府拥有竞技体育发展的优质资源及最终决定权。为了保证《奥运争光计划》的顺利实施，政府主管部门习惯用自己更熟悉、更有把握的方式来组织竞技体育的发展运行，体育局、体校、体工队成为我国竞技体育发展的主阵地，竞技体育发展的绝大部分资源被配置于此，社会和市场力量的作用领域也因此游离在竞技体育发展的外围，主要在非奥项目、奥运非重点项目等领域参与发展。同时，由于自身掌握的资源有限，专业化能力与体育系统力量有所差距，再加上管理体制的限制，社会和市场力量为了获取更多更好的发展资源，不得不采取依附的发展策略，这也使它们在一定程度上缺乏发展的自主性，影响了它们的发展空间与方式。另外，社会和市场力量在运动员参赛资格管理、运动竞赛的裁判组织与安排、后备人才培养输送等环节还存在一些盲点，这也限制了它们的成长与发展。

（2）市场环境影响社会和市场力量对竞技体育本体产业与非本体产业的关注度。相对于英国、美国等国，我国缺乏支撑体育产业发展的文化基因，也缺乏支撑体育产业发展的经济实力。从整体来看，国人的体育消费意愿不够强，人均消费力相对薄弱，尤其是在改革开放初期，这些问题更为明显。再加上国家对竞技体育领域的干预、管控相对较多，我国目前大多数竞技体育项目的商业化程度并不高，项目商业化发展的附加值不高，依靠本体的训练、竞赛产业所开发的价值有限。为此，社会和市场力量不得不将发展侧重点转向一些非本体性产业以转嫁风险，弥补自身收益不足。例如，足球俱乐部与地方政府利益交换，企业办俱乐部以换取政府对土地的划拨等。久而久之它们更关注的是办训后面的隐形利益，对办竞技体育本体产业缺少足够的关注度。此外，目前一些社会和市场力量瞄向了国家的政策红利，通过造假、夸大等方式去套取政府政策、资金红利，而对于本体性的后备人才培养、赛事供给等敷衍了事或未尽其职，遇到问题再去要资源，这成为一种新型"等靠要"现象。

（3）注重短期效益，缺乏对长期效益的重视，自我造血功能缺乏或不强。社会和市场力量作为追求经济效益和社会回报的主体，其最大的关注点就是投入、产出比，投资的风险、产出的效益、获得回报的时间和预期等是它们考量的关键，而且因其资源的有限性、运营成本支付的即时性、市场风险的不确定性等，它们发展的意愿往往具有显著的私益性、短期性特点。竞技体育是以高水平赛事为核心产品供给的，高水平运动员、高超和优美的竞技能力才是保证体育赛事服务业可持续发展的关键。竞技体育也具有前期投入大、收益周期长等特点。一般情况下，很多运动项目运动员要达到较高的竞技水平需要近10年的训练时间。因此，社会和市场力量在参与运动队建设过程中大多习惯引进成品的高水平运动员，而不愿意投入太多资金和时间去培育后备人才梯队。受制于发展的现实需求，它们往往更关注和追求"短平快"的短期投入和回报，而对飘忽不定的长期投入与收益则多是选择战略性忽视，这也相应造成它们的发展后劲不足，自我造血功能缺乏或不强。

（4）发展规模、资源等的局限，导致组织、管理与创新能力参差不齐。社会和市场力量参与竞技体育发展是改革开放后才逐渐发展起来的，由于发展时限尚短，它们中大多数所积累的发展资源相对有限，发展规模和质量也良莠不齐，我国一些知名的体育俱乐部、体育企业与国际体育大鳄也存在较大差距。同时，由于我国竞技体育发展的绝大多数专业性资源积聚在政府部门、体育系统，加之缺乏足够的专业化人才队伍，社会和市场力量的专业化程度、水平也受到一定影响。另外，由于我国经济发展的非均衡性特点明显，不同区域经济发展水平、文化传统存在较大差异，东部、西部、中部、南部、北部，城市、城郊、农村，发达地区、欠发达地区等存在发展资源、发展条件、发展基础的不同，社会和市场力量也由此面临不同的发展现实。相对来说，发达地区、城市中的社会和市场力量拥有更为先进的竞技体育发展资源、组织管理经验、创新发展能力。由于整体力量的羸弱与参差不齐，在一定程度上影响了它们参与竞技体育产品生产与供给的效力[1]。

---

[1] 辜德宏，田兵兵，郑广霞. 我国竞技体育发展中社会和市场力量的成长模式研究[J]. 天津体育学院学报，2022，37（2）：188-195.

第四章

部分西方国家竞技体育发展中社会和市场力量成长的历史审视

当前我国正处在深化推进竞技体育社会化、市场化改革的关键时期，以政社关系和作用变化为切入点，探讨部分西方国家竞技体育发展中社会和市场力量的成长经验，对我国竞技体育的社会化、市场化改革具有一定的参考和启示作用。鉴于非政府主体总是在与政府作用、关系的调适中寻求发展空间，本研究从政府与社会、市场之间关系和作用变化的角度进行梳理。同时，本研究中的社会和市场力量指政府之外的所有主体，但并不是比较家庭、学校、俱乐部等不同主体在竞技体育中的作用和关系，而是从整体上讨论非政府主体与政府的作用、关系。

第一节 美国竞技体育发展中社会和市场力量成长的历史审视

美国竞技体育是典型的社会主导型发展模式，由于充分激活了社会和市场力量的积极作用，其竞技体育发展动力旺盛，并长期保持世界领先。厘清美国竞技体育发展中社会和市场力量的成长轨迹与特点、成长路径与模式，对促进我国竞技体育发展中社会和市场力量的成长，突破我国竞技体育"效率不高""认识偏差""结构偏态""功能不全"等发展困境，构建与社会主义市场经济体制相适应、符合现代竞技体育发展规律、举国体制与市场机制相结合的竞技体育发展新模式具有重要意义。

一、美国竞技体育发展中社会和市场力量的成长轨迹

（一）社会自组织参与和政府较少干预的探索发展阶段（1776—1946年）

美国独立之初，基督教青年会体育部是体育运动开展和校园体育竞赛举办的

主要组织者。社区也纷纷建设了运动场馆，并自主组建了社区体育代表队。19世纪末至20世纪上半叶，受杜威等实用主义体育思想影响，竞技体育服务于青少年成长、服务于教育发展的理念深入美国教育理念，学校竞技体育迅速发展，逐渐构筑了"小学—中学—大学"一条龙后备人才培养体系[①]。美国政府实行不干预政策，大学竞技体育生发了一些暴力、赌博、拜金主义等非道德问题。为此，1905年成立了美国校际体育协会（Intercollegiate Athletic Association of the United States，IAAUS）（NCAA的前身）。1917—1939年，校外社会团体、公司企业等社会和市场力量也开始参与青少年运动员培养[②]。第二次世界大战之前，美国竞技体育基本形成了以学校竞技体育为核心，由政府提供法规引导、环境营造服务的自组织发展体系。同时，得益于南北战争后的国家统一、国力强盛及工业化和城市化进程的进一步加快，美国职业体育也迅速发展。以学校为主的社会力量和以企业为主的市场力量在自我发展与运行中逐渐成长壮大。

1. 国家对竞技体育的发展定位

美国经历独立战争、南北战争后，人民生活节奏、秩序逐步稳定下来，同时美国抓住了两次工业革命的发展机遇，把人们从辛苦劳作中解放了出来。由此，美国将竞技体育作为统合社会秩序，引领民众健康生活，强健、愉悦大众身心的手段而大力推广，并以校园为主要窗口向社会不同群体和组织进行展示与推广。例如，当时以常青藤联盟高校为代表的学校，每年都会举办不同的竞技体育赛事活动；举家以校园体育明星为偶像，代际传承母校体育情结，观看孩子在校园赛事中顽强拼搏、勇于追求体育梦想成为当时美国社会的真实写照。美国还将学校竞技体育视为一种有利于青少年成长的教育方式，以此来促进青少年的全面发展。同时，美国还将学校作为培养和输送精英竞技人才的重要基地。

2. 竞技体育的管理体制和机制

美国政府干预较少，主要为竞技体育提供稳定的发展环境及必要的制度性支持，竞技体育发展整体表现为自愿、自发和非官方化的发展特征。例如，大学竞技体育发展初期，地方政府仅为学校竞技体育提供场地支持。随着大学竞技体育

---

① 彭国强，舒盛芳，经训成. 回顾与思考：美国竞技体育成长因素及其特征[J]. 沈阳体育学院学报，2017，36（5）：28-36.

② 浦义俊，吴贻刚. 美国竞技体育发展方式的历史演进及动因研究——兼谈对我国竞技体育发展方式转型的启示[J]. 南京体育学院学报：社会科学版，2016，30（6）：98-106.

第四章　部分西方国家竞技体育发展中社会和市场力量成长的历史审视

教育价值的挖掘和影响力的显现，1880年以后，学校开始为棒球、橄榄球、篮球等项目的运动员提供食宿补贴及勤工俭学的机会，并为成绩特别优异的运动员提供赛训津贴与奖学金。同时，学校竞技体育也得到了一定的商业开发。1903年，耶鲁大学仅靠橄榄球的商业化运作就获得了约10万美元的经济收入[①]。

3. 社会和市场力量的作用

基督教青年会体育部、学校、营利性俱乐部、公司企业等社会和市场力量在竞技体育发展的过程中都发挥了重要作用。其中，大学的作用最为突出。19世纪20—80年代，大学竞技体育逐渐发展起来，此时主要是大学为其发展提供单向度的资金、场地等支持；19世纪80年代后期至20世纪早期，大学竞技体育反之为学校带来了名誉、生源和社会捐助等各方面资源，大学和大学竞技体育之间实现了资源的双向流动和发展的相互促进[②]。

学校在办赛方面作出了突出贡献，美国现今比较热门的竞技体育赛事基本都发源于高校。例如，1852年8月3日，赛艇比赛发源于哈佛大学和耶鲁大学；1869年11月6日，橄榄球比赛发源于罗格斯大学和普林斯顿大学等。社会和市场力量在青少年运动员培养方面发挥了重要作用。1917—1939年，校外营利性俱乐部、公司企业等社会机构纷纷参与青少年运动员培养[③]，推进了校内外互为补充的多元化竞技体育后备人才培养格局的形成。

（二）社会自组织失范与政府加大干预的曲折发展阶段（1947—1991年）

第二次世界大战后，美国国家发展中的社会问题在竞技体育场域内显现，竞技体育发展中出现种族歧视、管理混乱等现象。NCAA、业余体育联盟（Amateur Athletic Union，AAU）、美国奥委会三者在管理归属、合法性地位、运动员产权归属等方面矛盾尖锐，NCAA甚至在1972年宣布退出美国奥委会[④]。同时，竞技体育发展的政治较量意涵加剧，以苏联为首的社会主义国家竞技体育实力强势崛起，对以美国为首的资本主义国家的制度优越性地位构成了威胁。由此，美国政

---

① 李丹阳. NCAA发展与治理研究[D]. 北京：北京体育大学，2010：20.
② 李丹阳. NCAA发展与治理研究[D]. 北京：北京体育大学，2010：17.
③ 浦义俊，吴贻刚. 美国竞技体育发展方式的历史演进及动因研究：兼谈对我国竞技体育发展方式转型的启示[J]. 南京体育学院学报：社会科学版，2016，30（6）：98-106.
④ CHUDACOFF H P. AAU v. NCAA: the bitter feud that altered the structure of American amateur sports[J]. Journal of sport history, 2021, 48(1): 50-65.

府加大了对社会和市场力量的干预力度，如颁布了相关法规制度，以规范竞技体育的发展。1964 年，美国国会颁布《民权法案》以解决竞技体育领域的种族、性别歧视问题[1]。1973 年，美国政府颁布《康复法案》以保障残疾人享有平等参与体育的机会[2]。1978 年，美国国会颁布《业余体育法》以解决管理混乱的问题[3]。20 世纪中期，美国通过采用"非法定劳工豁免""法定劳工豁免"等制度支持职业体育发展[4]。各类法规制度推进了竞技体育的规范化、法治化发展，社会和市场力量逐渐摆脱"失范"状态，走向规范和有序发展。

1. 国家对竞技体育的发展定位

第二次世界大战后，以美国为首的西方资本主义阵营与以苏联为首的社会主义阵营展开了前所未有的、全方位的对峙和竞争。由此美国赋予竞技体育为争取"战斗"胜利、为政治竞争服务的历史使命。"冷战"期间，美国财政部平均对每届奥运会投入的资金都超过 1 亿美元。在 1980 年抵制莫斯科奥运会后，美国奥委会一次性获得用于提升奥运成绩的 1000 万美元财政拨款，并于次年实施了"金牌行动计划"[5]；1988 年，美国奥运代表团兵败汉城（今首尔）后，美国政府不仅扩大了原有"金牌行动计划"的资助范围，还扩建和增建了奥林匹克训练中心[6]。同时，美国依然非常重视竞技体育的教育功能。NCAA 每年都会举办各种形式的活动来吸引普通学生参与竞技体育，以此促进青少年学习、社交、运动的全面发展[7]。

2. 竞技体育的管理体制和机制

为服务于与苏联等国家的政治竞争及纠正社会和市场力量发展竞技体育的异化问题，美国政府通过法规条例、资金支持等调控手段对竞技体育发展进行干预。例如，为解决业余竞技体育内部的利益纠纷问题，厘清产权关系及规制异化发展，

---

[1] CHUDACOFF H P. AAU v. NCAA: The bitter feud that altered the structure of American amateur sports[J]. Journal of sport history, 2021, 48(1): 50-65.

[2] LIPKIN P H, OKAMOTO J, NORWOOD K W, et al. The Individuals with Disabilities Education Act (IDEA) for children with special educational needs[J]. Pediatrics, 2015, 136(6): 1650-1662.

[3] BOREN S, WINNER L. Going for gold and protecting it too: Intellectual property and the Olympic Games[J]. Entertainment, arts and sports law journal, 2021, 32(2): 30-38.

[4] CHAMPION W, CLARETT V. NFL and the reincarnation of the nonstatutory labor exemption in professional sports[J]. S.Tex.L.Rev, 2005, 47: 587.

[5] 舒盛芳. 大国竞技体育崛起及其战略价值研究[M]. 上海：上海人民出版社，2015：206.

[6] 舒盛芳. 大国竞技体育崛起及其战略价值研究[M]. 上海：上海人民出版社，2015：207.

[7] 李丹阳. NCAA 发展与治理研究[D]. 北京：北京体育大学，2010：100.

美国颁布了《业余体育法》《国家劳工关系法》等多部政策法规条例。据统计，至20世纪80年代初，美国国会审议的涵盖业余竞技体育与职业体育领域的法案多达300多项[①]。

3. 社会和市场力量的作用

竞技体育为国争光的政治功能凸显，社会和市场力量为竞技体育发展提供资金支持，并积极培养精英竞技人才。

（1）美国奥委会大幅提高了奥运预算，对"金牌行动计划"投资额大大增加，同时还通过社会网络宣传与政策引导，动员财力雄厚的企事业单位为奥运备战捐款献物。2004年雅典奥运会以来，美国奥委会针对游泳、田径、冰雪、体操等获得奖牌较多的代表队提供了总计约2.48亿美元的资金支持[②]。

（2）为促进青少年的全面发展及培养更优质的运动人才，NCAA规定大学生运动员期末考试成绩若不及格，就将被停训、停赛，失去代表学校参加全国比赛和获得奖学金的机会[③]。高校为美国奥运代表团源源不断地输送精英竞技人才。NCAA中Pac-12联盟在2021东京奥运会之前的奥运会中为美国培养了1279名运动员，总计获得1247枚奖牌[④]。

（三）社会自组织高度专业化与政府宏观调控的飞速发展阶段（1992年至今）

伴随苏联解体、东欧剧变，镌刻有明显政治意涵的美苏竞技体育争霸局面也随之消失。依托高度发达的市场经济及政府提供的宏观制度环境，美国社会和市场力量获得了飞速发展。

（1）社会力量方面，大学竞技体育既有效遏制了过度商业化导致的发展异化，也更加坚定、确立了"体教融合"培养学生运动员的目标。NCAA拥有约1100所会员学校[④]。美国获得的奥运金牌大部分由大学生运动员获得。

（2）市场力量方面，以NFL（National Football League，美国国家橄榄球联盟）、MLB（Major League Baseball，美国职业棒球大联盟）、NBA、NHL（National Hockey

---

① 浦义俊，吴贻刚. 美国竞技体育发展方式的历史演进及动因研究——兼谈对我国竞技体育发展方式转型的启示[J]. 南京体育学院学报（社会科学版），2016，30（6）：98-106.
② 罗震. 花钱越多奖牌越多？全面解读美国奥委会对各体育项目的资金投入[EB/OL].（2016-08-08）[2024-04-12]. http://www.lanxiongsports.com/posts/view/id/2956.html.
③ 杜放. 美国大学竞技体育文化特征研究[J]. 体育文化导刊，2018（9）：95-99.
④ NCAA. History[EB/OL].（2021-02-16）[2024-04-12]. https://www.ncaa.org/sports/2021/2/16/overview.aspx.

League，国家冰球联盟）为代表的职业体育，培养了数以万计的世界顶级运动员（队），并且其选材、训练、竞赛、康复、赛事推广等体系高度专业化运转，产业效应显著[1]。在纾解内忧外患的发展困境后，美国社会和市场力量参与竞技体育发展的目标更加契合国家、社会、民众发展的内在需求与权益，逐渐实现了通过提升自身专业化发展水平以提高发展效益的历史转向，政府则主要在场馆修建、税收政策等宏观调控方面提供帮扶。

1. 国家对竞技体育的发展定位

伴随苏联的解体及美国竞技体育法制化、制度化积极效应的显现，美国不断拓展竞技体育市场，使之为经济社会发展服务，并积极促进其竞技水平的提升。

（1）美国将竞技体育相关产业视为国家经济发展的重要组成部分。每年的体育产业总产值可占GDP的3%~7%，比汽车产业产值多出1倍，比电影产业多出6倍[2]，已成为美国新的经济增长点和经济发展新动能。

（2）由于美国"世界霸主"的角色定位，以及竞技体育一直被赋予"没有硝烟的战争"等意涵，竞技体育服务政治竞争的需求依然保留且时有强化。每到奥运会等世界大赛来临之际，美国依然会通过资金、政策引导来助力美国代表队在赛场上夺取奖牌，彰显其霸主地位。

2. 竞技体育的管理体制和机制

对于美国社会和市场力量主导竞技体育发展，政府主要通过制度性手段来宏观调控其发展方向，并为其稳定、有序发展提供政策引导和公共服务。例如，美国奥委会在拜登政府"外交抵制"北京冬季奥运会的背景下，依然派运动员参加了北京冬季奥运会。再如，为规制职业体育发展中的不当垄断行为，美国于1961年颁布了《体育反托拉斯转播法案》[3]。总统委员会还会定期发布有助于体育立法及决策的科研报告。例如，1977年《总统委员会对奥林匹克竞技体育的最终报告》的发布，为《业余体育法》的制定提供了运动员权利、世界级运动员发展等重要

---

[1] 彭国强，舒盛芳，经训成. 回顾与思考：美国竞技体育成长因素及其特征[J]. 沈阳体育学院学报，2017，36（5）：28-36.

[2] 杨华. 杨华：体育产业将助中国GDP超美国[EB/OL]. （2014-09-07）[2024-04-12]. https://sports.sina.com.cn/zl/other/blog/2014-09-07/0952/3871668296/e6c4f8480102v32a.shtml.

[3] WOLOHAN J T. Sports broadcasting rights in the United States[J]. The international sports law journal, 2007 (3/4): 52-60.

参考信息[①]。

3. 社会和市场力量的作用

以美国业余竞技体育组织为代表的社会力量为竞技体育发展奠定了后备人才基础；以职业体育俱乐部、职业体育联盟为代表的市场力量为竞技体育发展提供了源源不断的资金支持，为运动员提供了广阔的就业前景、锻炼平台与发展空间。

（1）学校专业性的选材、育才及竞赛体系为美国竞技体育的可持续发展奠定了坚实基础。例如，代表美国参加 2016 年里约奥运会的 555 名运动员中，有 74%是在校大学生。针对优势竞技体育项目，美国奥委会还设置特训营，以促进短时间内竞技成绩的提高。例如，游泳项目设有奥运运动员训练营、后备人才选拔训练营及普及提高训练营等，并根据社会和市场力量参与培养层次、对象、任务的不同，提供针对性服务[②]。

（2）职业体育俱乐部、职业体育联盟的市场价值及高水平赛事开发为美国竞技体育发展提供了核心竞争力。一方面，职业体育为运动员提供了就业空间与职业前景，为优秀运动员提升竞技实力、实现竞技抱负构筑了平台，为竞赛表演产品的生产建构了"车间""厂房"。另一方面，以高水平职业联赛和商业性体育赛事为核心的体育产业不仅给人们带来了美的享受，愉悦了人们的身心，也为国家贡献了巨大税收，为大众提供了众多工作岗位，有力地促进了美国的经济增长和社会的长治久安。此外，职业体育俱乐部、职业体育联盟也为美国奥运代表团输送了人才，履行了一些社会公益义务。例如，近年来美国征战奥运会的男篮运动员基本来自 NBA；2020 年 NBA 全明星赛正赛为慈善机构募捐了 90 万美元[③]。

二、美国竞技体育发展中社会和市场力量的成长特点

（一）满足多元主体需求以拓宽成长通道

社会和市场力量参与竞技体育发展的区域广、领域多，可以为多元主体提供更个性化、多层次、多元化的竞技产品与服务[④]。美国社会和市场力量正是以此来

[①] 辜德宏，田兵兵，扈春荣. 美国竞技体育发展中社会和市场力量的成长历程及其经验启示[J]. 沈阳体育学院学报，2023，42（1）：101-107.
[②] 蔡合玉，张明飞. 中、美游泳后备人才培养模式的比较研究[J]. 体育科学研究，2012，16（1）：38-41.
[③] TIM REYNOLDS. Last shot wins: team LeBron wins All-Star Game157-155[EB/OL]. (2020-02-17)[2024-04-12]. https://www.nba.com/game/lbn-vs-gns-0031900001.
[④] 辜德宏，符丁友，曹国强. 新时代我国竞技体育发展中社会和市场力量的培育路径研究[J]. 武汉体育学院学报，2021，55（3）：20-27，35.

积淀自身的发展空间和优势的。

（1）社会和市场力量充分重视民众的多元化需求，分层分类生产与供给多元竞技产品与服务。例如，通过校园赛事分级、俱乐部的普及与提高一体、职业联赛等，满足广大运动爱好者竞技观赏、具身体验、体育社交等多元化需求；通过制定奢侈税制度、选秀制度、工资帽制度等规则条款，满足运动员展示精湛技能、实现人生价值的需求。

（2）美国运动员在奥运会等国际大赛上争夺荣誉，增进了广大民众的民族自信心、国家归属感和认同感，缓解了社会发展中的贫富差距、城乡差异、种族歧视等矛盾，充当了社会矛盾的减压阀。

（3）社会和市场力量通过对竞技体育的商业化运作，为国民经济增长作出了突出贡献。2019年，美国体育产业产值占据了其GDP的2.85%，且高度发达的职业体育为民众提供了大量就业岗位[①]。

（4）社会和市场力量回应了不同时期国家的政治需求，满足了国家希冀竞技体育发展服务于青少年成长、政治竞争、经济建设的需求。

（二）政府依法善治以营造有序发展环境

发展竞技体育需要有相对稳定的场馆，先进的器材、设备等，而其建造、购置、维护的费用极其昂贵，这也是影响社会和市场力量参与的重要资源限制。基于此，美国政府通过资金赞助、政策法规等手段进行帮扶，助力它们破解发展中的资源困境[②]。

（1）政府采用直接或间接资助的方式帮助它们降低发展成本。例如，政府采用税收支持、现金补贴、免税市政债券、租税增额融资的方式鼓励社会资本参与场馆建设。

（2）政府允许学校等社会力量用市场化手段来解决发展中的资源困境问题，通过政策法规为它们降低成本。例如，NCAA主要运用门票销售、电视转播、纪念品销售等市场化机制运作校园赛事；为给予其更大的商业化运作空间，《税法》中对NCAA的教练员、运动联盟及管理人员的薪酬给予税费减免[③]。

---

① 王玮，丁博汉，张亚军，等. 申论丨体育产业规模和地位有待提升，上海该如何发力[EB/OL].（2021-11-03）[2024-04-12]. https://m.thepaper.cn/newsDetail_forward_15110696?share_token=65900914-c8b7-4e3a-a819-9c7d4278e581.
② 彭国强，舒盛芳，经训成. 回顾与思考：美国竞技体育成长因素及其特征[J]. 沈阳体育学院学报，2017，36（5）：28-36.
③ 李丹阳. NCAA发展与治理研究[D]. 北京：北京体育大学，2010：52.

(三) 社会自治性发展中政府的适度调控

美国社会和市场力量主要是自组织发展，政府基本处于"边缘人"的位置，但政府也不是零作为，而是会在其自组织发展出现"异化"时进行适度的调控，即当出现过度商业化、贪污腐败、管理混乱、暴力冲突等发展弊病时，政府会及时"进场"，利用政治人物的影响力、法规制度体系等措施进行调控。例如，美国国会先后颁布了《业余体育法》《谢尔曼反托拉斯法》《税法》等多部法律制度来规制、协调竞技体育管理体系、运营体系、种族歧视等多方面问题[①]。同时，社会和市场力量也积极回应国家适度调控的目标与要求，为持续获得政府的认可与支持打下了基础。例如，社会和市场力量以国家赋予的"增强青少年体质、丰富人们业余生活"定位为价值取向，普及竞技运动、提供优质竞技赛事，满足了青少年和普通民众的体质健康发展与休闲娱乐需求；以国家赋予的"为政治竞争服务，展示国家实力"定位为价值取向，致力于培养、输送优秀竞技体育人才，增强美国在国际交往中的话语权。

(四) 充分利用市场机制提升自我造血功能

美国社会和市场力量将市场机制充分应用到了竞技体育发展领域，并逐渐使其成为自身发展过程中的核心机制。美国社会和市场力量以广大民众的竞技体育需求为着力点，通过市场化运营，产出了量大质优的竞技体育产品与服务，满足了广大民众的多元化需求，同时也为自身发展注入了源源不断的资金、人力和物力资源。例如，19世纪80年代末，美国大学就开始利用市场机制对竞技体育进行商业化运作，从而募集发展资金。美国职业体育联盟通过"委托-代理"等制度实现职业体育联盟所有权与经营权的分离，按照法人治理模式运作竞技体育[②]。政府则通过《谢尔曼反托拉斯法》《税法》《版权法》《国家劳工关系法》《体育转播法》等制度法规来为它们营造与提供良好的市场竞争环境和条件。

三、美国竞技体育发展中社会和市场力量的成长路径

(一) 服务于社会休闲娱乐的成长路径

1. 形成的历史缘由

得益于南北战争后的国家统一及两次工业革命、科技革命后工业化和城市化

---

① 彭国强，舒盛芳，经细成. 回顾与思考：美国竞技体育成长因素及其特征[J]. 沈阳体育学院学报，2017，36 (5)：28-36.

② NOLL R G. The organization of sports leagues[J]. Oxford review of economic policy, 2003, 19(4): 530-551.

进程的加快，美国社会结构发生巨大变化，城市人口飙升，农业社会向现代城市社会转变。至 19 世纪末，城市人口占比达 50%，初步形成了以城市为中心的经济体系。1882—1887 年，美国爆发了以 8 小时工作制、劳动立法为诉求，共计 5237 次的罢工事件，事件发生后，工人们的劳动时间大大减少、工资水平有了大幅提高。在物质生活水平提高和余暇时间增多的情况下，人们更加关注自身的生活质量，而竞技体育作为代表热血、对抗、英雄的游戏项目，不仅符合美国人的英雄主义情结，还能够消解工作压力和丰富业余生活。由此可见，社会发展中产生了旺盛的竞技参与、观赏等休闲娱乐需求。例如，1862 年 4 万多观众观看了棒球比赛；1885 年以赛马、拳击、赛艇等为核心项目的景观体育在美国流行开来[1]。

2. 发展的目标定位

大工业生产模式致使工人娱乐方式单一、社会贫富差距及矛盾冲突加大。由此，美国政府希冀用体育解决或缓和上述矛盾。1932—1937 年，美国政府修建和改造了约 8500 个体育馆、750 个游泳馆和 1000 个室内溜冰场，以支持体育运动发展，满足工人的休闲娱乐需求[2]。进入现代，人们的休闲娱乐诉求更为狂热。美国体育健康产业协会报告显示，2020 年美国有 2.297 亿人参与体育运动，参与率达 75.6%。由此，高校、协会、俱乐部和职业体育联盟等社会和市场力量在满足大众日益高涨的休闲娱乐需求的过程中，不断进行自我管理革新、技术创新以革除弊病，使自身逐渐发展壮大，通过专业化的组织机构、人员、设备、技术等更好地提供竞技体育产品与服务。

3. 发展的基础条件

（1）在观念意识上，工业革命以前，美国社会仍然以殖民地时期的"为上帝而工作是光荣的，进行休闲体育活动要受到谴责"为信念。教堂也谴责体育等所有休闲活动为"进入所有罪恶之门"。但随着社会的发展，尤其是工业革命后，教堂的领导者意识到宗教不能再任意谴责所有的休闲活动，提出了"神圣的娱乐和休闲"作为没有私欲的游戏的一种选择[3]。

---

[1] 浦义俊，吴贻刚. 镜鉴与反思：美国竞技体育发展中的政府治理及其困境[J]. 山东体育学院学报，2016，32（4）：8-15.

[2] FIELD E M. National parks and rural development[M]. Washington: Island Press, 2000: 135-140.

[3] MCLEAN D D, HURD A R, ROGERS N B. Kraus' recreation and leisure in modern society[M]. Sudbury, MA: Jones and Bartlett Publishers, 2005: 68.

第四章 部分西方国家竞技体育发展中社会和市场力量成长的历史审视

（2）在物质基础上，独立之后，美国经济迅速发展。1815年，美国获得英美战争的胜利，其工业制度得到大多数资本主义国家的支持。南北战争后，美国废除了奴隶制度，为社会经济发展提供了大量劳动力。工业革命开始后，美国又陆续开展了动力革命、纺织技术革命、钢铁工业革命和交通运输革命，至19世纪50年代工业革命完成，美国成为世界第四大工业强国。第二次工业革命后，美国科技、文化、艺术、教育快速发展，1894年经济实力超过英国，成为世界第一大经济强国。

（3）在组织保障上，19世纪初，社会上层开始建立有组织的体育协会，并于1820年前后建立了美国第一个竞技运动组织——双人马俱乐部[1]。1845年，纽约人棒球俱乐部成立；1858年，全国棒球运动协会成立并开始组织全国比赛。[2] 1869年，美国第一个职业俱乐部（辛辛那提红袜俱乐部）成立；1876年，全国棒球职业联盟成立；随后射箭、足球、保龄球、击剑等多个职业组织相继成立，到1890年全国已有百余个职业棒球俱乐部。[3]

4. 发展的技术手段

（1）以保护性的政策法规为发展依托。为促使社会和市场力量提供更高质量的竞技体育产品或服务，满足公众的休闲娱乐需求，美国颁布了多部政策、法规进行发展引导。例如，《反垄断法》中规定，只要NCAA发展中的商业化问题保持在适度范围内，就会对其进行保护规避[4]；特许NBA等职业体育联盟以卡特尔的形式存在和垄断运行。

（2）以完全的市场机制为主要发展手段。美国社会和市场力量将市场机制充分应用到了竞技体育发展领域，并逐渐使其成为自身发展的核心机制。1820—1830年，纽约赛马协会首先改进赛马制度，采用门票收入分成的方式，开启了体育的产业化先河[3]。

（3）以管理机制的革新为发展保障。19世纪末，美国学校竞技体育发展混乱。为此，1893年以哈佛大学为首的8所学校的代表共同制定决议以规范其业余性[5]。1929年，卡耐基教育基金会发布《美国大学竞技体育管理报告》，强调限制大学

---

[1] HOULIHAN B. The government and politics of sport[M]. London: Routledge, 2014: 136-148.
[2] ELLIOTT J G, WARREN G. A brief history of American sports[M]. Illinois: University of Illinois, 1993: 31-39.
[3] 彭国强，高庆勇，季浏. 国家生命周期视阈下美国的体育强国成长特征与启示[J]. 体育与科学，2022，43（3）：14-23.
[4] 李丹阳. NCAA发展与治理研究[D]. 北京：北京体育大学，2010：51.
[5] ROBERT D B. The college sports reform movement: Reframing the "Edutainment" industry[M]. Carbondale: Southern Illinois University Press, 2007: 11.

竞技体育职业化和商业化倾向。同时，职业体育联盟对关乎比赛观赏性的球员竞技能力、场地设施、赛事用球等进行了规制；对关乎联盟高效运营、可持续发展的选秀、运动员薪资、俱乐部运行等内容都制定了翔实、具体的管理制度，如工资帽制度、选秀制度、奢侈税制度等。政府通过颁布政策法规、施加政治影响等对社会和市场力量进行外在干预。例如，1978年颁布的《业余体育法》厘清了主要竞技体育组织之间的博弈与均衡关系，促成了以美国奥委会为核心，以单项体育协会、NCAA等为支撑的新型管理体制与机制[①]。

5. 成长的特征与效果

1）成长特征

（1）把握经济社会发展中阶层变化的特点，营造自身发展策略，即围绕经济社会发展中，中产阶级人数的增加及其旺盛的休闲娱乐需求和购买力，生产与供给多元化竞技体育产品与服务以发展壮大自身。

（2）自治与共治相结合，逐步走向规范化、专业化发展。社会和市场力量的市场敏感性和服务精准化特点使它们迅速把握了发展契机，在自我组织与管理中回应社会需求，在政府帮扶、行业组织、相关政策引导下保持良好的发展方向和势头，不断提升发展中的效率、效果、效能。

2）成长效果

（1）社会和市场力量获得了初次规模化成长，并建构了依此持续发展的成长通道。与零散的、自发性的组织与发展不同，社会阶层结构发生变化，原有的针对贵族的小众发展模式及针对平民的零散化发展模式，转而变成针对中产阶级这一庞大群体的固定化、规范化、专业化发展模式，社会和市场力量获得了规模化的成长。例如，工业革命初期，竞技体育组织的成员多来自美国城市贵族阶级，伴随工业革命的快速推进，社会群体阶层开始参与其中，中产阶级更是于19世纪中后期控制了棒球运动[②]。

（2）立足于民众的生活与娱乐领域，为自身成长构筑了不断循环发展的供血机制。工人们在闲暇时间有事可做，化解了后工业时代因人际交往减少而产生的孤独感，获得了合理的情绪宣泄口，这大大减少了暴力、抑郁、自杀等社会失范

---

① CHUDACOFF H P. AAU v. NCAA: The bitter feud that altered the structure of American amateur sports[J]. Journal of sport history, 2021, 48(1): 50-65.
② 彭国强，高庆勇，季浏. 国家生命周期视阈下美国的体育强国成长特征与启示[J]. 体育与科学，2022，43（3）：14-23.

事件的发生,维护了社会安定,缓解了社会矛盾,也使得他们愿意不断投入和参与。

(二)服务于青少年全面发展的成长路径

1. 形成的历史缘由

第二次世界大战结束后,美国发展中的一些社会问题在竞技体育场域内显现,再加上政府规制较少,而社会和市场力量在处理全面发展、社会公平、公共服务等方面存在不足,竞技体育发展中出现了暴力、赌博、管理混乱等现象。尤其是大学竞技体育在一段时间内出现了较严重的异化问题,严重背离了社会和政府最初赋予竞技体育的助力青少年全面发展的使命。例如,1904 赛季球场暴力和激烈对抗造成了 21 名橄榄球运动员身亡,超过 200 名运动员受伤;再如,在缺少必要监督机制的情况下出现了给教练员支付报酬、暗地聘请职业运动员参加比赛的问题[1]。于是,政府、社会和市场力量都开始进行改革,以纠偏大学竞技体育发展中的失范,使其回归到服务于青少年全面发展的轨道上来。

2. 发展的目标定位

社会和市场力量以服务于青少年的健康成长、全面发展为目标。NCAA 成立时就确立了大学竞技体育不是以营利为目的,而是与教育相结合,以大学生全面发展为导向。例如,NCAA 不仅限制学生运动员每周和每天的训练时间,还允许向平均学业成绩至少达到 3.0 分的优秀运动员发放助学金[2]。在职业体育方面,社会和市场力量不仅为参与业余竞技体育的青少年进入职业体育联盟提供了顺畅的"选拔与过滤"通道,还对球员的言行举止进行教育和规制,引导他们树立正确的竞技观、金钱观、价值观。一方面,NBA 会对球员比赛中的不当言行给予严厉处罚,如"奥本山宫殿"事件;另一方面,NBA 对球员场外的言行也有严格要求,如恩比德因场外不当言论被处以 10000 美元的罚款。此外,NBA 对所有球员的处罚一视同仁,2018 年全明星赛有 13 名球员因不当言行而受罚。

3. 发展的基础条件

(1)在观念意识上,当时政府和社会普遍认为竞技体育应成为人成长中的重

---

[1] 李丹阳. NCAA 发展与治理研究[D]. 北京:北京体育大学,2010:21.

[2] AQUILINA D. A study of the relationship between elite athletes' educational development and sporting performance[J]. The international journal of the history of sport, 2013, 30(4): 374-392.

要教育手段，尤其是要服务于青少年的健康全面成长。美国政府以政治人物影响或颁布激励政策的方式引导社会和市场力量注重此功能[1]。例如，在大学竞技体育因缺乏有效管理体制而面临发展危机时，1905 年，罗斯福总统组织召开了橄榄球白宫会议，与来自哈佛大学、耶鲁大学、普林斯顿大学等高校的代表共同商议有关大学竞技体育的管理事宜，并最终促成了 NCAA 的成立；NCAA 以"确保高校竞技体育比赛在公平、安全、平等及友好的环境中进行，促进竞技体育与高等教育有机结合，为学生运动员提供终身受益的高等教育机会"为宗旨[2]。

（2）在物质基础上，精英政治家对大学竞技体育的支持起到了良好的社会示范效应，行业协会、企业团体及家庭更加关注和支持大学竞技体育的发展。例如，美国大学竞技体育初始发展时期的发展资金很多来自社会捐赠及民众的门票收入[2]。再如，美国大学校际比赛，特别是观赏度极高的 I 级联盟赛事的运行费用多来自校友的捐赠、赞助和支持，耶鲁大学的校友就为其学校的冰球队和橄榄球队提供了训练、比赛及场馆维修费用[3]。

（3）在组织保障上，1881 年，普林斯顿大学竞技体育管理委员会成立，以教师和相关职工为主导，理性引导学校发展竞技体育的行为。1882 年，哈佛大学成立类似的竞技体育管理委员会。1900 年，几乎所有发展竞技体育的高校都建立了以校方为主导的竞技体育管理委员会。1906 年，NCAA 成立，业余竞技体育有了全国统一的组织机构。1920 年，由 NCAA 统一领导、高校体育联盟负责联络、高校负责比赛具体实施的美国大学竞技体育管理模式基本形成[4]。后来，全美学生运动员权益委员会、美国骑士委员会、大学竞技体育联盟、教授联合会等相继成立，以应对 NCAA 出现的商业化急剧扩张、财务腐败、践踏学术道德、违规招生、暴力犯罪等问题[5]。

4. 发展的技术手段

（1）以规制性的政策纲领为发展引领。为了营造良性、有序的发展环境，以

---

[1] 鲁长芬，丁婷婷，罗小兵. 美国青少年身体活动的治理历史、特征与启示[J]. 北京体育大学学报，2019，42（8）：27-36.

[2] 李丹阳. NCAA 发展与治理研究[D]. 北京：北京体育大学，2010：40.

[3] AQUILINA D. A study of the relationship between elite athletes' educational development and sporting performance[J]. International journal of the history of sport, 2013, 30(4): 374-392.

[4] SMITH R A. Pay for play: A history of big-time college athletic reform[M]. Urbana, Chicago and Springfield: University of Illinois Press, 2011: 213-235.

[5] 李丹阳. NCAA 发展与治理研究[D]. 北京：北京体育大学，2010：40.

更好地促进社会和市场力量服务于青少年全面发展和健康成长,政府颁布了一些规制性政策。例如,美国政府颁布的《劳动法》将学校和大学生运动员的关系界定为学术关系,重视大学竞技体育的教育功能。1972 年,美国国会颁布《教育法修正案》,保障了女性参与竞技体育的机会。1994 年,推出全国大学生体育协会冠军/生活技能方案,涉及学术、体育、个人发展、社区服务和职业发展等与运动员全面发展密切相关的诸多领域[1]。

(2)以对大学竞技体育组织进行改革为主要手段。伴随校际竞技体育活动的蓬勃发展,以及大学竞技体育长期处于自治管理、自主运行的发展生态,各学校出现了过度商业化的发展问题,大学竞技体育偏离高等教育的本质。由此,学校主管部门、学校、校友会开展了成立新型多元治理组织的管理改革。1905 年,IAAUS 成立。1906 年,NCAA 成立。1920 年,基本形成多元主体参与的美国大学竞技体育管理模式。

(3)以对大学竞技体育中球场暴力进行整治为突破口。19 世纪末 20 世纪初,橄榄球在美国大学盛行。组织不够完善及规则模糊等原因造成校级橄榄球运动运行相对混乱。1890—1905 年,330 名学生因球场暴力而死亡。在媒体的关注下,民众对体育暴力和不道德的行为进行了强烈抨击。迫于强大的社会压力,1905 年,罗斯福总统决定利用自己的政治威望来推动大学竞技体育的改革,并最终促成了 IAAUS 的成立。该组织的一个重要目的是管理和监督全美的大学竞技体育,使其保持一个良好的道德水准,使大学竞技体育服务于美国高等教育[2]。

5. 成长的特征与效果

1)成长特征

(1)把握教育这一国家发展命脉,以青少年群体为主要服务对象,拓展自身发展空间,即围绕让竞技体育成为促进全体青少年全面发展及成长为各类精英人才的重要教育手段,学校和体育俱乐部提供多元化的竞技参与和发展类产品与服务及多层级的运动竞赛。

(2)教育的特性决定了不能走完全商业化和纯粹自治性发展的路子,社会和市场在自治过程中的失序,得到了政府及行业组织的纠偏。市场具有一定的功利

---

[1] AQUILINA D. A study of the relationship between elite athletes' educational development and sporting performance[J]. International journal of the history of sport, 2013, 30(4): 374-392.
[2] 李丹阳. NCAA 发展与治理研究[D]. 北京:北京体育大学,2010:24-25.

性和片面性,与教育的公平性、普惠性、德性等目标理念相冲突,美国大学竞技体育由此付出了相应的发展成本和代价,社会和市场力量经历了一定时期的曲折发展。

2)成长效果

(1)社会和市场力量获得了进一步规模化成长,并由此建构了另一条可持续发展的成长通道。由于社会和市场力量不仅着眼于满足大众休闲娱乐需求,而且开始注重青少年成长及成材的需求,它们生产与供给的产品或服务类别增多、需求量增加,它们也得以进一步发展壮大。不仅有遍布全国的校园竞技体育发展系统、课外体育俱乐部系统,还成立了管理青少年竞技体育的全国性机构,它们发展的规模和专业性都得到了提升。同时由于教育和青少年的成长对家庭、社会、国家发展极其重要,各级各类主体高度认可竞技体育的教育功能,并积极支持社会和市场力量参与学校竞技体育发展。

(2)立足于全体青少年群体,着眼于发挥竞技体育的教育功能,为社会和市场力量的成长构筑了良好的社会支持环境。美国学校竞技体育不仅培养精英运动员,还针对普通大学生。广大青少年群体参与竞技运动锤炼了身体,磨砺了意志,培养了团队协作意识及成就观、胜负观。竞技体育的育人功能彰显,学生、家长、社会、国家也因此高度认同、支持竞技体育发展,整个社会形成了支持青少年参与竞技运动的价值观和消费观。

(三)服务于国家政治竞争的成长路径

1. 形成的历史缘由

美国一直致力于称霸奥运赛场,从第二次世界大战前与欧洲列强的竞争到"冷战"期间与苏联的争霸,再到"后冷战"时代与中俄之间的博弈,美国政府引导美国奥委会、单项体育协会、NCAA、大学生体育联合会、职业体育联盟等社会和市场力量着力培养精英竞技人才。"冷战"时期,美国获得金牌数量第一的次数、金牌和奖牌总数都逊色于苏联。由此,美国政府一改常态,对每届奥运会投入的资金都超过1亿美元。随着1991年苏联解体,美国成为世界第一竞技体育强国。但美国对竞技体育赋予的政治竞争意涵并没有消失,每到奥运会等国际大赛前夕,美国政府依然会给予较大支持。此外,有关法律也明确了社会和市场力量的政治义务和责任。例如,《业余体育法》中规定,美国奥委会承担组队代表美国参加奥运会的职能,而业余体育联盟和NCAA负责输送与培养运动员。

2. 发展的目标定位

受优越主义思维等影响，美国习惯以世界霸主的身份自居，并将竞技体育视为开展政治竞争、宣扬综合国力、彰显制度优越性的有力载体。"冷战"时期，苏联以其体制优势大力发展竞技体育，有力冲击了美国的霸主地位。由此，美国政府加大了对社会和市场力量参与竞技体育发展的干预力度。相关重点项目的举办使高校获得了国家场地建造、财政豁免政策的支持。"冷战"结束后，虽然奥运赛场承载国家之间政治对抗的象征意涵减弱，但由于奥运成绩能够激发民族精神，助力国家认同、国族建构，美国仍然采取措施参与奥运竞争。

3. 发展的基础条件

（1）在观念意识上，美国把竞技体育作为表达意识形态、巩固国际地位、提升国际形象、主导国际秩序的重要载体，赋予它浓郁的政治化色彩。美国高度重视竞技体育的政治外交功能，并将之视作为国争光的政治符号，用以彰显资本主义制度的优越性，彰显美国国家发展的领先实力及争夺国际影响力、话语权。为此，美国政府投入资金和政策，引导社会和市场力量统一思想，为其政治竞争进行投入和服务。

（2）在物质基础上，美国不断完善的市场经济体制使其经济发展一直处于高位。1991年，美国的GNP（Gross National Product，国民生产总值）高达56730亿美元，人均GNP达22400美元。苏联解体、东欧剧变后，美国成为世界上综合国力最强的国家[1]。一方面，其国内GNP增长迅速，社会失业率不到5%；另一方面，20世纪60年代的"婴儿潮"使"冷战"后的美国人口激增[2]，从而为竞技体育发展提供了经济和人口支持。此外，政府的资金、政策支持与国内产业结构调整，大大提高了社会生产力，为竞技体育发展提供了更大契机。

（3）在组织保障上，一是美国政府用法规调适社会和市场力量参与竞技体育发展中的利益冲突，引导它们形成发展合力来培养竞技人才和提升竞技水平。1978年的《业余体育法》理顺了不同竞技体育组织间的利益关系，推进了美国奥委会、单项体育协会、NCAA三大组织协同发力，以提高青少年运动参与度及竞技水平。

---

[1] 王曰庠. 冷战后日本、美国、欧共体的经济地位比较[J]. 世界经济研究，1993（6）：20-25.
[2] 王天文，刘茹，杨琼. 美国大学生体育联合会业余性原则的历史演进、内涵和价值[J]. 体育成人教育学刊，2021，37（1）：84-89.

二是社会和市场力量积极审视自身行业发展中的失序问题，进行发展变革以纠偏及提升发展效益和效能。在社会和市场力量服务政治竞争失效后，它们也深刻意识到自身行业发展存在管理混乱、过度商业化、科学化程度低等问题。职业体育联盟制定了限薪令、选秀制度、奢侈税制度等，以保障职业体育的有序发展与竞争力。

4. 发展的技术手段

（1）以项目金牌获取的难易为投资取舍。2004年雅典奥运会之后，游泳、田径、体操、滑雪和雪上滑板等美国获得奖牌最多的奥运项目，总计从美国奥委会获得了约2.48亿美元的资助，在所有项目中占比最大。同时，美国也根据获得奖牌的难易程度区分了重点与非重点项目，进行差异化投入。例如，对体操、游泳等夺牌重点项目增加投入，对乒乓球、羽毛球等非重点项目减少投入[①]。

（2）以分层分类的竞技人才培养体系构建为主要抓手。1998年《特德·史蒂文斯奥林匹克与业余体育法》规定，美国奥委会组队参加以奥运会为代表的综合性或单项国际体育赛事，以获得优异成绩，展现国家竞技实力、综合国力，提高民族自豪感和凝聚力为核心使命。美国单项体育协会则充当"中间人"的角色，向上为国家代表队输送参赛运动员，向下则管理、组织各单项体育协会大力发展业余竞技体育运动，为精英竞技人才选拔扩大选材范围。NCAA的职能是推动大学高水平竞技体育发展，输送优秀后备人才，妥善处理"学训矛盾"，提高学校知名度与影响力，促进青少年全面发展[②]。这些举措构筑了"选材培养（NCAA）—专业训练（单项体育协会）—竞技争光（美国奥委会）"的分层分类竞技人才培养体系。

（3）以政府的针对性帮扶为发展促进。美国政府通过资金赞助、政策法规等手段对社会和市场力量进行帮扶，从而助力它们破解发展中的重要资源困境，营造有利于它们健康成长的环境。例如，为保障大学竞技体育培育更多高质量的竞技人才，国家税收和地方政府管理层面主动对承担重点项目的高校给予财政资助等优惠政策。为保障职业体育的成长与发展，2000—2014年，美国政府总计投入

---

① 彭国强，杨国庆. 世界竞技体育强国重点项目奥运备战举措及对我国备战东京奥运会的启示[J]. 体育科学，2020，40（2）：3-14, 39.

② HUMS M A, MOORMAN A M, WOLFF E A. The inclusion of the paralympics in the Olympic and Amateur Sports Act[J]. Journal of sport & social issues, 2003, 27(3): 261-275.

了130亿美元的公共财政，协助职业体育联盟建设或翻修了45座体育场馆[①]。同时美国政府出台了"金牌行动计划"（Gold Medal Action Programme）、《高水平竞技运动计划》（High Level Athletic Programme）、《1104号法案》（Act 1104）等多项政策，为项目备战参赛提供了保障[②]。

5. 成长的特征与效果

1）成长特征

（1）正视国家政治发展需求和民族自豪感，积极参与和投入，以培养竞技体育后备人才和精英竞技选手。国家奥委会、单项体育协会等枢纽型体育社会组织有代表国家组队参加国际赛事的职能，这决定了其除了受国家政策、法规、资金等影响，全国性体育组织的性质也决定了它们必须承担一定的国家政治责任和任务。强大的民族自豪感也促使社会和市场力量不断奋进，使美国竞技体育发展居于世界领先地位。

（2）在国家和政府的诸多支持和引导下，社会和市场力量适度回应国家政治需求，保持良性互动的政社关系。美国政府以法律引导、政策支持、资金赞助等方式，引导社会和市场力量回应国家在政治竞争中的目标需求，社会和市场力量也需要政府提供的政策与资金支持来降低发展成本，政府和社会相互需要、相互回应，政社关系保持良性互动与稳定发展。

2）成长效果

（1）社会和市场力量获得了更多的成长与壮大，并由此形成了一条兜底式保障的政府帮扶成长通道。美国社会和市场力量参与竞技体育发展契合了国家、社会、民众发展的不同需求与目标追求，这就让它们能够从更多方面汲取发展资源，能够在不同的发展维度及向度上凝练发展优势和竞争力。事实上，社会主导型发展的美国竞技体育自参加现代奥运会以来，一直稳居奖牌榜前三名，冬季奥运金牌数也仅次于冬奥王国——挪威。

（2）回应国家政治竞争需求，稳固了自身发展的合法性地位。国家的国际地位和政治影响力决定了社会和市场力量发展的利益格局与空间。只有不断保障美

[①] 陈元欣，陈磊，李京宇，等. 体育场馆促进城市更新的效应：美国策略与本土启示[J]. 上海体育学院学报，2021，45（2）：78-89.

[②] 彭国强，杨国庆. 世界竞技体育强国重点项目奥运备战举措及对我国备战东京奥运会的启示[J]. 体育科学，2020，40（2）：3-14.

国的强国地位，巩固美国在国际交往中的话语权，竞技体育发展中的社会和市场力量才能更好地受到国家的特殊关照，才能更好地巩固自身发展的合法性地位。为奥运金牌贡献更多的高校、项目获得更多的支持就是证明。

四、美国竞技体育发展中社会和市场力量的成长模式

（一）国家法制的规范与引导

（1）对职业体育的法治作用。国家的民主共和政治制度及宪法至上、人人平等的原则，塑造了美国体育政策及其主体的多元性，形成了其体育体制的分权及社会（市场）主导特征[①]。在不同的历史发展阶段，美国的体育政策在竞技体育发展的历史演进中扮演着不同的角色。美国内战结束以后，政治的统一促进了经济的大发展，在第二次科技革命的带动下，美国快速进入工业化社会，为推动美国体育现代化、标准化发展创造了条件。

美国职业体育也迅速发展起来。1844年，已有3万多名观众看职业选手参加的10公里竞速；1862年，有4万多名观众观看棒球比赛；1885年前，赛马、拳击、长跑、赛艇等已成为其流行的景观体育。随之而来的是，各种垄断现象层出不穷，造成职业体育发展受阻，因此美国国会出台相关职业体育法案，1890年颁布了第1部反垄断法——《谢尔曼反托拉斯法》。"美国职业棒球俱乐部联盟"诉"Chase"案、"联邦联盟"诉"国家联盟"案确立了职业棒球反垄断豁免权。职业体育发展在此时期得到了政策上的巨大支持[①]。此后，1914年通过《克莱顿法》《联邦贸易委员会法》，1936年通过《鲁宾逊—帕特曼法》，使美国职业体育先于业余体育步入法治化发展轨道。

（2）对业余竞技体育系统的法治作用。20世纪30年代前后，美国经历了较为严重的社会经济危机和社会肥胖问题，大学体育也受到牵连产生异化。1929年，《美国大学体育报告》指出，使用职业运动员、非法暴力、违反校规等恶习在美国大学校园体育中快速蔓延。为此，美国很多州通过立法要求体育与健康指导进学校，要求体育课程与教育进行标准化建设。

1935年，《社会保障法（SSA）》出台，推动了体育行业的标准化建设与发展。1964年，《民权法案》出台，体育领域的性别与种族歧视问题得到缓解。1972年，美国《教育法修正案第九条》（Title Ⅸ）在美国国会通过，部分州出台《平等权利

---

① 龚正伟，肖焕禹，盖洋. 美国体育政策的演进[J]. 上海体育学院学报，2014，38（1）：18-24.

修正案》，这标志着两性获得平等的体育权利。1973年美国国会通过《康复法案》。1975年通过《残疾人全员教育法案》，1997年通过《残疾人教育法案》，这标志着美国残疾人体育的法制化建设趋于完善[①]。总的来看，美国的相关体育法案保证了不同社会阶层参与竞技体育的权利，逐渐消除了竞技体育的男性化、白人化、功利化等异化危机，为美国竞技体育的大众化和社会化发展之路扫清了障碍。

1972年，美国在慕尼黑奥运会上的表现引发了社会的一致批评，同时也推进了其对业余竞技体育管理体制和模式的改革。1978年，《业余体育法》出台，对美国奥委会、单项体育联合会、NCAA的职能、地位、权利、相互关系进行了立法保护，促进其业余竞技体育规范、顺畅地发展。在此基础上修订的《特德·史蒂文斯奥林匹克与业余体育法》扩大了运动参与机会，扩充了奥委会的残疾人奥林匹克运动职能，保证残疾人运动员的运动与竞赛权利，促使不同肤色、背景、类型的残疾运动员获得了在美国业余体育系统中实现梦想的机会，同时也使他们获得了更多进入职业体育后续发展的机会。

总之，美国政府及地方政府在体育法案的制定、完善与后续跟进等方面的关键性职能作用突出，对美国竞技体育的可持续发展走向产生了重要的调控性影响。因此，在充分尊重市场主体地位和遵循市场经济规律的基础上，美国竞技体育在"有形的手"和"无形的手"的相互作用下，实现了经济价值、社会价值、竞技价值层面三位一体式的统一。

（二）政府间接性体育投融资

美国政府对竞技体育不予以拨款，美国奥委会通过向社会筹集资金的方式来为业余竞技体育提供发展资金，但进入20世纪80年代以后，美国政府越来越重视竞技体育产生的政治功能。在1980年抵制莫斯科奥运会后，美国奥委会从政府那里得到了1000万美元的财政扶持。1981年，美国奥委会开始采用"金牌行动计划"。显然，这是一种带有较强经济激励色彩的竞技体育政策行为。

从1981年起，美国奥委会制订了一项以美国政府税收划拨方式来支持竞技体育的计划，该计划在1989—1992年筹集资金达200万美元。20世纪80—90年代，在美国政府的支持下，美国奥委会获得了两项联邦财政资源：一项是联合联邦运动，即鼓励美国政府的雇员向美国奥委会捐款；另一项是奥运会纪念币。由此可见，美国政府通过不同形式资助业余竞技体育的发展，这些资助方式具有间接性、

[①] 龚正伟，肖焕禹，盖洋．美国体育政策的演进[J]．上海体育学院学报，2014，38（1）：18-24.

技巧性、隐蔽性的特点。

1988年，美国奥运代表团兵败汉城，遭遇了竞技体育强国地位危机的挑战。在美国政府的大力支持下，美国奥委会大幅度增加预算，扩大原有的"金牌行动计划"的资助范围，扩建和增建奥林匹克训练中心。20世纪90年代以后，又有大量企业加入业余竞技体育的资助行列中。可以说，美国奥委会在美国政府支持及《业余体育法》的保障下，对美国业余竞技体育的融资产生了重要的推动作用，其中政府无形的推动力起了重要作用。

（三）不同管理部门的服务性作用

虽然美国政府中没有专门管辖体育事务的职能部门，但美国政府中有11个部门参与体育管理事务，涉及职业体育、学校体育、公众健康与身体活动、体育场地设施等。在体育场地设施的修建中，政府的作用尤为突出，美国政府早在20世纪30年代就成立了就业促进管理局和民用保护部，主要修建体育设施。到1937年，就业促进管理局用10%的预算修建了约1万个体育场地[①]。场地主要用于大众娱乐体育活动，部分场地用于竞技体育和娱乐表演，为竞技体育的发展提供了一些基础设施。

20世纪60年代，为了激发城市居民参加体育活动，美国实施了"伟大社会"计划，美国政府投入6.5亿美元用于修建运动场、游泳池、城市公园及娱乐设施。到20世纪70年代，修建体育设施的资金主要由州财政支付，美国政府只投入很少的一部分。例如，1996年亚特兰大奥运会，在3.5亿美元的财政投入中，1亿美元来自美国政府[②]。

发展职业体育可以为地方政府打造更多的税收企业，职业运动队往往会要求主办城市建造新体育馆或运动场来满足自身竞赛及市场运作的需要，而地方政府一方面要通过理性的设施建设规划来吸引职业运动队常驻，另一方面要考虑职业体育对城市税收的影响。美国地方政府及财政通过基础设施建设和体育场馆建造来间接服务于竞技体育。毕竟民间资本难以支撑如此巨大的场馆工程，因而较大程度依赖政府公共服务。

---

① 周兰君. 美国政府参与体育管理方式之研究[J]. 西安体育学院学报，2009，26（1）：22-26.
② 浦义俊，吴贻刚. 镜鉴与反思：美国竞技体育发展中的政府治理及其困境[J]. 山东体育学院学报，2016，32（4）：8-15.

第四章　部分西方国家竞技体育发展中社会和市场力量成长的历史审视

第二节　俄罗斯竞技体育发展中社会和市场力量成长的历史审视

在解体前，苏联一直是世界上公认的竞技体育强国，在 1952—1992 年的 10 届夏季奥运会中，共 7 次获得金牌总数第一，3 次获得金牌总数第二。苏联解体后，俄罗斯的竞技体育出现了徘徊不前和竞争力下降的趋势，在政治经济转型成功后，其竞技体育总体上还是保持了一个较高的水平。基于我国与俄罗斯竞技体育发展拥有的相似性，为更好地培育我国竞技体育发展中的社会和市场力量，本节将探析俄罗斯竞技体育发展中政社关系的变化，以及社会和市场力量成长中表现出来的特点、路径、模式等，为我国实现由体育大国向体育强国的转变提供经验借鉴。

一、俄罗斯竞技体育发展中社会和市场力量的成长轨迹

（一）社会自组织探索与政府协调共生的萌芽阶段（1917—1928 年）

成立之初的苏维埃政府急需解决俄罗斯帝国遗留下的阶级、民族矛盾，同时还要面对不同执政党之间的内战之争，以及西方以美国为首的资本主义国家集体抵制的国际环境压力。苏维埃政府不得不重视提升国防和军事能力，而群众体育的开展被国家看作增强军事实力、提高国民战斗力、增强民族凝聚力的有效手段，因此国家对群众体育的发展关注度高。该阶段群众体育和竞技体育划分清晰，政府主导参与人口基数较大的群众体育，而竞技体育因被认定具有资本因素而被政府排挤，社会以自组织探索模式促进小众精英竞技体育的发展。该阶段体育发展的特点是以群众体育为主、以竞技体育为辅[1]。社会和市场遵循新经济时期所颁布的政府文件，遵从国家制定的整体体育发展方略，摸索竞技体育的发展方式、作用和功能发挥。

1. 国家对竞技体育的发展定位

苏维埃政府成立之初，伴随着内政之争和资本主义国家排挤的双重因素影响，

---

[1] 颜下里. 从竞技体育强国走向注重大众体育的俄罗斯[J]. 体育文化导刊，2012（10）：13-17.

国家开始重视自身军事实力的提高，而体育被政府认为是增强国民体质、提高军事能力、促进内部团结的有效手段。因此，该阶段国家将竞技体育定位为辅助群众体育、学校体育发展的工具，并主要由社会和市场力量来组织其发展，以使其服务于青少年、工人、农民、军人的体质健康和增强民族战斗力。例如，1918年设学校卫生部，将学校体育纳入其管控之下，减少竞技性体育与学校体育的交叉，避免学校体育资本化；同年，在政府支持下各地相继建立专业性体育学院，为大众体育健康发展培养专业人才[①]。

2. 竞技体育的管理体制和机制

新经济政策时期，体育管理体制处于初创阶段，苏维埃政府设国家体委为管理体育运动的最高机构，下设相关管理机构实施三分化管理，即国家教育委员会主管学校体育教育[②]、革命军事委员会主管军事教育和军队训练、体育最高委员会主管大众体育，而竞技体育受3个下设机构交叉管理[③]，即国家教育委员会间接管理竞技体育后备人才的选拔、输送，体育最高委员会管理体育社会组织和俱乐部的申办和审批，革命军事委员会管理竞争性强的项目。该阶段竞技体育以碎片化、边缘化的方式出现在国家管理系统中，社会和市场力量把握国家相关政策法规，回应国家发展战略目标，采用不同方式和策略参与竞技体育发展。

3. 社会和市场力量的作用

新经济政策下允许一定程度发展资本主义，并且对社会组织的成立不附带意识形态要求，再加上政府的发展定位和管理机制，也对社会组织参与竞技体育发展及其自主探索发展模式提供了便利。在此发展环境下，社会和市场力量的作用表现在以下几个方面。

（1）促进竞技体育项目由单一走向多元。例如，1918年成立的体育运动小组，推广滑雪、游泳、拳击等运动项目，为竞技体育的专业化发展提供人力资源。再如，创办夜校为项目发展提供专业教练员，为器材开发培养科研人员。

（2）推动竞技体育由小众精英参与向社会大众参与迈进。例如，在共青团、工会组织支持下建立体育联合会和体育协会、俱乐部等组织（迪纳摩、斯巴达克、火车头、军人俱乐部等），促使工厂、农村和各级企业、单位的人员都参与到体育

---

① 张学飞. 国家崛起的体育战略价值研究[J]. 体育科学，2014，34（1）：58-65.
② 舒盛芳. 大国竞技体育崛起及其战略价值研究[D]. 上海：上海体育学院，2010：67.
③ 马忠利. 变迁与思考：转型期俄罗斯体育体制研究[D]. 北京：北京体育大学，2008：15-17.

运动中[1]。

（3）实现思想政治教育和体育运动融合。例如，1924年、1925年、1928年相继问世的《红色体育报》报刊、《体育理论与实践》杂志、《体育与运动》杂志，更新了政府领导层、社会群众对竞技体育的刻板印象，使国家看到了竞技体育的政治功能，为"冷战"时期政府转变其发展定位奠定了基础[2]。

（二）社会自组织受阻与政府行政控制的低迷阶段（1929—1985年）

斯大林模式的确立及"冷战"格局的形成，直接促使苏联强化竞技体育的政治功能，将其作为政治斗争的工具，即成为社会主义、资本主义两种意识形态之争的特殊场所，同时赛场上的强弱还直接与国家威信、制度优越等层面意涵挂钩[3]。政府对竞技体育功能认知的变化，直接导致苏维埃政府对竞技体育管理与运行机制进行调整，采用强有力的行政调控手段和政治命令管控竞技体育发展，削弱社会和市场力量的作用。此阶段总体上呈现出政府力量强盛，而社会和市场力量受国家经济制度、管理机制、意识形态等因素影响，发展受阻并进入低迷期。

1. 国家对竞技体育的发展定位

伴随着"冷战"格局的形成，苏联调整体育发展战略，以竞技体育为发展主线，举国家集体之力，致力于奥运金牌的争夺，奉行金牌至上原则，此转变直接促使政府将竞技体育发展定位为对外彰显国力、展示制度优越、扩大社会主义阵营的工具[4]。1948年，滑冰世界杯运动员因比赛失利而受到国家领导人的严厉批评，这是竞技体育走向政治之路的重要标志性事件，也是国家强化对竞技体育管理的标志性事件，该阶段竞技体育完全置于政府的严格管控之下。

2. 竞技体育的管理体制和机制

为实现将竞技体育控制在政府手中，苏联设立苏联中央执行委员会和全苏体育运动委员会（以下简称苏体委），作为全国性质的管理机构与职能机构管理竞技体育。1936年，随着社会主义工业化和农业集体化的实现，斯大林整改中央体

---

[1] 国家体育总局. 俄罗斯体育管理的走向[EB/OL].（2006-11-20）[2024-04-12]. https://www.sport.gov.cn/n322/n3407/n3411/c564470/content.html.
[2] 舒盛芳. 大国竞技体育崛起及其战略价值研究[D]. 上海：上海体育学院, 2010：24-25.
[3] 鹿显, 王雷. 近60年来国内学界关于俄罗斯体育的研究进展[J]. 体育科技文献通报, 2022, 30(12): 239-244.
[4] SPENCER H, MATHEW D, BARRIE H. An analysis of governance failure and power dynamics in international sport: The Russian doping scandal[J]. International journal of sport policy and politics, 2021, 13(3): 359-378.

管理机构，苏联人民委员会取代中央执行委员会、体育运动事务委员会取代苏体委，进一步强化了政府对竞技体育的管理。1946 年，改苏联人民委员会为苏联部长会议，不再受 15 个加盟共和国限制，权力凌驾于全联盟之上，只对党中央负责，直接用行政拨款的方式为竞技体育发展注入资金[①]；1956 年，虽短暂进行管理体制的改革，但 1968 年恢复了苏联国家体育运动委员会对竞技体育的主管地位[②]。政府通过管理体制与机制将竞技体育逐步纳入国家计划经济中，以国家体委的财政拨款、行政手段、经济控制等手段直接掌控与领导竞技体育的发展。

3. 社会和市场力量的作用

在社会自组织受阻与政府行政控制的低迷阶段，政府的行政调令是竞技体育发展的主要动员机制，政府举国家之力为竞技体育发展提供财政、人力、科研、医疗等各方面支持，社会和市场力量在该阶段依附政府存在，对竞技体育发展的作用是服从国家安排、为国家需求服务。具体表现在以下几个方面。

（1）国家实行举国体制，在决策机制层面高度集权，军队、内政部等人员进入社会和市场机构的管理层，从而实现国家行政命令上行下效，以及保证全社会各体育协会、俱乐部、体育小组能够切实运转来为国家服务。

（2）单项运动协会、俄罗斯奥林匹克委员会（以下简称俄罗斯奥委会）等组织为了确保自身发展和国家意志一致，接受苏体委严格监管，并且遵从政府的行政领导，开展与举办比赛也受政府机构审批。社会管理和经济体制情况反映出社会和市场力量在该阶段没有自主权，且随着计划的加强，社会和市场力量的作用越来越弱，其成长处于艰难发展阶段，主要在基层发展并服务于政府需求[③]。

（三）社会自组织恢复与政府转型放权的反弹阶段（1986—1998 年）

面对日渐僵化的政治体制和经济体制，1986 年戈尔巴乔夫在第 27 次代表大会上推出《苏联 1986 年至 1990 年及 2000 年经济和社会发展基本方针》，实行经济体制改革，积极激活社会和市场活力。在此背景下，社会和市场力量参与竞技体育发展的空间扩大。在苏联解体后，叶利钦为更好地促进竞技体育的健康发展，也给予了社会和市场力量较多的发展自主权。例如，俄罗斯联邦体育组织联合会

---

① 马德浩. 英国、美国、俄罗斯竞技体育管理体制演进趋势及其启示[J]. 天津体育学院学报，2018，33（6）：516-521.
② 孙宝才. 改革我国竞技体操训练体制初探[J]. 北京体育学院学报，1988，41（3）：13-18.
③ 丁励翼，JERRY D R. 美国体操运动员的培养现状及其启示[J]. 成都体育学院学报，2008，34（2）：56-59.

第四章　部分西方国家竞技体育发展中社会和市场力量成长的历史审视

成立的体育协会有权举办全国性质的竞赛。随着政治和经济体制的变革，体育体制发生了转变，竞技体育开始向着职业化道路发展，进入快速发展反弹阶段。但政府对社会和市场力量参与竞技体育发展不设限，导致社会和市场力量的趋利性、利己性加重，过于追求利益导致社会和市场力量在快速发展的同时产生了一些失范和失序问题。

1. 国家对竞技体育的发展定位

戈尔巴乔夫和叶利钦政府都着力于更好地激活社会和市场的活力，让它们更好地把握民众和社会发展的需求，以推进竞技体育的健康、可持续发展，进而形成竞技体育发展供需适配、不断自我完善与发展的内生动力。由于体育领域中竞技体育与社会和市场关联性较大，所以戈尔巴乔夫、叶利钦都从它入手进行改革，竞技体育不再被作为单纯的政治工具，而是被当作激活经济的工具。改革不仅扩大了公共参与力量，还推进了群众对新的政治制度和新的社会秩序建立的认可度，在一定程度上激活了国家发展的内生动力和经济创造力[①]。总体上，国家看重竞技体育对国家经济发展的带动力，重新为社会和市场力量参与竞技体育发展搭桥，并给予它们在参与发展中以较大的自主权。

2. 竞技体育的管理体制和机制

高度集权的计划经济过渡到自由化市场经济，促使竞技体育的管理体制和运行机制发生改变，社会和市场力量以管理者身份出现，与政府机构共同管理竞技体育发展[②]。一方面，调整体育管理的上层建筑，将体育管理的最高权力机构（苏联部长会议）更名为苏联内阁，其隶属于苏联总统，职能机构由苏联部长会议体育运动委员会改为国家体育运动委员会，职能划分更为明确，具有对全国体育事业资金调度、协调执行、监管评价三大职能，强调体育管理工作要实现部际管理与部门管理相结合。另一方面，颁布《全俄奥林匹克委员会法》《俄联邦体育教育和运动的管理机制法》，理顺体育行政部门、奥委会、体育协会、俱乐部四者之间的关系，将竞技体育划分给俄罗斯奥委会管理，俄罗斯奥委会与各单项运动协会共同对竞技体育的发展进行组织与管理。1988年，撤销国家体委足球司，改足协

[①] 陶林. 转型时期俄罗斯治理利益集团政治参与比较研究：以叶利钦和普京政府治理为例[J]. 世界经济与政治论坛，2016（2）：17-33.
[②] 张学飞. 国家崛起的体育战略价值研究[J]. 体育科学，2014，34（1）：58-65.

为足联,并由足联负责足球运动的开展与推广、足球俱乐部与体校训练、科研投入与教练员培训等工作,实现社会管理竞技体育运动的实体化。同年还颁布法令,允许俱乐部以硬通货的形式出售球员到国外,扩大社会组织在运行机制上的权限。

3. 社会和市场力量的作用

竞技体育管理体制的变化,有效保障了社会和市场力量的作用,它们逐渐成为竞技体育发展的重要动力支撑。具体表现在以下几个方面。

(1)在国家经济发展动力不足时,社会和市场力量通过市场化的运作机制,弥补了竞技体育发展中国家财政拨付不足的问题。

(2)随着经济能力的增强,协会、俱乐部等社会组织负责竞赛场地的运营,企业为一部分国家训练队提供运动竞赛所需装备,同时资本力量受国家许可进入高水平竞技体育科研中,如 Sovintersport(苏联国际体育公司)负责为苏联国家足球队提供运动装备[①]。

(3)社会和市场以体育为媒介,以赛场为窗口,开发竞技体育的商业化价值,以抢占消费市场的制高点。例如,大力开发了体育表演赛和商演,激活国民的消费热情,带动体育产业的发展。在市场经济的利益驱动下,以及政府的宽松化管理环境下,社会和市场力量参与竞技体育发展产生了一些失范行为,如对运动场馆的维修、人才的培养、竞技水平的提高等事项的关注度下降,大力支持国家推行的优势项目,以此来获取政府的政策优势,如与 SMC(Security Management Center,安全管理中心)合作为运动员提供医生就诊[②]。

(四)社会自组织规范与政府稳定主导的成熟阶段(1999年至今)

随着体制稳定、经济复苏、社会环境好转,俄罗斯联邦政府进入稳定发展阶段。其制定了竞技体育发展的中长期发展规划,为社会和市场力量参与发展设定了框架,规范、引导社会自组织发展的方向、内容和行为,使其在与国家政治利益诉求一致的基础上追求自身利益的最大化。该阶段竞技体育管理体制分为两条线,一条是政府管理机构,如总统体育问题协调委员会、俄罗斯体育运动协会代理部;另一条是社会团体,如俄罗斯奥委会、体育俱乐部。俄罗斯联邦政府通过宏观调控,对社会和市场进行管理、协调,社会自组织发展越来越规范、有序,

---

① MANUEL V K. Sovintersport and the cashing in on Russian football[J]. Soccer & society, 2017, 18: 1, 132-143.
② MUSTAFINS P, LANDYR A, SCHYBRIA I, et al. Systematic sports medical prophylactic evaluations in the countries of the former USSR[J]. British journal of sports medicine, 2011,45(6): 548.

社会和市场力量参与竞技体育发展进入成熟阶段。

1. 国家对竞技体育的发展定位

随着俄罗斯经济逐渐复苏和国家和平崛起，竞技体育的政治功能逐渐上升到核心地位，再次被政府定位为重振俄罗斯世界大国地位和高扬国威的重要手段[1]。同时，考虑到发展与民众的诉求相融合，俄罗斯联邦政府不仅重视开发竞技体育的政治功能，还强调体育生活方式、体育文化和体育产业的重要性[2][3]。2002年的"关于提高体育在提高俄罗斯人健康生活方式中的作用"会议、《俄罗斯联邦2006—2015年体育运动发展》联邦计划纲要都昭示着俄罗斯体育走向竞技和大众体育协调发展道路[4]。

2. 竞技体育的管理体制和机制

俄罗斯建立了新的体育管理机构，包括联邦体育委员会和俄罗斯奥委会，以及总统附属体育运动协调理事会和国家体育运动基金会等，其奠定了俄罗斯体育管理架构的基础，并在发展中形成了政府与社会和市场力量双线管理体制。一条线是政府职能机构，包括总统体育问题协调委员会、俄罗斯体育运动协会代理部，其中总统体育协调委员会的成立，确立了竞技体育发展是以总统为最高决策者的管理框架。另一条线是社会团体机构，主要指俄罗斯奥委会[5]。双线主体具体包括：俄罗斯联邦政府和各州、区、市的竞技体育组织在管理的运行机制上基本采取部、署、局的三级管理模式[6]，其运行机制自上而下分为5个层级，即总统、联邦政府、联邦体育部、联邦主体和地方自治体。总统制定竞技体育发展方向，提供政策性引导。联邦政府直接管辖联邦体育部及与体育相关的部门，实施宏观层面的发展指引。联邦体育部拥有对奥委会、残奥会、单项运动协会和运动培训中心的直接管理权。其中，俄罗斯奥委会作为一个独立的、非营利性的社会体育组织，主要

---

[1] 邵书龙. 苏联社会结构转型的社会学分析：阶级分层与阶层分层[J]. 毛泽东邓小平理论研究，2009（2）：46-56，86.

[2] 李琳，陈薇，李鑫，等. 俄罗斯2020年前体育发展战略研究[J]. 上海体育学院学报，2012，36（1）：1-4.

[3] 彭国强，舒盛芳. 日俄体育战略嬗变的经验与启示[J]. 西安体育学院学报，2016，33（3）：288-294，342.

[4] ZASIMOVA L. Sports facilities' location and participation in sports among working adults[J]. European sport management quarterly, 2020(117): 1-21.

[5] 肖霞，肖水平，王公法，等. 苏联解体后俄罗斯竞技体育管理体制的发展研究[J]. 体育与科学，2006（1）：57-61.

[6] 国家体育总局. 俄罗斯竞技体育管理体制研究[EB/OL]. （2006-11-20）[2024-04-12]. https://www.sport.gov.cn/n322/n3407/n3413/c564645/content.html.

责任是与各单项协会协调组建俄罗斯国家队，并以俄罗斯奥委会的名义参加奥运会比赛。联邦主体是承上启下的主要机构，确保体育相关政策在地方的落实与贯彻、提供方向指导。地方自治体的主要职责是制定地方性的体育发展纲要、组织本区域体育竞赛、监督各社会体育培训机构的运行。

3. 社会和市场力量的作用

俄罗斯转型成功后，社会和市场力量权限扩大，自身的成长与发展运行在市场竞争下趋于成熟，参与竞技体育发展的目标与国家发展定位一致，即提高竞技体育的国际竞争力、培养竞技体育后备人才。具体表现在以下几个方面。

（1）参与体育科技研发，提升运动参与、运动训练和运动竞赛的数字化、信息化、智能化水平。例如，在索契冬季奥运会筹办中，市场组织总投资超过50%，通过购买的形式，在设备、技术上进行创新，出现了能根据实时气温进行造雪调节的机器和异频雷达收发机等高科技设备，对竞技体育的科学化发展作出了贡献[①]。

（2）社会体育组织加快了商业化和专业化发展的进程，形成了产、经、销一条龙的高水平运动员培养模式。例如，体育俱乐部会与青少年竞技运动学校、奥林匹克后备力量学校、竞技运动职业网络学校和高水平运动技术学校建立紧密的联系，有针对性地实施各种培训计划，提高运动员运动水平，有权推荐优秀运动员进入高级体育运动学校进修或代表国家队参加比赛[②]。

（3）进入21世纪后，国家强调体育的均衡化、人本化发展，考虑到体育场馆是影响运动参与和发展体育人口的主要因素之一，体育运动组织（如斯巴达克）同俄联邦国家居住和建设政策委员会签署协议，共同发展居民区健康和群众体育工作，建设更多的体育场地，为扩大竞技人口及培养竞技体育后备人才创造了有利条件[③]。

二、俄罗斯竞技体育发展中社会和市场力量的成长特点

（一）国家发展导向制约社会和市场力量发展的选择方向与空间

苏维埃社会主义共和国成立初期，国内外生存环境严峻（国内爆发内战、国外遭到资本主义排挤），国家发展主线是通过发展军事与经济来提升自身实力，在

---

① 张建辉，黄海燕，约翰·诺瑞德. 国际体育产业发展报告[M]. 北京：社会科学文献出版社，2017：240-383.
② ИСАЕВА А. Спортивнаяполитикароссии[M]. Москва: Юстицинформ, Советскийспорт, 2002: 232-233.
③ 李中海. 普京八年：俄罗斯复兴之路（2000～2008）经济卷[M]. 北京：经济管理出版社，2008：21，379.

第四章　部分西方国家竞技体育发展中社会和市场力量成长的历史审视

该发展导向下，国家更侧重于发展大众体育，提高国民战斗能力。以小众精英为主的竞技体育不在发展主线之内，社会和市场力量由此获得更多的成长机会和空间。

1932 年，随着五年计划的完成，苏联由农业大国变为工业大国，1937 年苏联工业生产总值跃居欧洲第一，排名世界第二。面对高度发达的经济形势，苏联谋求世界霸主地位。国家政治目标追求转变，苏联的竞技体育由苏联共产党中央委员会直接管控，围绕国际比赛成绩来凸显自身发展的优越性[1]。苏联组建了机构庞大的国家体委（到 1988 年，该委员会设 33 个司局，拥有 560 多人），领导苏联全国体育工作，并集竞技体育、群众体育、学校体育于一身，负责资金分配、运动队管理及对外联络等工作[2]。社会和市场的自我发展空间狭小，只能通过对政府政治意图的呼应来谋求发展空间。

戈尔巴乔夫为挽救苏联引进市场机制，叶利钦为稳定解体后的俄罗斯选择"西化""休克疗法"等手段，实施自由化市场经济，鼓励社会和市场力量介入竞技体育发展。在该目标导向下，社会和市场力量作用于竞技体育发展的选择空间增大，俄罗斯奥委会成为独立的社会机构，各俱乐部以商品形式向外出售运动员，同时还借助资金介入竞技体育发展的多个领域。

普京时期，竞技体育管理体制与机制呈现为双线管理，即推动竞技体育崛起及促进竞技体育与大众体育的协同发展。在该目标作用下，社会和市场力量参与竞技体育发展的空间进一步扩大，政策、法规规范了政府权限和社会组织权力，俱乐部和协会有权直接参与竞技体育后备人才培养，企业与集团能与科研机构合作，直接参与运动员日常训练。

（二）内在动力和外部推力共同激活社会和市场力量的发展活力

俄罗斯竞技体育面对社会多次转型能够经久不衰，除了国家和政府的引导与扶持，内在发展需求的驱动及外部政治环境的变化也极大地激发了社会和市场的发展活力。

（1）内在动力是社会和市场力量发展的现实需求。进入 21 世纪后，俄罗斯面

---

[1] MAKARYCHEV A, MEDVEDEV S. Doped and disclosed: Anatomopolitics, biopower, and sovereignty in the Russian sports industry[J]. Politics and the life sciences, 2019, 38(2): 132-143.

[2] CRAIG G. Euphoria and exhaustion: Modern sport in Soviet culture and society by nikolas katzer (review)[J]. Journal of sport history, 2013, 40(1): 180-182.

临国民身体素质急剧下降、国民死亡率上升、青少年锻炼意识薄弱等严峻的社会问题，以及实现竞技体育强国梦、提升战斗民族共同体意志等政治认同问题，而发展竞技体育对于解决上述现实问题，形成推进国家发展的精神引领具有重要意义。这改变了其竞技体育的管理体制和机制，国家把促进竞技体育发展的管理职能和权力委托给俄罗斯奥委会及其下的各社会团体、协会、俱乐部[①]。协会、俱乐部等社会组织加强与不同地区之间的合作，实现竞技人才的区际流动，为竞技体育重回世界巅峰提供帮助，同时通过奖牌数和国际大赛成绩激活国民的内在自豪感和战斗意识。

（2）国际政治环境是社会和市场力量发展的外部推力。在美苏意识形态争斗加剧的背景下，竞技体育的政治功能被放大，苏联国家奥委会与国际奥委会之间的交流增多，社会和市场力量乘上国际化发展的快车道，不断增强自身的发展活力和竞争力。国家发展竞技体育以奥运会为中心，社会和市场力量借助电影、戏剧、报刊等传媒工具更新国人观念，促使苏联传媒、电影行业发展起来，帮助拓展社会组织的发展类别和规模[②]；在国际政治交流加强与不同国家管理体制、机制的交流碰撞中，探索出既能发挥政府主导作用，又能实现社会自组织作用的竞技体育管理新体制，即政府与体育社团、协会相互合作、相互协调与支持的结合型体育管理体制，促使协会、俱乐部等社会组织成为官方认可的机构，实现社会团体由协助主体到管理主体的转变，改变各类社会主体对参与竞技体育发展的角色和作用的认识，为社会和市场力量积极参与竞技体育发展的组织与运行奠定了基础。

（三）政社关系调整影响社会和市场力量的作用内容和方式

苏维埃政府成立之初，"弱干预—弱合作"的政社关系，让其社会和市场力量积极作为，推进了运动项目的普及与发展，以及专业性体育社团组织和体育人才的发展。斯大林控权时期，政社关系表现为"强管制—强依附"，社会和市场力量对政府力量呈现的状态是"回避性、退让性"。经济上高度集中的、指令性的计划经济体制，削弱了社会和市场力量在竞技体育发展过程中的作用范畴、方式和效果。苏联后期，政府调适了政社关系，形成了"弱干预—强合作"的关系，社会和市场力量在市场运行机制下不仅为竞技体育发展提供了经费支持，还以租赁的

---

① UVAROV V. The crisis of Saviet sports: Organizational and legal problems[J]. Scand J Med Sci Sport, 1993, 3: 19-21.
② CASSIDAY J A, DENISE J Y. Russian war films: On the cinema front, 1914—2005[J]. American historical review, 2008(1): 319.

第四章 部分西方国家竞技体育发展中社会和市场力量成长的历史审视

形式盘活了体育场馆,增加了政府财政收入。

苏联解体后,政社关系表现为"强引导—强合作",俄罗斯联邦政府改变了一切体育管理行为都是政府行为的做法,推进管理体制由单一行政命令式向政府政策引导的转变,形成了政府和社会团体共同管理的新型运行机制,政社协同合作参与竞技体育发展。一方面,社会和市场力量与政府共同发力,建立起了作用互补的竞技体育经费运行机制,即政府主要对最低层次的竞技体育后备人才培养系统和最高层次的国家队人才系统提供经费支持,其他层次的体育后备人才培养则主要由俱乐部等社会和市场力量提供经费支持,而体育赛事的商业化运作、体育后备人才及精英人才的交易等是其重要的资金来源渠道[1]。另一方面,多元主体协同合作拓展了竞技体育人才培养的模式。体育俱乐部、体育企业、体育公司等社会和市场力量与其原有的儿童、青少年体育运动学校、竞技运动后备力量共同参与到青少年体育培养阶段,逐渐形成了满足民众、市场、社会、国家需求的多元化体育后备人才培养模式和体系[1]。

三、俄罗斯竞技体育发展中社会和市场力量的成长路径

(一)服务于国家意识形态统一的成长路径

1. 形成的历史缘由

自 19 世纪起,意识形态逐渐成为维护国家秩序的思想基础,到 20 世纪初期共产主义兴起,意识形态正式成为维护苏维埃政权稳定的工具。尤其在第二次世界大战后受到资本主义国家孤立,苏联更加看重意识形态的输出作用,积极通过竞技体育宣扬自身政治意识形态的统治力和社会主义制度的优势[2][3]。"冷战"格局形成后,苏联急需加强意识形态建设,以让民众认同制度优势及巩固社会主义阵营联盟。由此,苏联对外强化了意识形态的输出,对内强化了国民对共产主义的热爱,最大化缓解西方"和平演变"对国民的文化渗透[4]。直到 20 世纪末激进改

---

[1] 肖霞,肖水平,王公法,等. 苏联解体后俄罗斯竞技体育管理体制的发展研究[J]. 体育与科学,2006(1):57-61.
[2] KATZENSTEIN P J. The culture of national security: Norms and identity in world politics[M]//ROBERT G H. Identity, norms, and national security: The Soviet foreign policy revolution and the end of the Cold War. New York: Columbia University Press,1996:39.
[3] TRACHTENBERG M. A constructed peace: The making of the European settlement, 1945—1963[M]. New Jersey: Princeton University Press, 1999:36.
[4] 初智勇. 俄罗斯对外结盟的目标形成及影响因素——基于权力结构、地缘关系、意识形态视角的分析[J]. 俄罗斯研究,2015(3):156-194.

革导致主流意识形态崩盘、自由主义盛行、社会分化严重，对国家造成毁灭性伤害。苏联解体后，俄罗斯联邦政府迫切需要重构意识形态的统一，在治国中践行意识形态是"政治的浓缩反映"的观念，重新建构了"俄罗斯新思想"，将自由主义思想和强国思想相结合，引领社会各界致力于国家建构，增强人民的国家认同。

2. 发展的目标定位

俄罗斯先后经历两次社会转型。首先，20世纪初由沙皇俄国转为苏维埃政权国家；其次，从社会主义性质的苏联国家转为资本主义性质的俄罗斯联邦国家。二次国家政体的转变导致国民对国家的认同感和归属感下降[1]。国民的政治认同影响着国家的稳定与发展，以意识形态教育来推进民众的政治认同，进而实现国家政治安全成为关键[2]，竞技体育比赛具有强大的情绪感召力和精神凝聚力。例如，1991年举办的足球顶级联赛受到国民的热烈关注，凝聚了国民对国家的自豪感，这就为民众认同国家意识形态和国家政权提供了保障。社会和市场力量正是通过发展竞技体育来实现国家主流意识的统一，最终达到维护国家安定的目标，同时国家意识形态的统一又能为社会和市场力量提供稳定、有序的成长环境[3]，即稳定的政府又可以为社会和市场力量的成长提供更好的政策环境、财政经济支持。

3. 发展的基础条件

（1）在观念意识上，随着第二次世界大战的结束，在苏联社会中恢复意识形态控制变得尤为重要。首先，教育成为社会中传播意识形态和价值观的极其重要的工具，国家领导人强化在学习的每个阶段对科学、文化、体育领域意识形态的控制[4]。为了打好运动基础、培养尖子运动员，在全国范围内建立"体育网"，把退役优秀运动员下放到基层，培养和训练青少年运动员。其次，《劳动与卫国体育制度》的颁布和实施从体育层面出发，引领人们增强体质，为保家卫国做准备，其实质是着力于强化意识形态统一的目的，而工会、共青团、合作社、其他社会团体等社会力量是推手，它们借用电视、新闻、报纸、期刊等媒体工具掀起了体育运动狂热，促使体育成为扮演传递社会主义思想的角色，并以不同的竞赛项目描绘苏联社会的民主、自由、平等。竞技体育的强盛实现了：对内，国民拥护社

---

[1] 马忠利. 变迁与思考：转型期俄罗斯体育体制研究[D]. 北京：北京体育大学，2008：14-15.
[2] 段光鹏，王向明. 新时代国家意识形态安全面临的风险与防范[J]. 社会科学家，2021（12）：54-59.
[3] 尤国珍. 发达资本主义国家意识形态建设的历史经验与现实启示[J]. 理论导刊，2017（9）：54-57.
[4] BELOUSOV A. Political propaganda in contemporary Russia[J]. Russian politics & law, 2012, 50(3): 56-69.

第四章 部分西方国家竞技体育发展中社会和市场力量成长的历史审视

会主义热情的高涨；对外，展示社会主义制度的优越性。最后，在资本主义、自由经济发展背景下，普京提出了"俄罗斯新思想"，即"爱国主义、强国主义、国家观念和社会团结"，用新的意识形态巩固政权、凝聚力量。在市场运行机制下，社会力量参与国家建设，推进"俄罗斯新思想"在社会群体中的认同度；引导精英体育群体形成正确的爱国主义，避免兴奋剂事件发生；通过与国家、学校、家庭合力，建立统一的体育思想道德教育空间[1]。

（2）在物质基础上，一方面，苏维埃政权的成立，促使苏联直接从落后的农业国转变为工业大国，农民总人口数从1917年的85%到1985年直接占总人口数的12%，主导产业由最初占80%以上的农业变为工业产值[2]；俄罗斯联邦政府GNP在2001年增长5.5%，工业产值增长5%，国家实力的强盛，有利于政府从工作、就业、补足等方面为运动员、教练员提供保障机制，为体育人才提供夯实的物质保障[1]；国家为提高体育人口参与数，提升了薪资，调整了工作弹性机制，增加了业余时间，获得社会良好反馈，俱乐部、社团、社区体育等社会力量得到增长。另一方面，媒体的蓬勃发展，促使自身成为维护政权的工具、宣传思想的手段、具体行动的意识形态灵感。由于敌对意识形态之间的意识形态斗争是社会和政治变革的主要驱动力，所以苏联为了在与西方意识形态斗争中获取胜利，控制了所有的媒体，发动了强大的意识形态宣传机器[1][3]。新闻、报刊、电影等媒体成为政治界对体育和体育工作者进行管控的主要工具。进入21世纪后，大众媒体持续发力，以宣扬国家主流意识形态为方针，将体育新形象、口号、思想作为行动指南，并利用标语、图片、赛事宣传在潜意识层面输出体育文化[4]。

（3）在组织保障上，首先，苏联新闻作为一种意识形态和权力宣传工具，国家专门设党委机构对其进行监管，权力机构具有政治审查的职能，以保障新闻媒体宣传的观念与国家一致[5]。1946年7月5日，苏联明确了新闻在文化和意识形

---

[1] MOSER M, LARYSA M. Mova radians'koho totalitaryzmu [the language of Soviet totalitarianism][J]. East/West journal of Ukrainian studies, 2018, 5(2): 175.

[2] 邵书龙. 苏联社会结构转型的社会学分析：阶级分层与阶层分层[J]. 毛泽东邓小平理论研究，2009（2）：46-56, 86.

[3] BARNETT W P, WOYWODE M. From Red Vienna to the Anschluss: Ideological competition among Viennese Newspapers during the rise of national socialism[J]. American journal of sociology, 2004, 109: 52-58.

[4] LITVISHKO O V. Directions for optimizing the system of financing professional sports in Russia[J]. Bulletin of udmurt university series economics and law, 2020, 30(5): 647-653.

[5] KONONENKO V, MELNYCHUK O. The role of the soviet press in cultural-ideological processes in the Ukrainian SSR (1945—1953)[J]. Skhidnoievropeiskyi Istorychnyi Visnyk [East European Historical Bulletin], 2019(11): 169-179.

态领域的地位，新闻媒体在国家权力机构准许下对经济、文化、社会等领域具有宣扬、指正和批评的权力[①]。竞技体育在国际舞台上的出色表现也受到国内主流媒体青睐，掀起国内体育热潮，需求的增长加上媒体的渲染，社会团体也可以参与国家事务和社会事务的管理。其次，法律程序的不断完善和改进，既界定了政府权力，规范了市场规则，也给予了社会力量更多的成长空间。1977年《宪法》第7条将社会团体列为政治体制的组成部分；1980年颁布《俄罗斯联邦社会治安站条例》，进一步扩大社会和市场力量对社会安定的作用；1990年3月修改《宪法》第6条"允许社会和市场力量介入国家管理中，管理国家和社会事务"[②]。法律扩大了社会和市场力量的准入范围，政府为竞技体育的发展提供大方向，对社会和市场力量参与发展起监督、规范和引领作用，社会和市场力量为竞技体育发展提供新活力、新资金渠道、新技术、新传播路径。

4. 发展的技术手段

（1）以学校教育为依托。由于竞技体育政治功能的不断强化，学校被当作宣传意识形态教育的主阵地之一。学校竞技体育在实践发展中衍生出大众竞技与精英竞技两个层级，而社会和市场力量依托于此来服务于国家意识形态的统一。精英竞技体育从德国传入后，俱乐部、协会加强了与学校层面的交流，强化青少年参与精英竞技以实现为国争光的思想，夜校、工会、协会等积极宣传精英竞技体育，国家奥委会组织国际体育赛事交流，政府引进精英体校，建立三级学校体系，为各体育联合会、青少年体校、教练员和运动员提供多种资源，向学生传播红色体育、为国争光等思想，体校成为另一个被用来展示国家制度和意识形态优越性的场所[③]。

（2）以多元化的传播手段为媒介。首先，苏联电影产业的大多数人都认同竞技体育是国家意识形态的一种体现，在国家政治压力及官方补贴的影响下，苏联电影发挥着非常重要的意识形态宣传功能，并受到中央计划安排和不同程度的政治审查[④]。例如，赫鲁晓夫时代的许多电影艺术家都专注于改写伟大卫国战争的历

---

① POPP R. Ideological-propaganda policy of the soviet system in the western regions of Ukraine in 1944-1953 (according to the materials of drohobych region)[J]. Modern history of Russia, 2019, 1(18): 23-26.

② MOSER M, LARYSA M. Mova radians'koho totalitaryzmu [the language of Soviet totalitarianism][J]. East/West journal of Ukrainian studies, 2018, 5(2): 175.

③ 马德浩. 竞技体育后备人才培养的域外经验与中国镜鉴——以英、美、俄为例[J]. 中国体育科技，2022，58（9）：46-51，87.

④ MILLER J. Soviet cinema: Politics and persuasion under Stalin[J]. Macmillan, 2009, 12(7): 25-29.

第四章 部分西方国家竞技体育发展中社会和市场力量成长的历史审视

史,在意识层面上展示社会主义国家的伟大。其次,苏联报刊是国家向社会大众传输意识形态的另一渠道,通过适当地精选信息、分析性评论、优评文章和漫画来形成社会性的体育舆论,通过向国民提供优异的奥运会成绩使国民相信苏联的体育神话,还将苏联体育取得的巨大成功归功于群众性体育的蓬勃开展,激发群众的参与热情。最后,新闻界和广播电台一起扮演了主要的意识形态宣传角色,把党和国家机关的信息传递给普通公民(发布官方法律行为、申诉、解释等),同时新闻、广播将戏剧、建筑、海报、舞蹈剧等连接在一起,也使其附带成为宣传国家意识的工具。例如,马亚科夫斯基在《一亿五千万》中写道体育被用于政治宣传,谢尔盖·普罗科菲耶夫在《战争与和平》中表明体育运动已成为苏联官方意识形态的一个核心方面,即健康的身体象征着健康的身体政治,不同的艺术形式中都渗透了体育意象下的政治化意图和国家意识形态特征[①]。

5. 成长的特征与效果

1)成长特征

(1)以服务于政权和政局的稳定来获取发展机遇与空间。早期苏联国内民众对共产主义认知较浅,导致内战不断、争权夺势,社会和市场力量成长的空间狭小,直到以列宁为首的苏维埃政权确立,人民群众对国家信任和认可度提高,社会和市场力量(如新闻、广播、影视行业等传媒业)在新经济政策下焕发生机。

(2)成长受到较多的政治干预和引导扶持。苏联为实现对以美国为首的资本主义的反超,实行五年计划,限定社会和市场力量的发展方向;为成为竞技体育强国,苏联举全国之力发展竞技体育,社会和市场力量逐渐退出竞技体育人才培养体系,集中力量在竞技体育宣传层面作为;俄罗斯联邦体制确定后,"俄罗斯新思想"和市场体制的形成和确立分别从政策、体制层面引导社会和市场力量参与国家体育发展战略,如介入竞技体育后备人才培养体系中和激活企业、机构的创新力。

2)成长效果

(1)社会和市场力量成长的社会环境发生了显著变化。由于增强了民众对国家制度的认同感,民众高度重视竞技体育为国争光的功能,积极参与和支持竞技体育发展。政府看到竞技体育对意识形态教育的积极作用,也开始集全国之力发

---

① ANTHONY C, JONATHAN L. Bigger than ourselves: The Southgate narrative and the search for a sense of common purpose[J]. Sport in society, 2020, 24(1): 56-73.

展竞技体育，创办具有苏联特色的金字塔体育人才培养和输送体系。在1956—1988年参加的9届冬季奥运会中，苏联7次获得奖牌总数第一名，极大地激发了群众对社会主义的自豪感和对参与体育运动的热情。

（2）社会和市场力量成为国家竞技体育发展中的重要推动力量。在苏联早期，主要由社会和市场力量来组织竞技体育的发展。俄罗斯联邦建立后，社会和市场力量为竞技体育的普及和推广做了大量工作。例如，1918年成立的体育小组推动体育项目单项化发展，21世纪社会和市场力量修葺与建设基础体育场地设施。自始至终，社会和市场力量在扩大竞技体育人口、培养竞技体育人才、拓展竞技体育发展模式等方面发挥了不可忽视的作用。

（二）服务于体育强国建设的成长路径

1. 形成的历史缘由

苏联作为社会主义阵营的排头兵，与以美国为首的资本主义阵营进行着激烈的政治较量。由此，苏联从竞技体育入手，建立苏联中央执行委员会和苏体委全权管理体育，促使竞技体育在奥运会上大放光彩，超越美国成为世界竞技体育第一强国；苏联解体后，自由主义盛行、市场经济介入，在利益驱动下动摇了国家根基。为重建社会和市场秩序，让民众有更好的获得感、幸福感，政府重拾体育强国建设，推进竞技体育与大众体育的协同发展，在运动参与和运动竞赛中让民众感受国家的人文关怀，强化民众的民族观念和精神（战斗主义精神），引导社会和市场力量按国家发展规划与导向参与发展。

2. 发展的目标定位

在苏联体制下，竞技体育的发展被纳入计划经济体系内，同时还与政治体系挂钩，在此基础上，苏联的体育强国目标等同于促进竞技体育发展，衡量的标准也仅由金牌数量决定，目标指向相对单一。后期伴随着苏联解体、"冷战"结束，体育强国的衡量指标在竞技体育的基础上增加了大众体育，衡量体育强国的指标由单一金牌数量变为多元价值体现（国民体质、市场融洽度、体育职业化和商业化程度等）。随着体育强国目标的转变，社会和市场力量调整自我发展定位，体育机构、体育协会、学校等多元主体积极与政府机构合作，整合各方资源，不断完善合作与推广机制，促进自我组织与管理不断走向规范化、专业化和科学化发展，积极拓展体育人口，推进职业体育的商业化进程，改善国民体质健康，推进国家向全面化的体育强国发展目标迈进。

3. 发展的基础条件

（1）在观念意识上，随着社会发展，俄罗斯逐渐意识到均衡发展竞技体育、群众体育、学校体育的重要性，群众体育和学校体育在俄罗斯发展中的重要性逐渐得到提升。苏联时期，体育强国与竞技体育密切相关，早期受"红色体育国际"与"纽泽恩体育国际"路线斗争的影响，政府需要竞技体育证明政治路线的正确性和安抚国民[1]。后在"冷战"格局的影响下，国际上逐渐将竞技体育的政治功能放大，苏联领导人以奥运赛场上的优势、优异成绩证明社会主义制度的优越性。随着俄罗斯联邦政府的发展，体育强国的内涵进一步丰富，价值进一步得以深挖，群众体育运动、学校体育运动与竞技体育运动并举，以科技为创新点，共同推进体育强国建设，以索契冬季奥运会、2018年世界杯为契机，国家释放社会和市场力量参与体育发展的活力，大力宣传健康的生活方式，提高国民体育参与度[2]。为推进体育强国建设，政府对社会和市场力量的准入力度加大，社区、俱乐部等社会力量可以介入学校体育教育中，完成教育目标的转变——军事训练和竞技比赛的目标变为促进人的全面发展，社会组织逐渐成为青少年体育培养体系中的重要一环[3]。

（2）在物质基础上，一方面，俄罗斯继承了苏联巨大的科技研发遗产和经济基础，经过几年调息，俄罗斯经济恢复到历史最高水平，到2007年，各项宏观经济指标恢复到1989年的水平，GDP增长了68%，工业生产增长了73%，投资增加了123%，摆脱了经济危机[4]。另一方面，企业通过不断吸收与调适先进技术和知识，提高自主研发性为体育科技创新出力，国家则为创新性强的企业、公司、研发机构提供政策优惠、财政补贴、人才支持等帮助。在政府的顶层设计和政策推动下，本土体育产业公司进行数字经济转型，实现自我活力的激活。市场利用政府大数据产业分析、数据中心和云计算服务等设施做到投放人群的精准、专业、实用，提高服务效率、降低运作成本。同时政府实行"数据本地化"战略，限制数据对外完全透明化，为本土公司的壮大提供良好环境，在此基础上，俄罗斯体育市场经济呈现出激活状态[5]。

---

[1] 白海波. 俄罗斯体育管理体制改革发展研究[J]. 沈阳体育学院学报，2007（1）：37-39，42.
[2] MILLER J. Soviet cinema: Politics and persuasion under Stalin[J]. Macmillan, 2009, 12(7): 25-29.
[3] 张华. 俄罗斯体育与民族文化性格研究[J]. 体育与科学，2022，43（3）：24-28.
[4] 程亦军. "新普京时代的俄罗斯经济政策"[J]. 理论视野，2012（8）：64-66.
[5] 余南平，张翌然. 俄罗斯数字经济转型及价值链构建[J]. 俄罗斯东欧中亚研究，2022（4）：120-141，161-162.

（3）在组织保障上，整改体育管理机构实行分权管理，改俄罗斯国家体育运动委员会（以下简称俄罗斯国家体委）为俄罗斯联邦体育、运动与旅游署，职责为起草和修改体育法、制定俄罗斯体育发展规划，而俄罗斯奥委会从政府机构中脱离，成为纯粹的社会组织，与俄罗斯国家体委共同管理竞技体育发展，其经费主要依靠社会赞助和国际奥委会分红[1]。经济上的独立使社会和市场能最大限度地发挥自身优势，市场根据供需变化及时把握群众喜好，调整运动类型、模式，比赛的规模及与媒体机构的合作方式，激发群众参与体育运动的热情，从而带动竞技体育表演赛市场，促进竞技体育市场的融合度。此外，群众体育和学校体育被《宪法》保护，明确规定每个人都有获得保护自身体质的权利[2]。国家保障群众和学生参与体育运动的权利，政府明晰了自身服务职能，强调竞技体育发展的国民需求和人性化保障，注重法律法规在组织与管理中的作用，注重市场机制在体育资源配置中的作用。

4. 发展的技术手段

（1）以满足民众多元体育需求为根本。俄罗斯联邦政府未来体育发展战略从单一地追求竞技体育成绩转变为号召全民参与体育运动，向全面体育、全民体育靠近[3]。进入21世纪，国内经济条件好转，民众的体育需求日趋多元化。为了更好地促进民众参与到体育运动中，促进体育事业协调、可持续发展，社会和市场力量在政策引导下加强体育场地、设施建设，让民众有更多、更好的运动场所，这同时也激发了体育建筑市场的活力。《俄罗斯联邦2006—2015年体育运动发展》联邦计划纲要中将体育基础设施作为优先发展方向，俱乐部、协会、联盟等不断加大对体育场地建设的投入。据《第一财经日报》报道，2003—2008年，俄罗斯建造了23000多个体育设施，截至2008年，全俄体育设施已达22万个[4]。同时，社会和市场力量不断提高竞赛的观赏性，满足群众追求刺激、紧张的心理需求。

（2）以体育与经济社会相互融合、促进为导向。在实现走向体育强国目标中，

---

[1] 简捷. 俄罗斯体育管理的走向[EB/OL].（2006-11-20）[2024-04-12]. https://www.sport.gov.cn/n322/n3407/n3411/c564470/content.html.

[2] 秦剑杰，李继东，张晶，等. 俄罗斯国家主导体育管理模式的基本特征及其启示[J]. 体育学刊，2017，24（2）：45-51.

[3] 李军，邵雪梅，王子朴，等. 俄罗斯体育产业政策发展特征研究及对我国的启示[J]. 山东体育学院学报，2008，24（3）：4-7.

[4] 藏文茜，罗敏. 俄罗斯体育如何重新崛起？[EB/OL].（2008-08-14）[2024-04-12]. https://finance.sina.com.cn/roll/20080814/02502374391.shtml.

俄罗斯联邦政府不断改革竞赛管理体制，充分调动不同部门、机构及社会参与发展的积极性，致力于实现体育与经济社会的相互融合与促进，并以双线管理体制促进社会和政府的协同合作，最大化开发竞技体育的商业价值。首先，政府层面出台相关法律，如《俄罗斯联邦体育运动法》，为市场组织参与竞技体育发展提供了法治保障，规范了社会和市场的行为标准。上层建筑和法律手段的革新，促进体育市场的专项发展，如体育宣传、建筑、设备等市场开发，不仅加速了体育与经济社会的融合，还提高了社会就业率，解决了部分就业岗位。其次，基于政府财政投入的有限性及体育产业发展所带来的巨大经济效益，拓宽了竞赛资金来源渠道，如索契冬季奥运会中市场组织投资超 50%[①]。最后，俄罗斯的职业体育发展也取得了长足的进步。以篮球为例，俄罗斯职业篮球联赛2014—2015赛季的总收入达 59 亿卢布，俱乐部收入大部分来自企业赞助，实现了竞技体育的市场化和职业化发展[②]。

5. 成长的特征与效果

1）成长特征

（1）政府主动注入市场化的运行机制。俄罗斯采用三权分立的政治体制，改变以往由政府掌控一切的局面。政府主动减少发展竞技体育的拨款，改由企业、社区、俱乐部自主筹款和运作；由社会和市场力量通过市场机制促进体育职业化和产品商业化发展，激发市场经济体制下多元发展主体的活力。

（2）社会和市场力量在新型管理体制下成长。国家主动转变角色定位，尽可能让社会和市场进行自我发展与运行，同时又充分发挥政府的主导和调控作用，最终形成政府主导、社会自治、市场自主三者协调运转和有机结合的市场经济条件下的新型举国体制。

2）成长效果

（1）社会与市场力量通过服务"大众竞技参与"[③]，为自身发展创造更多市场需求和更多元化的产品。"冷战"格局下，政府资金多用于军队备战、科技研发，用于开发人民群众日常体育生活的产品很少，再加上国家将重点放在争金夺银的精英竞技上，导致大众竞技参与度不高。直到俄罗斯体育强国建设战略的提出，

---

① 张建辉，黄海燕，约翰·诺瑞德. 国际体育产业发展报告[M]. 北京：社会科学文献出版社，2017：240-383.
② 马忠利. 俄罗斯职业体育发展再思考[J]. 山东体育学院学报，2016，32（6）：17-21.
③ 辜德宏. 我国竞技体育发展方式转变的逻辑起点辨析[J]. 天津体育学院学报，2015，30（5）：383-387.

国家、社会和市场力量共同致力于提供更多元的大众竞技参与类产品，利用各类竞技比赛激发群众的运动参与热情。该举措不仅促使国民体质健康状况有所好转，而且提升了民众的竞技参与度。

（2）社会和市场力量成为打通普及与提高之间无缝衔接的重要力量。体育强国建设缓和了竞技体育和大众体育之间的矛盾，促使双中心发展的体育结构基本形成。这也进一步保障了社会和市场力量在体育事业发展中的重要地位。

（3）符合市场需求的科技开发与服务，提升了社会和市场力量发展的效率和质量。在新型的企业市场环境中，企业、组织、俱乐部等抓住了数字经济转型带来的便利，做到了需求信息获取更为灵活、多元、准确，大大提高了自身产品和服务开发的有效性。

（三）服务于竞技体育后备人才培养的成长路径

1. 形成的历史缘由

从俄罗斯竞技体育历史发展轨迹探析来看，竞技体育后备人才的充盈是保障俄罗斯竞技体育在每个阶段都保持强有力竞争力的重要原因之一。苏联时期，竞技体育管理体制为中央集权式管理，社会自组织活动主要依托各类体校进行，是社会力量为数不多的介入口；苏联解体导致体育人口参与基数减少，给竞技体育的可持续发展带来压力，俄罗斯联邦政府为缓解这些问题，以社会和市场力量为主，建构多元化的体育后备人才培养体系，即在俄罗斯奥委会和俄各单项协会的领导和指导下，建构了学校体育、社区体育、俱乐部体育协同参与的竞技体育后备人才培养体系。

2. 发展的目标定位

竞技体育后备人才培养一直是俄罗斯发展竞技体育的重中之重，但青少年体育人口基数少、参与度低、参与渠道单一等问题使对后备人才的培养陷入巨大困境。政府在竞技体育发展进程中，看到了社会和市场力量在指导青少年竞技参与和发展中的作用，在培养、输送竞技体育后备人才等方面的作用，如体育企业、俱乐部参与体育基础设施的建设，创建更多和更便捷的运动参与环境，这不仅让它们有更多的办训、办赛场所，而且让它们有更多的消费群体，社区体育和学校体育也积极培养儿童、青少年的运动兴趣，多元社会和市场力量想方设法激活儿童、青少年参与运动，专业化地培养他们的运动技能，进而为竞技体育人口开发、竞技体育后备人才培养、竞技体育可持续发展等夯实基础。同时多元社会和市场力量的参与也拓展了竞技体育后备人才培养的模式和输送路径，竞技体育后备人才培养和竞技体育发展拥有了更好的发展活力和更多的成长可能。

3. 发展的基础条件

（1）在观念意识上，体育改革朝着社会化和市场化的方向发展。在斯大林模式下，竞技体育的后备人才培养全权由政府负责，并通过行政命令式手段控制后备人才的选拔过程。普京执政后，继续深化戈尔巴乔夫、叶利钦等人的市场经济改革导向，为社会和市场力量进入竞技体育领域松绑。自1987年俄罗斯国家体委自筹经费以来，通过体育彩票、体育企业实体、体育设施有偿服务等方式获取发展经费，发展运营中的体育市场化因素增加，体育职业化和商业化得以生发与发展，1992年推行体育运动俱乐部制和体育社会化管理机制改革。进入21世纪，体育俱乐部加深了与不同社会群体之间的合作、交流，为青少年接触体育提供了便利，为提高他们的运动兴趣及更好地满足他们的多元化需求，提供了更多元的竞技体育产品与服务，形成了多元化的后备人才培养路径，积极培育全民运动参与和发展的意识。

（2）在物质基础上，俄罗斯提升了竞技体育资助力度，完善了后备人才培养体系，为投身竞技体育事业的俄罗斯运动员、教练员等群体提供更为人性化的关照。首先，政府逐渐加大对青少年运动员培养系统的资助，使青少年运动员能获得更好的训练保障。例如，2001年俄罗斯联邦政府批准专项资金用于对培养国家后备体育人才的体育组织提供财政支持，给青少年体校提供体育设备及用具。其次，俄罗斯联邦政府合理利用商业赞助和社会资金，形成了对训练、科技攻关等的绩效激励政策，加强了运动员和教练员的社会保障、养老金、保险等制度建设，人性化地解决了运动员的退役和出路问题[①]。

（3）在组织保障上，以法律法规体系的完善及提升体育政策的针对性，来为社会和市场力量发展提供制度保障。计划经济体制的苏联模式转型成为由社会和政府多方主体共同参与、协调运作、有机结合的新型举国体制模式，国家法律法规体系不断完善，国家对体育作用和功能的认识更为全面，对社会和市场力量参与竞技体育发展，以更好开发竞技体育的多元作用与功能形成了深刻认识。

---

① 彭国强，杨国庆. 世界竞技体育强国备战奥运政策及对我国备战东京奥运会的启示[J]. 体育科学，2018，38（10）：19-28，37.

1992年出台的《全俄奥林匹克委员会法》《俄联邦体育教育和运动的管理机制法》，以及1993年颁布的《俄联邦体育运动立法原则》为国家机构与社会组织之间权力的重新分配指明方向。21世纪，政府依据市场经济规律给予社会团体组织更大的权力，充分发挥它们参与竞技体育发展的自组织作用，并通过制定《俄罗斯联邦2006—2015年体育运动发展》等给予发展指引，指明今后社会和市场力量参与的重心要转移到更好地促进竞技体育和大众体育的衔接上。此外，还通过法律巩固和完善体校的地位，改变由国家拨款的单一体制，积极寻求社会资金和其他合法商业赞助[1]。

4. 发展的技术手段

（1）以科研投入和医疗帮助为基础。20世纪60年代，苏联采用新技术，创建了运动药物和测试实验室，为提高运动员身体机能、促进疲劳恢复、运动损伤保健康复等提供帮助[2]。2016—2020年，作为社会组织管理机构的俄罗斯奥委会在不断增加体育科技研发投入力度，如俄罗斯奥委会创新中心组建专业运动项目科研团队，加大科技攻关力度，力求通过最新研究成果提升俄罗斯国家队的比赛成绩。为了更好地激发运动员潜力和保障运动员健康，俄罗斯成立了运动医学中心，加强了对运动医师的教育，囊括运动医生、外科医生、神经学家等多种医师领域，为运动员进行定期健康评估，以保障精英竞技人才的健康成长[3]。

（2）以提升教练员和管理人员的专业化水平为保障。《俄联邦体育运动法》在法律上扩大了俄罗斯奥委会的职能，同时各单项联合会、各协会、体育组织等也规划了各自的工作细则。俄罗斯奥委会与俄罗斯国际奥林匹克大学开展深度合作，为国家队参赛教练员、专家及相关人员组织并开展补充教育课程、高级培训与再培训课程，举办有关奥林匹克最新理论与实践研讨会等，以系统提升其职业技能与水平。为确保培训质量，俄罗斯奥委会定期对教练员、专家及相关人员的培训效果进行评估和诊断，力图建立教练员、队医、裁判员和运动队工作人员的长期

---

[1] 叶杨. 普京决心大力支持俄少年体校的改革工作[DB]. 国家体育总局体育信息中心国外体育管理数据库，国外体育动态，2000（11）.

[2] MAKARYCHEV A, MEDVEDEV S. Doped and disclosed anatomopolitics,biopower, and sovereignty in the Russian sports industry[J]. Politics and the life sciences: The journal of the Association for politics and the life sciences, 2019, 38(2): 132-143.

[3] MUSTAFINS P, LANDYR A, SCHYBRIA I, et al. Systematic sports medical prophylactic evaluations in the countries of the former USSR[J]. British journal of sports medicine, 2011, 45(6): 548.

培训体系。同时，专业化发展让俱乐部等社会力量更好地服务于大众竞技参与。到 1999 年，俄罗斯青少年儿童体育俱乐部从事体育运动的青少年从 150 万增加到 200 万人[①]。

5. 成长的特征与效果

1) 成长特征

（1）后备人才培养周期计划与国家总体规划一致。在服务竞技体育后备人才培养的成长过程中，社会和市场力量对后备人才的培养计划与国家主方向一致，即按奥运项目和周期进行规划、设计。同时，周期计划中充分发挥政府、社会和市场力量在后备人才培养中的各自优势，从而实现俄罗斯体育资源配置的最优化，促进竞技体育、大众体育和学校体育实现协调可持续发展新局面。

（2）科研、医疗结合程度高。将运动医学、训练科学、生物力学等领域的研究成果应用于培养奥林匹克后备人才的体校实践工作，实现优化顶尖运动员的训练。俄罗斯奥委会出台了《俄罗斯联邦 2020 年前体育发展战略》，支持高水平竞技体育发展，筹建国家多功能训练中心，颁布天才运动员选拔政策和教练员奖励政策，完善后备力量培训[②③]；加强科技保障，提高训练科学化水平，建立训练过程效果分析和监控体系，提供康复、医疗、技术保障等创新方案；成立科学革新教育处，加强体育科技保障工作，通过一系列政策来保障国家队在医疗和科研方面有更多支持，并为每支国家队设立流动的医疗中心，专门对体育医生进行培训。

2) 成长效果

（1）社会和市场力量培养竞技体育后备人才的成效获得认可，成为国家竞技体育后备人才培养和输送的一环。俱乐部、协会进入青少年的日常活动中，避免以往为了金牌而机械化、强制性进行人才培养的方式，使学生在兴趣中培养自己的运动能力和体验运动乐趣。

（2）社会和市场力量开发产品与服务的敏锐度、积极性、精准性，促进了多元主体间的科技合作与开发，提高了后备人才培养的效率及竞技体育发展的科学化水平。在国家政策扶持和引导下，企业与科研、医疗机构合作，对社会和国家

---

① MUSTAFINS P, LANDYR A, SCHYBRIA I, et al. Systematic sports medical prophylactic evaluations in the countries of the former USSR[J]. British journal of sports medicine, 2011, 45(6): 548.

② BRAMS D E. The challenge facing parents and coaches in youth sports: Assuring children fun and equal opportunity[J]. Vill.sports & Ent.l.j, 2002(2): 253-292.

③ 常利华. 俄罗斯体育管理体制及其对我国的启示[J]. 体育文化导刊, 2016（11）: 30-35.

的资源进行有效整合，研发多种先进设备为运动员提供科学的训练环境和条件，使俄罗斯竞技体育中的优势项目一直保持在世界前列。

（3）社会和市场力量通过服务于青少年这一国家发展的关键群体，为自身发展的合法性及获得广泛支持打下了基础。普京上台后，对社会和市场力量的作用持肯定态度，放松了对它们的压制。企业、俱乐部、协会等用自身的发展优势，为青少年提供运动指导服务、修建运动场馆，为青少年创造了良好的运动参与环境，社会对青少年的运动参与支持力度也相应加大。

四、俄罗斯竞技体育发展中社会和市场力量的成长模式

（一）国家法制的规范与引导

俄罗斯的法律中有大量有关体育管理的法规和量刑标准，规定了受法律约束的和地方性的关于高水平运动竞赛出现争议时的调解级别，明确了职业体育和其他体育活动的范围。政府用不同层级的法律调节竞技体育和大众体育的关系，主要包括：《俄联邦体育运动法》（中央与地方层面）；所属中央和地方层面的法规（总统令、政府法令、政府部门和其他联邦行政机关的法令）；市政府体育法令；非政府体育组织的法令；公认的原则、国际法和俄罗斯联邦所签的国际条约；国际体育组织的法令。

在许多情况下，俄罗斯竞技体育不仅受国内法律文件的约束，也受国际法规和章程的约束，包括《奥林匹克宪章》《世界反兴奋剂条例》《国际体育教育、体育活动和体育运动宪章》，以及国际单项体育联合会的文件等。俄罗斯体育现行立法符合国际法原则及俄罗斯联邦签署的国际条约，但是其法律的整体性、协调性还需进一步提高。要进一步让其有关竞技体育的国内法规与国际法规、俄罗斯签署的国际条约相适应。在某些情况下，还需要协调项目协会所制定的竞技体育法规与地方法规之间的不相适应；在个别情况下，还要协调俄罗斯联邦不同区域的竞技体育法规。

2006年，俄罗斯联邦政府通过了《俄罗斯联邦2006—2015年体育运动发展》联邦计划纲要。它作为体育发展的纲领性计划，意在通过全面、和谐发展体育运动，解决社会教育、人口问题，涵盖了竞技体育、大众体育、体育教育、体育产业等不同体育领域，提出了明确的政策目标、实施措施、保障工程等，并对年度资金分配、目标达成、指标体系等都列出了清单。此后，大部分的俄罗斯联邦主

体根据当地的实际情况也制定了当地有关体育的十年规划。

（二）政府直接性的体育投融资

俄罗斯联邦委员会于 2002 年在克里姆林宫召开，对体育运动发展的问题进行审理，以证明国家重视体育运动对现代社会建设与发展的重要意义，这表现出强化体育发展的国家意愿。根据总统普京的委托书，俄罗斯联邦国家委员会决定增强对竞技体育发展的经济支持，向俄罗斯奥运会项目集训队队员及教练员发放俄罗斯联邦总统奖金，给青少年体校提供体育设备及用具，大力改善体育运动的宣传工作等。

2007 年，俄罗斯国家体委制定方案，对《俄联邦体育运动法》作出修改。它强调竞技体育领域的公平、公正，并对机构组织的管理职能，从事经济、社会活动等标准、要求进行了相关规定和限制。在国家体育财政拨款中，约 90%用于职业体育活动的支出。在地方层面的体育拨款中，约 75%用于发展具备较强商业功能的体育项目。在市场经济条件下，公司提供的赞助成为俄罗斯体育运动拨款系统的一部分。国家鼓励不同企业向体育提供赞助支持，但赞助商对俄罗斯体育事业的支持力度仍然远远不足。为此，国家继续对准备参加奥运会和其他大型体育比赛的国家集训队提供财务支持。

2001 年 5 月，俄罗斯联邦政府批准从俄罗斯联邦主体联邦预算中拨出资金，对培养国家后备体育人才的体育组织提供财政支持的决议。2009 年 11 月，俄罗斯制定了将奥林匹克青少年体校移交给俄罗斯联邦主体执行机关及地方自治管理机关进行管理的程序，两者管理工作比例各占 60%和 40%。此外，俄罗斯奥林匹克运动会运动员基金会也支持奥林匹克青少年体校的工作。2011 年 7 月，俄罗斯联邦政府委托俄罗斯体育与旅游部制定并批准了体育后备人才培养系统的综合发展措施，规定提高对体育的财政支持，尤其是对物质、技术、场地的财政支持。

（三）不同管理部门的干预性作用

2000 年，俄罗斯国家体委得以重建，并巩固了体育运动领域的垂直型领导权利。当年俄罗斯制定了 2005 年以前的国家体育运动发展理念，指引体育运动改革的总体方向。根据俄罗斯联邦主体大部分领导的意见，体育运动领域逐渐形成了体育中心与俄罗斯联邦主体、地方自治机构、社会组织之间相互作用的管理模式。联邦管理机构的工作变得稳定，建立了体育培训中心、国家高级体育技能学校、国家体育委员会主要活动社会委员会。国家机构与体育部门社会联合体之间建构了合同契约关系。各类俄罗斯集训队参加全俄或国际比赛所需费用由联邦预算支付，体育培训中心进行监督。

2002年，国家成立了隶属于俄罗斯联邦总统的体育运动委员会，由该委员会解决体育部门的关键问题，并且首先解决涉及奥运会运动员的培养问题，发展青少年儿童体育运动，巩固物质、技术、训练基地等。之后，行政管理系统改革重组，组建了联邦体育运动机构，该机构的领导由两次奥运会冠军弗·阿·菲基索夫担任。该机构建立全新的法律、标准依据，提供有利的经济、社会、物质技术条件，发展国家的体育运动，并规定优先权，努力实现规划目标，完善发展体育运动的标准法律基础，增强俄罗斯在国际体育运动中的作用及意义，定期采取措施打击体育比赛使用兴奋剂的现象，吸引大型企业或其他社会力量为运动员提供支持。2004年，国家体旅委改称俄联邦体育运动署，不再管理旅游事务，其体育运动职能进一步加强。

2011年，国家再次对《俄联邦体育运动法》作出修订，其中对"体育后备人才"的概念予以明确，并第一次引入联邦培训标准，确定了制定和批准联邦培训标准的程序。同年7月，国家委托俄罗斯体育与旅游部制定并批准了体育后备人才培养系统的综合发展措施。除规定提高财政支持外，还决定成立联邦级别的俄罗斯现代化体育队人才培养中心。国家对竞技体育后备人才的培养高度重视。

第三节　德国竞技体育发展中社会和市场力量成长的历史审视

在百年奥运史中，德国在冬季和夏季奥运会上均表现出强劲的实力，各类运动项目发展均衡且田径、三大球、游泳等项目竞赛成绩优异，这离不开德国完善的体育组织和管理体系、科学的运动员培养体系、一流的体育基础设施、高水平的体育研究机构及先进的科研成果和技术等。德国竞技体育是典型的社会主导型发展模式，但同时又强调政府与体育社会组织之间的紧密合作。为此，审视其政府与社会和市场力量在其中的作用与关系，有利于把握其竞技体育发展中社会和市场力量成长的轨迹、特点、政社关系、路径等多重问题，进而为我国竞技体育的社会化和市场化改革提供参考。

第四章 部分西方国家竞技体育发展中社会和市场力量成长的历史审视

一、德国竞技体育发展中社会和市场力量的成长轨迹

（一）政府政策主导下的萌芽发展阶段（19世纪—20世纪40年代）

在政府政策主导下的萌芽发展阶段，德国竞技体育发展中的社会和市场力量处于发展的起步阶段。以政府政策指引为发展方向，以政府资金支持为发展保障，以学校体育、社会体育为切入点，全面提升国民的体质，服务于军事目标和国防需求[①]，通过政府体育组织与社会体育组织的分工协作推进不同体育形态的发展[②③]。德国政府在制定体育政策时注重社会功能和国家利益，强调通过投入各类资源来促进体育的普及和发展。竞技体育在社会中也逐渐得到认可和支持。然而，在这一阶段，虽然学校以体操的形态间接促进竞技体育发展，也有会员制的体育俱乐部形成[③]，但社会和市场力量还没有充分发挥作用，更未形成完整的体育产业链。

1. 国家对竞技体育的发展定位

1871年，德意志帝国建立，德国政府高度重视军事发展，以体力活动为主的户外体育在德国广泛发展，并且将其作为培养民族主义和爱国主义的媒介，体育的保家卫国功能备受重视。在纳粹党执政时期，德国首次对竞技体育给出具体的定义：竞技体育是国家统治的意识形态工具，用于宣扬军事思想和种族主义。希特勒在《我的奋斗》一书中明确表示，应该重视身体锻炼，并将其置于知识灌输之前，通过干涉教育体制，推行"政治性身体教育"，将国民、军事和种族意识融入体育实践中。[①] 这一时期，政府通过强力的干预，将竞技体育发展纳入国家意识形态的范畴，并将其用来作为宣传国家和种族优越的手段，以及通过集结大规模的体育活动来激发和提高人们的民族主义情感与忠诚度。

2. 竞技体育的管理体制和机制

政府政策主导下的萌芽发展阶段，德国竞技体育的管理机构分为公共（政府）管理机构和自行（社会）管理机构。公共（政府）管理机构主要由联邦层级政府的内务部组成，负责国家重大体育活动的计划、竞技运动的发展等，其工作重点

---

① 刘颖. 经济学视角下学校体育场馆对外开放的成本补偿理论分析[J]. 南京体育学院学报：社会科学版，2009，23（6）：48-51.
② 刘波. 德国体育俱乐部体制与竞技体育关系的研究[J]. 体育与科学，2007（6）：65-69, 48.
③ 汪颖，李桂华，袁俊杰，等. 世界体育发达国家体育俱乐部发展经验及启示[J]. 体育文化导刊，2020（1）：48-53.

是为国家大型赛事、体育训练中心、教育研究中心，以及中小学的运动设施修建等提供资金保障[①]。除内务部外，负责体育事务的还有德国联邦议院，即由各党派议员的代表共同商议有关体育运动事宜的组织[②]。自行（社会）管理机构有德意志联邦共和国体育运动委员会、德意志联邦共和国奥委会和德国体育援助基金会3种全国性的体育组织[③]。德意志联邦共和国体育运动委员会主要管理德国各单项协会，在组织、资金、经营等方面享有较大的自治权；德意志联邦共和国奥委会的首要任务是挑选并安排参与奥林匹克运动会的选手；德国体育援助基金会则为优秀运动员提供学习进修、外出深造的机会及营养、工资等方面的补贴。[③]

3. 社会和市场力量的作用

在德意志统一前，普鲁士竞技体育受英国户外运动发展的影响，在积极融入奥林匹克运动中得到了发展，同时借助军事需求和学校教育走向了社会大众。德意志帝国建立后，社会和市场力量在国家政策引导下，在以下方面发挥作用：首先，学校参与竞技体育的发展。体操被纳入学校体育的固定内容中。其成为培养青少年竞技体育人才的重要场所。通过在学校开展体育活动，青少年的身体素质得到了提高，学校也为竞技体育的后备人才培养提供了新的场域。其次，出现了会员参与制的体操训练小组（体育俱乐部的雏形），以及满足民众运动参与爱好的正式体育俱乐部（汉堡1816体操俱乐部），它们以共同参与体育运动和为体育发展提供物质基础为目标，分享共同的体育价值观，培养团队精神，并提供机会让人们体验运动所带来的友谊、快乐等情感[①]。尽管社会和市场力量的作用还处于初级阶段，但社会和市场力量通过学校和俱乐部等渠道为竞技体育的发展提供了一定的支持和推动力，为后续德国竞技体育的发展打下了基础，为在竞技体育中发挥作用创造了条件。

（二）政府不同管理模式下的提升发展阶段（1949—1989年）

1949年，德国在第二次世界大战中战败，国家分裂，竞技体育也随之"分裂"，

---

① STEPHEN W, DAVID L. East plays west: Sport and the cold war[M]. London and New York: Routledge Taylor and Francis Group, 2007: 8-17.
② 汪颖，李桂华，袁俊杰，等. 世界体育发达国家体育俱乐部发展经验及启示[J]. 体育文化导刊，2020（1）：48-53.
③ 刘波. 德国体育俱乐部体制与竞技体育关系的研究[J]. 体育与科学，2007（6）：65-69，48.

并被刻上国家意识形态的烙印，成为社会主义国家与资本主义国家较量的工具[1]。1949—1989 年的 40 年间，在不同管理模式下，德国竞技体育的发展采用了两种截然不同的体制。德意志民主共和国（以下简称东德）采取政府主导型模式，实行优先发展竞技体育的策略，并由政府和体育部门负责实践推进。德意志联邦共和国（西德）采用社会主导型发展模式，以群众体育为发展重点，并主要由社会体育俱乐部负责实践推进。

1. 国家对竞技体育的发展定位

在国家分裂阶段，两德都渴望在体育上成为最成功的国家，竞争非常激烈。东德以举国体制引领其竞技体育发展，形成了以政党领导、国家出资、统一选材和集中训练的竞技体育体制[2]，在宪法里明确对发展竞技运动的鼓励，重视竞技体育促进国家形象的功能，并按照"集中力量办大事"原则，将发展竞技体育作为核心工作。西德重视大众体育，并采取自由民主的方式发展[1]，将"体育自治"发挥得淋漓尽致。20 世纪 50 年代末，西德推行了"黄金计划"，耗资 174 亿马克，修建了 67095 个体育设施以发展大众体育[3]。另外，西德提出"体育的第二种方式"，即体育工作的重心由竞技项目转向休闲体育，后来以"学校中的锻炼计划"和"第二次学校锻炼计划"等政策引导学校体育的发展[4]。国家划拨了大量资金用于扶持竞技体育发展或为竞技体育发展创造条件，像"黄金计划"虽然是由体育组织倡议的，但最终在政府层面予以响应，大部分经费来源于政府，并得到联邦议会和州议会两个不同政府机构的鼎力支持[5]。

2. 竞技体育的管理体制和机制

中央竞技体育委员会是东德竞技体育的集权管理机构，由下属的体育秘书处承担科研、场馆建设等工作，教育部工作包含学校和体校体育，警察和军队体育在内务部和国防部的管辖范围内，这些部门形成了东德高度集权的举国体制基础[6]。作为社会团体的东德体育联合会则负责体育俱乐部、行业体育协会、体校、

---

[1] STEPHEN W, DAVID L. East plays west: Sport and the cold war[M]. London and New York: Routledge Taylor and Francis Group, 2007: 8-17.
[2] 刘波. 德国体育俱乐部体制与竞技体育关系的研究[J]. 体育与科学，2007（6）：65-69，48.
[3] 刘波. 德国体育政策的演进及启示[J]. 上海体育学院学报，2014，38（1）：1-7，30.
[4] 王占坤. 发达国家公共体育服务体系建设经验及对我国的启示[J]. 体育科学，2017，37（5）：32-47.
[5] 刘波. 原民主德国竞技体育体制分析与评价[J]. 上海体育学院学报，2017，41（5）：1-8.
[6] DOSB. Mitgliedsorganisation[EB/OL].(2021-05-03)[2021-12-27]. https://www.dosb.de/ueber-uns/ mitgliedsorganisationen/.

训练中心和东德奥委会[①]。东德政府着力发展传统优势体育项目（如田径、游泳等），大力发展女子奥林匹克项目，鼓励发展大众体育和青少年体育等，这些措施极大促进了竞技体育的发展。

西德实行联邦制度，各体育组织自治，政府并不集中管理竞技体育，也没有设置专门管理的行政组织，政府只起协助者的作用，对体育政策、制度提供建议或资金支持。西德在1950年成立德国体育联合会（Deutscher Sportbund，DSB），当时的会员数占全国的6.5%，德国体育联合会对西德的各项体育活动起管理作用。另外，还有一个具有社会组织性质的中央代理机构，即精英竞技体育促进联邦委员会，专门负责西德精英体育发展，其主要职责有制定竞技体育的发展政策、维护体育组织之间的利益平衡，协调精英竞技体育的发展，提升科学化训练水平，举办教练员培训班，出版教练学期刊，推广最新的学术研究成果以提升训练实效[②]。

3. 社会和市场力量的作用

东德形成了以学校为基础、以俱乐部为载体、以莱比锡体育学院为依托的竞技体育人才培养体系，并指定学校和体育俱乐部为东德竞技体育发展提供人才储备，有潜力的青少年接受专门机构的培养和监控，然后升入更高级别的运动队。中央体育协会、体操和体育联合会等体育组织是具有政党背景的政府性组织，同时一些科研机构的发展也受政党的影响和调控。1949年，东德政府通过立法规定了联邦及各州对运动科学研究的经费。《德国基本法》第91b条规定，联邦及各州以协议方式在教育计划及资助具有跨地区意义的科研机构和项目方面进行协作，并承担资助费用[②]。在西德社会主导型制度下，俱乐部体制得到发展。俱乐部负责大众、运动员和教练员的锻炼、训练及培养，从青年选手的选材、育才，到全国青年选手的管理、培训，都要靠俱乐部来承担，该过程所需资金大部分来自俱乐部[③]。同时，在俱乐部的基础上凝练出体育单项协会，为项目发展提供更具专业性、针对性的技能指导。在西德，竞技体育的地位与功能没有被过分地放大，学校体育、群众体育也得到充分的关注与支持，实现了体育均衡和可持续发展。

分裂期间，两德采取截然不同的社会体制影响着竞技体育的发展。东德举国

---

① 刘波. 原民主德国竞技体育体制分析与评价[J]. 上海体育学院学报，2017，41（5）：1-8.
② 刘波. 德国统一前后竞技体育发展特点研究[J]. 北京体育大学学报，2010，33（10）：25-28.
③ 辜德宏，蔡端伟，周健将. 美、俄、英、德政府对竞技体育发展方式的影响[J]. 山东体育学院学报，2016，32（3）：1-7.

体制是以奥运金牌为主导的,并取得了优异的竞赛成绩,其学校、科研机构等社会力量在竞技体育发展中的作用显现,但由于体制的影响,发展仍受到了一定限制;而西德自由、开放、以"俱乐部体制"为主导的体育自治模式促进了其体育各方面的均衡、可持续发展,社会和市场力量相较前一阶段的发展有了明显的提升。

(三)政府工作重心转移下的下降回落阶段(1990—2000年)

1990年,德国完成了形式上的统一,无论是在政治上,还是在竞技体育发展上,东德体系都被并入了西德体系。统一后的德国以原西德发展战略为主导,弱化竞技体育发展的重要性,强化大众体育的发展。德国政府也将更多的资源和关注点放在了大众体育的推广上,鼓励人民积极参与体育运动,提高整体健康水平[1]。这导致社会和市场力量在竞技体育发展中的空间缩小。尽管竞技体育在这一时期受到了一定程度的冷落,但也为后续德国竞技体育的发展奠定了坚实的群众基础,为群众体育和竞技体育的协调发展提供了一定的机遇。

1. 国家对竞技体育的发展定位

德国统一后,体育发展的主导权到了原西德手中,原东德竞技运动发展策略被淘汰,国家对竞技体育的重视程度下降,把发展大众体育作为工作中心,并重点着力于推进各类体育的协调发展。竞技体育的重要性被弱化,直接表现为国家资金投入不足,但政府也不是毫无作为,而是通过颁布"东部黄金计划"发展完善东部的体育场馆设施,这间接促进了竞技体育的发展。

2. 竞技体育管理的机制和体制

两德合并后,政府权力下放,给予社会组织很大的自治权。从管理机制来看,由官方和非官方两类管理机构进行组织与管理。在官方管理机构中,国家层面的体育管理机构——内务部主要管理全国范围内的竞技体育与军队体育,并对德国奥林匹克体育联合会(Deutscher Olympischer Sportbund,DOSB)(以下简称德国奥体联)进行统一的行政管理,为其发展提供资金和政策支持[2];联邦、州层面的

---

[1] 浦义俊,吴贻刚,辜德宏.历史与变迁:德国竞技体育发展方式的人本化回归及战略价值研究[J].山东体育学院学报,2019,35(5):18-24.
[2] 刘东锋.德国体育俱乐部发展与运行现状研究:基于德国体育俱乐部发展报告的解读[C]//中国体育科学学会.第十一届全国体育科学大会论文摘要汇编.北京:人民体育出版社,2019:428-430.

体育管理部门，主要负责学校和群众体育；地、市层面的管理部门，主要管理大众体育俱乐部和体育场馆的建设与发展；社会自治管理机构，主要由德国奥体联及各运动项目协会组成并对竞技体育实施管理[①]。

3. 社会和市场力量的作用

1990年9月的波恩会晤及"统一计划"草案，在一定程度上缓解了德国竞技体育发展的困难，但社会和市场力量参与竞技体育发展仍面临国家经费不足以支撑整个东部的竞技体育发展体系的局面，由于缺少国家层面的财政政策扶持，许多传统体校转为普通学校。同时，各种管理机构合并，岗位骤减，很多优秀教练员面临失业，运动员缺乏相应的保障，一些人放弃职业生涯或者转入其他待遇好的国家[②]。

总的来看，此阶段社会和市场力量对竞技体育发展的作用回落，德国竞技体育的整体水平明显下降，传统优势项目的实力被弱化，东西部矛盾没有得到有效解决，1996年奥运会奖牌比上届少了17块。

(四) 政府管理权力下放后的反弹恢复阶段（2001—2011年）

政府管理权力下放后的反弹恢复阶段，德国政府逐渐意识到社会和市场力量在体育领域的重要性作用，开始将更多的决策权交给社会机构和各级体育组织。德国政府实施管理中的弱干预，以各级各类俱乐部为抓手的竞技体育发展体系逐步恢复和发展起来[③]。社会和市场力量的作用得到了恢复，政府的角色转变为提供支持、制定规范和监督，通过资金支持、税收优惠和法规鼓励等方式，促进俱乐部良性运营，并推动各类体育项目的普及和发展[④]。竞技参与、高水平竞技人才培养和高水平体育赛事开发重新受到关注，并得到了社会和市场的大力支持。

1. 国家对竞技体育的定位

新德国竞技体育的发展已从单纯地为政治需求服务，向服务社会和群众需求转变，强调服务于社会、经济、文化的实际需要，强调发挥竞技体育的多元价值，服务于人的全面发展。政府致力于促进大众体育和竞技体育的协调发展，通过政

---

① 白银龙. 美、德、中三国竞技体育治理特征及其比较研究[D]. 上海：上海体育学院，2022：117-119.
② 浦义俊，吴贻刚，辜德宏. 历史与变迁：德国竞技体育发展方式的人本化回归及战略价值研究[J]. 山东体育学院学报，2019，35（5）：18-24.
③ 缪佳. 德国体育政策3大特征[J]. 上海体育学院学报，2014，38（1）：8-11.
④ 缪佳. 德国体育和竞技体育发展的特点研究[J]. 体育与科学，2010，31（6）：68-70，60.

策引导和资金支持，推进体育职业化、市场化、大众化、产业化、科学化发展[①]。

统一后的德国是典型的社会主导型体育发展体制，强调充分发挥体育俱乐部和体育协会的作用，国家、联邦政府和相关行政机构则主要通过颁布政策、调整和完善税收条例与法律手段对竞技体育发展实施宏观调控。例如，为完善东部体育场地、设施而实施"东部黄金计划"，为促进大众体育发展而制定《德国体育指南》等。

2. 竞技体育的管理体制和机制

政府管理权力下放后的反弹恢复阶段，国家并没有设立体育部门来进行专门的管理，政府层面设置内务部，扮演了协作者角色，负责协调一些各州不愿意或不能单独承担的工作[②]，但具体的发展运营与组织管理工作则交由社会体育机构。2006年，德国奥林匹克委员会和体育联合会合并成为德国奥体联，奥运会项目和非奥运会项目拥有了共同的联盟组织。根据章程，德国奥体联将它的任务领域分成总目标、竞技体育目标和大众体育目标[③]。德国奥体联成为德国所有体育活动开展的中心机构。同时，各类体育俱乐部在竞技体育的发展运营中也发挥了至关重要的作用，不仅在竞技参与和竞技人才培养方面发挥积极作用，而且在家庭体育、大众体育的发展中发挥了重要的组织与协调作用，让精英竞技与大众竞技更好地衔接起来。这些标志着非政府组织在德国竞技体育的发展运行中发挥着主导作用，社会自组织的发展特点明显。

3. 社会和市场力量的作用

德国遍布各地的体育俱乐部将家庭体育、学校体育、社区体育很好地衔接了起来，广大民众在运动参与中，形成了竞技体育人口开发、后备人才培养、精英人才培养的无缝衔接。2001—2010年，俱乐部数量和会员人数稳定增长，俱乐部数量基本达到均衡，稳定在9万家，会员约2700万人，在2010年理事会与管理层面的志愿者达到185万人（也就是所谓的骨干志愿者）[④]。2017年，俱乐部总

---

① 刘颖. 经济学视角下学校体育场馆对外开放的成本补偿理论分析[J]. 南京体育学院学报：社会科学版，2009，23（6）：48-51.
② 汪颖，李桂华，袁俊杰，等. 世界体育发达国家体育俱乐部发展经验及启示[J]. 体育文化导刊，2020（1）：48-53.
③ 刘志民. 国际化背景下的竞技体育强国研究："竞技与产业平等"指标探析[J]. 南京体育学院学报（社会科学版），2014，28（4）：1-6，21.
④ DOSB. Bestandserhebung2017[EB/OL]. [2024-04-12]. http://wwwdosb.de/de/service/download-center/statistiken.

计约 9 万家,会员数目约为 28 万人,超过全德人口比例的 1/3[①]。大批群众参与俱乐部体育给德国竞技体育发展提供了庞大的群众基础,为竞技体育的后备人才提供了源源不断的动力,加强了竞技体育发展的可持续性。

德国职业体育发展成熟,并且建构有全国甲级联赛、全国乙级联赛、南北区联赛、高级联赛、协会联赛、地区联赛和县级联赛 7 级赛事体系,引领着不同层级竞技体育的有效衔接与高质量发展。其中,全国性联赛为职业联赛,由全国性专项体育协会管理,部分项目由联赛公司负责商业推广和市场开发;地区级别联赛为业余联赛,由地方性专项体育协会管理,通过参赛人员自我管理的方式来实现联赛的可持续发展[②]。德国有限责任公司的创立是德国足球运动走向成熟的标杆。其后德国各大联盟的管理部门也相继成立了联盟公司,让职业联盟走向了商业化,诞生了联赛、杯赛、锦标赛、冠军赛等诸多商业性赛事。德国联赛项目涉及面广,而且不同类型与层级的比赛为其竞技水平及竞技表现提供了检验和展示窗口,激发了大众的热情和关注,为社会力量参与竞技体育发展提供了发展基础和盈利空间。

德国体育产业蓬勃发展,打造了以体育用品和体育赛事为龙头的产业链条,形成了国际、国内双循环的发展动力格局,助力于竞技体育的可持续发展。德国打造了世界顶级的运动名牌——阿迪达斯,该品牌在 2010 年的净销售额就达到了 11990 百万欧元。德国体育器材在 2004 年的销售总量已达 102.85 亿美元,而出口则为 32.43 亿美元,并且其体育用品的总销量和总出口额在稳定增长,同时德国作为产品创新强国,注重体育产业的创新发展,在 2006 年达到顶峰时拥有 180 多项创新产品[③]。同时,德国的体育赞助费增长迅猛,2000 年为 15 亿欧元,2004 年为 19 亿欧元;2005—2006 赛季,18 支德甲俱乐部的赞助和广告收入达 3.605 亿欧元,德乙为 5720 万欧元,总体收入比 5 年前增长了 82%[④]。2011—2012 赛季,有 5 家德甲俱乐部赞助费超 1000 万欧元[⑤]。

总的来说,此阶段德国政府虽仍不干预竞技体育的具体发展事宜,但做了一些兜底性的保障工作,即各级政府参与竞技体育发展的责任、义务及矛盾协调,社会力量参与竞技体育发展的良好环境和条件营造。由此,社会自组织发展的意

---

① 潘华. 德国体育史[M]. 北京:人民体育出版社,2019:252.
② 侯海波. 德国体育赞助市场新动态[J]. 体育产业信息,2007(9):9-10.
③ 缪佳. 德国体育和竞技体育发展的特点研究[J]. 体育与科学,2010,31(6):68-70,60.
④ 刘波. 德国体育研究[M]. 北京:北京体育大学出版社,2012:23.
⑤ 姜同仁,刘娜. 德国体育产业发展方式解析与启示[J]. 西安体育学院学报,2015,32(2):129-134.

识和能力逐步加强，各类社会和市场力量积极参与竞技体育发展。

（五）政府意识转变下的主导发展阶段（2012年至今）

在政府意识转变下的主导发展阶段，德国竞技体育以成熟的俱乐部体制为支柱，同时调动家庭、学校、协会、体校等多方力量积极作为，共同促进竞技体育发展。在这套体系下，体育事业全方位均衡发展[1]。首先，政府的保障支持较为完善。在基础设施建设，运动员和教练员培养、发展等方面提供了稳定的政策和资金支持[2]。其次，竞技体育的自组织发展体系成熟高效。德国奥体联、单项体育协会、俱乐部通过专业化的组织与管理，高效地组织训练、比赛和选拔工作[3]。最后，竞技体育的市场化运作体系也得到了高度发展。俱乐部、学校等通过市场化的运作方式，有效调动各类资源，并与项目协会、体校等建立紧密的合作关系，不断完善竞技体育人才培养的保障体系[4]。

1. 国家对竞技体育的发展定位

德国最终形成了联邦制国家，体育发展与国家制度相适应，竞技体育采取了以社会自治为主、以政府管理为辅的组织形式。政府对体育实施的宏观调控，并不干涉体育组织的内部事务。新德国的政治安全观与理性的政治思想对竞技运动的发展产生了深远影响，竞技体育发展更加人本化、去政治化[5]。《德国基本法》中指出，人人有权自由发展，有选择学校、职业和工作的自由。学校和俱乐部给人们提供了参与体育运动的场所和机会，但今后是否从事与竞技体育相关的职业，决定权在运动员手中[6]。同时，德国强调其他体育形式同竞技体育发展相辅相成、相互促进。

2. 竞技体育的管理体制和机制

在政府意识转变下的主导发展阶段，德国形成了官方与非官方联合的竞技体育管理体制和机制。其中，官方组织以内务部为代表，负责竞技体育的投资和政策扶持。非官方组织以德国奥体联为代表，负责竞技体育相关政策制度的执行、

---

[1] 缪佳. 德国体育和竞技体育发展的特点研究[J]. 体育与科学，2010，31（6）：68-70，60.
[2] 缪佳. 德国体育政策3大特征[J]. 上海体育学院学报，2014，38（1）：8-11.
[3] 刘波. 德国体育研究[M]. 北京：北京体育大学出版社，2012：23.
[4] 刘波. 德国体育俱乐部体制与竞技体育关系的研究[J]. 体育与科学，2007（6）：65-69，48.
[5] 姜同仁，刘娜. 德国体育产业发展方式解析与启示[J]. 西安体育学院学报，2015，32（2）：129-134.
[6] 昝晓燕. 统一前后德国竞技体育发展方式演变研究[D]. 上海：上海体育学院，2016：41.

各利益主体间的协调等，它的领导层由成员组织选举产生。2019年，德国奥体联在道德准则（廉政、透明、民主等）的基础上新增了善治条例，与道德准则一起构成了俱乐部和竞技体育发展的管理规范的重要内容[①]。德国社会体育自治管理机构在体育政策的统一制定，体育制度的融合，缓解体育工作人员失业与促进再就业，预防教练员、高水平运动员外流和保障后备人才培养等方面发挥着重要的作用。

3. 社会和市场力量的作用

在政府意识转变下的主导发展阶段，俱乐部体制趋于完善，各社会体育组织高度自治。竞技运动成为人们生活的组成部分，着力于满足人的健身、娱乐、教育等需求，与人和经济社会的发展紧密联系。民众也积极加入不同俱乐部，参加各类竞技运动，竞技体育发展的群众基础更加坚实。除俱乐部发挥领头羊的作用外，德国职业联赛体系也越发成熟，为大众提供了解竞技体育魅力的平台，并由此获取可观的收入。这些社会组织推动了各项目在群众中的普及，为退役运动员就业提供了机会，在竞技体育和大众体育之间形成了纽带连接。联邦训练基地和联邦后备人才训练基地合并为联邦训练基地，根据项目协会的计划，有序服务于顶尖运动员和后备人才成长，基地内设专职领导，负责落实协会的发展规划，安排训练和训练场所及与地方的合作等[②]。

二、德国竞技体育发展中社会和市场力量的成长特点

（一）以多元化的资金来源为成长动力

多元化的资金来源既是德国竞技体育市场成熟的标志，也是其社会和市场力量成长的重要动力来源。2000年，德国体育的社会性投入就已经占到总投入的73.07%[③]。德国竞技体育发展中社会和市场力量成长的资金来源主要由以下几部分构成。

（1）政府提供的资金支持。政府在资金投入上扮演了主导者和协调者的角色。在直接的资金赞助上，按照《德国基本法》第30条规定，16个联邦州负责出资发展联邦德国体育，重点是关注中小学体育、大学体育、大众体育、休闲体育及

---

① 侯海波. 德国新一轮竞技体育体制改革的主要举措及启示[J]. 体育文化导刊，2017（9）：83-88.
② 缪佳. 德国体育政策3大特征[J]. 上海体育学院学报，2014，38（1）：8-11.
③ 赵强，王兴一，燕飞. 德国中小学体育教育制度调查及启示[J]. 河北体育学院学报，2017，31（2）：53-57.

体育设施建设[1]；运动员参与不同级别的体育竞赛，其竞赛经费由国家、俱乐部和竞技体育资金会共同承担，而主要承担者是国家；用于实施"黄金计划"的资金也绝大多数来源于国家或地方财政。在间接的资金扶持上，虽然德国的税收很高，但对体育有许多免税政策，非职业性、非商业性的俱乐部可以降低税费比例或免税，赞助体育比赛和俱乐部的企业上交的税收部分可获得减免[2]。

（2）体育产业提供的资金支持。2008年，德国体育产业GDP的比已经高达1.99%，体育产业已经成为德国经济的支柱产业[3]。德国通过开发职业、商业性和群众性体育赛事，促使球迷、企业、媒体、政府等多元主体产生良性互动和利益关联。其中，与球队、球星相关的创意产品，以及体育用品、健身器材、博彩业等较好地开发了竞技体育的商业价值。同时，德国拥有一套高度成熟的联赛体系，德国足球联赛的上座率是欧洲之最，在电视、网络媒体没有广泛普及前，门票的出售是联赛资金来源的重要部分。自2006年起，联盟不但销售联赛转播权，还销售其附属公司所生产的电视节目。德国职业联赛在2017年拥有4.2亿欧元的转播权，而在联盟成立后，收入逐年增长，2009年达到了4.3亿欧元[4]。在德国体育联赛中，赞助品牌的身影随处可见，且赞助商涉及行业很广泛，如拜仁慕尼黑的赞助商是电信，法兰克福、斯图加特、沃尔夫3个俱乐部赞助商都是德国传统汽车行业，多特蒙德的赞助商是能源行业[5]。除此之外，还涉及银行、食品等众多行业。此外，德国体育用品业也高度发达。世界级企业阿迪达斯更是为其竞技体育的发展注入了大量资金，是职橄、职足、职网等项目几乎所有著名俱乐部、明星及品牌赛事的主赞助商和供应商。

（3）德国体育援助基金会提供的资金支持。1967年，德国体育援助基金会成立于首都柏林。该基金会成立的最初目标是为有望参与奥运会并成为奥运冠军的运动员提供生活、训练资金，使其专心于训练。成立初期，该组织提供的资金主要来源于电视彩票。20世纪80年代，德国体育援助基金会开始通过与企业合作的形式，为运动员提供资助。相关资料显示，该基金会自成立至2014年，共向运动员提供了约4亿欧元的资助。现在的体育援助基金会从保险、常规补助（根据

---

[1] 佚名. 奥运金牌多不如大众体育乐 掀开德国体育的本质（2）[EB/OL].（2008-07-12）[2022-12-06]. http://sports.sina.com.cn/o/2008-07-12/08583779366.shtml.
[2] 孙珂, 吴福友. 德国竞技体育后备人才培养特点探析[J]. 体育科研, 2016, 37（5）：54-57.
[3] 缪佳. 德国体育和竞技体育发展的特点研究[J]. 体育与科学, 2010, 31（6）：68-70, 60.
[4] 骆秉全. 浅议美国四大职业体育联盟的经营发展及特点[J]. 体育文化导刊, 2005（10）：61-63.
[5] DOSB. Mitgliedsorganisation[EB/OL].（2021-05-03）[2022-12-06]. https://www.dosb.de/ueber-uns/mitgliedsorganisationen/.

运动员等级分为A、B、C 3个等级）、职业培训和奖金等多方面全面为运动员提供支持。例如，2014年索契冬季奥运会，获得冠军的德国运动员的奖金为2亿欧元。德国体育援助基金会属于纯社会组织，政府没有提供相关的资金扶持，其自身发展主要依靠电视彩票、多方品牌捐赠等[①]。

（二）以健全的场地器材为成长保障

德国的体育场馆、器材设施表现出数量众多、布局合理和城乡差距小等特点，这就为分散在各地的社会和市场力量进行办训、办赛提供了基本保障。德国"黄金计划"所建造的场馆为竞技体育的发展提供了基础，但它们并不是竞技体育独享的，所有优秀运动员的训练、比赛都必须和普通民众一样排队、登记使用国家的场地。同时，德国奥体联制订体育场馆建设计划要求贴合实际需求，即要求当地尽可能保持可使用的体育设施原有状况，体育场馆建设与改造应适合体育设施的总体规划。德国的公共运动设施覆盖范围广，其中有占总数 3/5 的场地和 2/5 体量的俱乐部归属于乡镇，许多地方只需交纳少量会员费即可参与，填补了城市和农村之间公共体育资源分布不均衡的差距[②]，不仅为城镇居民提供了充足的体育锻炼场所，而且为乡镇居民创造了专业化的运动场所、组织，以及低价优质的运动参与产品或服务。这些为其竞技体育发展中社会和市场力量的成长创造了庞大的消费群体和源源不断的消费力。

（三）以完善的俱乐部体制为成长根基

德国体育独立于政府而自治[③]，这为俱乐部等体育组织的发展提供了广阔的空间。根据体育自治原则，政府将自己的角色定位为支持者，只制定促进体育自治的框架，让运动员能以最高的国际水平参与比赛[④]。德国体育参与人口众多，多类运动项目竞技水平突出，主要得益于其遍布全国的体育俱乐部，以及支持俱乐部发展的政策、人文环境、志愿者服务等。19世纪初期，德国"体操之父"弗里德里希·路德维希·杨创立了体操训练小组以鼓励年轻人参与体操运动，由于它采取会员参与制，被认为是德国体育俱乐部的雏形。1816年，德国首个正式体育俱

---

① 侯海波. 德国体育赞助市场新动态[J]. 体育产业信息，2007（9）：9-10.
② 刘鹏. 我所了解的德国体育：在德国体育联合会和奥委会实习片断[J]. 体育文化导刊，2006（10）：72-74.
③ 赵强，王兴一，燕飞. 德国中小学体育教育制度调查及启示[J]. 河北体育学院学报，2017，31（2）：53-57.
④ 佚名. 奥运金牌多不如大众体育乐 掀开德国体育的本质（2）[EB/OL].（2008-07-12）[2022-12-06]. http://sports.sina.com.cn/o/2008-07-12/08583779366.shtml.

第四章 部分西方国家竞技体育发展中社会和市场力量成长的历史审视

乐部——汉堡1816体操俱乐部诞生,对平民体育和家庭体育的发展起到了重要的推动作用[①]。现代俱乐部开设了较多国家级、州级训练基地,会员在参与俱乐部活动的同时,也促进了俱乐部的发展。有运动天赋的运动员在俱乐部中会被选中进入竞技体育体系,并继续接受较为专业的运动训练以进一步提高竞技水平。同时,运动员也会在俱乐部和国家的共同资助下继续完成文化课程的学习。数量众多的项目参与者、精英竞技人才反过来提升了社会和市场力量参与竞技体育发展的品牌和绩效,两者相辅相成,形成了良性发展循环。

除此之外,俱乐部还与其他领域的社会和市场力量广泛开展合作,推进各类群体的竞技参与或发展。调查表明,与学校、其他体育俱乐部、幼儿园、疾病保险公司等机构合作的体育俱乐部比例分别为27%、21%、12%、7%,另有不少的俱乐部与养老院、卫生局等机构进行了合作。德国还有大量的志愿者参与俱乐部服务,再加上政府的税收优惠,俱乐部的收费比较亲民[①]。德国奥体联调查结果显示,大约73%的俱乐部实现收支平衡或收入大于支出[②]。

(四)以成熟的联赛体系为成长平台

德国的运动联赛起步较晚,直到20世纪60年代才形成了全国性联赛体系。联赛主要由社会和市场力量运作,建构有层级分明的多元化赛事体系。例如,德国足球联赛就是由德国足球俱乐部联盟独立运作的[③]。在职业联赛中,德国为不同水平的运动员提供比赛机会,高水平运动员参与顶级联赛,次之则是二级地区联赛等。联赛体制的动态调整和变化的升降级制度,保证了职业赛事的高竞技水平,吸引了诸多赞助商的投资,给运动员、教练员、裁判员及其他从业者带来了高额收入,为其竞技体育发展及社会和市场力量的成长提供了资金支持。由于各级联赛的运营需要大量的专业工作人员,这也为退役后的运动员提供了就业岗位,缓解了运动员退役后失业的困境。这些举措让德国社会和市场力量参与竞技体育发展收获了很好的经济效应、社会效应、文化效应及政治效应,从而也为社会和市场力量提供了更好的成长平台。

---

① 刘颖. 经济学视角下学校体育场馆对外开放的成本补偿理论分析[J]. 南京体育学院学报:社会科学版,2009,23(6):48-51.

② OKRUG. Introduction to physical education[M]. Schorndorf: Verlag Hoffman, 1997: 22.

③ 刘波. 德国体育联赛体系的研究[J]. 体育与科学,2007(5):59-64.

三、德国竞技体育发展中社会和市场力量的成长路径

（一）服务于促进国家意识形态统一的成长路径

1. 形成的历史缘由

第二次世界大战后，德国分裂为了西德和东德两个国家，形成资本主义国家和社会主义国家两种截然不同的国家意识形态。由此，它们针对体育采取了不同的发展路径来体现国家政体的不同。西德重视通过大众的运动参与来为竞技体育发展提供助力，西德竞技体育的成绩虽然不如东德突出，但其运动参与的群体更广。东德重视集中优秀选手来培养精英运动员，以实现在国际大赛上的领先，进而扩大其国家影响力和增强民族自信心[1]。两国虽然发展路径不同，但都着眼于通过体育发展让民众认同其国家意识形态。统一后的德国更重视国家意识形态的统一。国家高度重视大众的竞技参与，出台了一系列政策，给予了大力资金支持，社会和市场力量也积极响应国家需求，在体育俱乐部和学校中大力发展竞技体育，让更多人参与竞技运动，以增强民众对国家意识形态的认同。

2. 发展的目标定位

在德国分裂前，政府将"政治性身体教育"定为中小学身体教育的方针，将它视为军事、政治的工具，将它与激发爱国斗志、增强国民体质、唤醒国民精神紧密联系起来。在这样的政治意识形态下，学校、军队在该时期发挥了主要作用，将体育纳入教育，开设体操课，通过发展体操来响应"体育卫国"的政治功效。分裂期间，东德在宪法中鼓励发展竞技体育，重视它提升国家形象的功能，并按照"集中力量办大事"原则，将发展竞技体育作为核心工作。西德则以发展群众体育为主，对竞技体育采取自由、民主发展的态度。1990年两德统一，国家按照西德模式对原东德竞技体育进行发展改造，对竞技体育发展的导向回归人本化，弱化金牌导向，注重训练过程的系统性和科学性。例如，柏林奥林匹克训练中心提出了"一切为了运动员"的口号，尽可能为运动员提供最好的服务，让运动员在比赛中不会有其他的顾虑[2]。德国奥体联网站在回答德国关于奖牌的争论时弱化

---

[1] REICHELT F. Das system des leistungssport in der DDR[M]. Marburg: Tectum Verlag, 2006: 14.
[2] 张健，渠彦超，高力翔. 国外竞技体育人才培养模式及其启示（二）：以德国与俄罗斯为例[J]. 南京体育学院学报：自然科学版，2017，16（5）：59-64.

了金牌的重要性，提倡在竞技运动中，应该公平竞争、尊重他人、增进友谊[①]。社会和市场力量按照新的国家意图和政策导向，积极推进竞技体育的科学化、人文化发展，以更好地提升民众的国家认同感。

3. 发展的基础条件

（1）在观念意识上，德国是民族意识强烈的国家，也是热爱体育运动、追求强健体魄的国家，而竞技体育与民众的社会认同、民族认同、国家认同、文化自信等有着密切的联系。德国民众在思想和观念上高度重视体育对人和社会发展的积极作用，民众广泛参与竞技运动，社会体育氛围浓郁，体育俱乐部在竞技参与类和竞技发展类产品与服务的训练及竞赛中都强调团结、不服输的体育精神，这就让民众在竞技参与中形成了积极的精神风貌，实现了国家意识和社会思想的有机融合。

（2）在物质基础上，国家的统一对经济发展产生了有效刺激。1990年5月18日，签署两德"国家协定"后，德国开始了东西部经济、货币、社会一体化的建设。受益于政局安定，西部经济带动东部经济发展，国民储蓄增加了4倍以上，消费需求也迅速增加[②]。经济的健康、有序发展为社会和市场力量创造了有利的发展空间，社会和市场力量积极主动在经济社会发展中寻找契机，成为推动竞技体育发展的重要力量。

（3）在组织保障上，在德国政府体育管理权力下放的背景下，社会和市场力量参与竞技体育发展大多数时候将维护国家意识形态统一作为自身的责任或义务。体育俱乐部、运动协会和学校作为民众最直接接触到的社会组织，也对大众的意识观念起着不小的引导作用。两德统一后，体育俱乐部中崇尚公平、民主的氛围也与统一后德国倡导的发展理念相契合，体育社会组织通过日常的行为、语言指导为宣扬国家意识形态和理念提供了组织保障。

4. 发展的技术手段

（1）以回应国家政策或导向来打好发展基础。社会和市场力量通过响应国家在不同阶段的政策号召来调动各方资源发展自身。在德意志帝国成立之初，在君主立宪制下，俾斯麦认为德国是通过战争而崛起的，因而施行"铁血政策"，以推

---

① DIE STIFTUNG DEUTSCHE SPORTHILFE. Sporthilfe: Monatsgehalt für elite-athleten[EB/OL]. (2017-02-08) [2022-04-22]. https://www.sporthilfe.de/.
② 王涌. 德国统一后经济发展的困境与成功历程分析[J]. 西部学刊，2014（3）：75-80.

进强权和武力统一思想。社会和学校纷纷予以响应，学校体育中更是纳入军事元素，培养了一批学校军事体育人才。西德对大众体育高度重视，政府制定《德国体育指南》和"东部黄金计划"，学校、俱乐部发展多种形式的休闲娱乐体育，陆续引进英国、美国等国的户外运动项目，以更好地满足民众的体育娱乐、户外运动需求[①]。

（2）以扎根学校体育为阵地来营造发展契机。学校是广大儿童、青少年运动参与的主要场域，由此也成为通过运动参与感受和传输国家意识形态的重要载体。德意志帝国时期的德国军校凭借其军事运动的蓬勃发展而成为当时世界上最优秀的军校[②]，培养了大量身体健康且具有战斗意识的公民，灌输了当时的国家政治意识和需求。在意识形态回归人本化后，德国号召全社会共同关注青少年的成长，重视学校体育的发展，并要求凡在世界级比赛中开展的相关项目均要在学校中开展[③]。

5. 成长的特征与效果

1. 成长特征

（1）社会和市场力量把握国家发展中占据主导地位的意识形态要求及体育维护国家意识形态稳定的发展定位，来制定自身发展策略，即围绕德国政治变迁中政府对竞技体育或大众体育的不同发展定位，社会和市场力量积极回应国家需求和目标，为自身发展营造良好发展空间。

（2）政府引导或干预与社会和市场力量自治发展相协调，逐步走向规范化、有序化发展。社会和市场力量自身的市场敏感性使它们在德国政治动荡、分裂时期得以抓住发展机会，通过对经济社会发展和大众需求的满足，有效提升了自身的发展效能。

2. 成长效果

（1）社会和市场力量在国家的扶持下呈萌芽化发展，并奠定了可持续发展的成长路径。政府和大众对体育社会组织作用的认识逐渐加强，渴望体育社会组织参与维护政治意识形态统一。体育社会组织在为公众提供公共服务的过程中，也

---

① 刘波. 德国体育政策的演进及启示[J]. 上海体育学院学报，2014，38（1）：1-7，30.

② RONALD B, WOODS. Social issues in sport[M]. Gainesville, Florida:University of South Florida Press, 2001: 30.

③ BILINGUALER Z. Ausgewahlte Unterrichtsbereiche wie EWG, Geschichte and Sport ganz oder teilweise in Englisch[EB/OL]. (2015-02-13)[2017-03-10]. http://www.heidelbergerprivatschulcentrum.de/realschule/.

积极开展理念宣传，协调社会关系，承担社会责任，促进社会形成价值共识，促进国家意识形态的统一。体育社会组织的初步发展，改变了由政府单一层面输出国家政治意识形态的局面，体育社会组织作为中间纽带，推动基层大众认同和维护国家意识形态的统一。

（2）社会和市场力量发展竞技体育的理念和做法符合国家政策导向，融合国家政治意图以实现维护国家意识形态统一的目标，为巩固自身发展的合法性及拓展成长空间打下基础。

（二）服务于推动多种形态体育协调发展的成长路径

1. 形成的历史缘由

第二次世界大战后，为提振民众的士气，修补战争给民众造成的心理创伤，西德将发展大众体育视为至关重要的问题。两德统一后，国家由倡导发展大众体育、注重体育多形态协调发展、体育功能多维度发挥的西德政府统领，政府不再强调金牌至上，而是注重通过发展大众体育来促进竞技体育的发展，以及通过优异的竞技成绩来推动大众体育的发展，以达到相互促进、协调发展的目的。

2. 发展的目标定位

体育存在多种发展形态，竞技体育、学校体育、社区体育、家庭体育等多种体育发展形态只有协同合作才能更好地发挥各自优势，才能维持体育发展的可持续性，实现体育的多元价值和功能。社会和市场力量注重自身的社会责任，通过协调学校体育、家庭体育、社区体育等的发展，推动国家和社会的发展。两德分裂时期，东德过于聚焦于小众精英竞技体育，造成体育发展与广大民众的需求产生一定疏离。在两德统一后，国家致力于引导社会和市场力量促进体育多种形态的协调发展。20世纪后，随着社会经济发展水平的提升，人们生活质量和水平提高，国家更为重视大众体育和竞技体育的协调发展，社会和市场力量也更为积极主动推进各类体育形态的协调发展。

3. 发展的基础条件

（1）在观念上，德国政府对体育作用的认识随着政治体制、时代发展需求等而改变，从最早的军国民意识、唯金牌意识到两德统一后的民主意识，德国政府逐渐弱化金牌导向，注重体育的全面发展，并将体育发展的战略中心放置在全民体育上，通过"黄金计划"、体育奖章及家庭体育奖章制度等来促进大众体育的发展，旨在扩大体育人口、发挥体育的休闲娱乐功能。这也引导各类体育社会组织、广大民众对体育作用的认识发生相应转变，使各类社会和市场力量积极参与推动多种体育形态的协同发展。

（2）在物质基础上，在德国准备大力发展大众体育之初，便开始着手施行"黄金计划"。1959年"黄金计划"首次提出，一年后正式施行。由于第一个"黄金计划"施行后效果显著，随后施行的第二个、第三个"黄金计划"，以及两德统一后专门针对东部设施落后而施行的"东部黄金计划"，在建设体育场馆、运动场地的基础上，根据当地的情况，按需修建，不铺张浪费，不断完善设备、增加人均使用面积等[1]，从根本上解决了各形态体育发展的场地和设施需求问题，为社会和市场力量参与竞技体育发展提供了物质保障。

（3）在组织保障上，德国各级政府、社会组织间形成了分工明确、协同治理的组织与管理体系。政府推动各形态体育协调发展的职责有：颁布相关法律条文来提供发展保障；创建多主体之间的协调平台，如联邦联合委员会牵头成立了德国卫生部长常设会议和德国体育部长常设会议，旨在促进体医融合[2]。同时，德国奥林匹克联合会管理各协会、俱乐部和联赛组织等，在政府的协调下，上述非政府组织拥有较大的自主权，可以自筹经费，进行自我管理，可以根据当地实际情况出台相关政策或专项计划，以便更好地根据实践需求来促进不同体育形态的协调发展。

4. 发展的技术手段

（1）以学校和体育俱乐部为主要抓手。在德国，学校鼓励学生课后参与自己感兴趣的体育俱乐部，而体育俱乐部也会与学校达成合作协议，定期去学校为学生提供技术指导和训练。在精英足球学校里，孩子们星期一、星期三和星期五早上在学校里练习，星期一到星期五放学后，他们可以在俱乐部里练习，而在周末则可以根据自己的身体状况进行有选择的练习[3]。德国的学校体育充分利用体育俱

---

[1] 潘华. 中德全民健身的比较研究：兼论《全民健身计划纲要》与《黄金计划》[J]. 成都体育学院学报，2008（1）：18-21.

[2] GERLINGER T, SCHMUCKER R. A long farewell to the bismarck system: Incremental change in the German health insurance system[J]. German policy studies, 2009, 5(1): 3-20.

[3] DFB. Talente fordern und foerdern!Konzepte und strukturen vom kinder-bis zum spitzenfussball[M]. Muenster: Philippka, 2009: 3.

乐部的资源为自身服务，同时也通过体育俱乐部的支持，在培养竞技体育后备人才、拓宽体育人口等方面进行深度合作和实现发展共赢。

（2）以满足民众多元体育需求为发展依托。在德意志国家的早期，体育发展主要服务于国家利益、个人利益和体育的多元功能不彰[①]。随着其管理体制和机制的改变及经济水平的发展，体育发展开始尊重个人意愿和需求，体育发展的社会需求也日趋多元。在竞技体育方面，民众不仅对观看体育赛事、支持自己喜爱的球队充满热情，还渴望能切实参与到自身喜爱的竞技项目中。由此，德国发布了体育奖章制度，以激发民众的竞技参与、发展和表现需求。在德国运动奖奖章制度发布75周年时，约有1300万德国人参与竞技运动以争取获得体育奖章[②]。社会和市场力量通过分层分类生产与供给办训、办赛等产品，满足人们日益增长的多元化竞技体育需求，建构竞技体育发展的内生动力。

5. 成长的特征与效果

1）成长特征

（1）抓住基层大众的需求特点，推动体育运动的普及，营造社会体育氛围和风气，将竞技参与和发展渗透到社会生活的方方面面，扩大竞技体育人口，培养竞技体育人才。学校和体育俱乐部根据不同群体的需求，提供多元化的大众竞技参与产品或服务，以及小众精英的竞技人才培养产品或服务。

（2）重视发挥体育俱乐部的协调与纽带作用。德国政府对体育俱乐部在运动场地建设、税收、购买服务等方面给予了支持，因此其民众认知、参与体育的门槛较低，只需要缴纳低价的会员费便可以享有较好的运动体验。体育俱乐部为大众和精英的竞技参与、发展提供了成长平台和衔接通道。

2）成长效果

（1）社会和市场力量的成长空间有效拓展，发展规模日益扩大。由于涉及多种体育形态的不同发展领域和环节，同时提供的产品或服务又要满足不同群体的多元化需求，社会和市场力量所提供的竞技体育产品或服务种类越来越多，生产与供给的质量要求越来越高，这就产生了遍布全国的体育俱乐部，形成了单项体育协会，社会和市场力量发展的规范化、专业化程度不断提升。

（2）形成了自组织发展的内生动力链条。首先，形成了有助于供需适配的多

---

① BECKER C, KRUGER M, NIELSEN S. German sports, doping, and politics: A history of performance enhancement[M]. Washington: Rowman&Littlefield Publishers, 2015: 23-42.
② ROTHIG P, PROHL R. Sportwissenschafliches Lexikon[M]Schorndorf: Verlag Hoffma, 2003: 503-504.

元化竞技体育产品与服务体系。其次，形成了以国家政策、资金扶持为方向引领，以德国奥体联为业务指导，以家庭体育、学校体育、俱乐部体育为具体落实的竞技体育发展与运行机制。据2012年德国奥体联统计，德国共有91080个体育协会，其中德国足球协会约26000家单位中拥有近670万名会员，是世界上最大的单项体育运动联合会[①]。

（三）服务于提高运动训练科学水平的成长路径

1. 形成的历史缘由

德国作为科技强国，有将科技作为各领域发展第一生产力的传统，德国竞技体育长期保持高位也与其科学化训练密不可分。冷战时期，东德和西德为了获得竞争优势，曾在多所高校设立科研机构，以促进竞技运动的发展。两德统一后，为了杜绝兴奋剂事件，提升运动训练的科学化水平成为关键。第三次工业革命使得世界科技水平飞速发展，各国也更为重视各领域的科技发展和科学研究工作[②]。德国奥林匹克训练基地为运动员提供竞技水平诊断、运动理疗及训练与康复服务，德国奥体联推进训练研究所、运动器材研究所、教练员学院和奥林匹克训练基地的协作，强化科技成果转化，把新科技与竞赛实践结合起来，助力各运动项目竞技水平的提升[③]。科隆德国体育学院在运动损伤预防和运动治疗、康复等方面也具有突出成绩。

2. 发展的目标定位

运动训练是提高运动员竞技水平的重要途径，而运动训练的科学化水平是影响成材效率和效果的关键。在两德统一后，竞技体育的发展定位逐步回归人本化、科学化，运动训练的科学化程度被放到了重要位置，社会和市场力量也积极服务于运动训练科学化水平的提升，一些训练基地、体育俱乐部与德国科隆体育大学和其他体育研究所、科学实验室等进行合作，在运动表现诊断、运动疲劳恢复、运动伤病治疗等方面实施科学监测和管理。职业体育联盟也积极开发新的产品、设备或服务，以提升职业球员和职业联赛的专业化与科学化发展程度。例如，Neuro11公司开发了"大脑传感"数据收集和分析系统，帮助球员在比赛中达到

---

① 国家体育总局.城市发展结合体育文化：德国大众体育发展探因[EB/OL].（2015-04-08）[2022-12-08]. https://www.sport.gov.cn/n4/n155/c321029/content.html.
② 明宇，司虎克.德国、法国、英国、意大利国际体育专利的竞争情报分析[J].体育科学，2012，32（9）：88-97.
③ 缪佳.德国体育政策3大特征[J].上海体育学院学报，2014，38（1）：8-11.

最佳精神状态；德国足球联盟联合多家体育企业、公司推进职业联赛的智能化、数字化发展与管理。

3. 发展的基础条件

（1）在观念意识上，东德兴奋剂乌云蒙羞了一代东德运动员。两德统一后，国家回归人本化和科学化的发展理念，这为社会和市场力量的发展提供了健康的环境，国家和社会围绕提高运动训练的科学化水平展开了积极探索。酷爱科技的德国人民也将创造、创新精神融入竞技体育的发展实践中，德国的体育机构、体育院校、体育科研所、训练基地遍布各地，理论界和实践界高度重视训练的科学化程度。例如，因进行早期专门化训练而破坏了儿童成长环境氛围和影响了他们发展潜力时，相关学者及时进行了相关研究并指出，"德国必须阻止少年儿童17岁之前就进行早期专门化训练的错误倾向"[1]。全社会对运动训练的科学化发展高度重视，科技引领和创新引领的思想浓厚。

（2）在物质基础上，德国竞技体育科技化、现代化的发展离不开体育产业发展的推动与支持。在市场经济条件下，体育产业只有不断创新产品或服务，才能获得更好的发展竞争力，市场竞争的逻辑引领社会和市场力量积极开发新的技术、设备、手段等。就拿阿迪达斯来说，它在运动鞋制造技术上已经取得了700多项技术专利，仅在2010年就花费1.02亿欧元[2]。此外，德国在三维动态定位系统、门线技术等高端体育技术方面都有很大的集群优势。这些为其科技研发和创新提供了市场基础和经济保障。

（3）在组织保障上，联邦体育科学研究所、教练员学院、体校和奥林匹克场馆在社会化、市场化改革过程中，形成了一条完整的服务于竞技体育科学化发展的组织保障体系，借助俱乐部、学校等形式的社会体育组织为民众的科学化运动参与和训练做了大量普及与推广工作。德国除了设有联邦体育科学研究所，还有应用训练科学研究所、运动器材研究和开发所及数量众多的奥林匹克场馆，运动训练在制度、经费、组织和场地上都得到了较为充分的保障。各类体育科学研究机构由联邦体育科学研究所负责管理，这也让德国体育科学研究更为严谨和贴近社会现实需求。例如，1998年德国体育研究所创立了海德堡大学附属球类学校，该学校是在一家俱乐部和两所小学及多家企业的赞助下成立的，经过多年的探索

---

[1] 陈蕾. 德国大学体育科研机构转型案例研究：以海德堡大学附属球类学校为例[J]. 山东体育科技，2014，36（1）：89-93.
[2] 李晨. 国内外体育用品企业研发情况对比分析[J]. 体育产业信息，2011（6）：2-6.

实践，其以提高竞技运动成绩为主要目的的教学改革成果受到了普遍重视，并成为科研所和高校合作的一个成功典范。

4. 发展的技术手段

（1）以多方社会力量相互融合、发展为导向。德国对科学研究在提高竞技能力、水平、成绩与运动员发展等方面的作用十分重视，提倡"不为我所有，但为我所用""多单位、多部门、多学科紧密合作"的训练管理理念，极大地实现多方资源的共享、合作[1]。例如，以体育学院和训练基地相结合的形式，把优势运动项目和先进的科研力量结合在一起，从而达到实现训练的最佳效果。德国教练员在制订训练计划时，重视运动项目发展的专项运动规律。例如，最大摄氧量、乳酸阈均是先在科研中心提出再运用于实践的，并取得了良好的运用效果。两德统一后，原东德各社会组织性质的体育科研机构和学科研究中心基本保留，在奥林匹克中心建有进行健康控制和竞技诊断的运动医疗监督部门，由专职队医和理疗师负责所有奥运会项目优秀运动员的医疗监督，有效提高了运动训练的科学化水平[2]。德国还高度重视运动训练中心和科研机构的合作，定期针对国家队的训练情况进行科学规划。例如，教练员定期向相关领域科研的专家提供训练视频，专家则会及时给予反馈和建议。在这样的合作中，竞技体育科学化发展的程度提高，科研机构和训练中心的业务水平也在反复的互动中有效提升。

（2）以始终贯彻创新意识为发展引领。德国将创新手段、理论、方法等融入竞技体育发展的方方面面，打造了一些高水平的科研机构、学院、训练基地等。例如，在海德堡大学附属球类学校中，长期以科学研究的实验成果作为运动实践的指导，并创新性地采用横向技术指导计划，即学校任课教师只有在专门的研究机构经过学习、指导后才能对该项目进行教学[3]。可见，德国不仅高度重视科技研发与应用，还强调以理论与实践的融通来推动体育科技创新。

5. 成长的特征与效果

1）成长特征

（1）以满足各项目训练与竞赛的实际需求为根本，持续、系统地关注竞技体

---

[1] 鲁毅. 德国体育管理体制及其对我国体育发展的启示[J]. 广州体育学院学报，2016，36（4）：1-4.
[2] 潘华. 中德全民健身的比较研究：兼论《全民健身计划纲要》与《黄金计划》[J]. 成都体育学院学报，2008（1）：18-21.
[3] 明宇，司虎克. 德国、法国、英国、意大利国际体育专利的竞争情报分析[J]. 体育科学，2012，32（9）：88-97.

育发展动向，根据各项目发展情况不断对现有科研技术进行测试与改良。围绕运动项目规律进行研究，以提高训练的质量和效率。

（2）以体育院校为枢纽，多学科交叉展开合作。体育院校在体育科研中担有重任，其中最具有代表性的是德国科隆体育大学[①]，其在雪车、雪橇方面的研究世界领先，帮助德国在多届冬季奥运会中取得金牌。在进行体育科学研究时，德国科学家不限于体育学科本身，而是与多学科的专家学习交流，如医学、生物学等，在训练计划制订、比赛技战术指导等方面都与该领域专家建立长期而稳定的合作关系。

2）成长效果

（1）科研组织在备受重视的良好环境中得以成长，在体育科研方面取得了全世界瞩目的成就。例如，最大摄氧量、血乳酸的测试与运用由德国专家最先发现并应用于训练实践中取得了较好的效果[②]。同时，德国在能量代谢、训练恢复、运动生物力学等方面的研究也处于世界领先地位。

（2）在德国实施体育自治的大环境下，提高训练水平科学化的主要力量是社会组织，它们在参与竞技体育发展的实践中提升了自身的科技创新能力。在运动员选材方面，社会组织发现了相对年龄效应问题，即对同龄运动员的出生月份进行分析，比较他们在运动能力上的差异，并由此建议俱乐部、协会在选拔中更科学、合理地设置选材标准。在预防运动损伤方面，针对足球损伤干预的 FIFA 11（国际足联所推广的一种热身活动）、综合热身及 FMS（Functional Movement Screen，功能性动作筛查）在世界范围内得到了广泛的应用。在专项运动规律与体能发展方面，研究院的学者针对不同项目教学与训练中的问题进行了探索、检验，有效提升了项目的科学化教学与训练水平[③]。

四、德国竞技体育发展中社会和市场力量的成长模式

（一）国家政策法规的扶持

德国没有专门的体育法，但其宪法中有保障体育组织免受政府干涉的条例，

[①] 蔡旭旦，毛丽娟，陈小平. 冬季运动科学研究典型案例及对我国备战 2022 年北京冬奥会的启示[J]. 中国体育科技，2020，56（1）：12-23.

[②] 陈蕾. 德国大学体育科研机构转型案例研究：以海德堡大学附属球类学校为例[J]. 山东体育科技，2014，36（1）：89-93.

[③] 黎涌明，曹晓东，陈小平. 德国足球训练科学研究现状与启示：基于 Web of Science 2010—2016 年期刊文献综述[J]. 上海体育学院学报，2017，41（5）：14-23，70.

德国的基本法是其法律和政治的基石，保证了德国政府对体育立法的不干涉[1]。按照《德国基本法》第 30 条规定，16 个联邦州负责资助联邦德国的体育，重点是关注中小学体育、大学体育、大众体育和休闲体育，以及体育设施建设[2]。根据体育自治原则，政府将自己的角色定位为支持者，只制定促进体育自治的框架。为此，德国政府并不直接通过项目或方案来管理和处理体育事务，而是通过与相关组织合作来实现这些目标[3]。

德国的税收很高、税制复杂、税收种类繁多，但德国政府对体育有免税或减税政策，对那些赞助体育比赛和俱乐部的企业，减免它们应缴纳的税收。例如，德国在 20 世纪 90 年代颁布实施《向体育俱乐部提供援助法》，在很大程度上减轻了俱乐部纳税的负担。同时，根据德国《企业所得税法》第 5 条规定，非营利组织按照 7%的优惠税率缴纳增值税（正常税率为 19%），对公益社团的捐赠或者会员缴纳的会费也可从税前应纳税款项中扣除[4][5]。因此，德国很多企业愿意资助体育，除了表达对体育的喜爱，还可以省下广告费及少交税。

（二）政府直接与间接性的体育投融资

德国竞技体育的经费 60%以上来自政府，政府每年用于体育的经费约 1.3 亿欧元，其中 32%左右用于优秀运动员、教练员参加国际比赛，20%用于运作各州奥林匹克训练基地，15%用于体育场馆的维护和修建，5%用于反兴奋剂工作，剩下的资金用于残疾人体育和体育科研[1][6]。除了获得政府拨款，还会从用于各州奥林匹克训练基地、体育场馆的维护和修建等资金中间接获得帮助。

德国铺天盖地的运动场所都是"黄金计划"的成果，由联邦政府、州政府和地区政府分别出资建造。1959—1975 年，建造了 31000 个供儿童游玩的场所，14700 个室外田径场、足球场及部分学校的运动场，10400 个多种运动项目的室内馆、5500 个室内体育馆，2420 个室外游泳池、2625 个校内室内游泳池和 435 个室内游泳馆[7]。

---

[1] 缪佳.德国体育政策 3 大特征[J].上海体育学院学报，2014，38（1）：8-11.
[2] 赵强，王兴一，燕飞.德国中小学体育教育制度调查及启示[J].河北体育学院学报，2017，31（2）：53-57.
[3] 孙珂，吴福友.德国竞技体育后备人才培养特点探析[J].体育科研，2016，37（5）：54-57.
[4] 杨中皖.德国政府购买体育公共服务的原则、经验及借鉴[J].西安体育学院学报，2019，36（6）：641-647.
[5] 徐妍，殷露阳.非营利组织营利性收入的税法规制探讨：以德国体育协会营利性收入的税收优惠为例[J].常州大学学报：社会科学版，2019，20（2）：10-20.
[6] 佚名.奥运金牌多不如大众体育乐 掀开德国体育的本质（2）[EB/OL]（2008-07-12）[2022-12-06]. http://sports.sina.com.cn/o/2008-07-12/08583779366.shtml.
[7] 德国奥林匹克体育联合会[EB/OL].（2010-2-09）[2022-12-06]. http://www.dosb.de/de/organisation/mitgliedsorganisationen/2010-2-09.

（三）不同管理部门的服务性作用

德国体育管理部门主要为德国奥体联及其下属部门，德国政府只扮演一个配角。政府和德国奥体联是平等的关系，政府支持竞技体育，竞技体育为政府承担社会责任。

1949年，德国国家奥林匹克委员会（Nationales Olympisches Komitee，NOK）成立；1950年，德国体育联合会成立。NOK被计划用来代表德国奥林匹克运动，德国体育联合会作为全国性联盟组织，代表所有体育联合会。2006年，这两个组织合并成为德国奥体联，奥运会项目和非奥运会项目拥有了共同的联盟组织。根据章程，德国奥体联将它的任务领域分成总目标、竞技体育目标和大众体育目标[1]。

德国奥体联是德国竞技体育最重要的管理机构，它在制定、实施国家体育政策及配置体育资源等方面起主导作用，积极推动德国竞技体育和大众体育的发展，协调各个组织及其成员的利益，并向其会员提供一定的财政帮助。

德国奥体联领导层由各类体育协会和成员代表选举产生。因此，联合会必须对各体育协会负责，代表并维护它们的权益。只有达成共识的问题才能得到有效解决。德国奥体联每两年召开一次全体大会，所有协会组织派代表参会，通过投票等形式进行民主议政、讨论新方案的实施、审核财政情况等。同时，每个体育协会都有自己的章程和事务，德国奥体联无权干涉[2]。

德国内务部下无管理体育的部门，但会对那些体育组织承担困难并与国家利益有关的事项提供帮助，如参加或举办奥运会、世界杯，修建或维修公共体育场馆、设施等。德国各州政府机构也设有类似部门，但都充分保证体育组织的自治地位。州的体育联合会更多的是管理大众体育，竞技体育是由单项协会和州的单项协会、德国奥体联一起管理的。

第四节　英国竞技体育发展中社会和市场力量成长的历史审视

英国被称为现代体育和体育产业的发源地，其中英国的竞技体育管理体制与

---

[1] 刘志民. 国际化背景下的竞技体育强国研究："竞技与产业平等"指标探析[J]. 南京体育学院学报：社会科学版，2014，28（4）：1-6，21.
[2] 刘鹏. 我所了解的德国体育：在德国体育联合会和奥委会实习片断[J]. 体育文化导刊，2006（10）：72-74.

我国相似，"国家在场"形态明显[①]，国家层面的体育治理和市场化运营调控使得竞技体育与群众体育持续良性发展。2017—2018年度，英国参加社区体育和体育活动的综合经济和社会价值为855亿英镑[②]。我国竞技体育与群众体育不均衡发展问题明显，社会和市场力量发展效力不足。探究英国体育发展经验有助于为我国竞技体育的社会化、市场化改革提供参考。

一、英国竞技体育发展中社会和市场力量的成长轨迹

（一）"快乐的英格兰"时期社会自治的自然发展阶段（18世纪60年代前）

工业革命之前，无论是在乡村还是在城市，英国的休闲体育活动都非常丰富，人们将该阶段称为"快乐的英格兰"时期[③]。英国此时的竞技体育完全由社会和市场力量自主发展，贵族中盛行骑士竞技与体育赌博，由此发展出相应的体育培训与体育博彩商业。民间体育游戏盛行，许多民俗以体育的形式开展。在1612年举办的以"奥林匹克"命名的运动会，更是被流传至今，象征乡村竞技，让更多的普通人亲身体会奥林匹克精神[④]。

1. 国家对竞技体育的发展定位

"快乐的英格兰"时期，英国体育的竞技成分主要体现在区分阶层的比赛与军事训练上。例如，上层社会的骑士比武、狩猎，形成了"骑士之爱"文化现象，并通过"圆桌骑士"推动规则的规范[④]；而民间基层则流行游戏性质的足球、斗兽等；军事训练中的射箭被广泛应用到殖民扩张中。也就是说，此时的竞技主要是服务于人格培养和休闲娱乐，并在阶级观念的影响下，由不同的群体自发组织运行，政府只发出提高抗战能力与发展绅士运动的引导。

2. 竞技体育的管理体制和机制

"快乐的英格兰"时期，英国体育完全处于自然发展状态，没有专门的体育管

[①] 陈洪，马瑛，梁斌，等."国家在场"视角下英国竞技体育治理实践研究[J]. 体育科学，2019，39（6）：22-27，54.
[②] SPORT ENGLAND. Social and economic value of community sport and physical activity[EB/OL]. [2023-03-20]. https://www.sportengland.org/guidance-and-support/measuring-impact?section=social_and_economic_value_of_community_sport.
[③] 张新，凡红，郭红卫，等. 英国体育史[M]. 北京：人民体育出版社，2019：14.
[④] 张新，凡红，郭红卫，等. 英国体育史[M]. 北京：人民体育出版社，2019：6-9.

第四章 部分西方国家竞技体育发展中社会和市场力量成长的历史审视

理机构。体育事务主要由英国国王通过政治号召和政策引领来促进发展。例如，詹姆士一世颁布的《关于体育运动的布告》中第一次将体育运动上升到国家政策层面。英国制定的体育相关政策都是为了提高人们的抗战能力或外交会晤能力，如1252年的威斯敏斯特案例要求15～60岁的英国男子必须练习射箭[1]。此外，英国政府对暴力运动进行限制，将体育运动向绅士方向引领，推动了规则的发展[2]。

3. 社会和市场力量的作用

"快乐的英格兰"时期，英国政府始终支持民众参与运动，社会和市场力量自治行动较强，民间体育游戏氛围浓厚，从各种节日中都可以看到体育运动的影子。骑士竞技比赛的盛行，又让大多贵族自己出资找专门的机构来从事体育运动与教育，这不仅为英国赛马的发展奠定了群众与文化基础，而且推动了项目的专业化发展。例如，1750年成立赛马俱乐部，为英国赛马赛事的发展及竞技水平的提高奠定了基础。此外，贵族通过"赌注"来进行体育竞技，他们不仅参与竞争，而且通过投资体育活动获利，如招募体育竞技表演者和组织体育竞赛活动，赚取门票销售收益，形成了具有竞争力的体育竞赛表演业的雏形[3]。

（二）"工业革命"时期政府大力支持的蓬勃发展阶段（18世纪60年代至1945年）

18世纪60年代蒸汽机的发明与应用推动英国进入工业革命，英国的工业化和城市化发展进程加速，经济扩张与社会变革催生了大量社会团体并试图改变旧有的体育运动，政府也大力支持人们参与体育运动，大量体育协会诞生，推动体育的现代化变革。例如，1856年世界上仅有英格兰的板球和划船比赛可以算是现代形式的体育竞赛，其他地方还没有这样的运动竞赛形式[4]。同时，政府还加强了规范化管理，禁止开展过于血腥与扰乱社会秩序的运动，以此维护社会的稳定。此外，工业化使得劳动力需求增加，推动女性参与到社会生产链中，丰富了参与竞技体育发展的社会和市场力量的群体量。

---

[1] 张新，凡红，郭红卫，等. 英国体育史[M]. 北京：人民体育出版社，2019：11.

[2] MIKE H. Associativity, gambling, and the rise of protomodern British sport, 1660-1800[J]. Journal of sport history, 2020, 47(1), 1-17.

[3] 任波. 英国体育产业结构演进及其启示[J]. 体育成人教育学刊，2020，36（1）：13-17.

[4] GUTTMANN A. From ritual to record: The nature of modern sports[M]. New York: Columbia University Press, 1978: 57.

1. 国家对竞技体育的发展定位

18世纪60年代,英国拉开第一次工业革命的序幕,英国体育运动也随着工业化的进程率先开始了现代化改造。政府对竞技体育的态度经历了工业化早期对血腥暴力的传统体育活动的管制和高压,19世纪中期鼓励和支持国民参与受欢迎体育活动的变化。世界大战期间,英国政府在国内派系斗争及世界经济危机双重压力下,注重竞技体育的军事价值与体育场地设施供给以提升国民体质。也就是说,在工业革命带来的改革热潮及战争带来的不稳定下,英国竞技体育也在进行着一场社会自治与政府强制管控之间的斗争。

2. 竞技体育的管理体制和机制

第二次世界大战前,英国竞技体育的发展主要由非营利性机构(协会及个人)和地方政府权力机关来主导。随着社会的工业化发展,体育运动也进行了改革,政府为规范社会秩序,开始压制野蛮的体育运动。例如,1838年制定《伦敦职业拳击规则》,推进体育运动向现代文明化发展转型[1]。1780—1840年制定《禁止血腥运动法案》《道路法案》等来限制工人进行斗鸡、斗牛的血腥竞技运动[2]。第二次世界大战期间,英国竞技体育由身体训练与娱乐中央委员会和英国奥林匹克委员会(以下简称英国奥委会)共同负责管理,当时的发展重点在增强国防和娱乐减压,如1937年颁布的《身体训练与娱乐条例》鼓励体育锻炼、增强国民战斗力[3]。

3. 社会和市场力量的作用

工业革命后,在项目协会增长,工业化、城市化、新媒介产生,公学兴起,中产阶级壮大的发展背景下,英国社会和市场力量紧紧抓住发展机遇助推了竞技体育的规范化与商业化发展。

(1)政府鼓励社会体育组织成立和发展,英国涌现出一大批单项体育协会,如1781年的射箭爱好者协会、1863年的英国足球协会、1871年的英格兰橄榄球协会等。它们自主管理单项体育项目的发展,也构成现代的国家级体育理事机构[4]。

(2)社会和市场力量创办、举办、参与举办各类赛事,促进了竞技体育的专

---

[1] 张新,凡红,郭红卫,等.英国体育史[M].北京:人民体育出版社,2019:29.
[2] 甄媛圆,缪佳.英国体育政策的嬗变及启示[J].西安体育学院学报,2015,32(3):264-268,277.
[3] 姜同仁,张林.英国体育产业发展方式及其经验借鉴[J].西安体育学院学报,2016,33(2):129-135,158.
[4] 王英峰.英国体育管理组织体系研究[D].北京:北京体育大学,2010:17-18.

业化、规范化、市场化发展。例如，为团结母国，参与举办英联邦运动会和巡回赛；为增强人们的体质，推动工人阶级参与户外体育运动，举办文洛克奥林匹克运动会①。不少赛事的举办还助推了竞技体育项目的现代化发展，如 1888 年足球联盟俱乐部之间进行的联赛，为英超的成立奠定了基础②。同时，赛事也带来了一定的经济效益，如赛事的付费观看和培训学校的发展等。

（3）英国在探索国民教育的总规划过程中，公学体育的兴起，掀起学校体育运动热潮，形成"以体育人"的教学理念。公学在一批推崇体育价值观的公学校长与教师的带动下兴起，塑造了良好的校园体育氛围，孕育了新型的体育运动项目，如壁球。同时，由公学学生讨论出的"剑桥规则"及制定的现代足球的第一套通行规则③，更助力了体育规范化、现代化发展。发挥体育赛事的育人功能，将体育作为培养精英的重要方式，公学内和公学之间体育比赛频繁举行，1845 年伊顿公学就开始了一年一度的障碍跑④。

（4）社会和市场力量紧紧抓住工业革命带来的铁路、广播、报纸等对于竞技体育发展带来的益处，拓展了赛事举办的范围，提高了赛事的影响力和参与率，为进一步开拓体育商业市场，为后期打破业余原则打下了坚实基础。尤其铁路网的建设，提高了各地区参与体育赛事的积极性。这也产生了诸多项目的巡回赛赛制，为传播区域文化、促进民族文化的认同与交融提供了帮助，运动员们乘坐豪轮频繁地来往进行橄榄球、板球的国际锦标赛⑤，并通过巡回赛增加收入，同时带动区域经济发展。

（三）"福利社会"时期政府全权负责的缓慢发展阶段（1945—1978 年）

第二次世界大战结束后，英国失去了工业垄断和海上霸主地位，人们期望治愈战争创伤，迅速恢复国民经济，并要求社会变革和改善生活条件。在这样的背景下，工党艾德礼政府上台，主张国有化改革和社会福利政策，试图把英国变成一个"从摇篮到坟墓"的福利国家⑥。在高福利的社会体制中，英国将体育运动看作一种"福利"，民众对运动、娱乐休闲的需求高涨。社区体育成为国家体育发展

---

① 张新，凡红，郭红卫，等. 英国体育史[M]. 北京：人民体育出版社，2019：161.
② 张新，凡红，郭红卫，等. 英国体育史[M]. 北京：人民体育出版社，2019：40.
③ 张新，凡红，郭红卫，等. 英国体育史[M]. 北京：人民体育出版社，2019：58.
④ BURLEY M. The history of sport in public schools[EB/OL].(2020-05-18)[2022-08-26]. https://www.winchestercollege.org/stories/the-history-of-sport-in-public-schools.
⑤ 张新，凡红，郭红卫，等. 英国体育史[M]. 北京：人民体育出版社，2019：129-130.
⑥ 庄越. 英国政党政治对福利国家制度的影响研究[D]. 上海：上海师范大学，2021：22-26.

的战略龙头，竞技体育依赖大众体育而发展。1972年，为促进国家行政管理部门与社会团体之间的合作，成立了不列颠体育理事会，它与身体训练与娱乐中央委员紧密合作，来管理体育事务[①]。但这种福利社会的形式影响了社会和市场力量的成长积极性。

1. 国家对竞技体育的发展定位

战争带来的创伤，使得国内人们迫切希望社会变革和改善生活条件。政府工作的重点由此也放在了恢复经济、改善人们的生活等方面。推行政府全权管理的"福利制度"，主张社会保障的全面性，向国民提供一系列公共体育服务，竞技体育完全依附政府及大众体育发展。

2. 竞技体育的管理体制和机制

在"福利社会"时期政府全权负责和缓慢发展阶段，英国政府逐渐加大了对竞技体育的发展干预力度，其竞技体育管理部门的权力逐渐增加。1957年，体育与娱乐中央委员会设立委员，并向政府建议成立体育理事会；1963年，政府任命部长大臣专门负责体育；1972年，成立不列颠体育理事会，以"提升竞技体育实力，发展休闲体育运动"为目标[②]，并在此期间先后成立地区理事会，共同管理，以促进竞技体育发展。

此时英国政府对体育的政治功能不够重视，没有颁布明确扶持竞技体育的政策，但逐渐加强了对体育的发展干预，如1961年通过教育部向体育提供资金。发布的政策都偏向于为大众谋福利及增加运动人群，如通过《体育和娱乐白皮书》确定体育在福利国家的合法地位[③]，针对体育设施颁布《娱乐慈善法案》《体育供给计划》等，针对弱势群体和青少年颁布《体育和休闲》[④]，针对公共安全颁布《体育场地安全法案》等[⑤]。直到奥运成绩不断下滑及足球比赛多次输给匈牙利，才使英国政府思考体育发展的职业与业余关系，并在1961年取消了球员的最高工资限令[⑥]。

---

① 王英峰. 英国体育组织体系研究[D]. 北京：北京体育大学，2010：17.
② 浦义俊，吴贻刚. 英国竞技体育发展方式的演进脉络及政府作用机制特征[J]. 南京体育学院学报：社会科学版，2016，30（2）：108-116.
③ 汤际澜. 英国公共服务改革和体育政策变迁[J]. 南京体育学院学报：社会科学版，2010，24（2）：43-47.
④ 王英峰. 英国体育管理及体育政策的演进研究[J]. 天津体育学院学报，2011，26（3）：251-254.
⑤ 朱洪军，张建辉，梁婷婷，等. 国外体育赛事政府监管服务标准化研究[J]. 西安体育学院学报，2020，37（6）：648-655.
⑥ 张新，凡红，郭红卫，等. 英国体育史[M]. 北京：人民体育出版社，2019：65-69.

第四章 部分西方国家竞技体育发展中社会和市场力量成长的历史审视

3. 社会和市场力量的作用

第二次世界大战后，国民对美好生活的需求高涨，为促进经济的发展，英国举办了第14届奥运会，通过门票出售权、电视转播权等获利2.9万英镑[1]。另外，注重拓展体育运动的受众面。1952年，在英格兰的一所医院内组织了轮椅运动员参加的运动会——斯托克·曼德维尔运动会，打造了残奥会的前身[2]。此外，自球员最高工资限令被取消及允许职业球员参加网球赛后，运动员就成为体育市场的交易商品。1992年，在天空电视台巨资推动下，顶级的足球联赛英超被创立，球员能收到代言费和厂商的分红，商业价值突出。天空广播公司还开启了英国付费电视市场。数据显示，2016年天空广播公司69%的用户为体育频道付费[3]。为整合大学资源，统一管理与发展，2008年6月，英国大学体育协会（British Universities Sporting Association，BUSA）和大学学院体育（University College Sport，UCS）合并成立了英国大学和学院体育（British Universities & College Sport，BUCS），成为督促全国大学体育的新代言人，为英国高校开展体育运动赛事提供统一的口径、知识和经验[4]。

（四）"新自由主义改革"时期政府购买与公私合作的恢复发展阶段（1979—1996年）

1979年，撒切尔成为首相，奉行新自由主义理念，大力推行私有化和自由化改革，压缩国家干预，裁减福利，对体育发展产生了重大影响。虽然福利助推了英国经济的恢复，但也造成了庞大开支和"福利依赖文化"越来越明显地影响英国经济发展，再加上世界石油危机的冲击和布雷顿森林金融体系的解体，英国经济面临严峻的挑战。因此，为减轻政府负担，撒切尔政府大力推行"民众资本主义"，推行大规模私有化，表明体育不再只是政府的义务。引入强制性竞标方式（Compulsory Competitive Tendering，CCT）为政府财政松绑，为社会和市场力量参与竞技体育发展提供了更大发展空间。随后的梅杰政府也巩固了撒切尔时代的

---

[1] 张新，凡红，郭红卫，等. 英国体育史[M]. 北京：人民体育出版社，2019：173.

[2] LEGG D. Paralympic games: History and legacy of a global movement[J]. Physical medicine & rehabilitation clinics of North America, 2018, 29(2): 417-425.

[3] SMITH P. Playing under pressure: Sport, public service broadcasting and the British Broadcasting Corporation[J]. International communication gazette, 2017, 79(2): 203-216.

[4] BUCS. Our history[EB/OL]. [2022-08-27]. https://www.bucs.org.uk/about/our-history.html.

大部分做法，同时还提高了体育的政治地位，政策制定也偏向发展竞技体育，并通过发行体育彩票来积累发展资金。社会和市场力量积极提升发展竞争力，响应竞标制度，建立教练员培训组织，为民众参与体育运动提供更加专业的运动指导及更方便舒适的运动体验。

1. 国家对竞技体育的发展定位

在从"福利社会"向"自由主义社会"转型时，既要面对由国民心理的落差所衍生的社会问题，又要面对由政府过多干预所造成的支出成本过高问题。英国政府开始放宽管理，将政府提供改为政府购买，实行公私合作和私有化改革，社会和市场力量重新获得一定的自治权力，但因还未完全从福利社会中脱离出来，社会和市场力量对政府的依赖还较强。其中，撒切尔的改革侧重中上阶层，对精英竞技体育特别是足球持有轻视与不屑态度，足球联赛带来的一系列问题如"海瑟尔惨案"等被英国媒体称为"英国的灾难"[①]。直到梅杰政府时期，政府才重新将重心从群众体育转向竞技体育。

2. 竞技体育的管理体制和机制

撒切尔政府时期，竞技体育的管理机构主要是不列颠体育理事会，撒切尔对体育的意愿是将体育作为国际关系的武器，其对竞技体育的管理政策主要是针对足球流氓带来的麻烦进行整治。为减轻政府负担，引入强制性竞标方式，推动体育服务的市场化发展，为私人承包商提供了经营公共体育和娱乐设施的机会，为竞技体育发展提供了更大的财政支持空间。此外，其他体育相关政策偏向于提升大众的运动参与率。

梅杰政府时期，1992年成立了国家遗产部（Department of National Heritage，DNH），该部首次将体育政策作为国家政府的一项重要职责。1994年，发行体育彩票为竞技体育发展积累资金，颁布《21世纪体育》[②]，将体育发展重点转向竞技体育。1995年，颁布的《体育：在比赛中提升》进一步明确发展竞技体育的目标[③]。1995年，建立英联邦体育研究院，为竞技体育服务。除了为精英运动员的发展奠定组织、行政和资金框架的基础，梅杰还播下了国家有史以来对振兴学校

---

① BEBBER B. Football nation: Sixty years of the beautiful game by Andrew Ward and John Williams (review)[J]. Journal of sport history, 2014, 41(2): 370-371.
② DEPARTMENT FOR NATIONAL HERITAGE. Sport for 21st Century[M]. London: HMSO, 1994: 4.
③ 王英峰. 英国体育管理及体育政策的演进研究[J]. 天津体育学院学报，2011，26（3）：251-254.

体育和运动的最大投资的种子，1992年学校体育被列为国家课程科目[①]。

3. 社会和市场力量的作用

首先，英国在体育设备购买、运动员训练服务及比赛承办等方面推行了竞标制度，由此催生了大量私营性质的社会组织，这些私营性质的社会组织通过投标的方式提供社区体育设施服务，然后由政府购买这些服务提供给社区居民[②]。其次，1994年成立英国青年体育基金会，大大提高了青年人的生活质量和体育运动成绩，通过竞标，得到英国政府的"学校体育-体育俱乐部链计划"的推广任务，每年按英国政府的授权管理1.5亿英镑的体育投资，资助全英国400多所学校开展体育活动与体育设施建设[③]。英国青年体育基金会还通过体育咨询等商业活动来收取部分费用，用于支付工作人员和与其签约的培训专家的费用。再次，通过资助政策，提高体育设施的利用度。最后，社会和市场力量以慈善机构形式成立英国教练员组织，后发展为英国体育教练员协会，为竞技体育的发展提供了一批专业的志愿者与教练员。

（五）"第三条道路"时期政府调控与合作互动的飞速发展阶段（1997年至今）

1996年，亚特兰大奥运会一枚金牌的战绩，在英国引发不满，国家开始高度重视竞技体育的发展。1997年，布莱尔（Blair）上任后，提出体育发展的"第三条道路"（Third Way）政策，强调政府的推动及合作伙伴的建立，形成一个多元、自主和授权的体育传播网络[③]。政府放权赋予社会和市场力量更多的资金支配权与行动自主权，社会和市场力量发展的积极性被充分调动。由英格兰体育理事会提供资金资助的43个地方体育合作组织形成的积极合作伙伴网络覆盖整个英格兰，为俱乐部的建立与发展发挥了重要作用，它们负责协同和整合政府、单项体联、全国体育合作组织、学校、基金会、慈善组织、企业等多方力量，使全社会资源形成合力[④]。

[①] GREEN M. Podium or participation? Analysing policy priorities under changing modes of sport governance in the United Kingdom[J]. International journal of sport policy and politics, 2009, 1(2): 121-144.
[②] 马德浩. 英国、美国、俄罗斯竞技体育管理体制演进趋势及其启示[J]. 天津体育学院学报, 2018, 33(6): 516-521.
[③] GREEN M. From 'sport for all' to not about 'sport' at all?: Interrogating sport policy interventions in the United Kingdom[J]. European sport management quarterly, 2006, 6(3): 217-238.
[④] ACTIVE PARTNERSHIPS. About active partnerships[EB/OL]. [2023-10-01]. https://www.activepartnerships.org/about-us.

1. 国家对竞技体育的发展定位

由于新自由主义主要关注中上阶层利益，英国社会的贫富差距拉大，社会排斥现象异常突出。1996 年，在社会态度调查中，近一半的受访者对当时服务"非常或相当不满意"[1]，再加上亚特兰大奥运会的"惨绩"，使得竞技体育的改革变得紧迫且合理。布莱尔上任后，调整了体育政策和治理模式，将国家体育发展目标由大力发展群众体育转向大力发展竞技体育，并从管理机构设置、科研保障、政策保障等方面强化了新时期竞技体育的发展地位，这使得英国在悉尼 2000 年奥运会上恢复竞技实力，并在 2012 年伦敦奥运会上强势崛起，大大提高了英国在国际体坛的影响力。

2. 竞技体育的管理体制和机制

1997 年以后，英国体育主要由数字、文化、媒介和体育部（Department for Culture, Media and Sport, DCMS）管理，其主要职责是通过同英国体育理事会及其他政府部门的合作来制定政策，即在宏观层面管理。其中，竞技体育主要由英国体育理事会负责，并与 4 个区域性的体育理事会、全国单项协会、英国奥委会及英联邦体育研究院一起，形成了由中央政府统筹，并与地方政府，社会、市场组织建立合作代理关系的"中间型"组织管理模式[2]。

英国体育政策从重视大众体育向发展竞技体育转变。1997 年出台了《奥运奖牌计划》《奥运争光计划》等奥运战略计划。1999 年出版《1999—2009 年彩票基金战略计划》，确立了地方全民项目和精英体育成功的双重目标。2000 年颁布《大众体育的未来》，将培养竞技人才作为政府发展目标[3]。2007 年公布《2012 使命计划》，2008 年颁布《为赢而战：体育的新时代》，大力发展精英训练中心，多元资金支持，成为备战伦敦奥运会的重要指导文件。在北京奥运会后，英国颁布《伦敦未来体育发展》来巩固优化现有结构。在学校层面，英国政府根据《学习与技能法》设立学院，颁布《学院法》，并通过优秀运动员计划、"奋斗的机会"选材计划，培养一批具有冲金能力的运动员。随后英国竞技体育政策从一开始的重振奥运地位逐渐过渡到同时关注普及。例如，2013 年 9 月，英国教育部颁布《英国

---

[1] LUND B. Major, Blair and the third way in social policy[J]. Social policy & administration, 2008, 42(1): 43-58.
[2] 孙雪. 英国精英运动员培养体系研究[D]. 北京：北京体育大学，2013：14-17.
[3] 浦义俊，吴贻刚. 英国竞技体育发展方式的演进脉络及政府作用机制特征[J]. 南京体育学院学报：社会科学版，2016，30（2）：108-116.

国家课程：体育课程学习纲要》[1]，既普及了运动参与，也为竞技体育发展提供持续不断的后备人才。此外，制定了精准资金投入机制，完善了准入与监控机制，大大提高了资金的利用效率。英国政府通过数字化模型监管，来确定对非营利组织的投资。从 1976 年开始，对休闲和娱乐进行统计评估，每年出版年度统计报告，经费使用情况一般对公众公开并接受监督[2]。在财政分配上具体明晰，还要经过多个审计公司的审核。例如，设立"世界级表现计划"，改进"人才识别程序"，将精英级运动员分为"领奖台""发展""天才" 3 个关键级别，有针对性地激励发掘杰出的体育人才[3]。

3. 社会和市场力量的作用

"第三条道路"时期政府调控与合作互动的飞速发展阶段，社会和市场力量被充分调动，其体育管理体系充分利用社会资源，将大众体育的发展与竞技体育的发展结合起来，为竞技体育提供人力、财力、后备人才等保障，推动竞技体育普及向提高有效过渡。

（1）社会和市场积极响应政府号召，积极参加体育志愿活动，降低了办训和办赛的成本[4]。1935 年，政府创立了最大的休闲体育机构——英国中央体育娱乐委员会（Central Council of Physical Recreation，CCPR），鼓励尽可能多的人参加体育运动和体育娱乐[5]。通过培训指标、激励制度使体育志愿服务更专业与规范[6]，以此促进培养与需求的有效衔接，为竞技体育的发展提供人员支持。

（2）电视媒体的运作宣传了体育的魅力，带动了经济与体育的发展。随着业余原则的打破，运动员逐步进入商业活动，接受出场费和代言费，体育明星逐渐出现，并伴随而生了体育经纪人。电视转播的商业价值提升，如第四频道以 5000

---

[1] GOV. UK. National curriculum in England: PE programmes of study[EB/OL].(2013-11-11)[2022-10-14]. https://www.gov.uk/government/publications/national-curriculum-in-england-physical-education-programmes-of-study.

[2] 王志威. 英国非营利组织体系下的体育自治[J]. 上海体育学院学报，2013，37（2）：7-12.

[3] HENRY I. Athlete development, athlete rights and athlete welfare: A European Union perspective[J]. The international journal of the history of sport, 2013, 30(4): 356-373.

[4] SPORT AND RECREATION ALLIANCE. Sports club survey 2013[EB/OL].(2013-10-25)[2022-08-26].http://sramedia.s3.amazonaws.com/media/documents/ Sports%20Club%20Survey%202013_2.pdf.

[5] SPORT AND SOCIETY. The Central Council of Physical Recreation (CCPR) [EB/OL].(2009-10)[2024-04-12]. https://learnzone.loucoll.ac.uk/sportres/CourseGenie/Sport/2009-10/AASENatCert/NC11_SportAndSociety/NC_SportAndSociety_01Mod/NC_SportAndSociety_01Mod_15.htm.

[6] 张文杰，郑建辉，薄建柱. 英美体育志愿者的培养体系对我国大学生志愿者服务的启示[J]. 华北理工大学学报（社会科学版），2018，18（4）：45-48.

万英镑买断1999—2002年的板球比赛等①。

（3）社会和市场力量同数字、文化、媒介和体育部的合作，推动了英国体育场地和设施建设。英格兰拥有1500多家室内体育运动中心，其他体育设施则设置在公园、湖泊、体育场、游乐场、网球场、高尔夫球场和游泳池等处②。英国拥有世界上最大的带可收缩屋顶的体育场——千年纪念体育馆，以及非奥林匹克公园场馆等用于竞技训练与大型赛事的场馆。

（4）英国具有数量庞大的体育俱乐部、运动协会、学校体育组织，它们对运动员储备和培养有所助益。其中，学校体育联合会就是连接学校、社区与俱乐部的纽带，形成了以学校为基础、以俱乐部为载体、以区域单项体育协会为枢纽、以英国体育学院为支撑的新型精英运动员成长道路③。

二、英国竞技体育发展中社会和市场力量的成长特点

（一）社会自治式成长：良好运动氛围和自治传统为社会和市场力量的自组织发展打下了根基

（1）作为现代体育运动的发源地，英国社会的体育运动氛围浓、关注度和参与度高。2017年伦敦田径世锦赛高达120万观众④。2020—2021年疫情期间，有61.4%的成人每周运动时间在150分钟以上⑤。同时，很多民俗节日中也有体育运动的影子，如游园会和苏格兰艺术节。媒体也特别注重对体育运动和竞技比赛的报道，许多媒体还开设了专栏来介绍相关体育运动知识，如BBC（British Broadcasting Corporation，英国广播公司）推出的《体育杂志》节目⑥。此外，英国政府注重培养志愿者，主张发挥志愿者的作用来取代公共部门提供服务⑤，实施体育志愿者培养计划，为青少年的运动参与提供支持。2002年，英国有近120万

---

① 张新，凡红，郭红卫，等. 英国体育史[M]. 北京：人民体育出版社，2019：82-92.

② BURLEY M. The history of sport in public schools[EB/OL].(2020-05-18)[2022-08-26]. https://www.winchestercollege.org/stories/the-history-of-sport-in-public-schools#:~:.

③ 孙雪. 英国精英运动员培养体系研究[D]. 北京：北京体育大学，2013：25.

④ WORLD ATHLETICS. IAAF World Championships London 2017 – the most compelling and competitive championships of all time[EB/OL]. (2017-08-14)[2022-10-14]. https://www.worldathletics.org/news/press-release/world-championships-london-2017-competitive-c.

⑤ NICHOLS G, TAYLOR P, BARRETT D, et al. Youth sport volunteers in England: A paradox between reducing the state and promoting a Big Society[J]. Sport management review, 2014, 17(3): 337-346.

⑥ SMITH P. Playing under pressure: Sport, public service broadcasting and the British Broadcasting Corporation[J]. International communication gazette, 2017, 79(2): 203-216.

的体育志愿者参与了体育促进活动[1]。截至 2020 年 3 月，英国有 23%的成人每月至少参加一次志愿服务[2]，为体育赛事的蓬勃发展作出了突出贡献。

（2）英国以议会内阁制为核心的政体，给予人民较大的选举决策权，社会和市场力量也习惯于自主参与竞技体育的发展与运行。从政策制定来看，无论是工党还是保守党都考虑多方利益，并以争取选民的支持为重点。在奥运失利引起群众不满与舆论风波时，政府通过制定政策将这些群众的价值观实体化、具体化、程序化，即促使人们积极响应政策制定过程，充分表达自己的意愿、意见或建议，从而促使英国奥运复兴[3]。

（3）英国有着底蕴深厚的地方自治文化传统，这在一定程度上放大了英国基层体育的自治空间，使得英国基层体育的主要细胞——体育协会与社区体育俱乐部得以茁壮发展。工业革命后，英国资产阶级力量逐渐壮大，倡导"私人财产神圣不可侵犯"，反对政府力量介入，因此体育俱乐部逐渐形成自我管理的运行模式。英国中央政府通过分权改革，给予地方政府一定程度的自治权力，激发其对公共体育服务资金投入的积极性。例如，北爱尔兰在社区体育计划中，于 2006—2007 年投入 70 万英镑，却获得了额外的 107 万 4135 英镑的税收资助，相当于每投入 1 英镑可以获得 1.54 英镑的额外资助[4]。

（二）政府调控式成长：围绕服务于全民运动和健康为社会和市场力量提供政策引领与资金支持

（1）进入"新自由主义社会"之前，英国主要通过一系列保障性措施来扩大民众的运动参与规模和质量。例如，1937 年颁布的《身体训练与娱乐条例》、1958 年制定的《娱乐慈善法案》、1960 年发布的《体育与社区》报告，一方面激励扩建体育设施[5]以满足人们运动的场地需求，另一方面通过减税或同俱乐部合作来拓展群众参与体育运动的场所。同时，1975 年发布的《体育和娱乐白皮书》确

---

[1] NICHOLS G, TAYLOR P, JAMES M, et al. Pressures on sports volunteers arising from partnerships with the central government[J]. Loisir et societe, 2003, 26(2): 419-430.
[2] DCMS. Community life survey 2019/20[EB/OL]. (2020-07-14)[2022-10-10]. https://www.gov.uk/government/statistics/community-life-survey-201920.
[3] 李靖莹，王振华. 英国[M]. 3 版. 北京：社会科学文献出版社，2016：89-111.
[4] SPORT NORTHEN IRELAND. Community sport program: End of year report for year 2(of 3)2006-07[EB/OL]. (2007-11)[2022-08-26]. http://www.sportni.net/wp-content/uploads/2013/03/CommunitySportProgrammeEndofYearReport.pdf.
[5] 任波. 英国体育产业结构演进及其启示[J]. 体育成人教育学刊，2020，36（1）：13-17.

立了体育在福利国家的合法地位[①]。在学校方面，发布《致学生家长的公开信》将体育作为正式的课程，设置专门体育教师[②]。

（2）进入"新自由主义社会"后，社区体育设施建设由之前的政府提供转变为政府购买，并通过在发展理念、政策手段、资金支持等方面的调整来引导非政府主体参与竞技体育发展和服务。

① 在发展理念上，1989年，梅杰政府实施"公民宪章"，推行以市场为取向的行政改革。1997年，布莱尔政府的"第三条道路"致力于社会和政府协同发展，在学校体育中转变"为了健康而运动"的发展理念，倡导"为了社会利益而运动"的发展理念，要求体育行业、学校体育和社会体育俱乐部紧密合作，并实施"最佳价值"制度，重视社区体育俱乐部的运营效率和服务质量[③]。2010年，推行"大社会"计划，向社会组织分权，提高第三部门（志愿者俱乐部、慈善机构和社会企业）的能力和成就，让社会组织在公共服务领域充分发挥作用[④]。

② 在政策手段上，1998年，英国政府与第三部门签署的《英国政府和志愿及社会部门关系的协议》，为政府与第三部门间的合作提供了文本依据[⑤]。2000年，英国文化、媒体和体育部实施"全民体育未来计划"，深化政府与社会的协作关系[⑥]。2002年，推行"社区业余体育俱乐部计划"，为减轻俱乐部财务压力，减免部分强制性税收，扩充志愿者队伍[⑦]；同年推出"学校体育-体育俱乐部链计划"，将学校体育与社区体育整合起来[⑧]。2012年，颁布《公共服务（社会价值）法案》，明确政社合作理念，为政府与第三部门合作提供法律基础[⑨]。2015年，由英国数字、文化、媒介和体育部颁布《体育未来：积极国家的新战略》[⑩]，明确体育发展的绩效测评指标，运用竞争机制激活社会和市场力量。

---

① 张新，凡红，郭红卫，等. 英国体育史[M]. 北京：人民体育出版社，2019：75.
② 张新，凡红，郭红卫，等. 英国体育史[M]. 北京：人民体育出版社，2019：56.
③ 张新，凡红，郭红卫，等. 英国体育史[M]. 北京：人民体育出版社，2019：85.
④ PETER D, TAYLOR, THANOS P, GEOFF N. Determinants of sports volunteering and sports volunteer time in England[J]. International journal of sport policy and politics, 2012, 4(2): 201-220.
⑤ 李峰. 社会组织参与公共服务的制度分析[J]. 行政论坛，2020，27（5）：134-139.
⑥ 浦义俊，戴福祥. 英国校园足球发展特征及启示[J]. 体育文化导刊，2020（1）：6-11.
⑦ 叶小瑜，李海. 德、澳、英三国政府培育体育社会组织的特征及启示[J]. 体育文化导刊，2018（9）：33-37.
⑧ 辜德宏，蔡端伟，周健将. 美、俄、英、德政府对竞技体育发展方式的影响[J]. 山东体育学院学报，2016，32（3）：1-7.
⑨ 周俊，郁建兴. 社会治理的体制框架与创新路径[J]. 浙江社会科学，2015（9）：70-77，158.
⑩ 王亮，范成文. 英国体育治理特征及其启示——基于《体育未来战略》[J]. 体育成人教育学刊，2021，37（4）：8-13.

第四章　部分西方国家竞技体育发展中社会和市场力量成长的历史审视

③ 在资金支持上，英国不仅公共体育设施建设是由联邦政府拨款进行的，而且公益性组织和半官方机构的运行也可以申请联邦政府审核拨款，体育俱乐部尤其是社区型俱乐部在减税的同时也能申请各种补贴，以减轻运行压力[①]。当然，强大的资金支持得益于其广泛的资金来源渠道。除了体育彩票与政府拨款，社会捐助（企业和个人）也逐渐增多。例如，自2000年足球财团这一社会体育组织成立以来，便积极支持青少年体育的发展，资助建设的体育设施超过1500个，资助建设了超过690个足球更衣室，并且为30万以上的青少年提供了足球运动服装[②]。此外，英国还有种类多样的基金，如支持弱势社区的女王白金禧年活动基金（Queen's Platinum Jubilee Activity Fund）、弥补危机损失（如疫情期间）的一起积极（Active Together）众筹计划、进行战略性投资的战略设施基金（Strategic Facilities Fund）[③]等，都为社会和市场力量提供了发展支持。

（三）市场激励式成长：体育职业化与商业化为社会和市场力量打造自我造血功能

英国体育产业的发展遭受了一场传统社会与商业社会的博弈，经历了一段较长的利益与荣誉、职业与业余之争。这主要是因为英国传统体育追崇的业余原则，强调把体育竞技作为一种追求，以此来彰显社会地位和骑士精神。由于业余原则都是由具有权力的上层社会所推崇的，阶级优越感使他们排斥职业体育的发展，反对以商业盈利为目的的体育运动，从而间接地抑制了社会和市场力量的成长。

19世纪末虽然已经存在赞助运动员的情况，但由于受到上层社会、保守党的反对与压制，只有少数中下层社会中的运动员接受赞助，并没有撼动业余原则的地位。在业余原则下，运动员的收入与待遇无法得到保障，对运动员的训练花费不予资助，也禁止运动员获取任何比赛报酬，造成只有富裕家庭才能提供充足的资金与时间来训练。职业运动员的生活需求无法得到满足，导致很多中下阶层的优秀运动员流失，迫使部分运动员出国淘金。例如，1962年网球公开赛大满贯得主罗德·拉沃出国参加了职业联赛[④]。当国外如美国开始投入大量资金培养优秀运动员时，英国还在恪守传统发展模式。当时英国运动员无法全身心投入训练，训

[①] 张文鹏，周有美，王钧，等. 中英学校体育治理的政策比较[J]. 南昌航空大学学报：社会科学版，2019，21（1）：112-117.
[②] 周强，齐书春. 基于PPP模式的英国社区体育发展研究[J]. 体育科技文献通报，2017，25（1）：13-14，150.
[③] SPORT ENGLAND. Uniting the movement[EB/OL]. [2022-08-26]. https://www.sportengland.org/.
[④] 张新，凡红，郭红卫，等. 英国体育史[M]. 北京：人民体育出版社，2019：98.

练条件与世界竞技体育强国相比也远为落后,这就使得英国的田径项目在1932—1956年只获得一块金牌[①]。奥运成绩的下滑及足球赛输给匈牙利的竞赛成绩引起了公众与媒体对业余原则的质疑与不满。

20世纪60年代,媒体对优秀运动员的报道展露出体育运动的商业价值与前景。随着体育赛事在电视屏幕上的曝光率逐渐增多,购票入场观看体育比赛的观众急剧减少,导致体育赛事运营收入大幅度下降,各协会不得已引入市场资金,英国竞技体育也逐渐走向职业化与商业化。1961年,球员最高工资限令被取消,随后部分优秀运动员开始私下接受出场费和代言费。1968—1995年,英国板球、网球、田径、橄榄球等项目协会先后改变了传统的"业余"运作理念。英国体育产业开始向高度的市场化、商业化模式发展。

20世纪80年代末,英国体育产业总产值达68.5亿英镑,提供就业岗位37.6万个,政府通过体育产业获得税收24亿英镑,相当于政府体育投资的5倍[②]。20世纪90年代末,英国体育产业总产值超过80亿英镑,排在各行业中的第5位,并向社会提供近50万个就业机会。进入21世纪,英国体育产业发展迅猛。2010—2019年,体育产业的经济增长速度略高于英国经济,为22.5%[③]。随着业余原则的打破,体育的商业价值被不断挖掘,也吸引了越来越多的社会和市场力量参与竞技体育发展。

(四)教育渗透式成长:依托学校教育构筑社会和市场力量可持续发展的人文环境

英国教育最具代表性的是英国公学与学院。其中,公学作为英国培养精英的重要基地,是推动竞技体育现代化、体现体育教育逐渐受到重视的平台。学院则致力于职业运动员与专业教师的培养,为后备人才的培养提供保障。两者共同助力英国体育事业的发展。

1. 公学——精英的摇篮

(1)英国公学的兴起提升了体育的地位,为社会和市场力量参与竞技体育发

---

① 张新,凡红,郭红卫,等. 英国体育史[M]. 北京:人民体育出版社,2019:89.
② 任波. 英国体育产业结构演进及其启示[J]. 体育成人教育学刊,2020,36(1):13-17.
③ GOV. UK. DCMS Sectors economic estimates 2020: Gross value added[EB/OL][2023-04-06]. https://www.gov.uk/government/statistics/economic-estimates-gva-for-dcms-sectors-and-the-digital-sector-2020/dcms-sectors-economic-estimates-2020-annual-gva.

第四章 部分西方国家竞技体育发展中社会和市场力量成长的历史审视

展营造了良好的社会环境。以体育人的教育理念，使得公学内体育氛围浓厚。校长与教师积极作为，其中校长莫尔伯勒于 1853 年发布《致学生家长的公开信》将体育作为正式课程，并设置体育教师岗位[①]。教师爱德华·鲍恩在 1872 年创作歌曲《四十年来》来推崇体育运动的价值理念。在他们的带动激励下，学生自主开展大量的体育比赛，受众全面的赛事机制更是大大提高了公学体育参与人数。板球、足球、橄榄球等最初就是由公学男孩组织起来的[②]。此外，公学还创造了一些新的运动，如壁球和墙球。

（2）公学推动了体育的现代化发展，为促进社会和市场力量参与竞技体育发展的规范性与专业性提供了帮助。以足球为例，英国很长一段时间将足球称为"暴徒运动"，但其在公学的推动下脱胎换骨。1845 年，拉格比公学为橄榄球初设规则；1847 年，伊顿公学规定禁止手持球，使英式足球和橄榄球分化；1848 年的"剑桥规则"推动足球向现代化发展；1863 年 10 月，由英国 6 所公学组成的委员会在剑桥大学制定了现代足球的第一套通行规则，同年英国足球协会成立[③]。足球逐渐变为满足教育、娱乐及观赏需要的文明的市民社会体育活动。

（3）公学为社会和市场力量参与竞技体育发展培养了很多管理人才。例如，威斯敏斯特公学的艾弗·蒙塔古在 1921 年成立英格兰乒乓球协会，并资助举办了 1926 年的世界乒乓球锦标赛[④]。英国公学形成的绅士体育价值观，培养了一批敢于行动、注重身体健康、追求实际效用的绅士。他们不断进行资本积累，成立了很多运动俱乐部，他们虽然坚持业余原则，但是追求的公平竞争原则为现代体育作出了贡献，为社会和市场力量积累了生产主体与消费主体。

2. 学院——技能的增强

英国自实行福利制度后，社会、市场活力便持续下降。为激发市场活力，布莱尔政府推出"教育优先"发展战略，重视职业教育，将技能的学习作为教育改革的重点。根据《学习与技能法》设立学院，为竞技体育发展提供强有力的专业人才保障，这不仅有效提高了体育产业发展的竞争力，而且为竞技体育后备人才培养提供了帮助。

---

① 张新，凡红，郭红卫，等. 英国体育史[M]. 北京：人民体育出版社，2019：56.
② CHANDLER T J L. Origins of athleticism: Games in the English public schools, 1800-1880[D]. San Francisco: Stanford University,1984:12-50.
③ 张新，凡红，郭红卫，等. 英国体育史[M]. 北京：人民体育出版社，2019：42-43.
④ 张新，凡红，郭红卫，等. 英国体育史[M]. 北京：人民体育出版社，2019：60.

学院是英格兰一种独特的学校类型，这类学校大多数专门培养专业技术、现代外语、体育和艺术等方面的人才[①]。英国建立多达400所专业体育学院，作为人才发展阶梯的第一级，以便构建专业人才输出和输入的网络组织[②]。

英国国家教学与领导学院（National College for Teaching and Leadership, NCTL）为英国体育教师教育专业发展提供了质量保障[③]。在足球青训领域，英国形成了以职业俱乐部为依托、以培养各级足球联赛职业球员为目标的世界领先的足球学院体系。在由20支球队组成的英超联赛中，所有英国足球俱乐部都必须有一所学院，这些学院将最好的年轻球员聚集在一起，为他们提供高质量的教练员、发展、教育和医疗服务[④]。

三、英国竞技体育发展中社会和市场力量的成长路径

（一）服务于贵族或精英教育的成长路径

1. 形成的历史缘由

英国在君主专制时期等级观念严重，人们对于阶级等级的偏见渗透在体育活动中。贵族阶级总是选择参与他们认为更加高雅的运动，将体育看作"关键性游戏活动"[⑤]，认为其是精英教育不可或缺的部分，长期垄断某些高雅的运动。

2. 发展的目标定位

纵观英国竞技体育史，其发展具有浓厚的精英色彩。在近代社会早期，体育项目被区分开来面向特定群体，君主和贵族精英成为发展竞技体育的主要推动力。为此，贵族精英既是竞技体育发展的主体，也是竞技体育发展服务的主要对象。

3. 发展的基础条件

（1）在观念意识上，人文主义的荣誉观让贵族强调言谈文明、举止优雅、出

[①] 李靖堃，王振华. 英国[M]. 3版. 北京：社会科学文献出版社，2016：384.

[②] GREEN M. From 'sport for all'to not about 'sport'at all?: Interrogating sport policy interventions in the United Kingdom[J]. European sport management quarterly, 2006, 6(3): 217-238.

[③] 黄汉升，陈作松，王家宏，等. 我国体育学类本科专业人才培养研究——《高等学校体育学类本科专业教学质量国家标准》研制与解读[J]. 体育科学，2016, 36（8）：3-33.

[④] AQUILINA D A. Degrees of success: Negotiating dual career paths in elite sport and university education in Finland, France and the UK[D]. Loughborough: Loughborough University, 2009: 183.

[⑤] STARKEY D. Rivals in power: Lives and letters of the great tudor dynasties[M]. London: Macmillan, 1990: 98.

手慷慨、生活奢华，借此获得更多荣誉和名声①。加之洛克的"天赋人权"体育思想，将体育与绅士培养相联系，为贵族参与体育运动提供了思想基础。贵族权力地位的变化则是他们大量进入体育领域的现实驱动力，即在宗教改革后，信仰的内在化对贵族荣誉模式产生影响，他们不得不将旧的门第荣誉体系转化为内在的优雅荣誉体系，宣扬绅士运动。

（2）在物质基础上，贵族将体育运动作为显示等级身份和高雅生活方式的工具，其参与的运动大都具有高消费的特点，如赛马、购选马种、租赁场地、聘请训练师等。他们依靠雄厚的经济实力、慷慨奢华的投入，为社会和市场力量参与竞技体育发展注入了更多的活力。

（3）在组织保障上，英国贵族被要求必须参与体育运动，从而更好地担任管理国家的重任，这为竞技体育发展提供了优质消费群体。为保护贵族的特权地位，英国王室多次颁布公告，将狩猎、手球等运动作为贵族的专享运动，如詹姆士一世颁布《运动诏令》①。

4. 发展的技术手段

（1）以贵族的需求为成长风向。围绕贵族需求，逐渐形成一种新的体育经济，如赛马与狩猎经济。贵族举行赛马比赛，设立比赛奖金，并在1750年成立赛马俱乐部，使之成为英国上层人群参与休闲娱乐的主要场所②。

（2）以精英的教育为成长标杆。18世纪末，推崇体育运动价值理念的私立精英学校——公学兴起。公学将体育作为精英教育的核心内容，设置体育教师岗位，在学校开展大量比赛，开发规则（如伊顿公学规则）以规范体育运动，并发展特色体育项目（如壁球），这些促进了体育的专业化和规范化发展。此外，在推崇体育的教学理念下，培养了更多热爱体育的社会精英人才，为社会和市场力量参与竞技体育发展提供了良好的成长土壤。

（3）以基督教教义为思想依托。英国是一个有着深厚基督教传统的国家，其教义和组织不断发展，在英国社会形成了庞大的体系，主宰着英国社会的思想和教育。英国很多的学校由教会主办，并为学校的改革提供帮助。基督教教徒阿诺德首先将竞技体育引入学校，在学校教育中鼓励"竞技运动自治"，鼓励学生自己

---

① 陈凯鹏. 近代早期英国贵族的体育运动[J]. 经济社会史评论，2018（1）：21-29，126.
② 任波. 体育产业与城市化耦合发展机理及其效应研究[D]. 上海：上海体育学院，2021：50.

组织进行体育比赛[①]。这推动了现代体育的发展,为社会和市场力量的成长培养有主见的管理人才。

5. 成长的特征与效果

1)成长特征

(1)参与群体小众,消费能力高。主要服务对象就是贵族群体,社会和市场力量针对这一明确的消费主体,提供了有针对性的高质量竞技体育产品与服务。

(2)贵族自发推动了运动项目的发展,社会和市场力量获得了更大的发展空间。英国贵族在继承传统运动的基础上,发展出网球、高尔夫、赛马等新的运动项目,增加了竞技体育产品或服务的需求内容。

(3)以公学精英教育为根本,推动竞技体育的规范化和专业化发展,并以运动参与为媒介向民众传输身体强健和意志顽强的绅士形象。

2)成长效果

贵族重视运动参与的价值观,在传播体育文化和引导社会风尚中发挥了重要的推动作用。同时,英国最先成立运动俱乐部,形成了体育组织的雏形[②],为规模化的运动参与提供了组织保障[②],推动了学校体育的发展。由于参与竞技运动成为培养绅士和精英人才的有效教育手段,所以英国各级各类学校均高度重视发展竞技体育,设置不同的竞技体育比赛项目及学生运动技能发展平台。

(二)服务于社会大众休闲娱乐的成长路径

1. 形成的历史缘由

英国竞技体育很长时间与大众休闲娱乐体育交融在一起发展。首先,英国是众多现代运动的发源地,有着浓厚的休闲氛围、强大的群众基础。其次,英国社会是一个开放的福利社会,保障人们的休闲体育活动一直是英国体育政策的一个重点。

2. 发展的目标定位

休闲问题一直是英国社会建设的重要关注点,政府对体育的干预集中在维护体育秩序、保障人们体育权利、提供体育公共服务等方面。到1914年,休闲已成

[①] 康晓磊. 论国际体育自治的缘起、内涵及实效[J]. 体育文化导刊, 2017 (12): 27-31.
[②] 谢惠蓉. 近现代体育的发展逻辑[J]. 山东体育学院学报, 2016, 32 (1): 1-4.

为整个英国有组织的志愿社会工作不可或缺的一部分[①]。第二次世界大战结束后，在商业利益和大众需求的推动下，休闲体育产业获得迅猛发展，社会和市场力量以满足大众需求为出发点，生产多元化的休闲体育娱乐产品或服务。

3. 发展的基础条件

（1）在观念意识上，起初英国的部分体育活动只针对少数贵族阶级，工业革命之后，有一定经济基础的平民阶层也开始参与进来。随着生活水平的提高，人们对精神生活的需求更为强烈，参与休闲体育运动的热情不断提高。据统计，2011—2016年，英国参与的户外相关活动的人数从12亿增加到15亿[②]。

（2）在物质基础上，英国大量的体育场馆设施与较多的体育俱乐部为休闲体育的发展提供了保障与市场。首先，从国王为娱乐修建体育场，到福利社会政府为大众健身修建体育设施。英国修建了许多大型体育场馆，如伦敦白城体育场、温布利球场等，为民众便利地参与运动提供了支持。其次，英国是世界上较早建立体育俱乐部、体育公司的国家，较早的商业运行使其具有稳定的投资市场。例如，石油大亨阿布拉莫维奇投1.3亿英镑购买英超切尔西俱乐部50.9%的股权[③]，为社会和市场力量的成长注入了充足的发展资金。

（3）在组织保障上，尽管工党和保守党在不同执政时期支持休闲体育的侧重点和政策特点会有所不同，但是支持民众休闲体育参与的政策一直是连续的。例如，1975年，保守党政府颁布《体育运动和娱乐白皮书》，明确休闲体育是福利的一个部分。2000年，工党政府发布《未来为所有人的体育》，将大众体育作为战略目标之一。直至现在英格兰体育理事会（Sport England）官网都显示着"我们所有的工作都是为了帮助英格兰的每个人变得活跃"的标语。

4. 发展的技术手段

（1）以全面性为指导思想。从政府出台的政策来看，受众覆盖面越来越广，力图使更多人参与体育运动。例如，《90年代的社区体育》中强调了对低收入者、

[①] SNAPE R. The new leisure, voluntarism and social reconstruction in inter-war Britain[J]. Contemporary British history, 2015, 29(1): 51-83.
[②] OFFICE FOR NATIONAI STATISTICS. Tourism and outdoor leisure accounts, natural capital, UK: 2021[EB/OL]. (2021-04-28) [2022-09-26]. https://www.ons.gov.uk/economy/environmentalaccounts/bulletins/tourismandoutdoorleisureaccountsnaturalcapitaluk/2021.
[③] 浦义俊，戴福祥. 借鉴与反思：英格兰足球历史演进、改革转型及其启示[J]. 西安体育学院学报，2017, 34(1)：60-67.

失业者、农村居民等群体休闲体育的保障；《大众的体育未来》中将"让不同阶层的人参与体育运动"作为目标；《游戏计划》中特别关注了青年人和妇女。

（2）以媒介与科技拓展发展空间。首先，英国体育赛事受诸多媒体关注，通过对赛事转播和体育精神的渲染，吸引民众观看。其次，交通工具的进步，降低了人们的时间成本，增加了现场观赛者，促进了城乡的联结。最后，工业革命带来的科学技术发展，为体育基础设施的建设和体育器材的改进创造了条件，如高尔夫球中的羽毛填充球被古塔胶制球所替代。这些提高了社会和市场力量参与竞技体育发展的效能。

（3）以产业类型的转变为契机。英国是最早完成工业革命的国家，实现了劳动密集型产业向技术密集产业的转变，民众有更多的收入和时间参与体育运动。20世纪末，英国有约2900万成人参与休闲体育运动[1]，为社会和市场力量的发展提供了良好的群众基础。

5. 成长的特征与效果

1）成长特征

（1）继承浓厚休闲体育运动的传统，注重更多元的运动参与群体、参与内容、参与形式，大众休闲娱乐参与、体育赛事服务业、体育用品制造业、业余体育与职业体育等之间产生良性互动。

（2）抓住规则、科技的完善，进行资本与商业化运作，推动体育产业走向繁荣。开发了门票费、转会费、出场费等高商业价值的市场营销手段，并运用媒介发展出体育赛事表演业，推动了体育赛事的国际化传播和发展。

2）成长效果

（1）社会和市场力量得到了大规模的成长，职业体育等商业化发展模式打破业余原则的障碍，使运动员发展有了更好的保障，为竞技体育发展提供了持续的动力。

（2）提高人们的生活质量，促进经济社会发展。2015年，整个英国休闲体育产业总产值达222.76亿英镑，对英国经济增长的贡献率超过30%[2]。社会和市场力量在拉动内需的同时，也为人们提高收入创造机会。

---

[1] GREAT B. Sporting future for all: The government's plan for sport[M]. London: Macmillan, 2001: 132.
[2] OFFICE FOR NATIONAI STATISTICS. UK business; activity, size and location QMI[EB/OL]. (2023-09-27) [2023-10-10]. https://www.ons.gov.uk/businessindustryandtrade/business/activitysizeandlocation/methodologies/ukbusinessactivitysizeandlocationqmi.

（3）英国的社区体育俱乐部满足了青少年参与体育活动的需求，为有运动天赋的青少年提供专业的训练指导和参加比赛的平台，也是英国精英运动员培养的摇篮。

（三）服务于政治认同与外交的成长路径

1. 形成的历史缘由

英国是古凯尔特人与古罗马军团等不断进行民族征服战争及民族融合形成的联合王国，各民族、各区域具有不同的归属感，需要一个无差异的载体来引领共识、共情、共荣。由于体育运动一直都是英国文化的重要内容及民族精神的重要体现，所以英国承担了这一政治使命。同时，英国是现代体育的发源地，通过殖民与外交传播现代体育，并以此来宣示其文化领先地位，提高其国际影响力。

2. 发展的目标定位

英国作为一个联合王国，着重考量如何用体育弘扬民族文化、促进民族融合。从其本国来看，爱尔兰人、苏格兰人及威尔士人是古凯尔特人的后裔，与英格兰人有着不同的归属感。有地区曾明令禁止英式运动，通过发展不同的体育项目来体现自己的文化认同。从其殖民国家来看，自"日不落帝国"没落后，英国殖民地开始拥有发展自主权，英国便与其曾经的殖民地及附属国成立了英联邦，并通过比赛来增加联系和实行文化干预，即用文化纽带代替政治控制。在这些背景下，体育在表明政治立场、民族融合、文化传播、消除偏见方面发挥了积极作用。

3. 发展的基础条件

（1）在观念意识上，英国通过共同的语言、大众传媒价值体系、宗教信仰及教育来为母国及英联邦国家的运动参与提供思想保障。通过帝国扩展带来的书本、教堂、学校等潜移默化地使他国认同英国文化。对于英国人来说，只要他们的运动被他国人民喜欢，就是帝国合理存在及其文化优越性的信号。

（2）在物质基础上，为了满足殖民者的休闲需求，英国政府通过在落后的农业国家修建体育场馆、出售体育器材、开设体育课程等帮助殖民地区体育运动飞速发展，英属殖民地也逐渐成为现代体育运动发展的新力量。英国政府承担发展成本，并开展交流赛，定期组织优秀运动员进行访问交流。

（3）在组织保障上，首先，英联邦的存在使社会和市场力量具有较大的文化展示空间，为社会和市场力量参与竞技体育发展提供契机。其次，英国政府极其重视外交，广泛开展体育激励与体育援助，不断提高国际影响力。传教士、移民者等民间力量也为此发挥了重要作用[①]。

4. 发展的技术手段

（1）以殖民外迁与移民为传播途径。英国的传统项目（如足球、板球、赛马等）随着英国移民和殖民统治者的外迁一起流传到整个英帝国。在英国过去殖民和征服过的国家中，板球至今仍然是一项受人们喜爱的项目，英联邦国家间的板球队也经常进行访问。此外，英国会派遣"帝国运动员"奔赴殖民地任职，并促进殖民地体育俱乐部、体育场馆的建设，为体育发展提供条件[②]。

（2）以体育赛事为外交会晤平台。体育作为世界通用性语言，有助于改善国际关系，建立国家形象，为各国政要和民众提供交流契机。在都铎王朝早期，国家间相互赠送的纪念品大多与体育运动相关，如狩猎中的"战利品"、骑士比武使用的盔甲等[③]。此外，英国积极申报奥运会、资助和举办各种体育赛事，如英格兰足球超级联赛、斯诺克职业锦标赛、温布尔登网球锦标赛等，为社会和市场力量的成长提供平台。

（3）以特色项目为表达政治信仰的载体。英国联合王国的特殊性质导致体育中也存在民族差异，各地区则通过不同的运动来体现自己的文化认同差异。例如，爱尔兰地区热衷盖尔运动，并成立盖尔运动协会，通过举办盖尔式足球总决赛来点燃国民的爱国主义情怀；苏格兰则盛行最能体现其民族特色和精神的高地运动[④]。

5. 成长的特征与效果

1）成长特征

（1）社会与市场力量结合地方特色，进行有针对性的竞技体育产品开发与供给，即精准服务不同族群、区域的民众运动参与需求，差异化、个性化生产与供给符合当地需求的竞技体育产品与服务。

（2）以体育赛事为文化和思想交流的载体，为各地民俗、民风、体育文化的展示、比较、互动提供平台。

[①] 肖文燕. 维多利亚时代的英国体育研究（1837—1901）[D]. 南昌：江西师范大学，2020：48.
[②] 张新，凡红，郭红卫，等. 英国体育史[M]. 北京：人民体育出版社，2019：121-125.
[③] 杨松. 19世纪英国体育运动的发展及其在帝国传播研究[D]. 西安：陕西师范大学，2019：30.
[④] 张新，凡红，郭红卫，等. 英国体育史[M]. 北京：人民体育出版社，2019：105-114.

(3)政府以融合代替同化作为促进各民族感知国家意志、精神的手段，社会和市场力量得以在各地推动地方特色体育项目、英国现代体育项目，并逐渐实现两者的融通。

2）成长效果

(1)英国殖民活动使其发明的许多现代运动项目传播出去，由此产生了一些相应的体育俱乐部，开发了更多的社会性体育场馆，这些为现代竞技体育项目职业化、商业化的全球化发展做好了铺垫，为现代体育产业的发展奠定了参与和消费基础。

(2)定期的体育赛事促进了母国与殖民地的团结和稳定，为社会和市场力量的成长提供了稳定的发展环境。

(四)服务于扩大竞技人口基数的成长路径

1. 形成的历史缘由

英国在1996年亚特兰大奥运会上失利，引起国内人民的不满，英国政府迅速调整体育发展的重点，将目标聚焦于竞技体育发展，并将重视青少年体育工作作为英国竞技体育重新崛起的重要手段。2012年，伦敦奥运周期实施的"百万体育人口增长计划"的重点目标群体就是青少年。

2. 发展的目标定位

为了推动更多青少年参与竞技运动，英国政府强调以良好的运动体验为基础，培养青少年积极的运动态度及终生运动的习惯，实现健康促进与人才培养的连通。社会和市场力量便以提高青少年体质健康与培养后备人才为目标，运营相应的体育产业。

3. 发展的基础条件

(1)在观念意识上，国家越来越重视体育的政治功能，高度重视竞技体育发展的基础工程。英国政府不仅认识到支持竞技体育发展的重要性，而且找准了问题的关键，即通过政策引导让更多青少年喜欢和参与竞技运动，进而为精英竞技人才培养提供充足的来源。

(2)在物质基础上，英国从2000年开始增设青少年俱乐部，提供青少年课余运动机会和条件。英国学校都具有较多的体育设施，如伊顿公学拥有国际级别的赛艇河道，哈罗公学修建了国际水平的专业级体育训练场地，包括网球场、足球场、板球场等。英国政府以体育奖金的形式对小学进行投资，但学校被要求向社会提供设施服务。这些都为青少年的运动参与提供了物质支持。

（3）在组织保障上，制定《运动：提高比赛》政策，为优化英国体育治理结构和学校体育合作伙伴关系奠定了基础[①]。注重与非政府部门的合作，英国体育理事会与120多个组织形成合作关系并对其进行投资[②]。设立青少年体育信托基金会（Youth Sport Trust）、温室体育（Greenhouse Sports）等体育志愿组织来保障青少年的体育运动需求[③]。

4. 发展的技术手段

（1）以细化的政策进行针对性的引领。英国在制定政策时，注重对特殊群体的关照，强调具有明确的指向性和操作性。例如，针对弱势群体颁布《游戏计划》，强调全民参与；针对女性推出《女性和体育政策》《英国女性和体育战略框架》，推进性别平等；针对青少年制定《14—19岁教育：扩大机会，提高标准》，细化实施对象[③]。

（2）以多领域主体的协同合作来推动青少年健康、专业化发展。英国对青少年运动参与的干预是多方面的，通过社会多领域的协同用力促进他们的身体、心理和社会适应能力等多重发展。例如，通过对优秀体育明星的宣传引导青少年树立正确的价值观，激发正向体育行为。通过学校与社会机构建立伙伴关系进行专业化的运动技术指导。在2017年，英国学校已与地方俱乐部至少建立6000个伙伴关系[④]。此外，社会与市场组织会主动培养消费者与后备人才。例如，英国橄榄球联盟每年都会拿出固定资金面向青少年推广橄榄球运动，并委派教练员到学校、社区让青少年掌握橄榄球运动技能，开展青少年橄榄球比赛[⑤]。

（3）以赛事的关联性促进竞技人才培养的连续性。英国为提高青少年的运动体验，通过四级竞赛机制（学校内部赛事、校间赛事、郡区赛事、国家级赛事），

---

① GREEN M. Podium or participation?Analyzing policy priorities under changing modes of sport governance in the United Kingdom[J]. International journal of sport policy, 2009, 1(2): 121-144.
② ACTIVE PARTNERSHIPS. Active partnerships receive long term Investment from Sport England[EB/OL]. (2022-05-10)[2022-08-26].https://www.activepartnerships.org/.
③ 王占坤，唐闻捷. 英国青少年体育公共服务治理镜鉴[J]. 武汉体育学院学报，2020, 54（6）：25-31.
④ 曹晶. 英国公共体育服务体系的运行机制研究[D]. 四川：成都体育学院，2015：12.
⑤ THE RUGBY FOOTBALL LEAGUE. The rugby football league dividend[EB/OL]. [2022-10-14]. https://www.rugby-league.com.

来提供大量运动参与机会[①]。

5. 成长的特征与效果

1）成长特征

（1）政府通过标准化建设引导社会和市场力量参与。政府在给出方向后，主张社会投资，并打开社会和市场力量进入青少年体育培训的大门，通过建立标准化认证与服务内容体系等来规范其行为和认定其专业化水平。

（2）枢纽型体育组织发挥了重要的发展引领和组织动员作用。由43个地方性、非营利性战略体育组织构成的积极合作伙伴关系网，覆盖了整个英格兰，它们致力于聚合所有人和组织，以增进人们的运动参与行为和提升人们的运动水平，通过与其他各类组织、社区、学校等的链接和协作，整合全社会的发展资源来实现这一目标[②]。其中，政府尤为重视通过指导和积极活动来改善青年人的未来，举办体育活动课程支持学生队伍解决不活跃问题。

2）成长效果

（1）体育俱乐部尤其是社区俱乐部为青少年的运动参与和发展提供了近距离平台。

（2）社会和市场力量之间形成了有效的互动、互联。例如，英国 ESPN（Entertainment and Sports Programming Network，娱乐体育节目电视网）和 ITV Sport（Independent Television Sport，英国独立电视台体育）两大广播电视为青少年体育活动的开展提供资金与传媒服务等方面的支持，促进了"体育课内与课外"的互联、"校内—校外"体育活动的互动、"家庭体育与社区体育"的互嵌[③]。

（3）社会和市场参与成为运动员培养体系中重要的一环。经过长期的发展，英国形成了以学校为基础、以俱乐部为载体、以区域单项体育协会为枢纽、以英国体育学院为依托的精英运动员成长路径[④]。

[①] 郭可雷, 仇慧, 平杰. 他山之石：英国公学体育育人的经验与启示[J]. 南京体育学院学报（社会科学版）, 2016, 30（2）：91-97.

[②] ACTIVE PARTNERSHIPS. About active partnerships[EB/OL]. [2023-10-01]. https://www.activepartnerships.org/about-us.

[③] 陈洪, 梁斌, 孙荣会, 等. 英国青少年体育俱乐部治理经验及启示[J]. 西安体育学院学报, 2017, 34（3）：257-262.

[④] 孙雪. 英国精英运动员培养体系研究[D]. 北京：北京体育大学, 2013：25.

四、英国竞技体育发展中社会和市场力量的成长模式

（一）国家政策法规的指引与扶持

第二次世界大战前，英国受自由主义经济政策的影响，政府对体育的关注程度是相当低的，主要是放任给中产阶级和社会精英阶层自发组织的体育协会进行自治。20世纪上半叶，出于对大众健康和社会稳定的考虑，政府出台了《体育训练与娱乐条例》《1993年教育法案》，开始改善体育场地设施，以及支持社会体育娱乐、体育教育事业。但直到20世纪90年代中期以后，英国政府才有明确的竞技体育政策。1995年出台了《体育：发展游戏》，首次明确了英国优先发展竞技体育和学校体育，并确定了管理机构改革的方向。1997年出台的《奥运奖牌计划》《奥运争光计划》明确了英国竞技体育在奥运会中的战略目标。

进入21世纪，英国政府加大了体育政策的出台力度。2000年出台的《大众体育的未来》《体育战略实施小组报告》《大众的体育未来：政府的体育计划》[1]明确阐述了英国竞技体育、大众体育、学校体育三者之间的结构性关系，并对其中所折射出的"普及"与"提高"关系有了更深认识。值得注意的是，上述政策规划并未一味强调奥运会成绩，而是将竞技体育与大众体育交融起来，以实现两者的相互促进和协调发展。

2005年，英国获得奥运会的举办权，政府又将政策规划的重点放在了奥运遗产问题和英国竞技体育可持续发展上，《2012伦敦奥运会和残奥会：资金与遗产》《2012我们的承诺》《2012年奥运会遗产行动计划》《可持续发展遗产协议》《2012奥运会和残奥会项目目标》《维持和提高英国精英运动的表现》《让更多的人参加体育运动》[2][3]等体育政策再次将英国政府对竞技体育发展的政策引导提升到了历史新高度。英国政府通过相关政策法规的出台，引导竞技体育科学、规范、可持续发展。

（二）政府直接与间接性的体育投融资

早期的英国政府对竞技体育不予拨款，从1972年开始政府逐渐对其投入了一

---

[1] 甄媛圆，缪佳. 英国体育政策的嬗变及启示[J]. 西安体育学院学报，2015，32（3）：264-268，277.
[2] 陈珊，肖焕禹. 伦敦奥运周期英国体育政策研究[J]. 体育文化导刊，2013（12）：18-20.
[3] 浦义俊，吴贻刚. 英国竞技体育发展方式的历史转型及其启示：基于政府职能转变视角[J]. 沈阳体育学院学报，2016，35（1）：13-20.

第四章　部分西方国家竞技体育发展中社会和市场力量成长的历史审视

定比例的经费，并且呈现逐年上升的趋势。1996年亚特兰大奥运会以后，英国政府更是加大了对竞技体育事业的经费投入，每年大致从国库拨款5200万英镑；同时国家彩票基金的投入也逐渐增加，从1996—2000年的5890万英镑增加到2008—2012年的2.64亿英镑[①]。1994年，英国体育彩票发行，竞技体育发展资金来源开始多元化，获得了包括商业赞助、私人捐助在内的大量资金。由于英国公民有传统的竞技体育自治发展理念，政府的财政拨款又来自公民的纳税，就必须有一套具有说服力的资金分配机制来消解社会质疑。

（1）奖惩性的资金分配制度特征。以不同项目协会运动员的竞技表现为绩效考核导向的资金资助办法被采用。英国的精英运动员培养世界级计划（顶峰、发展和天才识别3个层面）由全国项目协会输送运动员，同时也由其选择资助运动员。英国体育局（UK Sport）要求全国项目协会承认奥运会和残奥会奖牌目标的卓越性，并由会计官对公共经费的使用负责，要求各项目协会有一个清晰的财政政策和员工责任机制，在每次全国项目协会委员会会议上慎重考虑自身的财务报告，并递交完整的竞技体育表现计划给英国体育局，责令项目协会仔细考核运动员的表现和发展，同时用与之相关的绩效评估，系统评估项目协会及其领导层的表现，并要求对顶峰和发展层面的运动员给予个性化的表现跟踪计划方案，为他们建立夺牌目标的通道提供各种必要支持，工作范畴内发生的经费都要求清楚地反映在财务报告中，这将成为资金资助办法的重要依据[②]。一旦项目协会的工作没能通过考核指标，就将受到资金方面的削减，反之则增加资助力度，即后一次奥运会周期的资助金额增减幅度将以前一次奥运会周期的综合表现为重要依据。

（2）英国竞技体育资金分配具有较为严格的财务审计监督特点。英国政府对竞技体育巨大的财务投入，时常引来在野党派、国会内部及其他政府职能机构的批判和质疑，这客观上为竞技体育财务监督提供了内部动力。例如，在资助2012年伦敦奥运会时，人们发现当彩票资金越来越狭隘地被分配到精英体育中时，其他体育政策目标如体育参与水平提升则在为其让步，而这直接导致相关利益群体的高度关注与质疑，也因此推动了国家审计办公室、公共会计委员会等职能机构的介入调查。其中，当时的英国公共会计委员会主席对英国体育局执行主任提出疑问：“除了声望以外，赢得金牌对大众意味着什么？我们为何不把这钱更多地投入公共游泳池建设中？”[②]由此可见，为维护相关群体利益及充分履行自身的管理

---

① 孙雪. 英国精英运动员培养体系研究[D]. 北京：北京体育大学，2013：28，30，38，41.
② BARRIE H, MICK G. Routledge handbook of sports development[M]. London: Routledge, 2011: 379-383.

职能，政府必然通过专业性的财务审计手段对资金的分配使用进行财务监督，从而保证每一英镑都有明确的使用去向。

（三）不同管理部门的干预性作用

1996年以后，英国政府全面介入竞技体育发展的各项工作，除了提供强有力的政策支撑，夯实与构建竞技体育后备人才培养基础、完善英国精英运动员培养机制成为其重要工作内容。在政府引导、社会和市场力量广泛参与下，英国竞技体育人才培养系统打造出了全新的以学校为基础、以俱乐部为载体、以区域单项体育协会为枢纽、以英国体育学院为依托的精英运动员成长路径和新的高水平竞技运动员培养金字塔体系（图4-1）[①]。

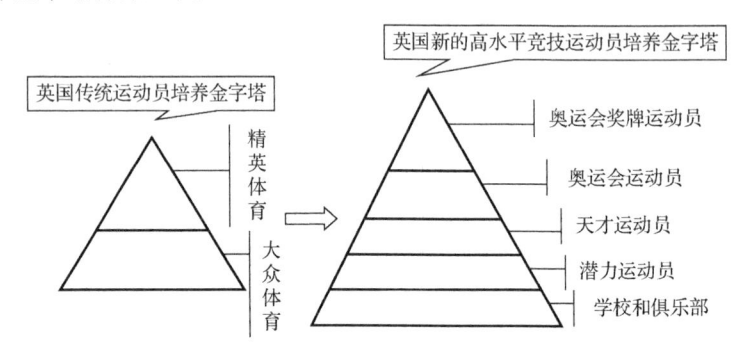

图4-1 英国新旧竞技体育人才培养金字塔体系对比

从英国新竞技体育人才培养金字塔体系来看，英国高度重视学校和俱乐部的基础性作用。在学校层面，英国数字、文化、媒介和体育部，教育部，英国奥林匹克委员会，英国体育理事会和英国青年体育基金会共同合作，颁布和实施了"学校体育比赛计划"，将青少年赛事分为校级、校际、郡县、全国性4个层面。资金主要来源于国家彩票基金和政府财政拨款，众多青少年获得了参与体育比赛的机会，有天赋的青年运动员则有机会代表学校参加国家级的体育比赛。在社区层面，2002年英国数字、文化、媒介和体育部及英国教育和技能部推出了"学校体育—体育俱乐部链计划"将学校体育与社区体育整合起来；2004—2005年，有22%的青少年至少参加一个社区体育俱乐部；2008年上升到27%，平均每所学校与社区体育俱乐部有5个合作项目，其中足球、英式橄榄球、板球、田径和舞蹈最为普及[②]。

[①] 浦义俊, 吴贻刚. 英国竞技体育发展方式的演进脉络及政府作用机制特征[J]. 南京体育学院学报：社会科学版, 2016, 30（2）：108-116.

[②] 孙雪. 英国精英运动员培养体系研究[D]. 北京：北京体育大学, 2013：28, 30, 38, 41.

第四章　部分西方国家竞技体育发展中社会和市场力量成长的历史审视

英国政府并不直接介入竞技体育服务的供给事务，而是通过签订服务合同委托英国体育局履行任务。英国体育局的具体服务职责有：发展竞技体育，分配政府和彩票资金，资助各单项国家理事机构和高水平运动员；通过成立体育学院等方式对运动员提供支持和服务，培养高水平竞技体育人才；宣传和推广国际体育；申办和举办大型体育比赛；倡导体育道德和反兴奋剂等[1]。

彩票基金主要用于推进世界级表现计划及世界级赛会计划。前者主要支持单项协会的运动表现计划、协助训练与比赛、发展运动科学与医学、推广教练员培训计划、补助运动员个人奖励金计划。后者主要支持单项运动协会争取及主办重大国际体育赛事。国库基金用于弥补彩票基金的不足，主要帮助各单项协会及相关伙伴团体，着眼于组织的管理及支撑单项协会的运动成绩表现计划[2]。

第五节　法国竞技体育发展中社会和市场力量成长的历史审视

法国不仅在奥运会和世锦赛等全球最高级别的体育赛事中表现出竞争力，而且在职业体育联赛、青少年后备人才等方面取得了令人瞩目的成就。法国在竞技体育发展中，采用的是政府与市场、社会组织等主体多元协同治理体系，在社会和市场力量参与竞技体育中强调将法治、政策支持作为主要治理方式。在我国举国体制深化改革的关键期，探析法国社会和市场力量成长的轨迹、特点、路径及模式，对动员我国全社会、各阶层的力量都来参与、管理、支撑体育具有重要意义，能加速推进真正意义上的举国体制改革。

一、法国竞技体育发展中社会和市场力量的成长轨迹

（一）社会探索与政府行政调控的萌芽发展阶段——第一共和国和第二共和国时期（1792—1859年）

在法兰西第一共和国和第二共和国时期，1801年签订的政教协议使天主教会

---

[1] 王英峰. 英国体育管理组织体系研究[D]. 北京：北京体育大学，2010：25.
[2] 陈丛刊，卢文云，陈宁. 英国公共体育服务供给体系建设的经验与启示[J]. 成都体育学院学报，2012，38（1）：28-32.

的权力合法化[①]。天主教会拥有对初等教育、基层群众体育的管控权力,隶属于乡村文化中的平民体育也受教会管辖[②]。法国政府行政区有 60 个,法国教会设立的管理青少年体育的教区和政府行政区一样多,且每个地区的教区都设立有一个机构负责青少年体育和群众体育活动[①]。18 世纪末的法国大革命推动了国内资本经济的快速发展,天主教会搭乘顺风车实现了快速资金积累,在教区和学校自主探索体育竞赛、修葺和改善运动场地。19 世纪初,教会多举办搏击、格斗、赛马等对抗性强的体育项目,多地区出现暴力、流血体育项目及带有赌博性质的体育项目,社会价值观与国家倡导的文化、精神相偏离。法国政府为规范教会行为,相继在 1806 年、1808 年颁发《关于创办帝国大学以及这个教育团体全体成员的专门职责的法令》《关于帝国大学条例的政令》,回收了教会对初等教育的管理权,明确改由帝国大学对其发展负责,规范了教会在开展体育活动过程中的行为,减少暴力体育[③]。政府通过律法对教会的权限和行为进行了约束,社会和市场力量由此获得了一些发展空间。

1. 国家对竞技体育的发展定位

随着启蒙运动的兴起、法国大革命的胜利、君主制的结束,法国需要一个稳定的社会环境,以稳定带有资产阶级性质的政府。基于此,国家将体育定位为彰显资本主义权势的一种手段,竞技体育被赋予双重定位,既要满足上层贵族的特殊身份和地位,又要满足底层群众在情绪上的宣泄。例如,贵族剔除了体育中的暴力因素,增强了对仪表仪容和身体的控制,如马术芭蕾、宫廷舞蹈与击剑术等体育运动;平民以体育竞技为新的情绪发泄口,如具有打赌性质的体育竞技赌博成了体育竞技暴力表现的首要形式[④]。

2. 竞技体育的管理体制和机制

君主立宪制向资产阶级的转变及宗教文化的影响,使得法国社会群体分为贵族和平民。由此,管理机制呈现为分层模式,即政府主管宫廷体育(上层体育),宗教主管平民体育,其中天主教会的管理权最大。随着平民群体中暴力体育日益

---

① 王敏华. 拿破仑与法国天主教的复兴[J]. 历史研究,1988(2):155-166.
② 罗肇鸿,王怀宁. 资本主义大辞典[M]. 北京:人民出版社,1995:1096.
③ 张岩. 中央集权下的法国教育行政体制及成因[J]. 学理论,2011(20):59-60.
④ 赵歌. 16—18 世纪法国体育运动的发展历程:阅读三大卷巨著《身体的历史》札记之二[J]. 成都体育学院学报,2014,40(12):30-35,57.

严重，政府开始运用法律法规构建规范引导的管理体制及强化政府的管理权力，回收教会权力[①]。

3. 社会和市场力量的作用

教会、宫廷学校、俱乐部等作为推动竞技体育发展的主要社会和市场力量主要在以下方面作为：一是不断将竞技体育从乡村传统文化中提取出来，使传统运动转变为运动项目，如格斗、投掷石块向拳击、网球的转变；二是通过各村之间联合举办搏击、格斗、赛马等比赛为平民群众提供发泄情绪的渠道，扩大了体育参与人口总基数；三是学习和传播贵族体育中的运动理念和思想，传播健康的身体运动观；四是通过双轨制体育促使竞技体育向技巧项目和对抗项目双中心发展。

（二）社会自组织与政府支持的快速发展阶段——第三共和国时期（1860—1939年）

19世纪70年代，在英国体育的影响下，牛津大学、剑桥大学的留学生在巴黎、勒阿弗尔等城市创办了第一批带有体育性质的俱乐部，引入了足球、田径等现代项目[②]。到80年代，学生自组织效仿英国模式，成立全国性体育组织，推动俱乐部发展和项目竞赛。例如，1889年的法国田径运动联合协会联络和协调各地的比赛。在学生群体和上流社会群体的推动下，法国工人群体活跃起来，成立了"法国式"的体操社团，并把爱国、民族复兴作为社团宗旨，与当时的"军国民"思想一致，使得体操成为法国20世纪最大的体育项目。1862年，在工人自发组织下，体操社团实现了由单个向联盟的转变，并在各阶层传播体操运动、推广体操理念，以实现民族新生为宗旨[③]。体操社团也被法国政府认为是灌输爱国主义、颂扬民族团结的有益组织，得到各地军事与政府的广泛支持[④⑤]。法国社会和市场力量参与竞技体育的目的与国家、社会、公民需求相契合，完成了通过以满足不同主体需求来实现自身快速发展的转变，政府则在技术人员、体育设施、场馆修建、政策税收等方面提供支持和引导。

---

① 闫玉倩. 法兰西第三共和国前期体操运动的兴盛及其特点探析[D]. 杭州：浙江大学，2017：21-24.
② 杨松. 19世纪英国体育运动的发展及其在帝国传播研究[D]. 西安：陕西师范大学，2019：206-211.
③ TERRET T. Is there a French sport history? Reflections on French sport historiography[J]. International journal of the history of sport, 2011, 28(14): 2061-2084.
④ RIORDAN J, KRGER A. European cultures in sport[M]. Portland:Intellect Bristol, 2003: 113-120.
⑤ 凌平，刘慧梅. 法国体育管理体制发展的社会基础和主要特点[J]. 北京体育大学学报，2007, 30（3）：294-296.

1. 国家对竞技体育的发展定位

普法战争的失败和政府对巴黎公社运动的镇压，激发了法兰西第三共和国对军事、国防力量的渴望。基于此，国家赋予竞技体育培养公民战士、增强军事力量、实现民族复兴的使命任务。国家重视普及初等学校体育以重构军事强国、实现民族复兴，并采用立法手段将体育纳入学校课程中，建设学校体育场馆，为学校配备体育器材。同时，法国还注重竞技体育在国际赛场上的竞争力[1]。1936—1937年，法国政府不断调整法律，以社会和市场力量为代表的资产阶级集团在政权上获得了一定的席位，也由此得以进入竞技体育管理阶层。

2. 竞技体育的管理体制和机制

为最快重建军事强国、实现民族复兴等愿望，法国政府推行教育部、军事教育委员会、体育中央委员会、体育监察委员会协同管理体制，建构了以中央政府教育部门为主，以地方政府、军方及民间组织为辅的运行机制。政府人员担任协会领导人，如委派军官、政治家、上层领导等以管理者身份介入体协、奥委会中，并为协会发展提供政策支持[2]。

3. 社会和市场力量的作用

法国社会和市场力量敏锐捕捉到了政府和群众需求，以协会和俱乐部的形式促进体育向专业化、职业化方向发展转型，以更高效地促进竞技体育为国防建设和民族认同等服务。具体作用表现在以下几个方面：第一，实现了规模化发展，完成了协会向联盟的发展，如1873年由12个体操协会组成的体操联盟、1899年拥有的巨大社会组织基数（809个协会和俱乐部）[3]；第二，俱乐部、协会等社会团体组织加强了与学校的紧密联系，建立了私人体操协会和私人体育俱乐部，以弥补公民学习体操和体育运动的空白[4]；第三，为竞技体育的职业化、专业化发展进一步蓄力，如成立第一个职业化足球队（1929年）、承办足球联赛（1932年）、

---

[1] WALTHER M. Sports school for children and adolescents[J]. Zeitschrift für orthopädie, 2005, 143(6): 601-603.
[2] 李帅军. 法国教育行政管理体制的考察与启示[J]. 外国中小学教育, 2003（1）: 18-21, 26.
[3] 凌平, 刘慧梅. 法国体育管理体制发展的社会基础和主要特点[J]. 北京体育大学学报, 2007（3）: 294-296.
[4] TERRET T. Is there a French sport history? Reflections on French sport historiography[J]. International journal of the history of sport, 2011, 28(14): 2061-2084.

成立专业化的英式橄榄球联赛（1934年）[①]。

（三）政府高度控制与社会参与受限的艰难发展阶段——维希政府时期（1940—1945年）

第二次世界大战期间，维希政府成为纳粹德国控制下的傀儡政府，法国竞技体育发展中体现出了与纳粹德国体育发展的相似性，即竞技体育的政治意识形态化。以体操、射击等团体性为主的"法国式"社会团体和以田径为主的个人性质的"现代式"学生组织必须服从政治要求，任何形式的体育活动都要在政府准许下开展。1940年出台了《体育宪章》，通过严控体育竞赛实现对社会体育发展规模的控制[②]。为强制性规定青少年接受法西斯教育，维希政府切断了社会和市场力量在竞技体育人才培养、选拔、输送中的功能[③]。维希政府通过保护经济垄断集团利益，打压社会组织的成长空间，削弱了社会组织在赛事承办、人才培养、设施建设等方面的经济承受力。

1. 国家对竞技体育的发展定位

随着第二次世界大战中与纳粹德国战争的失败，维希在纳粹德国支持下实现法西斯独裁，集立法、司法、行政权于元首一人。维希政府将竞技体育定位为保持法国独立和政府合法性的必要手段。维希政府持有对俱乐部、协会等社会力量开展活动的一票否决权，同时还通过财政和资源手段控制社会组织开展体育活动和竞赛。另外，维希政府还看重竞技体育的教育功能，将体育俱乐部中的健康生活方式、道德价值观和国家教育联系起来，唤醒民众的体育参与意识，增强对儿童的体育教育[③]。由维希政府高度控制下的竞技体育发展得到了财力、物力、技术人员等多方面的支持，其竞赛成绩也大幅上升。1936年，法国荣获柏林奥运会金牌榜第7名；1948年，法国在伦敦奥运会金牌榜上上升到第3名[④]。

[①] 浦义俊，吴贻刚. 法国竞技体育发展方式时代转型脉络、驱动及保障机制研究[J]. 西安体育学院学报，2017，34（4）：393-403.

[②] AURÉLIE V H, JOHNSON S, LEMONNIER F, et al. Capitalization of health promotion initiatives within French sports clubs[J]. International journal of environmental research and public health, 2021, 18(3): 1-14.

[③] VAN HOYE A, HEUZÉ J P, LARSEN T, et al. Comparison of coaches' perceptions and officials guidance towards health promotion in French sport clubs: A mixed method study[J]. Health education research, 2016, 31(3): 328-338.

[④] HELMUT D, MARCEL F. Hochleistungssport in Frankreich[M]. Weilheim/ Teck: Braeuer, 2003: 248-258.

2. 竞技体育的管理体制和机制

法国政府认为，体育事业是国家的防御手段，因此加大了对体育管理的行政干预。国家对竞技体育的管理体制和机制主要通过 3 个方面表现出来：一是停止民主选举体育组织领导人，直接由政府高层决定人选，如国家体育委员会主席等[1]；二是以经济控制为手段，增强垄断集团的经济实力，削弱竞技体育基层组织的经济创收能力；三是以强制性执行的政策法规为管制手段，将体育组织的成立、活动开展、竞赛等全方位置于政府管控之下。例如，1940 年颁布的《体育宪章》规定体育活动的开展要经过国家相关部门的审批[2]。

3. 社会和市场力量的作用

在"强管制-强依附"关系下，社会和市场力量受限，对竞技体育发展的作用微乎其微，具体表现为：第一，资金介入空间狭小，基础设施的建设与维护、大型赛事活动的举办、运动员选材与培养等都由政府筹资；第二，独立性减弱，俱乐部自主管理的英式足球、田径及户外运动等现代运动项目也受到法律监管，俱乐部、联盟等组织开展体育活动要经过相关部门的审批[3]；第三，将俱乐部、协会、联盟等组织规划到法国国家奥林匹克和体育委员会下，社会和市场力量参与发展的自主性受限[4]；第四，解散一些企业家的组织，在"反资本主义"基础上成立管理经济的各种委员会，对小资产阶级和工农进行压迫和剥削[5]。

（四）政府放权与社会活力激发的恢复发展阶段——第四共和国时期（1946—1959 年）

第二次世界大战结束后，法国为尽快摆脱战争对本国的影响，通过实施现代化和更新设备的"莫内计划"完成了经济复苏。依托国内经济氛围的改善和议会多党制的确立，政府在竞技体育发展中"有形的手"逐渐消失，社会和市场力量

---

[1] An Hoye A, Johnson S, Lemonnier F, Rostan F, Crochet L, Tezier B, Vuillemin A. Capitalization of Health Promotion Initiatives within French Sports Clubs. International Journal of Environmental Research and Public Health. 2021, 18(3): 888.

[2] 浦义俊，吴贻刚. 法国竞技体育发展方式时代转型脉络、驱动及保障机制研究[J]. 西安体育学院学报，2017，34（4）：393-403.

[3] 石生. 欧盟国家体育协会与政府的关系研究及借鉴[J]. 天津体育学院学报，2012，27（1）：84-87.

[4] AURÉLIE V H, JOHNSON S, LEMONNIER F, et al. Capitalization of health promotion initiatives within French sports clubs[J]. International journal of environmental research and public health, 2021, 18(3): 888.

[5] 李连波. 试论二战期间法国维希政府的外交政策[D]. 石家庄：河北师范大学，2013：20-26.

第四章 部分西方国家竞技体育发展中社会和市场力量成长的历史审视

的发展重回正轨。法国奥林匹克委员会（以下简称法国奥委会）、单项运动协会促进国内大型赛事与国际赛事接轨，如法国自行车协会与意大利、瑞士、美国和比利时等国成立国际自行车联盟（Union Cycliste Internationale，UCI）。同时，通过政府推行的投资税收减免政策，市场力量得以有能力扩充现金流，这使得它们加强了在竞技体育发展中的科研和创新投入，并成为体育场地建设的主要资金流。负责评估法国体育设施的委员会预算64亿法郎用于1953—1958年的体育设施建设，但1958年所能支出的财政预算仅为8亿8500万法郎，其他资金缺口由社会和市场力量来支持和完成[1]。

1. 国家对竞技体育的发展定位

国际冷战的发展和国内长期战争严重影响了国家经济、群众生活和精神意志。因此，国家将竞技体育作为内化民族精神、恢复国家经济活力、重构健康生活、激活社会和市场活力的手段。为节约财政资金及激活社会、市场发展活力，政府仅在医疗卫生领域给予一定帮助，其他领域则主要由市场经济发展调控。例如，1945年政府部门未对法国组建国家队提供津贴，仅义务性地对体育竞赛提供医疗支持，且只支付其中部分医务成本[2]。同时，法国政府为了扩大体育内需，实行复兴计划提高了群众的生活水平，并积极鼓励群众参与体育运动，准许地方（体育协会）和联邦（体育联合会）联合举办大型体育竞赛，为基层体育组织提供发展机会[3]。

2. 竞技体育的管理体制和机制

法兰西第四共和国因其自身政体的软弱及经济、财政的不稳定，不仅未对竞技体育管理体制与机制方面作出改革和创新，还搁置了对社会和市场力量的管理和监督职能。例如，中央教育行政机构（国民教育部）对篮球、排球、手球等单项协会不再规定具体协议和制定每年的目标[4]。此外，受美苏冷战的影响，国际竞技体育意识形态之争对垒升级，法国政府降低了国际赛事的参与度，以谋求稳定

---

[1] RIORDAN J, KRGER A. European cultures in sport[M]. Portland: Intellect Bristol, 2003: 113-120.
[2] HOYE A V, JOHNSON S, LEMONNIER F, et al. Capitalization of health promotion initiatives within French sports clubs[J]. International journal of environmental research and public health, 2021,18(3): 888.
[3] MALENFANT C. Sociology of sports organizations in France[J]. International review for the sociology of sport, 1989, 46(3): 217-223.
[4] FRANÇOIS A, BAYLE E. CSR: A new governance approach for regulating professional sport? The case of French professional sports clubs[J]. Choregia, 2015, 11(2): 21-42.

发展。在国内、国外共同作用的影响下，法国竞技体育管理体制与机制没有实质性的改进，其竞技体育实力大幅下降，在第 16 届奥运会上跌出奖牌榜前 10，在第 17 届奥运会上直接跌到第 25 位[①]。

3. 社会和市场力量的作用

法国政府减少了对竞技体育发展的干预，社会和市场力量运用经济手段，聚焦青少年体育发展，积极发展大众运动休闲和竞技参与，引领大众转向健康的生活方式，推进体育的社会化和市场化发展。具体表现为：第一，国家政权的不断更替，政府疏忽对民众的健康教育，导致民众肥胖率直线上升，社会和市场力量通过体育竞赛引领群众参与到体育活动中来，打开休闲体育市场的同时，还改变了民众的生活方式；第二，政府对青少年教育的忽视造成青少年犯罪率直线上升，社会和市场力量以社区、俱乐部、协会为教育场所，向青少年输送积极向上的思想以重塑青少年的价值观，并用多种方式不断提高体育人口参与基数[②]；第三，政府财政集中在对外战争和殖民地纠纷中，对竞技体育财政支持锐减，社会和市场力量为各单项协会、俱乐部等提供物质支持，促进竞技体育走向市场化、职业化发展。

（五）政府调控加强与社会全方位参与的加速发展阶段——第五共和国时期（1960 年至今）

伴随着教育改革、戴高乐主义经济政策的实施，政府运用直接干预和间接激励相结合的手段加强了对社会和市场力量的调控。首先，政府成立了官方体育管理职能部门和高水平竞技体育委员会，改组法国体育学院，实现了高水平竞技体育人才的系统化培养[①]。其次，法国奥委会作为独立于政府的公共机构，可以自主负责体育运动和竞赛的协调、组织与发展。最后，政府鼓励社会和市场力量遵循市场经济规律，通过竞争与合作机制形成结构紧密且规模庞大的体育产业生态。从人才培养、专业训练到大型赛事的举办、体育商业赛事的开发等，社会和市场力量都呈现出蓬勃发展的态势。

1. 国家对竞技体育的发展定位

伴随着对美关系的调整和罗马奥运会失利的现实，戴高乐重构竞技体育的发

---

① HELMUT D, MARCEL F.Hochleistungssport in Frankreich[M]. Weilheim/Teck: Braeuer, 2003: 248-258.
② GILINSKIY, Y. Crime in contemporary Russia[J]. European journal of criminology, 2006, 3(3): 259-292.

第四章　部分西方国家竞技体育发展中社会和市场力量成长的历史审视

展定位，即着手复兴法国体育，重回世界竞技体育强国集团中。基于此，国家与社会和市场力量以奥运会为合作主战场，以培养世界冠军为共同目标[1]，成立了官方体育职能部门和高水平竞技体育委员会，以对竞技体育进行管理，并用法律明晰了政府机构与社会组织之间的关系、权利、义务，推进了系统化、严谨化现代竞技体育管理体制和机制的形成。例如，1984年7月的《法国大众与竞技体育运动组织和促进法》（1994年9月修订）明确了法国奥委会对竞技体育的管理权利，同时还改善了对职业俱乐部、协会、单项协会的监督制度[2][3]。俱乐部、协会等能进入青少年的闲暇时间中，增加学生的运动机会，加速法国竞技体育实力复苏的步伐。截至东京奥运会，法国奥运会综合排名在5~8名，重回世界第二集团中。

2. 竞技体育的管理体制和机制

为加速推进竞技体育强国目标的实现，政府与社会建构新型管理体制与机制，形成了彼此既独立又协同合作的关系。管理体制由两大系统组成，即政府机构和民间组织，分别是法国青年体育娱乐部（以下简称青体部）和法国奥委会及单项体育联合会。青体部作为政府行政领导机构，对竞技体育实行垂直化管理，由中央任命各地区、省份青体部领导班子，每市另设一名副市长管理体育事业，同时省以下地区还专设体育行政机构[4]。法国奥委会及单项体育联合会作为社会组织的管理机构，为单项协会提供资金与技术上的帮扶，同时法国奥委会具有一定的行政职能，但不依附于政府。在青体部、法国奥委会及单项体育联合会合作管理下，竞技体育呈现出有序化成长趋势，即青体部侧重于技术、财政支持，法国奥委会及单项体育联合会侧重项目的规划、训练与竞赛。

3. 社会和市场力量的作用

在政府政策主导下，各类体育协会、民间组织获得了良好的发展环境，社会和市场力量在推动竞技体育发展过程中起到了重要作用。具体表现为：第一，刺激国家体育消费，扩大国内体育内需，为民众提供就业岗位。法国统计研究所2002年

---

[1] DEFRANCE J, POCIELLO C. Structure and evolution of the field of sports in France (1960—1990) A "functional", historical and prospective analytical essay[J]. International review for the sociology of sport, 1993, 28(1): 1-21.
[2] 程华, 戴健, 赵蕊. 发达国家大众体育政策评估的特点及启示：以美国、法国和日本为例[J]. 沈阳体育学院学报, 2016, 35(3): 36-41.
[3] 于善旭. 论《中华人民共和国体育法》修改的基本路向[C]//中国体育科学学会. 第九届全国体育科学大会论文摘要汇编(3). 北京：中国体育科学学会, 2011：220.
[4] PREUSS H. A framework for identifying the legacies of a mega sport event[J]. Leisure studies, 2015, 34(6): 1-22.

数据表明，1980—2002年，在社会和市场力量推动下体育运动产生了246亿欧元的总支出，创造了35万个就业机会[1]。第二，不断完善运动员退役保障体系，俱乐部、协会、学院等组织不仅安排运动技能培训，还增加运动员的第二职业技能教学，以培养运动员的职业意识。此外，社会组织还加强了与企业的联系，为运动员提供职业生涯规划指导、培训与就业帮扶。例如，巴黎公交公司、布依格建设、法国电力公司和法国邮政等企业为高水平运动员提供岗位。第三，各单项协会以为国家输送高质量竞技人才为目标，规定下属俱乐部定期举办比赛，以选拔优秀运动员，社会和政府的合理分工、有序合作，高效整合与利用各类资源，提高了其竞技体育的发展效力和效能。

二、法国竞技体育发展中社会和市场力量的成长特点

（一）以政治需求与现实需求的融通为发展导向

供需因素不仅是影响社会和市场力量参与竞技体育发展的方向、目标、内容、要求、方式等的关键，也是影响政社关系发生变化的关键。萌芽发展阶段，体育对人们现实需求的满足表现为两点：一是满足上层阶层的权势、身份、能力发展需求；二是满足底层人民的娱乐、宗教活动、生存需求。上层阶层热衷于能形成良好身体姿态的技巧类体育活动，平民阶层更喜爱没有规矩约束的暴力、对抗性强、赌博性质的体育活动。不同需求导向下，社会和市场力量参与不同类别竞技体育产品或服务的生产与供给，对社会稳定产生了积极作用[2]，在此基础上呈现出"弱干预-强自治"的政社关系。快速发展阶段，体育对政治需求的满足表现为创办具有军事特点的体操协会，以此来灌输爱国主义、颂扬民族团结、增强国家的军事能力与提高国民的身体素质。在政治因素为主要需求下，政府与社会和市场力量呈现出"强干预-强合作"的政社关系。艰难发展阶段，体育的政治需求、现实需求一致，重视对国民的身体教育功能，提出"体育与智育同等重要"的观点。由此，政府加强对体育领域的思想控制，对社会和市场力量采取管制手段，其政社关系呈现为"强管制-强依附"。恢复发展阶段，国家对竞技体育的政治需求表现为稳定新建政权，现实需求表现为公民急需新的精神寄托。当需求不一致时，

---

[1] JERALD H, JONATHON M. Transformational organizations and institutional change: The case of the Institut Pasteur and French science[J]. Socio-economic review, 2007(2): 313-336.
[2] 赵歌. 18、19世纪法国体育运动的发展历程：阅读三大卷巨著《身体的历史》札记[J]. 成都体育学院学报，2014, 40（4）：11-17.

第四章　部分西方国家竞技体育发展中社会和市场力量成长的历史审视

为保障国家的稳定，其政社关系呈现为"弱干预-弱合作"。加速发展阶段，为满足国家重回世界竞技体育强国集团中的政治需求，以及群众对健身、休闲等方面的现实需求，当政治需求与现实需求一致时，其政社关系呈现为"强干预-强协调"。法国奥委会加强了与国际奥委会之间的联系，加强了与国际体育的交流，紧跟世界体育潮流，各单项协会则加强与科研机构的合作，提高单项项目的发展竞争力。同时，社会和市场力量完善基础体育设施、修建体育场馆，为群众的运动参与提供物质基础；开发职业赛事的商业价值，提升竞技体育产品的生产与供给质量，增强大众体验，拉动大众消费[①]。法国竞技体育发展中社会和市场力量都以政治需求与现实需求的融通为发展导向，以此来壮大自身的力量及增强生命力。

（二）以专业化的体育管理体制和机制为发展依托

法国竞技体育采用政府与社会和市场力量相结合的管理体制与机制，同时社会和市场力量的成长与管理的专业化也离不开国家专业的法制基础。专业化的体育管理体制和机制是法国竞技体育经久不衰的前提与基础，它构筑了法国竞技体育发展中政府权力分配的基础。

（1）不同社会和市场力量的专业化分工是体育管理体制走向专业化的体现，如体育运动联合会、单项协会、奥委会等体育组织。同时，为了更好地发挥国家的引导作用，法国政府建立了全国性体育管理机构——青体部及法国奥委会，目的是理顺体育组织和体育俱乐部之间及体育俱乐部内部3个不同层次之间的关系，并且向这些社会团体提供发展帮扶，如提供技术顾问。

（2）为避免政府机构的交叉管理，将学校体育从青体部摘除，划分给教育部，该举措强化了青体部对竞技体育的管理权，促进了体育管理体制的专业化。

（3）完善体育管理组织制度，实现法国奥委会、青体部、体育产业系统共同负责竞技体育的发展。例如，法国国家奥林匹克和体育委员会及区域级和部门级运动与奥林匹克委员会有责任为各单项协会、体育协会、俱乐部等社会组织的成长提供资源、技术、财力；青体部通过政府赋权，与各协会签订协议对社会和市场力量进行监管[②]；体育产业系统开发体育的商业化价值，为大型比赛的举办、协

---

① HOYE A V, JOHNSON S, LEMONNIER F, et al. Capitalization of health promotion initiatives within French sports clubs[J]. International journal of environmental research and public health, 2021,18(3): 888.
② 国家体育总局干部培训中心. 高水平竞技体育后备人才训练管理研究：国家体育总局 2010 年竞技体育后备人才训练管理专项研修班赴法国学习考察报告[M]. 北京：北京体育大学出版社，2012：156-160.

会和俱乐部的发展提供经济上的支持。

社会和市场力量在不断规范化的体育管理制度下发展与成长起来,体育联盟、体育协会及体育俱乐部也各自在发展过程中找到自己的定位与职能分工。同时,法国《体育法》的不断修改扩大了社会和市场力量的组织与管理权限,减少了司法程序的介入,提高了社会和市场力量在社会中的可信度与权威性,还促成了社会和市场力量的自我监督、协调、管理[①]。

(三)以国家行政协调和社会自我协调为发展基础

社会和市场力量为谋求在竞技体育发展过程中有更好的生存机遇,采取了与国家(政府)双向互动、协调成长的策略,即国家政策法规与行政管理指引竞技体育发展的目标、方向、内容、要求等,奥委会、协会、俱乐部等社会组织或机构具体实施运行各类体育活动,在参与竞技体育发展中,社会和市场力量始终将自己定位为合作伙伴,而不是"附庸"[②]。从国家行政协调角度来看,国家专注于其治理角色,通过调整行政部门的等级结构和管理权限、建立成果管理机制等手段,将体育发展的具体运作交由社会和市场力量[③]。具体表现为:第一,在组织管理上,青体部对全国的体育工作行使领导管理职能;第二,在法律法规上,青体部与协会、俱乐部等社会组织签订合同,如目标协议管理法使青体部对社会组织的管理权限建立在合同契约上;第三,在监督机制上,国家制定统一的评价标准由青体部对社会组织的运行进行监管;第四,在经济手段上,国家投入资金建设体育场馆与配套设施,同时还为社会组织的发展提供财政补助。

从社会自我协调的角度来看,具体表现为:第一,在组织结构上,将社会和市场力量共同发力繁衍出来的组织分为奥运项目协会、非奥项目协会及综合性协会。社会组织借俱乐部、协会等基本实践单元推动竞技项目的普及化、优秀人才输送,以及为运动员提供日常训练、竞赛保障和就业协助等[④]。第二,在组织管理上,各协会聘请教练员并为其支付工资,为运动员提供训练基金;加强与体育院

[①] 国家体育总局干部培训中心. 高水平竞技体育后备人才训练管理研究:国家体育总局 2010 年竞技体育后备人才训练管理专项研修班赴法国学习考察报告[M]. 北京体育大学出版社,2012:89-90,156-160,196-204,233-238.

[②] DEFRANCE J, POCIELLO C. Structure and evolution of the field of sports in France (1960-1990) A "functional", historical and prospective analytical essay[J]. International review for the sociology of sport, 1993, 28(1): 1-21.

[③] 周旺成. 法国体育体制的特点[J]. 天津体育学院学报,1995,10(1):26-27.

[④] 国家体育总局干部培训中心. 高水平竞技体育后备人才训练管理研究:国家体育总局 2010 年竞技体育后备人才训练管理专项研修班赴法国学习考察报告[M]. 北京:北京体育大学出版社,2012:156-160.

校的合作，关心运动员的文化学习，为运动员在学业、就业等方面铺路。社会和市场力量在国家中央行政调控下，拥有自主发展权、管理权、协调权。例如，法国杯是在法国足球协会（以下简称法国足协）组织下开展的足球比赛，由中央政府、地方政府、公共部门提供活动资金，由法国足协为比赛提供人力、物力支持[①]。

三、法国竞技体育发展中社会和市场力量的成长路径

（一）服务于运动员全面发展的成长路径

1. 形成的历史缘由

作为启蒙运动的发源地，法国在思想观念上一直强调"人"的主体性，竞技体育发展过程中坚守顾拜旦与卢梭的"体育是教育"理念，始终看重运动员"主体"的作用，将其与运动或获取奖牌的"工具"区分开。同时，法国还将运动员全面发展的要求在法律建构中予以体现，如1901年、1940年、1984年相继颁布的《非营利社团法》《体育宪章》《国家发展体育运动法》《法国大众与竞技体育运动组织和促进法》等法规[②③④]。体育法律强调竞技能力与教育育人融合，既注重运动员的"比赛场"，又注重运动员的"生活场"。由此可见，服务于运动员全面发展的成长路径是在法国特定历史条件下受思想革新和法制建设影响而形成的。

2. 发展的目标定位

在启蒙思想和理性思想影响下，服务于运动员全面发展的目标可以具象化为以下几点：第一，在培养理念和目标上，强调唤醒运动员自身主体意识，不将自己"工具化"，在竞技训练过程中追求全面、协调、健康的发展，并充分认识到"自己"才是运动主体[⑤]。在日常训练中，重视对运动员生活、训练、竞赛管理中的人文关怀，强调以人为本、健康第一、民主和谐等理念。第二，在培养方式上，强

---

① 国家体育总局干部培训中心．高水平竞技体育后备人才训练管理研究：国家体育总局2010年竞技体育后备人才训练管理专项研修班赴法国学习考察报告[M]．北京体育大学出版社，2012：89-90，156-160，196-204，233-238.
② 浦义俊，吴贻刚．法国竞技体育发展方式时代转型脉络、驱动及保障机制研究[J]．西安体育学院学报，2017，34（4）：393-403.
③ EASTHAM J. The organisation of French football today[J]. Culture, sport, society, 1998, 1(2): 58-78.
④ 程华，戴健，赵蕊．发达国家大众体育政策评估的特点及启示：以美国、法国和日本为例[J]．沈阳体育学院学报，2016，35（3）：36-41.
⑤ CHRISTONPHER Y, ANKE H, ALAN T. European sporthistoriography: Challenges and opportunities[J]. Journal of sport history, 2011, 38(2): 181-187.

调既要有运动成绩又要有文化素养,国家推行"双向培养",以文化教育、运动训练为手段,在提高运动成绩的同时促进运动员全面发展。由此,协会和俱乐部等以全面发展为目标,将其理念融入生活、教育与训练过程中,让运动员在运动训练之外,还能融入社会生活中。

3. 发展的基础条件

(1) 在政策上,1975年法国颁布了《国家发展体育运动法》,1982年对其重新进行修改补充,继而为运动员的发展提供法律保障[①]。为更好规范运动员培养过程,法国政府在1984年颁布了《高水平运动员运动保障法令》,将运动员培养过程目标化,即提高运动成绩[②];为运动员创造感兴趣的学习科目和学习机会;保证运动员退役后的出路。该法令指出教育部和体育部要通力合作,其颁布标志着法国运动员全面发展步入正轨。运动员集训时俱乐部或基地负责人要联系学校为其安排文化课,保障运动员的文化基础教育,这是竞技体育后备人才培养理念科学化、合理化的体现[③]。其中,社会和市场以协会及体育俱乐部的形式介入运动员的培养过程中,发挥其对运动员个体成长即人际交往、兴趣启发、心理健康等方面的功能,同时还进一步完善了竞技体育在人才输送、资源整合、专业培养等方面的功能。政策法令的颁布为社会和市场力量的成长扫清了障碍,协会和俱乐部的介入提高了社会和市场力量在法国民众中的地位。

(2) 在理念上,法国坚持信奉顾拜旦的重在参与理念,沿袭了古希腊倡导全面发展的体育理念,将竞技体育视为教书育人的一种手段。因此,政府在法律制定、政策颁布时更加强调人性化和全面化发展理念,注重发展运动员的社会适应能力,重视社会对人的塑造作用。在教育理念上,法国更是将体育运动作为孩子的启蒙教育工具,推崇在体育运动中培养学生的公民意识。

(3) 在组织保障上,政府、社会和市场协同合作为运动员的全面发展提供保障。法国政府1984年颁布的《体育运动法》为运动员从幼儿期、少年期、成年期到退役安置,在生活补贴、学业文化、就业与职业选择等方面提供了制度保障。交由协会、俱乐部落实执行运动员的训练补贴、就业指导、学训结合等工作,并大力支持建设学校体育俱乐部,让其承担竞技体育项目大众化、竞赛日常化与青

---

① ATTALI M, BAZOGE N. Accessing sport through education. Policy frameworks for girls' practice of sport in France from 1945 to today[J]. International journal of sport policy and politics, 2021, 13(2): 225-240.
② CALLÈDE J. Les politiques du sport en France[J]. L'Année Sociologique, 2002, 52(2): 437-457.
③ EASTHAM J. The organisation of French football today[J]. Culture, sport, society, 1998, 1(2): 58-78.

少年全面发展等任务[①]。同时，政府部门和体育协会发挥自身力量，加强跨领域、跨部门协作，共同组建了一个较为完善的支持网络，以拓宽运动员退役安置渠道[②]。例如，法国体育部与5个部级单位签署了合作框架协议，保证运动员享受就业优待政策[③]。

4. 发展的技术手段

（1）以制度化的管理体系为保障。21世纪以来，法国不断改变体育管理体系，成立更高效、简洁的行政管理部门，并与社会团体协调管理竞技体育后备人才培养体系。在该体系下，政府主要负责制定运动员整体发展目标的方向及监督各部门，社会和市场则主要负责实际操作与运行，体现了"小政府，大社会"的发展格局。政府和协会建构了一个科学化管理体系，国家机构主要负责竞技体育运动管理，即青体部下设两个管理体育运动的司，司下面又设6个处，即财政处，国际联络处，高水平竞技体育处，运动项目发展政策处，运动员集训机构管理处，科学、运动器材与设备处；省以下设专门体育行政机构，每个市有1名副市长专管体育工作，国家以监管者角色介入[④]。国家机构对体育运动的管理，通过法国奥委会及各单项协会实现。法国奥委会下有23个经济区奥委会和95个省奥委会。法国共有60个单项体育协会，各协会各自管理旗下的体育俱乐部。其中，青体部与社会和市场力量的联系是通过协议签订的，即协议中明确俱乐部、协会每年的招生、训练、文化、管理等情况，以及每个协会的发展目标与任务。

（2）以双路径深度融合为依托。法国采用学校和体育俱乐部双路径后备人才培养模式。学校培养体系中，教育部门和各协会合作培养，成立业余俱乐部、精英学院等，业余俱乐部以政府拨款为依托，在社区、学校为学生营造良好的运动氛围，提高学生的运动兴趣。业余俱乐部作为基层主体，负有为社会提供竞技运动参与服务及为国家输送高水平运动员的职责。职业俱乐部与学校合作，通过竞赛、选拔等手段接收学校中的优秀运动员，并提供场地、教练员进行集中训练，以专业化的技术指导和高质量场地为运动员的运动技能发展提供保障。体育系统

[①] CARTON A, BARBRY A, COQUART J, et al. Sport-related affective benefits for teenagers are getting greater as they approach adulthood: A large-scale French investigation[J]. Frontiers in psychology, 2021, 10(11): 12.

[②] 让-马里·佩尔诺. 法国工会运动的历史与视角[J]. 史学理论研究, 2014（1）: 18-24.

[③] PERRIN C. Citoyens et démocratie participative dans les collectivités territoriales en France[J]. Post-print, 2015: 111-130.

[④] NEGRIER E. The changing role of French local government[A]//ROBERT E. The changing role of French politics system[C]. London: Frank Cass Publishes, 2000: 138.

与教育系统构成了纵横交错的网状竞技人才培养网络，搭建了合理、有效的国家与社会合作人才培养体系，社会和市场力量也在此基础上得以成长。

（3）以科学化的竞赛培养模式为驱动力。首先，社会和市场力量参与了后备人才培养与输送的全过程。例如，法国竞技体育的后备人才输送是以业余俱乐部、学校为主向体育院校、职业俱乐部输送高素质人才的。其次，社会和市场力量以青少年的身心发展规律为出发点进行了一些发展限制。例如，协会明确规定12岁以下的儿童不能进行专业性的封闭训练。同时还建构了与运动员各年龄段相适应的比赛模式，该模式会伴随运动员年龄的增长而增加竞争机制。例如，足球比赛中按青少年年龄段划分比赛，专区级比赛（U12以下）、省级比赛（U13~U19）、大区级比赛（U15~U19）、国家级比赛（U17~U19），竞争机制逐级增加体现在U9以下不设排名、U12以下小场地比赛、U13赛制11人制、U17全国性比赛，随年龄的增长不断提高比赛级别和赛事竞争性，该模式有利于最大限度地优化后备人才的成长环境与训练环境[①]。最后，在人才输送程序中注重教练员梯队的合作化培养，如法国足协划分的教练员6个等级，即BEPF（欧足联顶级职业教练员证）、BEEF（欧足联顶级青训教练员证）、DES（国家级）、BEF（大区级，欧足联A级）、BMF（省级，欧足联B级）、CFF（地区级别，分不同年龄段）。其中，CFF1级只可执教U9~U11球员，CFF2级只可执教U13~U15球员，CFF3级只可执教U17以上球员，CFF4级执教职业球员。同时，要求各级教练员每隔两年参与为期1个月的继续教育培训，加强不同教练员之间的交流与合作，避免训练领导团队的非持续性问题，为运动员全身心投入训练与比赛提供基础[②]。

5. 成长的特征与效果

1）成长特征

（1）"以人为本"的教育理念始终是社会和市场力量服务运动员的底线。在培养过程中，社会和市场力量将运动员放在首位，注重运动员的自我选择和价值实现。同时将教育放在至关重要的位置，始终看重运动员的文化教育。

（2）以提升运动员退役后就业竞争力为重点突破口。为解决困扰国家已久的退役问题，社会组织与法国政府之间相互协商，共同建立了以继续职业培训为轴心的法国终身教育与培训体系[③]。

---

① LUDIC D. From Clairefontaine to the national team[R]. Shanghai: CFA conference ontechnical development, 2018.
② 周建伟，陈效科. 法国足球后备人才培养研究[J]. 广州体育学院学报，2020, 40（3）: 74-77.
③ BENOIST P. Michel Debré et la formation professionnelle 1959-1971[J]. Histoire de l'éducation, 2004 (101): 35-66.

第四章　部分西方国家竞技体育发展中社会和市场力量成长的历史审视

2）成长效果

（1）有效地促进了职业教育和文化教育之间的结合。随着社会和市场力量对运动员职业教育的不断深入推进，机构、协会、俱乐部等社会力量与学校之间的交流增加，结束了以往的人才单向教育路径，形成了社会和市场力量与学校体系共同培养的教育体系。

（2）社会和市场力量主动与政府就业指导部门沟通、合作，从就业劳动力方面缓解了退役运动员就业问题及国家劳动岗位空缺的问题。

（3）政府主导的基础教育和市场介入的继续教育组成了终身教育体系，为运动员提供知识获取的渠道，即运动员在普通学校中的教学由基础教育体系实现，而运动员在高等院校中的专业教学、运动训练由继续教育体系实现[1]。

（二）服务于大众多元需求的成长路径

1. 形成的历史缘由

17—18世纪，农民、手工业者、贫民长期受贵族、教士压迫，被统治者将体育活动作为他们释放压力、反抗不公的情绪宣泄口，体育活动逐渐演变为暴力体育，在民众中相当普及。18世纪后，贵族阶层逐渐将体育作为一种身份地位的象征，政府回收对体育的管理权，民间暴力体育被技巧体育替代，体育运动在一段时间中成为贵族的专属活动。直到20世纪初，顾拜旦首次提出大众体育，将大众对体育活动的需求明确提出，他指出体育不应成为贵族与小资产阶级的专属，而是属于全人类的活动[2]。1919年《洛克杂志》上发表了关于体育参与群体的讨论，认为没有人可以剥夺无产阶级享受体育的权利，呼吁群众加入体育活动中[3]。该呼吁在社会上起到了良好的反映。法国承办了1900年、1924年及2024年的夏季奥运会和1924年、1968年及1992年的冬季奥运会，参加了几乎所有届夏季和冬季奥运会，赛事活动的参与和承办带动了法国群众对体育的热爱。如今法国体育人口占全国的75%，群众性体育活动数不胜数。基于此，服务于大众需求的成长路径是历史发展的必然要求。

---

[1] LIDEC P. 法国权力下放的第二阶段：一个批判性的视角[J]. 运动，2003（26）：96-101.

[2] HONTA M. Sport de haut niveau et décentralisation: Des stratégies d'acteurs à la régulation du système l'exemple aquitain[J]. Staps, 2003, 60(1): 75.

[3] LE L P. La seconde étape de la décentralisation en France: Une mise en perspective critique[J]. Mouvements, 2003(26): 96-101.

2. 发展的目标定位

伴随着法国经济的恢复与国内政权的稳定,法国民众参与体育的目的发生转变,由"为国"(国家复兴、强国的需求)转向为"自我"(个人身心发展的需求)。需求的转变带动休闲运动发展起来,服务于大众对体育需求的发展目标清晰化。具体如下:第一,以提高大众的体育参与度和发展群众基础为目标,为法国竞技体育发展提供充足、丰富的后备体育人才,以及为儿童、青少年创造良好的运动环境。第二,为大众提供更具有观赏性、对抗性、刺激性的竞技比赛,以满足民众心理需求为目标。例如,阿莫里体育组织在环法自行车比赛中运用"黑科技"提高赛事观赏性,运用机器学习技术对赛事细节进行分析,同时还通过Twitter(推特)向智能手机端提供第二屏幕服务,使观众获得实时的数据和分析。

3. 发展的基础条件

(1)在观念意识上,顾拜旦的倡导、媒体的宣传、全球化的发展,使得法国大众对体育的认知不断更新,体育运动成为大众培养公民意识的一种手段。同时,体育在法国社会中拥有与知识、艺术和科技同样崇高的地位。体育不仅体现了一种勇敢、勤奋、超越自我和形体的语言,还被赋予了某种灵魂和精神。此外,民众在国家发展导向及社会和市场力量的发展引领下,注重竞技运动参与的多样性、健身性,以及观赏时的休闲性和时尚性等。20世纪90年代,法国参与体育活动的人大约有4000万人,占总人口的72%[1]。法国人将运动服装当作休闲服,并且认为穿休闲服是一种街头时尚,使得运动服装销量增加,群众需求的转变带动了体育用品的需求量,促进了体育市场的发展。

(2)在管理体制上,法国体育相关管理部门与时俱进,根据民众需求进行政策调整,加大了与社会和市场的合作力度。明确政府体育部门对协会的管控权,协会对俱乐部的管理关系。体育部是国家权力机构的代理人,在资金、技术、人才上为体育联合会提供帮助,而协会则通过签订契约的形式获取政府的支持。体育俱乐部是基层体育组织,其作用是为社会提供体育产品或服务,是大众运动参与的实施主体。政府为基层体育组织提供财政支持,前提是要有一定数量的民众参加体育俱乐部,在此前提下才会享有国家提供的财政支持与服务。法国政府的规定强化了社会和市场力量与民众之间的供需关系,社会和市场力量实现了自身

---

[1] 袁建国,董永利,王建议.休闲体育促进体育用品业发展研究[J].北京体育大学学报,2009,32(10):12-15.

第四章　部分西方国家竞技体育发展中社会和市场力量成长的历史审视

的持续发展。

（3）在物质基础上，伴随欧盟国家经济的恢复，法国政府大力开发与建设和体育文化相结合的特色产业。在开发过程中与社会和市场力量合作，政府利用专业的体育培训机构，而社会和市场力量则利用政府提供的便利，合作举办不同体育项目的国际和国内赛事，以推动地方经济和社会组织的持续发展。例如，打造赛马小镇尚蒂伊、滑雪运动基地霞慕尼等，其体育俱乐部、协会会员人数也日益增长。当前体育产业已成为法国政府发展经济的重要考虑因素。法国高水平的大众体育消费，为社会和市场力量的成长提供了空间。在法国经济发展过程中，社会和市场力量找到自我定位，摆脱"等""靠"政府的处境，转为与政府合作，借此来发展与壮大自身实力。

4. 发展的技术手段

（1）以先进的经济政策为保障。法国是世界经济强国，2016 年法国经济总量占世界经济总量的 3.3%，在世界经济中排名第 5 位。为更好地激活社会和市场活力，政府进行简政放权改革：2013 年 3 月推出"简化行政手续猛药疗法"，简化行政审批程序，提高办事效率；2014 年 4 月和 10 月推出两批 50 条措施，对企业简化行政，实施《马克龙法案》；2018 年 4 月推出《企业运作法》，6 月出台"推动企业增长与转型行动计划"，改善企业生存环境，增强企业的竞争力[①]。经济政策为社会和市场力量的发展减负、增信，有利于社会和市场力量与行政机构及个人之间建立信任关系，为俱乐部、协会树立了良好形象。

（2）以合理的工作制度设计为依托。法国实施小时工作制、5 日工作制等，这增加了社会群体的空闲时间，为民众参与竞技运动提供了充足的时间保障。《法国大众与竞技体育运动组织和促进法》确保了国民获得参与竞技运动的权利，辐射的层面较广，增强了民众对竞技体育的喜爱程度，扩大了竞技体育的影响范围和作用。

（3）以大型的体育赛事为基础。第二次世界大战结束后，法国重振体育运动。20 世纪 50—60 年代，法国大规模建设体育场馆和体育设施，从而为发展体育创造了有利的条件。法国还于 1968 年和 1992 年举办过两届冬季奥运会，1998 年举办足球世界杯比赛，这些赛事在法国国内营造了良好的运动氛围，极大地推动法

---

① OUSSELIN E. Les politiques de la culture en France.Textes réunis et présentés par Philippe Poirrier[J]. French studies, 2017, 71(1): 160.

国民众投身于体育运动。20 世纪 90 年代以来，法国约有 3/4 的男性和 1/2 的女性经常从事某项体育锻炼，即平均每 4 个法国人中有 1 人经常参加锻炼。据统计，2016 年法国家庭用于体育的开支占全年文化、娱乐开支的 13.4%，由此法国还被称为"爱好体育的国家"。此外，社会和市场力量作为赛事推动的践行主体，还在不同区域的赛事活动中发挥了组织策划和实践运行的推动作用。

5. 成长的特征与效果

1）成长特征

社会和市场力量以不同阶段中民众的多元体育需求为突破口，不断更新和壮大自身的发展实力。当体育被赋予强国和战斗的含义时，社会和市场力量将自身发展靠近军事化服务，以满足民众的爱国情绪；当人口老龄化加重、劳动力结构趋向脑力劳动和轻体力劳动时，社会和市场力量以修葺体育场地设施为突破口，为人们的运动参与提供场所；当经济快速发展，人们追求生活质量时，社会和市场力量向提供多元化、个性化的体育商品和健康商品趋势发展。

2）成长效果

（1）提高了社会和市场力量的自我组织与管理能力。由于需求增多、参与群体增多，产品生产与供给的种类和要求也相应增加，社会与市场进行组织与管理的难度急剧增加。为更好地接受市场需求和竞争检验，社会和市场力量在政府的监督与引导下，加强了多元主体间的协作与沟通，形成了行业发展规范，提高了自身的组织与管理能力。

（2）提高了社会和市场力量在产品生产与供给上的专业性、个性化、高品质化。优胜劣汰的市场机制促进了社会和市场力量不断提升自身发展的专业化水平，并积极根据服务对象的需求特点进行差异化的生产与供给，以点促面整合社会资源，消解供需之间的非均衡、低质均等化等问题。

（三）服务于训练效益的成长路径

1. 形成的历史缘由

第二次世界大战结束后，竞技体育全球化趋势加速，国家互动增多，竞技体育与国家话语权、影响力等的关联性加强，即以国家为单位的竞技形式产生了越来越明显的政治象征意涵，成为各国扩大国际影响力、争夺国际话语权的隐形工具，打造竞技体育的国际竞争优势成为各国政府关注的重点。为最大限度地追求

第四章　部分西方国家竞技体育发展中社会和市场力量成长的历史审视

国家利益，法国政府调整了国家竞技体育发展战略，在满足群众对自由、浪漫追求的同时，把国家的政治利益放在首位，即强调推进竞技体育的崛起，在世界性竞技大赛中争金夺银，谋求竞技体育强国的地位。

2. 发展的目标

经济全球化加剧了世界各国之间的政治竞争，体育的政治功能被强化，竞技体育成为各国彰显国力的重要指标。各国不同程度地加大了对竞技体育的经济投入和科技开发力度，以利于自身在世界竞技体育的激烈竞争中取得优势。具体如下：第一，把握科技的发展方向，实现原始创新能力与运动训练之间的结合，实现训练、时间、资源、人员之间的合理转化，谋求在世界竞技体育的激烈竞争中取得优势。第二，从形成集群性的科技力量入手，将不同科技手段运用到诸多实践环节中，以提高运动员的训练效益和竞赛成绩，以及加强对运动员在运动训练和竞赛中的损伤、伤害防护为主要目标。

3. 发展的基础条件

（1）在政策上，国家颁布了一系列政策法规发展科技以发挥其对竞技体育发展的引领作用。1982年7月的《科研与技术发展导向与规划法》、1985年12月的《科研与技术发展法》、1999年7月的《技术创新与科研法》、2006年7月的《研究计划导向法》及新的《科研指导法》[1]，都折射出政府对科技与体育事业融合的认可与支持，研究机构与企业之间的合作不断加强，提高了法国在竞技体育发展上的竞争力。例如，网球、自行车、帆船等项目运用3D、VR（Virtual Reality，虚拟现实）等技术训练，为运动员提供安全、高效的训练环境[2]。构建公共科研与社会和市场力量更加紧密的合作关系，不仅提高了国家在世界体系中的话语权，还直接作用在运动训练效益提升上，加速了法国竞技体育的全球化发展。

（2）在思想观念上，伴随竞技体育在国际交往中的重要地位及影响力，法国政府除了追求体育中的浪漫与自由特点，还逐渐看重体育的政治功能与价值。这就直接促使职业俱乐部、企业等社会力量调整发展定位变化，与政府管理部门一起发力，努力提升自身的创新能力。此外，法国政府通过承办大型体育赛事，激

---

[1] 朱赟. 美、法、英、日、韩五国科技法律体系综述[J]. 科技管理研究, 2005（7）：122-124.
[2] 3D PRINTING INDUSTRY. RIO 2016: France will Dominate Olympic Games thanks to 3D printing[EB/OL]. (2016-08-05)[2024-04-12]. https://3dprintingindustry.com/news/rio-2016-france-will-win-olympic-games-thanks-to-3d-printing-91349.

活运动员对好名次的渴望，以及转变群众对休闲体育的认知。

（3）在物质基础上，加大科研层面的投入资金。将训练与科研相结合是世界发展趋势，通过科技设备和技术手段，不仅能最大化地保障高水平运动员的人身安全，而且能进行技术诊断、负荷设计与优化、疲劳恢复等以提高训练效益。2006年法国颁布《科研计划法》促使国家在科研层面的总投入上升到390亿欧元，其比例达到GNP的2.07%，科研中投入竞技体育发展的资金比例大幅度上升[1]。此外，国家为致力于促进科技与竞技训练相结合的企业提供政策优惠，如减免科研开发企业的税收信贷、科研企业有权享受免税的待遇[2]，该举措激励企业将研发重心放在如何利用科技服务运动训练和竞赛上。

4. 发展的技术手段

（1）以高科技装备为助力保障。法国重视科技在竞技体育层面的运用，鼓励科研人员多与体育企业合作，科研公司与单项协会、体育院校合作，促进科研成果向市场转化。各类社会和市场力量也积极开发高科技装备与手段为国家奥运项目助力，其成长也受到了国家的支持[3]。例如，法国的ADRENA公司为帆船赛研制导航软件，为分析比赛的路线提供精细计算；LOOK集团对自行车协会提供技术帮扶，运用全新技术为自行车队打造了3D打印车把，减轻了车体重量，增强了密度，为其在2016年里约热内卢奥运会上取得良好表现提供了助力[4]。

（2）以多元化分工方式为突破。早期法国体育投资以政府投资为主，以社会和市场力量为辅，当地政府通过财政拨款和委派技术人员的方式为体育发展提供支持与帮助。由于政府的财政支持具有滞后性，社会和市场力量在不断发展中摸索出企业、市场与各俱乐部主体之间的有效分工合作方式，市场与企业将重心放在技术研发与创新上，为竞技体育的发展提供技术与设备上的支持，俱乐部的职责则是将日常训练与高科技结合，政府在该过程中起到宏观调控作用[5]。多元化的

---

[1] SCHMIDT V A. The changing dynamics of state-society relations in the fifth republic[J]. West European politics, 1999(5): 12-18.

[2] DARBUS F, JEDLICKI F. Folle rationalisation de l'enseignement supérieur et de la recherche[J]. Savoir/agir, 2014, 29(3): 24-34.

[3] 李晨. 法国提升奥运实力措施与启示[J]. 体育文化导刊，2018（8）：89-93.

[4] MURR L E, METALLURGICAL D O, ENGINEERING M B, et al. Frontiers of 3D printing/additive manufacturing: From human organs to aircraft fabrication[J]. Journal of materials science & technology, 2016, 6(2): 32-36.

[5] GREEN M. Podium or participation? Analysing policy priorities under changing modes of sport governance in the United Kingdom[J]. International journal of sport policy, 2009, 1(2): 121-144.

分工方式充分发挥了社会和市场的自我造血功能,为竞技体育的可持续发展和运动成绩的提高提供了保障。

(3)以体育资源的区域化协同应用为手段,即不同区域根据自身在环境、技术、人才等方面的优势进行协同合作。法国东部经济强盛,高新技术人才更为全面,训练设备与训练场地更为专业,训练与科技结合手段更为成熟,西部地区经济、科技力量较弱,在人才、技术、资源方面不够成熟,国家鼓励人才流动式成长以促进东"新"带西"新"[①]。不同地区的社会和市场力量在推进跨区域资源联合与开发上贡献了自己的力量,不仅推动了奥运项目的进步,还推动了群众体育、体育产业的发展,提升了赛后的场馆利用率和使用效益。

5. 成长的特征与效果

1)成长特征

(1)坚持与国家对外整体战略一致。法国竞技体育发展模式以混合型为主(政府与非政府主体共同参与),两者力量一致时迸发出的力量最大。当国家定位要重振竞技体育强国时,社会和市场力量加大科研投入与开发,为竞技体育发展提供良好的训练环境、运动装备、康复设施等。

(2)优化了自身组织结构和作用。训练效益的不断优化,实质是社会和市场力量之间不断博弈的结果,博弈过程加剧了俱乐部、协会、企业等力量之间的竞争,通过提高自身效率、整合资源及加强不同主体之间的合作等,实现了发展结构和作用的最优组合。

2)成长效果

(1)增强了体育领域与科技创新领域的融合。企业、公司、俱乐部等为获得更好的资金和政策支持,将注意力和发力点放在技术创新和科体结合上,促使法国体育科技化水平上升。

(2)规范了市场竞争和提高了政府的监管能力。训练效益的提高使得市场之间的竞争更为激烈,提高了政府对市场的监管水平,使市场竞争走向规范化和标准化。

(3)促进了竞技体育项目的"多点开花"。科技与运动的结合,降低了运动员的受伤风险,增强了运动员的自信心,同时提高了法国优势项目的竞争力,弥补

---

① CARTON A, BARBRY A, COQUART J, et al. Sport-related affective benefits for teenagers are getting greater as they approach adulthood: A large-scale French investigation[J]. Frontiers in psychology, 2021, 10(11): 12.

了劣势项目的不足，促进竞技体育全面发展。

四、法国竞技体育发展中社会和市场力量的成长模式

（一）国家政策法规的指引与扶持

法国崇尚人权和法治精神，在大革命时期就通过了《人权与公民权宣言》，确立了人权、法治、公民自由和私有财产权。1804年颁布的《法国民法典》更是世界法制史上的里程碑，诸多国家皆以其为蓝本制定本国民法典。因此，法国体育的发展有了较为完善的法治环境。1940年，颁布了《体育宪章》；1975年，颁布了《国家发展体育运动法》，并于1982年进行了补充修改[①]。政策法规的出台，扩大了社会和市场力量享有的自主发展权，实现了发展地位、发展规模、发展影响力的提升，并将国家主流价值观推广给各社会团体和广大民众。

20世纪80年代，为深化推进法国竞技体育改革，国家颁布施行了多部特别法。1984年7月，颁布了《法国大众与竞技体育运动组织和促进法》。1992年7月，通过了新的《体育法》，强化了法国奥委会的管理地位，建立了前置调解制度。2004年12月，颁布了《职业体育运动法》[②]。2006年，编撰了《体育法法典》，不仅包含了有关运动员的健康保护和禁止使用兴奋剂的内容[③]，而且将所有体育法律汇编成册，形成了一部法国体育法律大全。2012年2月，颁布了《加强体育职业伦理和体育运动权利法》，规范职业体育发展及保护运动员权益。法国立法的超前意识和专业水平，实现了对社会和市场力量发展的有力指引，持续改革创新的理念也贯穿了其竞技体育发展的历史进程。法国基于一套体育自省与自信的思维脉络，前瞻性地把法律、政策优势纳入国家体育战略复兴的核心资源中，这些法律、政策在社会和市场力量发展中发挥了强有力的发展引领和帮扶作用。

（二）政府直接与间接性的体育投融资

法国采取了有针对性的财政支持政策。20世纪80年代，法国在经济上主张通过"社会合作"，增加对巨富的征税，以缓解社会不公和不断加剧的不平衡问题[④]。

---

① 李学文. 中国袖珍百科全书 社会科学卷[M]. 北京：长城出版社，2001：774.
② 浦义俊，吴贻刚. 法国竞技体育发展方式时代转型脉络、驱动及保障机制研究[J]. 西安体院学院学报，2017，34（4）：393-403.
③ 张云. 法国体育争议解决制度刍议[J]. 体育科研，2013，34（2）：6-11.
④ 佚名. 奥朗德将前往雅尔纳克 追念前总统密特朗[EB/OL]. （2016-01-08）[2024-04-12]. http://world.huanqiu.com/exclusive/2016-01/8341987.html.

在竞技体育方面，法国政府增加了财政投入，但由于不同项目的市场化程度有所不同，政府对市场化程度高的项目降低了资助力度，对市场化程度低的项目则提高了资助比例。体育联合会除了争取政府拨款补助，还依靠赛事转播权出售或赞助等来造血。

以 2012 年的数据为例，较强公共资助的单项联合会（表 4-1）与较弱公共资助的单项联合会（表 4-2）具有明显不同的资助强度[①]。这种区别化的资金扶持模式促进了各类运动项目相对均衡地生存与发展。

表 4-1 较强公共资助的单项联合会

排序	单项联合会	资助金额/欧元	占总收入比例/%
1	法国现代五项联合会	825000	83.4
2	法国摔跤联合会	1645216	55.93
3	法国击剑联合会	3184116	52.16
4	法国赛艇联合会	3484501	51.41
5	法国皮划艇联合会	3362005	51.14
6	法国曲棍球联合会	1037790	40.32

资料来源：法国国民议会数据。

表 4-2 较弱公共资助的单项联合会

排序	单项联合会	资助金额/欧元	占总收入比例/%
1	法国网球联合会	1285000	0.74
2	法国橄榄球联合会	1270781	1.38
3	法国足球联合会	2855190	1.48
4	法国高尔夫联合会	666955	2.5
5	法国马术联合会	1808012	4.08
6	法国篮球联合会	2572830	11.5

资料来源：法国国民议会数据。

法国国家体育事业发展中心（Centre National pour le Développement du Sport，CNDS）掌握竞技体育发展的财政大权。2006 年，CNDS 继承了国家竞技体育事业发展基金（Fonds National pour le Développement du Sport，FNDS），鼓励大多数人口进行身体锻炼，提高大众的体育参与度，并且着眼于促进大众从事高水平竞技体育，协助组织高级别竞技体育赛事；通过竞技体育运动强化健康促进活动；

---

① FISCHER C. The historical development of the French sport system[J]. Comparative sport development: Systems, participation and public policy, 2013(8): 61.

提高竞技运动实践中的安全性，保护运动员利益；改善竞技运动参与的总体条件。CNDS 经费由政府的税收支持，主要来自体育博彩税（表 4-3）。

表 4-3 2012 年 CNDS 的税收[①]

项目	描述	2012 年额度/欧元
法国彩票运营商、法国国家游戏集团	收入的 1.8%	1738 亿
自助税	电视转播权收入的 5%	4340 万
体育博彩	收入的 1.8%	3100 万
法国彩票运营商、法国国家游戏集团（2011—2015 年特殊项目）	收入的 0.3%（专门用于2016 年欧洲杯体育实施建设）	2400 万
总额		2722 亿

在职业体育中，电视转播权商业化要缴纳税收，其自助税总额达 5%，这项税费自 2000 年开始征收，并交给 CNDS 供竞技体育发展使用。2012 年，这项税收达到 4340 万欧元[①]。此外，还有志愿者工作的贡献。据 Andeff 统计，2005 年法国竞技体育拥有 27.1 万个全职志愿者工作者，如果按照法国平均工资来计算，这些志愿者工作创造的经济价值总额达 50 亿欧元[②]。

（三）不同管理部门的服务性作用

当前法国的竞技体育组织由政府调控，因此具有中央集权和政府导向的特征。国家竞技体育部的思想和决定通过层级机构传达给省、市政府组织。其中，省级组织包括青年、体育及社会融合省级管理部门（Directions Régionales de la Jeunesse, des Sports et de la Cohesion Sociale，DRJSCS）；市级组织包括社会融合指导部门（Directions Départementales de la Cohesion Sociale，DDCS）。它们的主要任务是根据各省市的情况执行各项政策，以此实现对社会和市场力量的垂直管理，避免信息错位。法国国家奥林匹克和体育委员会的规章必须由法国枢密院（French Privy Council）通过。按法国《体育法》的规定，国家体育联合会必须通过两个阶段的审批程序。第一步是得到政府批准协议。这是体育联合会获得政府拨款的先决条件。第二步是政府批准授权。体育部通过授权，赋予当选的体育联合会举办全国性锦标赛的权利，组织相关专项的高水平竞赛。此外，政府资金分配也与体育部

---

① BARBU M, BARBU C M. The management of a public funded sport club in times of crisis-a case study at CSM Craiova[J]. Journal of physical education & sport, 2011, 11(4): 455-460.

② BAYLE E. Institutional changes and transformations in an organisational field: The case of the public/private 'model' of French sport[J]. International journal of public policy, 2005, 1(1-2): 185-211.

和联合会之间的目标协议挂钩。体育联合会通过政府审批程序、资金分配等具体措施,实现了自我监管与政府监管的统一。目标协议为体育联合会的发展提供更加明确的发展支撑,重视自身每年的目标完成度。此外,体育联合会还加大了对下层组织的基础设施建设。

青体部根据法国《体育法》中的目标协议管理法对项目协会进行合同管理,即青体部与协会通过签订合同,规定项目协会的发展目标和任务及其对协会的经费支持和相关要求。青体部对协会进行目标完成、项目普及与发展、体育设施、体育参与指导人员等方面的考核、监督、奖惩。国家法律明确规定协会具有独立性,不应成为企业,不缴纳税金[①],协会实施民主选举的主席制,政府不能参与和干预协会具体工作。协会与政府部门通过签订合同、自主选择等手段,搭建了合理、有效的国家与社会合作运行体系,致力于提高学生运动技能、为学校提供优秀运动员、为国家输送高水平运动员等。

第六节 发展的经验与启示

一、发展经验

(1) 各国在竞技体育发展中始终以人和人的需求为本,国家干预也是在充分发挥竞技体育对个体人的教育、健身、娱乐等价值的基础上,强调发挥其服务于社会和国家发展的政治、经济等功能。竞技体育发展的核心价值主体始终以人为本,由此也更好地建构了一种有利于自组织发展的内生动力链条。

(2) 各国政府通过相关政策法规的制定,保障了竞技体育发展的社会地位、财政资金投入力度,吸引了多方主体参与竞技体育的发展,拟定了行业发展标准和要求,规范了行业发展行为,引导了社会化和市场化发展的良好秩序,催生了竞技体育内生动力成长的法治化进程,推进内生动力培育走上了良性发展循环的自组织发展状态。

(3) 各国政府较为清晰地定位了自身在竞技体育发展和内生动力培育中的作用。发展竞技体育需要巨量投资,其中,培养精英运动员、修建大型体育场馆、准备和参加国际性体育赛事是 3 项耗资最大的项目,也具有明显的公益属性,因

---

① 周旺成. 法国体育体制的特点[J]. 天津体育学院学报, 1995, 10 (1): 26-27.

此各国政府都对这3块内容进行了直接的投资。与此同时，各国政府也认识到只有对社会和市场力量有一定的政策和资金扶持，才能帮助它们成长壮大。为此，通过购买服务、税收优惠、大型场馆修建等方式扶持社会和市场力量的成长。政府还通过对违规、违法行为的监管、处罚，引导竞技体育发展的秩序。

（4）如何更有效调动学校、体育俱乐部、企业参与竞技体育发展的积极性，是各国政府规划竞技体育发展战略，拟定发展政策、措施时衡量的重点。其中，学校竞技体育不仅覆盖了青少年群体，而且覆盖了学龄期群体的在校时间。社会性体育俱乐部则可以覆盖各种群体，以及他们在校外的时间。对于企业，它们主要投资职业体育，这不仅覆盖了学龄后的时间阶段，而且让从事竞技体育成为一种职业，前期的竞技参与和发展，让参与者转化成职业者。由此可见，这形成了一条推进竞技体育发展的内生动力链条。

二、发展启示

（1）人是竞技体育发展的核心价值主体，人的需求是竞技体育发展需关照的核心价值需求。西方发达国家竞技体育发展中社会和市场力量很好地关注与回应了人的需求，从而使其获得了充足的政策、物资、技术服务等发展资源，取得了更加稳固的合法性地位。由此，我国社会和市场力量参与竞技体育发展需要更好地关注服务于人和人的多元发展需求。摆脱发展竞技体育仅仅服务于竞技争光的惯性思维，转而将服务于人的发展作为出发点和落脚点；甄别基层需求结构，做好精准服务，分层、分类供给多元化竞技体育产品或服务。

（2）政策法规、投融资、政府监管与服务是政府引导与规范社会和市场力量成长的重要手段，我国可以借鉴相关做法，在政策引导、扶持、规范等方面进行相应的构想。社会和市场的力量始终是有限的，政府需要动用必要的资源，采取激励、处罚措施以帮扶它们成长。与此同时，社会和市场的力量又是无限的，当政府用政策、资金、技术等推动它们的发展后，它们就能发挥自身主观能动性在市场中寻找各种发展的商机。然而，在诸多的发展机会中存在不同的风险或法律红线，这就需要政府在位进行监督、评估与约束。

（3）"有限政府""有效政府""服务型政府"是各国政府在竞技体育内生动力培育中的战略定位，这符合当今世界关于政府角色和政府职能定位理论的主流观点，符合当前我国大力推进治理体系现代化和治理能力现代化的改革要求。因此，在我国竞技体育内生动力培育中，政府主管部门如何更好地体现其作用的有限性、

第四章 部分西方国家竞技体育发展中社会和市场力量成长的历史审视

有效性和服务性，应当成为政府角色和职能定位的关键。在有限政府、有效政府、服务型政府理念的指导下，政府应处理好自身的管理范畴和方式，更好地与社会和市场力量一起建构和谐的博弈均衡机制。

（4）更好地调动学校、体育俱乐部、企业参与竞技体育发展的积极性，是当前我国竞技体育内生动力培育的关键。针对学校竞技体育，如何构建大部分学生能够参与的校园竞技体育形态是关键，这需要建构不同层级的运动队、运动竞赛，并以运动队体育为中心向外辐射到更多的学生群体参与竞技体育。针对体育俱乐部，如何让它们走上专业化、规范化、标准化的发展道路是关键，这需要政府在专业指导及技能、理论培训中帮扶其成长。针对企业，政府需要考虑如何利用政策优惠和购买服务两大手段，调动更多企业参与竞技体育的发展。

第五章

新时代我国竞技体育内生动力成长所处的社会环境及其影响

第一节 新时代我国社会主要矛盾及其影响

一、新时代我国社会主要矛盾及其在竞技体育领域的映射

党的十九大报告中指出:"中国特色社会主义进入新时代,我国社会主要矛盾已经转化为人民日益增长的美好生活需要和不平衡不充分的发展之间的矛盾。"实际上,新时代的主要矛盾仍然是供需之间的矛盾,进一步发展生产力仍然是化解矛盾的关键[1]。从学者的研究及社会主要矛盾来看,解决供需之间矛盾的关键在于供给端,在于进一步提高生产力,在于解决生产力发展中的不平衡不充分问题。落实到竞技体育领域,新时代竞技体育领域的供需矛盾是当前我国竞技体育发展亟须关注的核心问题,而提高竞技体育领域的生产力,即解决竞技体育发展的不平衡不充分问题,是化解这一主要矛盾的关键,这也成为当前及未来我国竞技体育发展的首要目标。

在解决发展不平衡问题方面要做到以下几点:一是要解决竞技体育、群众体育、学校体育、体育产业、体育文化等不同领域间和各领域内发展不均衡的问题。例如,体育各组成部分的协调均衡发展;竞技体育内部项目类别的均衡发展;群众体育内部组织、活动和骨干培育的均衡发展等。二是要解决城市与农村、发达与欠发达地区间及自身内部的体育发展不平衡问题[2]。这对于国家和地方的资源配置、绩效考核、制度落实效力、社会动员等是一个严峻的考验。三是要解决幼儿、青少年、成人、残障人士、女性等群体面临的竞技体育发展不均衡问题。这需要

---

[1] 吕普生. 论新时代中国社会主要矛盾历史性转化的理论与实践依据[J]. 新疆师范大学学报:哲学社会科学版,2018,39(4):18-31.
[2] 程文广,李帅. 新时代中国体育发展需求供给研究[J]. 沈阳体育学院学报,2017,36(6):13-18,31.

在制度设计、资源配置、观念引导等方面发挥作用[①]。

在解决发展不充分问题方面要做到以下几点：一是要转变竞技体育发展方式，提高竞技体育发展的质量和效益。这需要以人为本，以科学发展观为指导，将"赶超型"发展方式转变为"可持续发展型"发展方式[②]，将"外生式发展方式"转变为"内生式发展方式"[③④]。二是要改革竞技体育体制机制，释放市场、社会发展活力与参与空间。这需要在竞技体育发展的不同领域、环节，进一步挖掘市场、行政、志愿机制的作用范围、方式、协作机制。三是要创新驱动发展转型，大力推动科技支撑竞技体育发展。这需要积极推进体育科学研究，加强科技成果转化等工作。

二、新时代我国社会主要矛盾对竞技体育发展的影响

（1）新时代我国社会主要矛盾的提出，指明了新时代我国社会各领域发展的战略重心之所在。社会各领域发展规划的设计、发展战略的拟定都将以之为指挥棒，切实围绕化解这一新的主要矛盾来确立各自的发展目标、发展内容、发展策略等。

（2）新时代我国社会主要矛盾是一种供需矛盾，化解新时代人们需求变化和社会生产与供给之间的矛盾将成为各领域发展都需要正视的首要问题。各领域也将把解决这一矛盾作为各自发展的落脚点。这实际上为衡量各领域发展质量提供了一个首要的评判标准。

（3）由于化解新时代我国社会主要矛盾将作为一种评判各领域发展成效的首要标准，这也会使之成为指引各领域发展的核心目标指向。在实践中，这一发展目标指向又将影响各领域发展的价值和功能定位，并最终影响各领域发展的思路、内容和方式等，从而使各自的发展实践指向目标。因为事物发展的功能定位界定了开发事物发展的哪些作用，事物发展的价值定位界定了为谁发展、发展什么，而这些正回应了对供需内容和问题的审视。只有在确定事物发展的价值和功能之

---

① 辜德宏，符丁友，曹国强. 新时代我国竞技体育发展中社会和市场力量的培育路径研究[J]. 武汉体育学院学报，2021，55（3）：20-27，35.
② 杨桦，任海. 转变体育发展方式由"赶超型"走向"可持续发展型"[J]. 北京体育大学学报，2013，36（1）：1-9.
③ 辜德宏，吴贻刚，陈军. 我国竞技体育内生式发展方式的概念、分类、内涵与特征探析[J]. 天津体育学院学报，2012，27（5）：382-385.
④ 辜德宏. 我国竞技体育发展方式转变的逻辑起点辨析[J]. 天津体育学院学报，2015，30（5）：383-387.

后，生产与供给相应的产品或服务才能化解供需矛盾；而只有根据发展目标、功能和价值定位来设计相应的发展思路、内容和方式，才能保证生产与供给的有效性。

综上，新时代我国社会主要矛盾对竞技体育发展的影响在于化解竞技体育领域发展的需求变化（人民日益增长的美好生活需要）与供给不足（不平衡不充分的发展）之间的矛盾，将成为衡量竞技体育事业发展成效的首要标准。新时代我国竞技体育事业也将以之为发展的核心目标指向，并围绕这一核心目标来重构竞技体育发展的价值和功能，同时为保证上述发展目标的实现，需拟定相应的发展思路、发展内容和发展方式（图 5-1）。

图 5-1　社会主要矛盾对竞技体育发展的影响解析图

（4）从价值主体来看，竞技体育服务于人和社会发展的两大价值主体不会发生变化。国家、集体和个人作为抽象出来的人和社会的具体存在形态，是现实中需关照的 3 类体育发展价值主体。从我国体育发展的历史来看，很长一段时间我国竞技体育发展的核心价值主体是国家。20 世纪 80 年代以来，群众体育逐步受到更多重视，尤其是在北京奥运会后更受关注，人民这一核心价值主体的地位逐渐得以彰显。新时代我国社会主要矛盾的表述中再次凸显了人民这一价值主体的核心地位，这不仅将深刻影响我国经济社会各个领域的发展，也将影响体育事业的发展。

（5）从价值需求来看，原有的"物质文化需要"演变为"美好生活需要"。新时代我国竞技体育的发展不仅需要继续关照原有多元主体的价值诉求，不断提高原有竞技体育产品和服务的生产与供给规模、质量、水平，而且需要正视人民群众一些新的需求，如竞技体育对"国族建构"方面的作用、在国民"身体素养"培育方面的作用等[1][2]。这就要求生产与供给新的竞技体育产品和服务，不断调整、优化竞技体育供给的产品、服务内容、结构、规模和质量等，以形成多元化的竞技体育产品和服务的生产与供给体系。

---

[1] 任海. 体育强国：由重在国家建构到重在国族建构[J]. 上海体育学院学报，2018，42（1）：1-6，40.
[2] 任海. 身体素养：一个统领当代体育改革与发展的理念[J]. 体育科学，2018，38（3）：3-11.

（6）从价值取向来看，新时代我国社会主要矛盾反映了人民需求已从生存型需要向发展型需要转变。多年来，我国社会生产力水平的大幅提升，不仅化解了人们在生存层面的发展需求，而且推动人民群众的发展需求向更高层级发展。这也意味着，新时代我国竞技体育发展要有新的价值目标定位，要向更高层次、更高水平的发展质量迈进，满足国家、集体、个人在更高价值层面上的需求，如举办文明、干净的竞赛，建构城市体育公园，打造城市 15 分钟体育生活圈等。党的十九大报告中还指出："实现中华民族伟大复兴是近代以来中华民族最伟大的梦想。"这就意味着，各行各业要做大做强自身，为实现中华民族的伟大复兴作出应有的贡献。落实到竞技体育领域，就是要打造具有可持续发展的内生动力，打造具有国际竞争力、影响力的发展能力。

（7）从功能开发来看，新时代我国社会和人民发展需求更为多元，竞技体育的多元功能亟待进一步挖掘和协调发展。竞技体育具有多元功能：从服务于人的发展层面来看，有教育、强身健体、休闲娱乐、自我实现等功能；从服务于社会发展的层面来看，有经济、社会、政治、文化等功能。竞技体育发展理应协调发挥此两个层面上的多元功能，满足民众及社会对竞技体育发展的多元需求。在过往的实践中，我国竞技体育主要被作为政治宣传和外交展示的工具[1]，主要提供争光类产品，满足的主要是人们精神层面的荣誉需求，而对于人们物质层面的需求，如运动体验、运动参与及精神层面的运动欣赏、身体素养培养等方面关注不够。对于体育的社会、经济、文化功能的开发也滞后于对政治功能的挖掘[2]。在现代社会的发展中，竞技体育已经融入人们生活的方方面面。从西方发达国家的发展历史来看，开发竞技体育的多元功能，有助于为人和社会的全面发展提供帮助。如果说以往我国竞技体育功能的发挥受制于当时的历史发展环境和条件，那么在我国经济发展实力和国家影响力大增、人民和社会发展需求向更高价值追求层面发展的新时代，我国竞技体育的发展亟须深入挖掘符合新时代发展需求的功能，建构双中心多维度的功能结构，以更加完整、协调地发挥其服务于人和社会全面发展的多元需求。

（8）从核心功能的确立来看，竞技体育的核心功能不仅需要聚焦于新时代人民群众的美好生活需求，而且需要关注新时代国家民族发展的时代使命。《社会契

---

[1] 马德浩，季浏. 从单一走向多元：重新定位体育在国家发展中的作用[J]. 武汉体育学院学报，2013，47（12）：5-11.
[2] 辜德宏. 供需视阈下我国竞技体育发展战略研究[J]. 北京体育大学学报，2018，41（3）：14-25，32.

约论》中指出，人是社会状态的存在，人只有让渡一定的权力给共同体，才能获取更大的安全保障和实现真正的自由。从这个意义上来看，虽然新时代我国竞技体育发展的核心价值主体是广大人民群众，但国家和集体也应是其重要价值主体之一，满足合理的国家利益和集体利益也是更多和更好实现个人利益的有效保障。

那么，在人的维度层面，竞技体育要围绕促进人的发展而建构其功能。人的发展是一种主动建构的成长过程，这种成长是一个以不同形式接受教育、不断走向自我完善的过程。竞技体育通过肢体运动教化着人的肉体和精神，在人的成长过程中发挥着独特的教育功能。因此，竞技体育的教育功能应当是此层面内的核心功能。毛泽东在《体育之研究》里指出："体育之效，至于强筋骨时，因而增知识，因而调感情，因而强意志。"前者是我们所熟知的体育之健康促进功能。针对后者，有学者用"身体素养"一词概括了体育与此相关的作用或功能[①]。国际身体素养协会也认为，身体素养包括情感的、身体的和认识的3个维度。因此，竞技体育在促进人的发展方面的核心功能可以进一步具体化为"健康促进"[②]功能和"身体素养提高"[①]功能。

与此同时，在社会的维度层面，竞技体育要围绕促进经济社会的发展来建构其功能。由于经济、政治、社会、文化、生态5个领域组成了我国现代化建设的内容，所以竞技体育在此层面需要协调、全面发挥这5个方面的功能。从世界体育强国的发展经验来看，体育产业是国民经济的重要组成部分。因此，"经济产出"功能是竞技体育经济功能的核心[②]；针对政治功能，由于我国是社会主义制度国家，所处的国际环境和形势独特，再加上奥运会等大型体育赛事的符号象征意义在国际交往中的政治意涵越来越显现，所以我国对外仍要有与大国地位相匹配的体育竞赛成绩，对内则需要通过体育运动和竞赛成绩来振奋、凝聚民心及增强民众对国家民族的自豪感和认同感，并从中提高公民素养。而且，从现代体育的发展来看，竞技体育对国家形象展示、团结民众、凝聚民心的集聚效应、塑造良好公民素质等方面的作用越来越受各国政要的重视。因此，"国家认同"[②]和"国族建构"[③]功能是竞技体育功能的核心。竞技体育通过竞技参与、竞技观赏、竞技体验等产品的供应，丰富了人们业余文化生活和促进了社会矛盾的调谐。因此，"文

---

① 任海. 身体素养：一个统领当代体育改革与发展的理念[J]. 体育科学，2018，38（3）：3-11.
② 马德浩，季浏. 从单一走向多元：重新定位体育在国家发展中的作用[J]. 武汉体育学院学报，2013，47（12）：5-11.
③ 任海. 体育强国：由重在国家建构到重在国族建构[J]. 上海体育学院学报，2018，42（1）：1-6，40.

化娱乐"和"社会缓冲"功能是竞技体育文化和社会功能的核心[①]；体育活动具有绿色低碳优势，尤其是户外运动、休闲运动、生态体育的大力开展，能够促使体育与生态文明相融合。因此，"助力环境保护"和"助推民众生活方式绿色化"是竞技体育生态功能的核心[②]。

三、新时代我国社会主要矛盾给竞技体育内生动力培育带来的机遇与挑战

（一）机遇

（1）民众需求旺盛，市场发展潜力巨大。新时代我国社会主要矛盾的一个方面就是人民群众的美好生活需求日益增长。实际上，改革开放以来，随着对国外体育了解的增多及国内经济条件的改善，国人对竞技体育发展的多元化、差异化、个性化需求在逐步生发和增长。人们不再局限于为国争光的荣誉需求，而是更多关注与自身生活密切相关的竞技参与、竞技发展、竞技欣赏等需求。多年体育社会化和市场化的改革推动了人们对竞技体育需求方向和内容的转变。近些年，高水平商业性体育赛事增多，业余竞技体育竞赛形式多元、参与规模扩大，资本涉足诸多竞技体育发展领域等，这反映出竞技体育发展的市场潜力巨大。政府竞技体育主管部门的主要任务是"奥运金牌战略"。因此，对于民众日益增长的其他多元化竞技体育需求，自然就成为社会和市场力量作为的主战场[③]。

（2）社会和市场力量可参与竞技体育发展的区域广、领域多。新时代我国社会主要矛盾的另一个方面就是发展的不平衡、不充分问题。这在竞技体育领域表现得更为明显，奥运与非奥运项目间，奥运重点与非重点项目间，经济发达与经济不发达地区间，城乡之间发展的不充分、不平衡问题突出。这些虽然也是存在的现实问题，但同时也是发展存在的机遇。由于竞技体育发展的项目繁多，涉及的资源投入和消耗巨大，单纯依靠政府无法解决发展的不平衡、不充分问题，这也是政府将越来越多的项目切割给社会和市场的根本原因所在。在新时代背景下，要解决竞技体育发展的不平衡、不充分问题，自然更加强烈地要求社会和市场力

[①] 马德浩，季浏. 从单一走向多元：重新定位体育在国家发展中的作用[J]. 武汉体育学院学报，2013，47（12）：5-11.
[②] 彭国强，陈庆杰，高庆勇. 从单一到多元：新时代体育在国家发展中的价值定位研究[J]. 武汉体育学院学报，2019，53（4）：11-18.
[③] 辜德宏，符丁友，曹国强. 新时代我国竞技体育发展中社会和市场力量的培育路径研究[J]. 武汉体育学院学报，2021，55（3）：20-27，35.

量在更大、更广的范围内参与竞技体育的发展，尤其是那些政府无力涉及或发展效率较低的项目、领域、区域[①]。

（二）挑战

（1）人们需求的层次性较高，需要社会和市场生产与供给的竞技体育产品或服务具有较好质量。人们日益增长的美好生活需求有两层意涵：一是在需求数量方面有更多的需求，在需求结构上是多元化、多层级化的需求。二是在需求层次性方面，不再是基本性、生存性的生活需求，而是实现更美好生活品质的需求。前者主要生成了对社会和市场力量发展的机遇，后者则演化成了社会和市场力量参与竞技体育发展必须应对的挑战。

（2）不同区域、不同领域发展的形势、要求各不相同，需要社会和市场力量有一定的适应和创新能力，这样才能生存与发展。东部、中部、西部之间发展的资源条件、经济水平、人文环境等参差不齐，这就必然造成不同区域间竞技体育发展的模式，生产的产品类型、结构、规模、品质等要有不同，这样才能更好地与之相适应。社会和市场力量要更好地生存和发展，就需要根据发展环境和条件，不断提升自身创新能力，建构自身发展的竞争力。与此同时，多年来，社会和市场力量在办训及办赛方面积累了一定的发展经验，但在体育信息与情报、体育经纪、体育康复等方面尚存在经验不足或发展水平不高等问题。无疑，社会和市场力量可参与发展领域增多的同时，也面临要应对以往一些不熟悉或不擅长领域的挑战。

第二节 新时代进一步加强体育强国建设目标及其影响

一、新时代进一步加强体育强国建设目标在竞技体育领域的映射

2019年8月，国务院办公厅印发《国务院办公厅关于印发体育强国建设纲要的通知》，自此新时代我国体育及竞技体育的发展有了具体的行动纲领。

（1）从发展的指导思想来看，"坚持以人为本、改革创新、依法治体、协同联动，持续提升体育发展的质量和效益……更好发挥举国体制与市场机制相结合的重要作用"。从这段文字来看，提升竞技体育发展的质量和效益是中心任务，改革

[①] 辜德宏，符丁友，曹国强. 新时代我国竞技体育发展中社会和市场力量的培育路径研究[J]. 武汉体育学院学报，2021，55（3）：20-27，35.

创新与法治化发展是主要手段，协同发挥行政和市场作用机制是不变的基调。

（2）从发展的战略目标来看，"到2020年，建立与全面建成小康社会相适应的体育发展新机制……竞技体育综合实力进一步增强，体育产业在实现高质量发展上取得新进展。到2035年，形成……与基本实现现代化相适应的体育发展新格局……竞技体育……实现均衡发展，综合实力和国际影响力大幅提升；体育产业……成为国民经济支柱性产业……到2050年，全面建成社会主义现代化体育强国"。从这段文字来看，竞技体育的发展要与国家战略目标相匹配，要能更好地服务于国家经济社会发展的阶段性需求。

（3）从发展的战略任务来看，"提升竞技体育综合实力，增强为国争光能力……充分调动高校、地方及社会力量参与竞技体育的积极性……构建政府主导、部门协同、社会力量积极参与的'三大球'训练、竞赛和后备人才培养体系……推进职业体育发展……充分发挥俱乐部的市场主体作用"。从这段文字来看，竞技体育发展的综合实力要提高，但与此同时，为国争光的能力也要增强，这既是国家对日益复杂的国际竞争形势的把握，也是对竞技体育发展定位的考量。要更好地实现这两大任务，就需要发挥社会力量的积极作用，并使其在训练、竞赛、人才培养，以及学校体育、职业体育、大众竞技体育等多个领域发挥作用。

（4）从发展的政策保障来看，"进一步转变政府职能，充分调动社会力量……加大政府向社会力量购买公共体育服务的力度。落实体育税费政策……深化体育领域'放管服'改革，精简行政审批事项"。从这段文字来看，政府将为社会和市场力量参与竞技体育发展提供更好的发展环境，不仅要通过简政放权、转变管理职能，来为它们营造更多的发展空间，而且要做好服务和监督工作，促进、引导和规范社会和市场力量的发展。

（5）从发展的重大工程专栏来看，设立了"青少年体育发展促进工程、国家体育训练体系构建工程、科技助力奥运工程"这3项与竞技体育发展直接相关的重大工程。与此同时，在关于体育社会组织建设的工程中强调，"鼓励有条件的地方组织群众性体育俱乐部联赛，并积极承接体育部门赛事活动……稳步推进各级运动项目协会与行政机关脱钩等改革，推进协会依法依规独立运行。"从这段文字来看，国家指出了破解我国竞技体育发展困境的重点和难点所在，并对这些领域的改革与发展作出了相应的规划。虽然这些问题是长期存在的老大难问题，但此次以行政文件的形式再次自上而下来推进，既显示了国家的决心，也表明了未来这些问题会持续受到关注并得到解决。

二、新时代进一步加强体育强国建设目标对竞技体育发展的影响

（1）明确了新时代国家对体育及竞技体育发展的战略定位。从《国务院办公厅关于印发体育强国建设纲要的通知》中的表述来看，努力将体育建设成为中华民族伟大复兴的标志性事业，反映了新时代体育事业在国家发展战略中的地位进一步提升，体育及竞技体育发展的国家需求明确，体育及竞技体育的整体发展目标、质量和水平被赋予了一个新的定位，即要成为反映中华民族伟大复兴的标志性事业，这就意味着仅仅着力于化解供需之间的矛盾还不够，还要着眼于更好地服务于中华民族的伟大复兴。

（2）明确了新时代体育及竞技体育发展的阶段性目标。新时代体育及竞技体育的发展以 2020 年、2035 年、2050 年为 3 个时间节点，确立了相应的发展阶段及阶段性目标。体育及竞技体育发展与我国社会主义现代化强国建设的战略目标、规划及阶段划分同步，体育及竞技体育的阶段性发展目标明确，在每一阶段都强调要形成与各发展阶段相适应的体育及竞技体育发展机制，不断提高发展的综合实力，加快推进体育产业的发展，同时也对这 3 个阶段提出了循序渐进、不断发展与提高的要求。在 2035 年的发展目标中，强调实现相关方面的均衡发展，综合实力与国际影响力大幅提升。然而，国家和政府的作用有限，要实现均衡发展，必然需要社会和市场力量的参与。同时，要提升综合实力与国际影响力，还需要在扩大竞技体育人口、发展体育产业、职业体育、高水平赛事组织等方面形成优势，这些就更需要社会和市场力量的参与。在 2050 年的发展目标中，则强调了竞技体育的综合实力和国际影响力要在世界前列，并使体育及竞技体育成为中华民族伟大复兴的标志性事业。无疑，社会和市场力量的发展机会和空间将得到长期保证。

（3）明确了新时代体育及竞技体育发展中国家与社会的关系。2020 年的发展目标强调建立体育发展新机制，2035 年的发展目标中对政府、社会、市场的作用、关系及发展格局予以了规划，2050 年的发展目标中则强调要对行政与市场机制相结合的完善，坚持国家与社会的发展合作。这些都明确表达了国家对认识新时代自身与社会关系的态度，国家既要坚持和完善竞技体育举国体制，保证我国竞技体育的为国争光功能不至于猛然滑坡，又要促进市场机制的发展，让市场机制作为调动社会和市场力量参与发展的主要手段，让我国竞技体育的发展具有更强的发展活力和内生动力。《国务院办公厅关于印发体育强国建设纲要的通知》中还指

出了要在运动员选拔制度、优秀运动员培养、优秀运动队组建等方面放开给社会，让更多社会力量参与竞争和发展。

（4）明确了新时代竞技体育发展质量提升的主要抓手。《国务院办公厅关于印发体育强国建设纲要的通知》的最后附有九大发展工程，这无疑是国家建构的推进新时代体育事业发展的主要抓手。具体到竞技体育领域，主要集中在以下3个方面：青训、国家训练体系、科技助力。重大工程三为青少年体育发展促进工程，该工程从技能培训、赛事开发、社会组织建构、政策保障、器材标准、师资培养等方面规划了促进青少年竞技体育普及与发展的思路。重大工程四为国家体育训练体系构建工程，该工程从提升训练场馆的智能化、训练器材、仪器的科学化、信息化水平，教练员继续教育和职业培训计划，复合型团队构建等方面着手，提升训练质量和效益。重大工程五为科技助力奥运工程，强调了要依托高校、科研院所、高新技术企业来进行奥运备战和科技攻关，建立大数据库，建立复合型科研医疗团队来对训练、竞赛过程进行信息、数据采集和分析，进而提高在运动损伤、运动康复、营养保健、训练和竞赛设计等方面诊断和干预的科学性，并提出了建立5~10个国际化体育科技合作平台。这些无疑为社会和市场力量参与竞技体育发展指明了发展的方向和重点。

三、新时代进一步加强体育强国建设目标给竞技体育内生动力培育带来的机遇与挑战

（一）机遇

（1）全人群、全项目的覆盖，必须依托社会和市场力量的参与。提升竞技体育的综合实力是衡量竞技体育强国建设情况的一个重要指标。这就意味着，男子与女子，成人与青少年、幼儿，正常人与残障人士等群体之间；非奥项目与奥运项目，奥运优势项目与非优势项目、基础性项目，冬季奥运项目与夏季奥运项目等项目类别，以及"三大球"、田径、乒羽网、体操等项目之间，不仅要有更为均衡、协调的发展势态，还要提供足够多的参与机会和路径，让不同群体有更为便捷、广泛、自由的选择，让不同运动项目有更多的机会、更好的环境和条件吸引更多人参与。实现这一目标，不仅需要巨量的资源投入，还需要有广泛的体育组织能够深入不同基层、不同群体，以提供不同层次的多元化竞技体育产品或服务。

这无疑给社会和市场力量的参与提供了好的发展机遇[①]。

（2）国家要求更为充分地发挥市场机制在竞技体育领域的作用。《国务院办公厅关于印发体育强国建设纲要的通知》中指出，更好发挥举国体制与市场机制相结合的重要作用。实际上，政府着力于提供基本性的公共体育服务及努力完善公共体育服务的均等化问题，而对于差异化、个性化的准公益性和私益性竞技体育产品或服务的生产与供给，它们无力解决或参与解决的效率不高、成本过高。由此，引进社会和市场力量参与竞技体育发展，有助于更好地把握供需关系，优化产品质量，形成有效的价格调整机制等，进而形成优胜劣汰的市场竞争机制，最终让不同发展主体在不同区域、不同领域提供相应的竞技体育产品或服务。

（二）挑战

（1）参与提高层面的发展，需要社会和市场力量的专业化、精细化水平更高。发展竞技体育能力和水平，培养高水平运动员是竞技体育发展的核心目标追求。现代竞技体育发展到今天已经高度专业化，选材、运动训练理论、运动诊断与训练监控、运动保健与康复等都已经相对成熟，而且分工已高度细化、精密化、复合团队化，尤其是职业化的体育项目，其专业化程度、精细化程度更高。专业化水平和程度已经成为保证高水平运动员科学成长、提升成材率的关键。在我国，专业化的资源主要集中在体制内单位、体育系统中，社会和市场力量要更多地参与到提高层面的发展中，就需要不断提升自身的专业化水平和程度。

（2）市场竞争的形势瞬息万变，需要社会和市场力量敏锐把握市场变化趋势，做好竞技体育产品、服务生产与供给的市场区分。根据市场竞争的规律，同质化的产品或服务不仅会逐渐丧失竞争优势，还将导致市场趋向饱和而难以存续。那么，只有通过差异化的产品或服务供给，才可能更好地获得生存与发展的空间。这就需要社会和市场力量能够迅速、准确地把握市场竞争的复杂形势和变化趋势。因此，社会和市场力量要更好地应对这一挑战，就需要准确把握市场需求特点，并结合自身优势做差异化的竞技体育产品或服务供给，以及能够根据国家方针政策、城市发展布局、产业发展规划等变化，合理进行产品开发的适时调整[①]。

[①] 辜德宏，符丁友，曹国强. 新时代我国竞技体育发展中社会和市场力量的培育路径研究[J]. 武汉体育学院学报，2021，55（3）：20-27，35.

第三节 新时代国家治理体系和治理能力现代化建设及其影响

一、新时代国家治理体系和治理能力现代化建设在竞技体育领域的映射

2013年11月，在党的十八届三中全会上提出："全面深化改革的总目标是完善和发展中国特色社会主义制度，推进国家治理体系和治理能力现代化。"国家治理体系和治理能力是一个国家制度和制度执行能力的集中体现。国家治理体系是在党领导下管理国家的制度体系，国家治理能力则是运用国家制度管理社会各方面事务的能力。国家治理体系和治理能力是一个有机整体，它们之间相辅相成，有了好的国家治理体系才能提高治理能力，提高国家治理能力才能充分发挥国家治理体系的效能。

为了尽快落实中央部署和要求，全面深化各发展领域的改革，学者们结合不同发展领域的特点对之进行了理论探讨。杨桦[1]指出，体育治理体系现代化是指在体育事业发展中，政府、社会、市场之间构建一种规范理性的权力分享、责任分担、资源共享、合作共治的稳定关系模式和体育治理格局。吴若冰和马念谊[2]指出，衡量体育治理体系和治理能力现代化的标准主要在于，治理主体的多元化、治理结构的网格化、治理能力的高效化、治理手段的法治化、治理方式的民主化。从学者的研究来看，体育治理体系现代化主要在于不同主体共同参与体育治理，形成一种规范、理性的合作治理关系与格局。体育治理能力现代化则主要在于发展具有稳定性和科学性，并有较好的发展效能和收益。

具体到竞技体育领域，主要表现为：第一，竞技体育治理主体的多元化，即政府、企业、社会组织、家庭、个人等多元发展主体在竞技体育发展中拥有相应的知情权、建议权、表决权等；第二，竞技体育治理结构的网格化，即国家体育总局、单项项目协会、俱乐部等不同治理主体在国家层面、区域层面、地方层面，在治理内容、治理权限、治理方式等方面有合理的分工合作；第三，竞技体育治理能力的高效化，即治理体制和机制合理，且效率、效能、效益高；第四，竞技

---

[1] 杨桦. 中国体育治理体系和治理能力现代化的概念体系[J]. 北京体育大学学报, 2015, 38 (8): 1-6.
[2] 吴若冰, 马念谊. 政府质量：国家治理现代化评价的结构性替代指标[J]. 社会科学家, 2015 (1): 35-41.

体育治理手段的法治化，即主要通过制度化、法制化的手段进行科学治理；第五，竞技体育治理方式的民主化，即治理过程中能充分重视各方的意见、建议，理性审视不同主体的合理利益诉求，并能进行公开公正的博弈与协商。

二、新时代国家治理体系和治理能力现代化建设对竞技体育发展的影响

（1）明确了深化竞技体育领域的改革，要坚持中国特色社会主义道路的基本原则。各国有自身的文化传统、人文习俗、价值观念，这也为建构相应的管理体制、机制预设了一种先天的内在氛围或环境。这就是为什么有些可以在西方发达国家取得成功的经验、做法，拿到其他国家却会遭遇失败。世界各国的发展经验告诉我们，只有当改革举措与本国的经济、政治、文化等发展传统、现状、趋势相吻合、相适应，才能获得改革红利。这也是我们一直强调坚持中国特色的含义之所在。

社会主义和资本主义是当前世界的两种主要意识形态，也由此形成了资本主义国家和社会主义国家两个不同阵营，资本主义国家占大多数，而且西方发达国家大多是资本主义国家。以美国为首的西方资本主义阵营为了更好地彰显其资本主义制度的优越性，以及扩大和巩固自身的利益等，一直敌视和意图瓦解社会主义国家。美国千方百计地宣扬资本主义制度的优越性，同时用各种途径放大社会主义国家发展中的问题，意图让世界统一于资本主义制度。然而，苏联被瓦解后走资本主义的道路，至今其经济发展还未恢复过来。这就提示我们，虽然治理强调的是多元主体的参与，但社会主义的旗帜和党领导人民群众办大事的根本不能动摇。

（2）明确了深化竞技体育领域的改革，要以推进治理体系和治理能力现代化为主要抓手。中华人民共和国成立以来，我国竞技体育取得如此辉煌的成就，主要就在于在当时资源有限和起点低的发展环境、条件下，我国形成了一整套行之有效的管理体制和机制、各级体育行政机构的组织保障、竞技体育举国体制的资源动员和配置能力、三级训练网的人才培养体制等。毋庸置疑，过去我国主要是向管理要发展和质量。在这个过程中，竞技体育的管理体制和机制进行了多次改革与调整，不断通过对自身管理结构和职能的优化来提升管理质量和效益，并取得了一些成果，社会和市场力量逐步发展壮大，对竞技体育发展的促进作用日益明显。

现代竞技体育发展涉及的面越来越广，投入越来越大，科技支撑和管理的精

第五章　新时代我国竞技体育内生动力成长所处的社会环境及其影响

细化程度越来越高。这就决定了要继续向管理要质量和效益，一定要更好地发挥不同主体的协同组织与治理作用，要建构更为科学、合理的治理体制和机制，让竞技体育多元发展主体具有更强的治理能力，能够更好地应对新时代人们日益增长的多元竞技体育需求，以及更为复杂化、系统化、跨领域的发展局势。

（3）指出了深化竞技体育领域的改革，主要在于对那些不适应实践发展的体制机制进行改革，形成系统完备、科学规范、运行有效的竞技体育国家治理体系。学者们对如何构建国家体育治理体系进行了一些研究，陈洪[1]指出，构建国家体育治理体系主要就在于形成一个有机、有效的体育治理结构。杨桦[2]指出，要重点理顺"政府、事业单位、企业、社会组织"四者的关系，建构中国体育治理主体的结构体系；围绕"动员、组织、监管、服务、配置"5项功能，建构治理的功能体系；确立以"法制、激励、协作"3个基本制度为框架的治理的制度体系；综合运用"法律、行政、经济、道德、教育、协商"6种方法，建构治理的方法体系。

从学者们的研究来看，国家体育治理体系就是由不同治理要素组建起来形成的一种体育治理结构，治理体系的结构性要素主要包括治理的主体、功能、制度、方法等。因此，建构竞技体育的国家治理体系就主要在于建构科学合理的竞技体育治理的主体结构、功能结构、制度结构、方法结构。第一，从治理的主体结构来看，主要在于理顺国家体育总局、项目协会、俱乐部、学校等多元主体在竞技体育发展中的作用、优劣势、合作方式等。第二，从治理的功能结构来看，主要在于发挥不同主体在治理竞技体育发展中的动员、组织、监管、服务、配置等功能，即通过不同主体功能结构的划分，让竞技体育治理行为具有更佳的效能。第三，从治理的制度结构来看，主要在于建构相应的规章制度、政策法规、行业规范和标准等，以实现竞技体育治理的法治化、制度化、规范化，并实现激励、协调及促进有序合作等作用。第四，从治理的方法结构来看，主要在于综合运用法律、行政、经济、道德、教育、协商等方法手段进行有效竞技体育治理。

（4）指出了深化竞技体育领域的改革，主要在于不断提升治理能力。从国家的相关论述中可知，推进国家治理能力现代化，就意味着提升治理能力要用发展的现代化来衡量，那么怎样才算是达到了治理能力的现代化呢？陈洪[1]指出，从体育治理现代化的过程角度而言，治理能力的现代化包括体育治理主体的治理能力现代化、体育治理过程的现代化、体育治理结果的现代化。从学者的观点中可以

---

[1] 陈洪. 国家体育治理体系和治理能力现代化探析[J]. 北京体育大学学报，2014，37（12）：7-12.
[2] 杨桦. 深化体育改革推进体育治理体系和治理能力现代化[J]. 北京体育大学学报，2015，38（1）：1-7.

看到，治理能力的现代化可以通过治理主体、治理过程和治理结果这 3 个方面的现代化程度来衡量。其中，治理主体治理能力的现代化，主要在于不同治理主体找到自身的治理内容、方式、边界，并形成不同主体间有效、合理的互动与合作。针对治理过程和治理结果的现代化，杨桦[①]指出，国家治理能力现代化是治理能力运行高效化、公开化、公平化。体育治理能力现代化则是指具有制度化、规范化、程序化的体育制度体系发挥的效能和获得的收益。实际上，学者指出的运行高效化、公开化、公平化，以及制度化、规范化、程序化这几大特征可以被视为衡量体育治理过程现代化程度的指标，而效能和收益则可以用来衡量体育治理结果的现代化程度。当然，还要加上治理目标的实现及功能发挥的情况。

为此，提升竞技体育治理能力现代化主要在于，第一，根据竞技体育产品或服务的属性，给予不同主体以不同的组织与管理权限，让各主体充分发挥自身的作用优势。第二，建立不同主体间利益表达、博弈、均衡的协调机制，如政府、企业、社会组织等不同部门间的联席会议。第三，竞技体育治理的程序化、公平化、透明化。通过法制建设、流程建设、标准建设等，让竞技体育治理的程序更为公开、透明，治理过程更为公平、公正。第四，竞技体育治理领域的整合化、均衡化，治理手段的专业化、规范化。运用先进的科技手段和理念，对竞技体育不同发展环节和领域进行全面、系统、协调的治理，针对不同区域、不同项目、不同群体发展的非均衡问题进行有效整治。第五，竞技体育治理更好地满足人民群众的多元化需求，竞技体育的多元功能更为完整地发挥。通过治理协调发挥竞技体育在服务于人和社会发展中的积极作用，为建设富强、民主、文明、和谐的社会主义现代化国家贡献力量。

三、新时代国家治理体系和治理能力现代化建设给竞技体育内生动力培育带来的机遇与挑战

（一）机遇

（1）多元主体参与治理的要求，将更好地保障社会和市场力量在竞技体育发展中的话语权。多年来，我国竞技体育都是政府主导型的发展模式，国家体育总局是竞技体育发展的最高管理者。项目协会本应是竞技体育发展中的非官方代表，代表社会和市场力量参与竞技体育发展的权益，但由于项目协会一直未完成实体

---

① 杨桦. 中国体育治理体系和治理能力现代化的概念体系[J]. 北京体育大学学报，2015，38（8）：1-6.

化改革，政府对竞技体育发展拥有绝对的话语权，社会和市场力量在竞技体育发展的规划和决策中基本处于被支配地位，一些好的想法较难获得认可和推行，一些权益也较难得到保障。2014年，国家下放商业性和群众性赛事的审批权后，形势有所改变。2019年，项目协会全面脱钩改革启动，政府主管部门一家独大的形势发生变化。在党中央自上而下大力推行治理体系改革的形势下，体制外力量的权益保障和话语权备受关注。社会和市场力量作为不同的利益群体，必然要成为参与竞技体育治理的一分子，其参与发展的利益表达权、决策知情权、重大事项咨询权、投票权等会日益受到重视[①]。

（2）善治的目标会促进行业自治加强，行政干预减弱。从西方发达国家的发展经验来看，体育行业的发展主要采取行业自治的方式。以美国为例，其职业体育、学校竞技体育、社会体育都是自组织运行，竞技体育发展的内容、方式、路径等没有行政干预。我国竞技体育发展中的行政干预较多，虽说我国有特定国情和历史条件的限制，但当前我国发展已步入新时代，经济发展基础和条件发生了巨大变化，人们的思想价值观念也有所变化，社会和市场力量参与竞技体育发展也有了一定的经验。那么，适时适度地进一步简政放权，让社会和市场力量有更多的自主权和决策权，具有了一定的现实基础和条件。尤其是当前我国要推进竞技体育的治理体系和治理能力现代化建设，更需要进一步消减行政干预范畴，让社会和市场力量在竞技体育的发展中有更多的自主权、决定权，让体育行业自治有更广阔的发展前景。

（二）挑战

（1）参与共治的意识和能力需要提高。在主人翁地位得到保障的同时，也出现了自身参与治理的意识要跟上、参与治理的能力要胜任的问题。多年来，我国竞技体育的发展都是由政府顶层规划和设计的。政府部门在这种垄断性的组织与管理中积累了大量的组织管理知识、经验、技巧，而社会和市场力量在这方面的能力就相对匮乏，因为它们没有这样的舞台进行操练。因此，社会和市场力量参与竞技体育发展的治理，首先需要有较强的参与意识，能主动关注竞技体育发展的动向，积极为竞技体育发展献言进策；其次需要懂竞技体育发展、组织与管理的相关规律和知识，让自身更为有效地参与治理。

---

① 辜德宏，符丁友，曹国强. 新时代我国竞技体育发展中社会和市场力量的培育路径研究[J]. 武汉体育学院学报，2021，55（3）：20-27，35.

（2）自治能力亟待增强。从国际发展经验来看，要更为充分地发挥社会和市场力量的作用，需要它们建构较好的自组织发展能力，即行业自治能力要强。其中，加强法治化建设和增强自身发展规范是提升自治能力的基础。中国是讲究伦理人情的国家，人治现象在很多领域存在，体育社会组织或体育市场组织由于通常是由个人发起的，在其发展中更是难以避免任人唯亲。那么，从人治走向法治，建立高效的现代企业制度，是社会和市场力量发展面临的重大挑战。毋庸置疑，社会和市场力量在组织架构、人事管理、制度设计、绩效考核等方面，亟待形成一套相对科学、稳定的制度体系，引导自身逐步走向规范化发展，同时还要不断凝练企业的文化、精神、传统、核心竞争力等，提升自身的自治能力和水平[①]。

---

① 辜德宏，符丁友，曹国强. 新时代我国竞技体育发展中社会和市场力量的培育路径研究[J]. 武汉体育学院学报，2021，55（3）：20-27，35.

第六章

新时代我国竞技体育内生动力的培育与治理

第一节　国家试点的温州社会力量办体育模式

2017年9月，国家体育总局和浙江省人民政府签订合同，决定在温州实施社会力量办体育试点改革，这是党的十八大以来在深化国家治理体系创新改革背景下，加快推进体育治理体系改革和创新的战略举措，是全面落实党的十九大会议精神、深化体育体制改革的大胆创新和实践探索部署，也是贯彻执行国家深化"放管服"改革的体育实践。"十三五"期间，全市社会力量兴办青少年体育训练机构149家（其中市级28家），在训人数为5705人，占全市在训总人数的65%，涉及17个训练项目，已累计向省队输送百余人。在2019年青运会上，温州运动员代表团夺得31金31银24铜的优异成绩，奖牌数量占浙江省奖牌数量的近1/3。

一、案例1：高校打造高水平运动人才培养基地

温州体育局通过与高校签订合作协议、联合挂牌等方式，先后与浙江工贸职业技术学院联合建设地掷球、网球基地，与温州大学联合建设龙舟、足球后备人才培养基地。浙江工贸职业技术学院于2001年开始发展地掷球，2006年学校不仅承办了地掷球世界锦标赛，还为中国队夺得了地掷球项目的第一个世界冠军。截至2022年4月，浙江工贸职业技术学院地掷球队共获得14项世界冠军、159项全国冠军、151项省级冠军。温州大学龙舟队于2016年3月建队，仅两年的时间就在中华龙舟大赛、全国大学生皮划艇锦标赛、中国大学生桨板竞速挑战赛等全国性赛事中取得了优异的成绩（表6-1）。

表 6-1　2018 年温州大学龙舟队比赛成绩情况表

赛事	成绩
2018 第 3 届全国大学生皮划艇锦标赛	4 金 1 银 3 铜
2018 中华龙舟大赛（海南·万宁站）	2 金 4 银
2018 中华龙舟大赛（昆明·滇池站）	2 金 1 银

二、案例 2：公私合办心桥体操艺术俱乐部培养后备人才

2007 年，温州市体操队正面临严峻困难，缺教练员、缺生源，而心桥学前教育集团正发展体操特色，有生源缺场地。于是温州市体育局大胆将所有权与经营权分离，双方互补短板。合建的体操俱乐部设体操、艺术体操、蹦技、幼儿体操 4 个项目，并实行训练、学习、生活三集中。温州体育运动学校提供训练场地、编制内教练员工资和运动员伙食补助，心桥幼教集团负责其他教练员、后勤保障人员工资、日常训练经费、水电费等，并承担省运会的金牌任务。幼儿阶段在心桥幼教集团学习，小学阶段在温州体育运动学校学习。经过数年沉淀积累，该俱乐部如今已成为温州市培养体操人才的摇篮，并逐步发展成省内一流队伍。截至 2021 年 1 月，俱乐部先后向国家队输送优秀运动员 8 人，向浙江省队输送 200 余人，培养的人才共获得奥运冠军 1 次、世界冠军 7 次、亚运会冠军 2 次、全国冠军 100 余次、省运会冠军 42 次。

三、案例 3：华奥舞蹈俱乐部立足民众多元需求办训、办赛

温州市华奥舞蹈俱乐部于 2014 年初创办，主营业务为舞蹈文化传播交流、舞蹈形象设计、舞蹈赛事策划、舞蹈服装饰品设计。该俱乐部由国内外著名教师教学授课，面向幼儿、青少年、成人开设形体舞蹈、拉丁舞、标准舞等课程。每年定期组织学员参加省、市、国家级别的技术水平等级考核和高水平演出赛事。2015 年，该俱乐部冠名赞助了国内体育舞蹈最高规格赛事——中国体育舞蹈公开赛总决赛，后面又连续 5 年承办了中国体育舞蹈公开赛总决赛、中国体育舞蹈公开系列赛、中国体育舞蹈俱乐部联赛总决赛等国家级品牌赛事。

四、案例 4："省队市办、市队企办"——凯易路马术俱乐部

浙江省马术队由温州市凯易路马术俱乐部组建，该俱乐部于 1998 年正式成

立。目前，凯易路马术俱乐部拥有上百匹高质量的温血马，每年都有全国各地的"伯乐"前来选购马匹，其中不少来自各省的专业马术队和俱乐部。20多年来，俱乐部创始人张锋累计投资已达数千万元，让浙江省马术队从无到有，从弱到强，已连续3年摘得全运会盛装舞步团体铜牌。凯易路俱乐部的教练员和队员除了进行日常训练、比赛，也参与俱乐部的经营、教学。另外，俱乐部还提供个性化服务，如承办大型马术赛事、英式皇家马车婚礼、摄影摄像、商业马术出演等。2018年，浙江省马术运动协会成立，"协会+公司+俱乐部"的运行模式成为温州市社会力量办体育的特色之一。

五、案例5：羽毛球国手民间培养基地——兴华羽毛球俱乐部

兴华羽毛球俱乐部位于温州市苍南县龙港镇体育馆，主要从事青少年羽毛球培训服务及承办各类羽毛球赛事。截至2022年3月，兴华羽毛球俱乐部已举办少儿培训班100余期，学员总计3万多人，先后为浙江省队、福建省队、四川省队等专业队培养输送了25名优秀运动员，在国际级、国家级、省级赛事中拿下30余枚金牌，12人被选拔进入各省体工队，林贵埔（2014年世青赛男单冠军）、董宇轩、郑斌斌3人入选中国国家队。赵兴华在俱乐部的基础上，成立了专业从事体育文化推广、体育培训及活动策划的浙江华宸实业有限公司。2022年，兴华羽毛球俱乐部晋升为全国羽毛球后备人才基地。

六、温州经验与启示

（一）发展经验

（1）政府通过政策设计为社会和市场力量打通成长通道，营造良好的成长氛围与空间。2017年9月，国家体育总局与浙江省人民政府共同签署了《国家体育总局 浙江省人民政府联合在温州市开展社会力量办体育试点工作框架协议》，2018年《温州市人民政府关于开展社会力量办体育试点工作的实施意见》出台，对主管部门及社会和市场力量释放了积极的信号。在此形势下，相关职能部门积极参与改革，并提供了一些制度保障。例如，温州市体育局联合财政、人社、教育等部门出台了《温州市社会力量兴办竞技体育训练机构扶持暂行办法》《温州市社会力量兴办竞技体育训练机构星级认定办法》，命名温州市社会竞技体育训练机

构（2019—2022周期）五星级5个、四星级10个、三星级5个[①]。温州市体育局出台了《温州市人民政府办公室关于鼓励社会力量投资建设与运营体育场所的意见》，在体育用地、非体育用地、场馆改造审批、参与公共体育场馆运营、体育企业税收优惠等方面作出了相关规定和扶持[②]。

（2）政府通过管理机制改革为社会和市场力量的成长破除一些障碍。温州市推进政府赛事管理运行机制改革，定期公开赛事举办目录，规范赛事审批程序，制定体育赛事举办流程指引、安保审批流程及服务标准，进一步降低社会力量办体育赛事的门槛。建立《温州市重点培育品牌体育赛事名录库》，各县（市、区）至少有1项赛事入选。到2020年，全市具有一定影响力的品牌体育赛事有10个，由社会力量参与承办的体育赛事占80%以上。2018年8月颁布的《进一步加快现代服务业高质量发展的若干政策意见》规定，对在全市范围内举办或承办国际性、国家级、省级体育赛事且符合品牌体育赛事条件的企业和社会组织，经认定，给予实际总费用30%、不超过70万元的奖励[③]。温州市还改革了青少年运动员注册、交流、参赛选拔机制，取消了学校、民办体育培训机构的注册限制，允许它们单独组队参加全省综合性运动会、单项体育竞赛。畅通运动员跨省交流通道，在满足省队优先选择的前提下，经省级体育主管部门同意后可跨省交流参赛[④]。

（3）政府通过购买服务方式扶持社会和市场力量成长。训练方面，温州体育部门采用"市队县办"的模式，委托社会力量参与培养体育后备人才，并对多家社会力量办训机构给予资金扶持和场地支持。自2013年起，温州在浙江省率先设立体育产业发展引导资金，每年安排1200万元予以重点扶持，力度非常大。以龙湾体育局为例，依法登记并批准授牌设立认定为社会力量办训的机构，在开办初期可以给予一次性建设补助，并在业训周期内给予业余训练补助（表6-2）。课题负责人于2020年10月，走访了温州吕志武游泳俱乐部、心桥体操艺术俱乐部、凯宏网球俱乐部，与俱乐部负责人及体育局相关主管领导进行了详细交谈，了解

[①] 温州市体育局. 温州市体育局2019年工作总结和2020年工作要点[EB/OL].（2020-02-26）[2024-04-11]. http://wzstyj.wenzhou.gov.cn/art/2020/2/26/art_1229253523_2220682.html.

[②] 温州市体育局. 温州市人民政府办公室关于鼓励社会力量投资建设与运营体育场所的意见[EB/OL].（2020-09-23）[2023-04-11]. https://www.wenzhou.gov.cn/art/2020/9/23/art_1229117830_1542578.html.

[③] 江苏省发展和改革委员会. 中共温州市委 温州市人民政府关于印发《进一步加快现代服务业高质量发展的若干政策意见》的通知[EB/OL].（2018-12-25）[2024-04-11]. http://fzggw.jiangsu.gov.cn/art/2018/12/25/art_4640_7969635.html.

[④] 浙江省人民政府. 浙江省人民政府关于鼓励支持社会力量办体育加快推进体育改革与发展的若干意见[EB/OL].（2020-12-16）[2024-04-11]. http://www.zj.gov.cn/art/2020/12/16/art_1229017138_2199108.html.

到温州市体育局在资金、政策、场地等方面给予支持，委托社会力量培养人才，参加相应的比赛。赛事方面，更是将政府举办的各类赛事（从县级比赛到国际性比赛）都通过购买服务方式交给社会来办。2018—2019年，温州举办了包括国际铁人三项赛、全国公路自行车锦标赛等30项国际国内赛事及省级、市级赛事335项，均通过购买服务方式由社会力量承办，购买服务总金额为3680万元。

表6-2 温州社会力量培养体育后备人才政府补贴情况表

投资/万元	一次性建设补助/万元	业余训练补助/（万元/年）
100以上	10	5
50～100	5	3
50以下	1～3	1～3

（4）充分发挥体育社团组织的引领作用。截至2022年底，温州市体育社团发展到2500多家，其中在民政部门登记注册的市本级体育社团84家、县级体育社团427家。乡镇（街道）体育总会全覆盖，社区村居都有健身组织。温州市体育类工商登记主体89259家（经营范围包含体育健身）[①]。温州市体育社团基本都是独立注册民政部门的民办体育社会组织（温州市龙舟协会是唯一挂靠市体育局的社团），不存在与温州市体育局脱钩独立问题。在市级体育协会的领导班子成员中，没有体育部门人员兼职，实现实体化运作与自我管理、自我发展。各体育社团也按照市场化形式进行运作，如温州市羽毛球协会于2011年就采用市场化运作模式成功举办了中国羽毛球俱乐部超级联赛，后期其市场化运作模式更为成熟，承办了市民运动会和多项青少年比赛[②]。此外，仅2017年温州市体育社团组织举办各项群众体育赛事活动就达到700多个，每年自筹资金达到1000万元以上，每年向温州市体育局提供1500多万元体育公共产品和服务，如温州市武术协会自筹近千万元建设温州武术馆等。

（5）社会和市场力量立足官方和民众需求，勇于创新和改革，不断提升自身发展竞争力。从温州市体育局官网公布的信息来看，截至2020年9月，温州市已有153家社会体育机构承担竞技人才训练任务，涉及22个项目，在训人数5890

[①] 黄佳佳，朱建波．聚焦高质量发展｜在浙江温州感受"体育让生活更美好"[EB/OL]．（2023-09-15）[2024-04-11]．https://baijiahao.baidu.com/s?id=1777090442706378480&wfr=spider&for=pc.
[②] 温州市体育局．温州羽协：社会力量办体育的民间"推动者"[EB/OL]．（2017-09-29）[2024-04-11]．https://www.sohu.com/a/195455118_467513.

人，占总竞训人数的66%[①]。鹿城飞翔体育运动俱乐部被评为2019—2020年周期全国羽毛球后备人才基地，成为竞训这条线首个创成国家级单项后备人才基地的社会力量训练机构。在访谈中，心桥体操艺术俱乐部XBX谈道："我们在招生时，学费有优惠，正常学生2500元/期，苗子进来1500元/期。"凯宏网球俱乐部ZZC谈道："我们抓生活习惯，对学生强调学习不好，就是效率不高，那么打球也会打不好。所以我们要求，队员如果语、数、外≤85分，要停训1个月。当然，对于成绩靠边了的，会结合实际情况进行机动处理。"

（二）发展启示

（1）主动调适竞技体育发展中政府与社会间的关系格局，让社会和市场力量参与更多竞技体育发展的领域。一直以来，我国政府主管部门垄断着奥运项目、奥运重点项目、奥运优势项目的发展话语权，社会和市场力量主要在非奥项目、奥运非重点项目中寻求发展机会，这不仅在一定程度上制约了社会和市场力量成长的空间与机会，而且可能导致传统竞训体制内的一些单位或机构缺乏竞争意识，尤其是一些基层训练单位或机构。在与湖南省益阳市羽毛球运动学校、常德市体育运动学校相关领导和教练员的访谈中，他们谈道："基层教练员水平参差不齐，一些人缺乏竞争和创新意识，也不主动更新知识，纯粹按照以往训练经验带训。"由此可见，政府主管部门准许与鼓励社会和市场力量在一些奥运重点、优势项目上布局、布点，有利于形成体制内、外相互竞争的发展形势，有利于形成更宽实、更有效的竞技人才培养局势。

（2）以管理机制改革为突破口，为社会和市场力量的成长消除障碍。我国是社会主义国家，有着适合自身国情的政治体制和管理体制。在此发展背景下，我国各项事业更多从管理机制改革中寻找发展契机，竞技体育也莫过于此。从浙江省和温州市体育局的改革来看，它们针对困扰社会和市场力量办训、办赛的一些问题，在管理机制的改革和创新方面下了很多功夫，消除了社会和市场力量成长的一些障碍。其具体做法主要体现在：一是改革了运动员注册、参赛、交流管理机制，取消了学校、民办机构培养青少年运动员的注册限制，允许它们单独组队参赛，允许有条件的跨省参赛。二是加强对社会力量办赛的服务指导，分项目制定办赛指南和服务规范，推动赛事服务指导的规范化、标准化。同时，规范了赛

[①] 卢苇，林剑，刘昕彤. 全民健身：让竞技体育后备人才"动"起来[EB/OL]. （2021-06-09）[2024-04-11]. http://www.new-sports.cn/xuexi/xuexi3/202106/t20210609_115659.html.

事安保服务的管理，推动安保服务市场化、专业化，降低赛事安保成本。三是针对体制外办训机构的竞技人才培养效应设计了激励机制，对体制外力量在重大体育赛事中取得的优异竞赛成绩予以奖励①。

（3）更好地利用政府购买服务手段，引导社会和市场力量参与竞技体育发展的内容、方式、效率。社会和市场力量办训、办赛总会有一些自己的考量和选择，其中既会有投入和产出的考量，也会有自身喜好和擅长的考量，这有助于它们保持自身发展的活力，有助于私益性竞技体育产品的个性化生产与供给，但这样对竞技体育公共产品的生产与供给不利。因此政府需要更好地运用购买服务手段，将自身做不到或做不好的内容承包给社会，让社会和市场力量承担一些公益性、准公益性竞技体育产品的生产与供给职能。从温州市的发展经验来看，有如下参考：一是大力发展体育彩票，筹措更充足的发展资金。温州市 2019 年体育彩票销售 20.93 亿元，筹集体育彩票公益金 5.82 亿元②，为其政府实施更大力度的购买服务提供了有力的资金支持。二是政府购买公共体育服务信息的透明化，政府购买公共体育服务流程的规范化。通过对温州市体育局官网的查阅，其有政府购买公共体育服务的目录，向社会力量购买服务的公告，购买服务结果的公示、公告，这些有效保证了购买服务行为的规范化、标准化。三是对社会力量办训、办赛的实际困难予以帮助，实施精准购买服务。在访谈中，温州市体育局官员 FHB 谈道："当初吕志武游泳俱乐部冬天开放人少，运营成本高，我们就给场馆冬天运营的补助，25 万（元）/年，但签协议，训练人数要达到基本量，当初是 100 人，还有输送人才数，当初是 8 个输送，省队最少 2 个，在 4 年内完成。"

（4）建好枢纽型体育社会组织，发挥其行业发展规范和示范引领作用。当前，除了需要进一步推进全国性单项体育协会的实体化改革，还需要积极鼓励与支持区域性体育社团组织的建设和成长。全国性单项体育协会的改革无疑是重要的和关键的，但由于其改革中利益协调较为复杂，在改革的实践推进中还存在不少障碍和困难。那么，针对利益矛盾和冲突没有那么复杂的区域性体育项目协会进行改革就具有从局部寻找突破点的实践意义。尤其是针对市级、区县级等基层运动项目协会的实体化和去行政化改革，有助于基层运动项目协会在赛事组织和管理

---

① 浙江省人民政府. 浙江省人民政府关于鼓励支持社会力量办体育加快推进体育改革与发展的若干意见[EB/OL].（2020-12-16）[2024-04-11]. http://www.zj.gov.cn/art/2020/12/16/art_1229017138_2199108.html.
② 温州市体育局. 温州市体育局 2019 年工作总结和 2020 年工作要点[EB/OL].（2020-02-26）[2024-04-11]. http://wzstyj.wenzhou.gov.cn/art/2020/2/26/art_1229253523_2220682.html.

上拥有更多的发展自主权，从而更好地引导基层在不同运动项目上开展普及、提高活动。地方性体育项目协会要形成自主发展和自我造血的运行态势，就要主动要求地方性体育社会组织按照行业发展规范标准和要求来发展运行。

（5）立足地方需求，打造好社会和市场力量办训、办赛的优势与特色。对于社会和市场力量办训、办赛来说，所需的资金主要由自身予以解决，这就意味着它们必须生产和提供人民群众愿意花钱的竞技体育产品或服务。相应地，立足民众需求特点，打造自身竞技体育产品生产与供给的特色、品质就是关乎它们生存和发展的关键性问题。而且，当地的、一定范围内的人群是它们经常接触并更有机会发展的目标群体。无疑，立足区域发展的资源特点、民俗风俗、体育传统等，能够更好地凝练具有自身发展特色和竞争力的竞技体育产品。温州市社会和市场力量办训、办赛很好地发挥了这一特点。例如，温州游泳和龙舟具有较好的发展传统，吕志武游泳俱乐部、温州大学就分别抓住了这两个方面的群众基础和民众需求，较好地建构了游泳和龙舟的普及、提高工作。心桥体操艺术俱乐部和凯宏网球俱乐部也是基于当地民众对青少年全面成长的迫切需求而建构了自身发展特色和优势。

第二节　新时代我国竞技体育发展中政社关系改革展望

一、深化"放管服"改革，竞技体育举国体制继续做减法

（1）进一步简政放权，给社会更多发展空间。从我国社会和市场力量办训、办赛的实践来看，办赛的安保、后勤服务与保障问题还较为突出，办训中则是运动员的输送问题较为突出。针对安保服务，我国大多为公安或警察系统具有相关资质，政府主管部门如何更合理地对之进行定价、实施补贴、提供志愿服务等亟须进行专项研究。在笔者对温州市社会力量办赛的调研中，俱乐部管理者L及某官员H就指出，安保费用太高且存在行业垄断，导致大量办赛经费被用于此。同时，交通出行、垃圾清送、食品安全等问题也都涉及一些行政机关或部门，社会力量缺乏与相关机构对话的职级与平台，如何形成长效的、稳定的、制度化的沟通协调机制需要更多努力。针对运动员输送问题，温州市某俱乐部老总X明确指出，培养了很多优秀苗子，但相关部门就是不允许跨省输送，担心为他人做嫁衣，

第六章　新时代我国竞技体育内生动力的培育与治理

影响自己省份在全国大赛中的成绩。当然，目前浙江省对跨省输送问题有了改观，但还存在程序烦琐且要主管部门审定的现实。新时代如何更好地调动社会和市场力量办训的积极性，需要更有效地审视与解决这一问题。

（2）根据项目发展基础与效益，动态调整项目的发展方式及政府支持力度。可以根据项目发展的特点、承担奥运争光任务的与否和贡献程度，来选择专业体育发展的运动项目。对当前我国尚难以普及或推广且属于奥运会开设的项目，继续保留专业体育的发展形式，如跳水、体操、举重、射击、游泳、田径、蹦床、柔道、摔跤、皮划艇、赛艇、垒球、曲棍球等。其他项目走职业化、体育俱乐部、高校发展的路子，这需要根据区域特点，选择合适的项目，设计不同的发展路径。冬季奥运会项目可考虑保留一些重点项目，如短道速滑、速度滑冰、跳台滑雪。其他项目可考虑放入东北三省的高校及体育俱乐部。按照这些项目在奥运会上的竞赛成绩情况，适当区分投入比例。为保持项目发展的适度均衡，资金投入可考虑在保障项目正常运行的基础上，配以一定比例的奖励性资金，用以区分对不同贡献度项目的支持力度，形成项目之间的竞争发展机制。另外，项目的普及与推广程度、竞技人才培养的厚度与高度情况等也可以作为权衡政府资助力度、实施发展绩效考核与奖惩的参考指标之一。具体操作可考虑：国家统一各项目的工资、补助、奖励等标准，再根据器材、设备、竞赛等专项经费的项目特点，作出项目发展的年度预算，经专业性审定后，拨付基本发展经费，并进行年度审计。

（3）高度重视幼小年龄段后备人才的成长环境，缩短政府在运动项目发展中的作用周期。长久以来，我国运动项目都是采用从最初启蒙到开始选材，再到集中训练、组队比赛，甚至退役安置的"全生命周期"式专业化发展模式。这一发展模式在为国争光、取得优异成绩的同时，也产生了文化教育薄弱、就业安置难等问题，再加上能成为奥运冠军的运动员较少，这一模式虽然对培养奥运冠军高度有效，但代价与成本过高。实际上，美国、德国、英国等国的青少年儿童的运动项目启蒙、参与、发展都是在课外时间进行的，并不会进行全天候的专业化训练，这也有利于后备人才的全面发展。由此，我国应适时缩短政府在项目发展中的作用周期，将项目的启蒙、选材和初级发展等交由学校、俱乐部等社会和市场力量。政府主管部门，则从初中甚至高中再组建区域性或全国性的后备人才培养基地。在实践中，体操、跳水这两大低年龄成才项目可能存在一定难度，但可以将三集中模式转变为二集中模式甚至一集中模式，从而保证运动员的文化教育。政府则可以负责资助拔尖运动员，为承担为市、为省、为国争光任务的机构提供复合型教练员团队、比赛资源等多方位支持。

二、社会和市场力量加强自身建设，在更多领域发挥更大作用

（1）理性进行发展定位，合理建构发展规模与竞争力。不同的社会和市场力量有不同的发展资源优势，需要保持足够的理性，合理区分自身参与竞技体育发展的优势与不足，选择一定的运动项目进行发展投入，针对一定的区域范围、一定层级的目标对象进行市场开发。尤其是目前我国居民体育消费观念还参差不齐，不同区域经济发展差异性显著，人均 GDP 水平不高、消费水平有限，盲目求大求全肯定发展艰难。目前基层更迫切需要解决的是建构分布于不同区域的体育小微企业，这种形式将有利于减少出行成本、降低参与成本。因此，社会和市场力量需要结合区域发展特点和需求，做好自身的发展定位、规划、设计，生产与供给具有一定发展竞争力的竞技体育产品或服务。

（2）立足提供更专业、更优质的服务，积极提高专业服务技能与组织管理能力。从世界竞技体育发展的历史经验，以及从多年来我国竞技体育发展的成功经验来看，拥有高度专业化的训练、竞赛、康复保健、后勤保障等组织与管理系统和资源动员能力是成就竞技体育发展高峰的关键。长期以来的举国体制造成了我国竞技体育中的优质资源主要集中于政府主管部门、体育系统之内。社会和市场力量需要付出更多的代价，更多的时间、精力、努力来解决这一问题。首先，可以继续坚持共同发展的理念，积极与其他组织开展合作，以完善自身硬件设施条件。其次，要做好自身内部的人力资源管理，重点做好引进与储备专业人才的工作。此外，为了节省运营成本，需要注意合理开发与利用志愿者资源。再次，在现有资源基础上，不断进行知识、技术和管理创新，持续不断地提升专业化的服务技能，创新生产与供给模式、组织与管理模式。最后，社会和市场力量还需在竞争中及时发现不足，取长补短，不断进行自我提升和发展完善。

（3）打造发展口碑与企业品牌形象，加强自律机制与公信力建设。在现代社会中，企业品牌与企业文化已经成为企业发展竞争的核心无形资产。尤其在互联网飞速发展的当下，人们通过网络可以查找到各企业、俱乐部的相关基本信息、社会评价、发展效应等。企业、俱乐部要想抓住更多的消费者，获得持续性的发展，就必须加强内部制度、文化建设与品牌营销。首先，社会和市场力量应做好内部监督，完善相关规章制度，明确内部人员工作行为规范，加强行业自律；其次，要注重及时公开相关服务信息，保证办训、办赛等竞技体育产品生产与供给

过程的透明化、规范化，自觉接受大众监督；再次，应自觉践行新发展理念，优化竞技体育产品生产与供给流程，为大众提供更优质的服务；最后，要肩负一定的责任感、使命感，定期或不定期举办一些义务性的项目技能培训、赛事等公益活动，让更多人可以了解、参与、体验发展成效和企业文化。

三、政府引导下社会和市场力量的有序成长与发展

（一）依据经济发展的阶段性特征，有针对性地扶持社会和市场力量的成长

（1）在高质量发展转型要求下，推进社会和市场力量由量的增长到质的发展。改革开放以来，随着我国体育社会化和职业化发展的进一步推进，社会和市场力量的数量节节攀升，几乎覆盖了所有大中小城市。然而，我国现有的社会和市场力量虽然数量众多，覆盖范围广阔，但真正具有强大实力，可以圆满完成高质量、高规格竞技体育产品生产与供给任务的屈指可数。目前大多社会和市场力量存在人员不足、专业水平不高、运营资金不够等问题。由此，在新时代背景下，需注重加强对它们专业资质的审查，对它们的业务能力及发展绩效的考察、评价，用一定的准入标准、奖惩机制促进它们在发展质量上的提升。

（2）在结构调整战略目标下，优化社会和市场力量生产与供给竞技体育产品的内容结构。现阶段，社会和市场力量提供的竞技体育产品往往存在着同质化、低端化、产业价值挖掘不充分等弊端。在新时代背景下，人们生活水平日益提高及自我意识、批判意识逐渐增强，原有的老旧的竞技参与、运动训练、运动竞赛等形式和内容已越来越难受到新一代体育消费主力人群的青睐。由此，社会和市场力量应推进竞技体育产品生产与供给内容的结构性调整，应用智能体育、智慧场馆、运动诊断、负荷监控等先进技术手段，逐步开拓产品供给的形式、功能、品种等，增强民众对运动训练参与、运动竞赛观感等方面体验的舒适性、趣味性、品质化，提高自身参与竞技体育产品生产与供给的有效性、针对性。

（3）在创新驱动发展背景下，用管理创新和技术创新引领社会和市场力量的发展成长。首先，政府需要通过管理机制创新，进一步破除社会力量参与竞技体育发展的一些门槛，更好地发挥市场在资源配置中的决定性作用。同时，社会和市场力量应做好参与竞技体育发展的管理制度、机制创新，让竞争机制在它们参与竞技体育产品生产与供给中发挥关键性作用，不断刺激它们提升自身发展的效益、效能、效率、效果等。其次，应做好社会和市场力量发展的动力创新。科技

创新是第一推动力,在新时代背景下,社会和市场力量应充分利用互(物)联网、5G、VR 等科技优势,将其应用于竞技体育产品的生产与供给中,以提升产品的性能。最后,应注重通过培训、再教育等途径来提升组织管理者、教练员、技术开发人员等的创新发展能力。

(二)根据社会参与竞技体育发展的类别,提供差异化的帮扶

(1)从竞技争光类产品来看,我国的拿牌项目大部分为乒乓球、跳水、体操、举重等小众或社会化、市场化程度不高的项目,因此一段时间内还会以政府主导来发展。对于部分社会化和市场化程度高的项目则可以采用政府购买参赛服务的方式。对于参与提供此类竞技体育产品生产与供给服务的社会和市场力量,政府应主要为其提供政策和身份方面的合法性、优惠,并辅之以"训、科、医、教、管"等复合型教练员团队的业务指导扶持。因为此类产品往往投入周期长、效益产出慢且需要具有较为专业的人才、制度、资金支持。

(2)从竞技参与类产品来看,由于其属于准公益性产品,政府可以直接负责生产与提供,也可以委托社会和市场进行生产与提供,自身则肩负监督、调控、协调等宏观管理职能。鉴于学校和体育俱乐部是生产与提供该类产品的主要对象,政府需要通过项目协会加强对其的业务指导、监督和协调[1],主要为其提供资金、专业人员业务指导等扶持,并辅之以政策的引导和协调支持。

(3)从竞技表演类产品来看,新时代社会和市场力量不断发展壮大,它们参与竞技体育发展的环境和条件也发生了巨大变化,目前已具备在竞技表演类产品的生产与供给中发挥主导作用的条件,再加上竞技表演类产品的市场价值高,深受社会和市场力量的青睐,因此可让它们作为主导力量,负责提供力所能及的竞技表演类产品。政府给予政策和专业人员业务指导的扶持,并辅之以监督和资源协调支持。因为此类商品往往商业价值较大,社会和市场力量作为趋利性较强的主体,若政府不进行恰当的监管,则容易因其盲目追求经济利益而导致产品生产与供给的无效、低效,甚至产生一些社会危害。

(三)做好市场运行监管,引导、规范社会和市场力量的成长

(1)以政府部门为主导,建立强制式市场运营监管平台。首先,应在国家体育总局的宏观监管指导下,充分发挥各省、自治区或直辖市的体育主管政府部门

---

[1] 辜德宏. 供需视阈下我国竞技体育发展战略研究[J]. 北京体育大学学报,2018,41(3):14-25,32.

对本辖区内竞技体育发展的市场监管职能，贯彻落实国家市场监管法规政策，适时出台本土化的市场监管实施政策措施，做好部门管理。其次，由于各部门事务联系紧密，只有多个部门协调合作，才能实现价值最大化。因此各地方体育局应主动作为，紧密与当地的工商局、法院、市场监督管理局、公安局、应急救援管理部及卫生检疫局等多个相关政府部门展开积极合作，建立多部门联席会议制度，从而更加高效地对市场进行全面整顿、治理和疏导。

（2）以社会力量为主体，做好市场运营的内部监督。受到身份、角色、时间、距离等的影响，政府部门、机构、个人等主体的监督往往难以对社会力量提供的竞技体育服务的方方面面进行全面且深刻的监管督促。社会力量作为市场运营的直接参与者，可以从运行内部寻找市场失序或无序的原因，从而主动从源头上避免违法、违规、不科学等行为的发生，这可以说是一种积极意义上的自监督。由此，参与竞技体育产品生产与供给的社会力量须依法依规加强自我监管，尽到对竞技体育产品质量管理、安全生产和营销宣传等领域的自我管理义务，自觉成为竞技体育产品生产与供给市场秩序的监督者和维护者。

（3）以媒体力量为补充，做好市场运营的外部监督。在新时代条件下，以手机、计算机、电视机等为主体的媒体力量发展迅猛。相关数据显示，截至2022年末，我国移动电话（手机）用户已超过16.83亿户，人均拥有1.19部[①]。媒体具有即时传播速度、广泛的传播平台、巨大的传播效力等特点，它在现代人的生活中扮演着越来越重要的角色。由此，可充分发挥媒体力量的传播优势，积极引导媒体力量对社会和市场力量参与竞技体育产品生产与供给的市场运营行为进行外部监督。这需要在媒体采取揭发、举报、公开报道等形式对竞技体育市场行为进行监督管理的过程中，给予其一定的资金奖励、身份认同等鼓励支持及保障其合法权益。

四、社会和市场力量逐步建立和完善自组织发展运行机制

（一）发挥枢纽型体育社会组织的发展引领作用

（1）从"控制型组织"向"支持型组织"转化。原有的一些枢纽型体育社会组织具有准行政管理机构的性质或特点，出于利益维护、保持稳定、控制风险等

---

① 佚名.我国移动电话用户为16.83亿户 5G用户达5.61亿户[EB/OL].(2023-02-10)[2024-04-11].https://baijiahao.baidu.com/s?id=1757447161650604401&rcptid=12623824647884063800.

考量，它们还或多或少存在对社会组织的"不信任""不支持""不发展"等观念，排斥和控制的办事思维与方式还存在于一些地区、一些部门、一些机构对一些事务的处理中。例如，在购买办训、办赛服务中对体制内单位与体制外单位的区分。事实上，我国足球职业体育联盟被搁置的问题更是集中反映了这一问题。在新时代背景下，人民追求美好生活的需要日益增长，以竞技参与促进青少年身心健康成长是"健康中国"建设的重要内容之一，以高水平体育赛事服务业为核心的体育产业也是推动我国产业转型升级的重要领域之一，多元化、个性化、差异化、品质化等已成为新时代竞技体育产品生产与供给的要求。只有更好地服务于社会和市场力量的成长，才能有更多的发展主体来应对新时代我国社会主要矛盾的变化。因此，上述枢纽型体育社会组织亟须转变原有的观念和做法，发挥自身的资源优势、专业特长、管理职能，为社会和市场力量参与竞技体育发展提供服务。

（2）积极筹措社会资金，搭建社会资源对接平台。从西方发达国家的发展经验来看，个人、企业、机构等的资金和实物捐赠是其筹集竞技体育发展资源的重要方式之一。我国经历40余年的改革开放之后，已经积累了一定规模的社会资本，个人、企业、组织、社团等民间力量参与公益行动的实力和意愿增强。但由于近些年爆料了一些慈善组织的乱象，公众对公益活动及其资金的使用存疑，如果由有较好公信力的第三方组织或机构来进行协调、监管，就可能有助于消除民众顾虑，并取得更好的体育公益效果。为此，可以积极发挥体育枢纽型组织的官方性、权威性属性特点，与相关慈善组织一起动员各方民间力量参与募捐，为不同社会组织、市场力量牵线搭桥，对接相应的社会资源。从《2019—2020中国体育公益报告》来看，社会各界对存在重大伤痛、生活上有困难的运动员或者退役运动员的关注不够，资金投入也很少[①]。未来尚需大力引导民间资本对此问题给予更多的关注和投入。

（3）加强制度化和标准化建设，提升行业发展的规范化和专业化水平。现代竞技体育已经成为高度科学化、复杂化、专业化、精细化的发展领域。发展的规范化程度、标准化水平，将直接决定竞技体育发展的专业化水平和精细化程度。选材、运动训练、运动竞赛、疲劳恢复、康复保健、场地器材开发、职业球员转会等发展环节必须有一定的规范化处理要求、内容和流程，一定的设计依据、原则、要求、指标等。从国外发展经验和其他行业的发展来看，主要是不同行业协

---

① 佚名.《2019-2020中国体育公益报告》发布 体育公益捐赠最关注设施建设[EB/OL].（2020-09-29）[2024-04-11]. http://www.gongyishibao.com/html/yanjiubaogao/2020/09/15707.html.

会或业务主管机构通过多年的实践摸索、比较、验证，所收集和设计的具有较好科学性的相关发展规范、质量标准。因此，相关枢纽型体育社会组织应当更好地发挥自身的行业发展引领作用，积极主动借鉴国内外先进发展经验，通过与不同行业、企业、组织、服务对象等群体的对话、沟通，更好地了解竞技体育发展不同环节规范化和标准化设计的目标、问题、需求等。

(二) 打造多元主体协同推进的自组织动力链条

(1) 发挥家庭、企业、学校、民非俱乐部等社会和市场主体的供需甄别与适配作用，回应原发性价值主体的内在需求，激发竞技体育发展的原动力。竞技体育发展的原发性价值主体是个体的人，个体的人的身心发展需求是原发性价值需求。这意味着只有满足人的多元需求，才能建构竞技体育自组织发展的内生动力链条。竞技体育的发展功能需以服务于人的发展需求为根本立足点。此外，竞技体育服务于人的休闲娱乐、强身健体、展示自我、社会化等功能也需要得到关注和开发[①]。因此，不同社会和市场力量需更加主动了解、把握不同群体的竞技体育需求特征，不断丰富竞技体育产品或服务的供给类别，不断提升自身供给竞技体育产品或服务的质量。

(2) 以多元发展主体的协同参与化解供给不足和不均衡矛盾，完善竞技体育发展的动力链条，打造可持续发展的运行态势。随着我国竞技体育的飞速发展及人民生活水平的提高，人们对竞技体育产品的需求日益多元化、个性化、高标准化。在此背景下，如果还是提供单一化、简单化、粗放型的竞技体育产品，所建构的发展动力链条就是不完整的。由于发展的多元需求无法得到满足或无法得到有效的满足，要么未能建立起相应的动力链条，要么已建构的动力链条容易断裂。分层分类的多元化竞技体育产品的生产与供给成为新形势下有效应对的必然选择，而这无疑需要更多元的发展主体的参与才能实现。因此，可以进一步利用资金引导和政策驱动，调动不同社会和市场力量参与竞技体育发展的积极性，生产与供给更多元的竞技体育产品。例如，多地实施了体育产业发展扶持基金，培育了一批批立足地方发展的体育公司、企业；试行社会力量办体育的试点城市温州，其政府对社会机构办训、办赛给予一定的补贴和奖励。未来，各地可以积极探索适合自身发展实情的扶持方案，尤其是在融资和税收方面的支持。

(3) 以学校和社区为主阵地，以职业体育、专业体育和业余体育的协调发展

---

① 辜德宏. 供需视阈下我国竞技体育发展战略研究[J]. 北京体育大学学报，2018，41 (3)：14-25，32.

为平台，托起竞技体育发展服务于国家经济社会发展的需求。随着现代竞技体育发展规模和影响力的不断扩大，竞技体育发展服务于经济社会发展的作用日趋明显，也受到越来越多国家的高度重视。在全球一体化发展的背景下，竞技体育成为各国综合实力发展和文明展示的一个窗口，竞技体育发展的经济、政治、文化、社会、生态功能已然成为各国竞技体育发展必须正视和回应的问题。在现代化社会中，个体的人不再是单独的生活个体，而是在一定社会、民族、国家单位内生存和发展的个体，国家民族的发展、经济社会的进步必然影响个人生存与发展的环境、条件。因此，我国竞技体育发展需要处理好服务于人和服务于社会发展两者之间的关系。从美国、德国等竞技体育强国的发展经验来看，它们充分发挥了竞技体育的育人功能，竞技体育成为它们促进人成长和成才的有效手段，参与竞技体育内化为其民众生活中必不可少的一部分。它们以民众需求的满足为根本，吸引了源源不断的竞技体育参与人口，培育了大量优秀的竞技体育后备人才，最终培养了一批批精英竞技人才，并由此开发了庞大的体育产业市场和形成了牢固的产业链。由此，我国要进一步落实双减政策，让广大青少年学生群体有更充足的时间参与校内或校外的竞技体育活动，通过政策、资金、考核等方式引导学校和社区积极开展课外体育培训和竞赛活动，以培养更多更好的竞技体育人口、后备人才、运动精英。

（三）构建多元主体优势互补的区域发展微循环

（1）以市场和志愿机制进行资源配置，激发竞技体育发展的活力，提升竞技体育发展的质量和效益。市场机制主要根据市场需求情况和市场竞争形势来调整与优化资源配置，市场需求的不断变换、用户满意度、适者生存的优胜劣汰机制、投入产出比等，让它们能够更好地根据市场变化趋势和特点来量体裁衣，并不断根据市场需求和竞争形势的变化来打造自身发展的竞争力，这种自我造血功能使其不仅要具有较好的发展质量，还有较好的发展效益。与此同时，志愿机制是一种以自愿、无偿、公益等为特点的自主服务机制，在大型体育赛事等活动中发挥着越来越重要的作用。这两种作用机制对激发竞技体育发展活力、提升竞技体育发展质量和效应具有激励、引导作用。多年来，社会和市场力量以其与行政作用机制不同的动员、资源配置、生产供给方式，在我国竞技体育发展中发挥了较为独特的作用。由于其在发展目标、服务对象和内容等方面更为贴近民众需求，所以更好地生发了我国竞技体育发展的内生动力，同时其发展模式、路径的多样性和可选择性也让竞技体育的发展迸发出更强的发展活力。因此，政府需对体育俱乐部进校园，体育公司、企业进社区、单位等予以一些政策或资金帮扶，可考虑从体育彩票金中划拨相应的专项资金，或者对学校、社区、单位出台一定政策规定，如将一定额度的党费、团费、工会费、物业费等用于体育培训或竞赛。各单位可以对参与办训、办赛志愿服务的员工在入党、评优、评先、职级晋升等方面予以优先考虑。

（2）扎根基层，以灵活多样的组织与运行方式，打造基层竞技体育发展的"微单元"。社会和市场力量参与竞技体育发展的目标多元，更有利于发挥竞技体育的综合作用和多元功能，并且它们通过分散式的、零散化的、开放式的、复合型分工合作的方式来运转，这就使它们参与竞技体育发展所覆盖的面更广、涉及的群体更多。虽然它们相互之间都是独立的个体，并未形成纵横交错的组织关系，但它们以地域为单位构成了基层竞技体育发展的"原子"，其覆盖区域、业务范围、涉及项目、目标人群等的不同，形成了区域竞技体育发展的供需结构链条，打造了我国基层竞技体育发展的"微单元"，形成了具有自我发展动力、活力和能力的竞技体育发展"微循环"，不同地域的社会和市场力量总合在一起就形成了我国竞技体育整体良性有序发展的内循环[①]。因此，政府可以通过发布体育培训券，购买俱乐部体育培训服务，减免体育公司、俱乐部的办训、办赛税收，让广大民众得以享有更亲民价格的办训、办赛产品或服务，也以此更好地减轻社会和市场力量办训、办赛的负担，增强它们办训、办赛的热情。

（3）以点促面，在不同社区、县（市）、省域建构多中心发展网点，形成便于全员参与的竞技体育发展网格，构筑竞技体育内生式发展的自组织发展网络。要促进高水平竞技体育的可持续发展，要推进以职业体育为代表的体育产业的可持续发展，都面临着同样一个问题，即参与或喜爱群体的规模问题。参与竞技体育的人口越多，可供选择的苗子越多，可发展成精英竞技人才的基数越大。体育产业的发展除了要有相应的经济消费实力，更为关键的是要有消费的意愿和习惯。从西方职业体育发展的成功经验来看，体育迷、运动"成瘾者"具有更强的消费动机和习惯。因此，让更多的人参与竞技体育具有非常重要的意义。受制于对发展资源和成本的考量，社会和市场力量办训、办赛通常有自己的业务范围和覆盖人群范围。它们能够根据自身所在区域情况进行差异化发展，进而形成不同区域

---

① 辜德宏．我国竞技体育发展中社会和市场力量的作用及优化策略研究[J]．体育科学，2022，42（2）：12-20，38．

内、不同运动项目的多中心发展网点,最终实现全员在合适范围内的参与。因此,各省、市、县需高度重视体育公司、体育俱乐部、体育培训学校在场馆建造、租借、税收等方面的困难,给予合理的政策支持,尤其对新开设的办训、办赛机构给予一定的成长保护期,对办训、办赛好的机构给予更多的购买服务,让这些落在不同区域、规模不一的发展网格,形成不同区域内的自组织发展循环,进而形成遍布全国的竞技体育自组织发展网络。这不仅能够让更多民众更便捷地参与竞技体育,而且有助于推进竞技体育的内生式发展。

第三节 新时代我国竞技体育发展内生动力的培育路径

一、培育的目标

(一)建构强政府与大社会共存的发展格局

(1)调整竞技体育发展中政府与社会间的关系定位。近些年,一些学者总结了我国和西方一些国家的改革经验,提出了"强政府、强社会"的政府与社会的新型关系模式。杨立华[①]指出,政府大小和政府强弱成反比,而社会大小和社会强弱成正比。由于政府权力天然的扩张性,大政府必然挤压社会的空间,但强政府因在其必要的限度和范围内,无论多么强大,都不会影响社会范围的大小和能力的强弱,即小而强的政府对社会没有挤出效应,小而强的政府和大而强的社会可共存共荣。实际上,由于现代竞技体育发展的规模越来越大,涉及的领域越来越广,政府管理竞技体育的成本和代价也越来越高,加之人们的需求不断多元化和个性化发展,发挥社会多元主体的积极作用早已是一些世界竞技体育强国的成功经验[②]。因此,我国竞技体育如果继续沿用原有的"强政府、弱社会"模式,就无法适应新时代发展的要求。

我国的政治制度、组织和领导制度、经济制度与西方发达国家不同,这就决定了我国培育竞技体育发展中的社会和市场力量难以照搬其"强社会、小政府"的发展路子。鉴于国情的特殊性,在新时代我国竞技体育的发展中,政府依然拥

---

① 杨立华. 建设强政府与强社会组成的强国家:国家治理现代化的必然目标[J]. 国家行政学院学报,2018(6):57-62,188.
② 彭国强,杨国庆. 世界竞技体育强国备战奥运政策及对我国备战东京奥运会的启示[J]. 体育科学,2018,38(10):19-28,37.

有管理的主导权,国家与社会和市场力量间的嵌入与依附的结构性关系仍将长期存在。但社会和市场的自主意识及能力增强,能承担更多的发展运营事务,具有与政府进行协商与博弈的权利和能力。那么,构建"强政府、大社会"的发展格局可能是一种较为理想的状态。

强政府是体现我国社会主义制度优越性和实施强国建设的必然要求,建设小而强的政府是对有限政府和有效政府理念的一种落实,即政府进一步深化"放管服"改革,不断简政放权,把不属于自己及不需要自身参与的事务剥离开来,集中精力做好、做精属于自己的事情①。大社会是指多而全的社会,这首先要有足够的覆盖面,即社会和市场力量要先形成一定的发展规模,这样才能触及更多的地方,提供更多元化的产品。其次要有足够的敏锐度,能够及时把握供需之间的变化趋势,适时调配产品的生产与供给;最后要有一定的发展质量,这样才能有更好的发展品质,才会在更高水平上满足人民群众的竞技体育需求。

实际上,20世纪50年代初期至80年代,我国竞技体育发展具有"强政府、大社会"发展模式的雏形,即政府部门主要在政策法规、审计、监督、考核等宏观管理层面发挥作用,而社会和市场则负责具体的发展运行事务。新时代,我们拥有更好的改革与发展的条件、基础,竞技体育发展中对社会和市场力量的培育,需要按照"强政府、大社会"理念进一步进行改革与创新,把握民众需求转换及产业结构调整这两大特点,积极发挥它们在这两个方面的主导作用,为建设竞技体育强国添砖加瓦。

(2)调整与优化竞技体育发展3类主体间的关系与作用方式。不同主体根据产品属性和特点,明确自身的作用范畴和方式。针对政府主管部门,主要在于做减法,根据项目发展的社会化、市场化程度,以及项目发展的群众参与度、效益等来明确国家投资的力度和方式。社会化和市场化程度高的非优势项目(如篮球、足球),主要依靠社会和市场力量。社会化和市场化程度高的优势项目(如乒乓球、羽毛球),普及主要依靠社会和市场,政府则主要在提高层面进行定点服务,即政府重点资助国家队、国青队、省队和省青队。其中,国家队和省队,政府可以通过与俱乐部合作的方式联合培养运动员;国青队和省青队,则可以通过与高校合作的方式培养运动员。

社会化和市场化程度低的项目,原有的三级训练网体制继续延续,但改变原

---

① 杨国庆,彭国强. 新时代中国竞技体育的战略使命与创新路径研究[J]. 体育科学,2018,38(9):3-14,46.

有的三集中模式,更多地采用二集中模式或一集中模式,让运动员获得更完整的教育。同时,政府通过政策支持引导社会和市场力量参与青训,通过购买服务激励它们发展项目的参与度及培育精英竞技人才。针对社会和市场力量,主要在于做加法,使其广泛参与更多项目的青训、高水平赛事开发与运营、高水平竞技人才培养等,政府对此则不断减负并予以其一定的政策资金扶持。

此外,社会和市场力量要根除自身的依附惯性,主动从发展的边缘走到发展的中心,不断提升自身发展能力,不仅在参与竞技体育的发展中获得更多的利益,而且要为推进竞技体育的科学、可持续发展作出贡献。从世界发达国家的竞技体育发展情况来看,大多采用了社会主导型发展模式,即通过各类体育俱乐部、学校竞技体育、职业体育形成了其竞技体育内生发展的良性循环链条。国家则通过购买服务和政策扶持引导其竞技体育的发展,以及为国家荣誉服务。

虽然各国国情不同,发展的环境和条件不同,发展模式不能一概而论,但这也揭示了两个问题:一是参与竞技体育发展本身就具有巨大的获利空间;二是竞技体育发展有其内在规律和要求,只有遵循其内在发展规律和要求并持之以恒,才能走上可持续发展的良性循环。从国外发展经验来看,健全的教练员资格制度使其具有较高的训练水平,多层级的赛事体系构建了竞技人才成长的锻炼平台,以高水平竞技人才培养为根本来支撑职业体育赛事的高品质等是其发展的关键。这些其实对处于社会主义市场经济条件下的我国也有所启示。

因而,新时代我国竞技体育发展中的社会和市场力量,需要正视竞技体育发展的巨大潜力,切身投入竞技体育发展的相关事业或产业中,而不是把办竞技体育当作幌子,背地里以之为工具去经营其他主业。与此同时,社会和市场力量参与竞技体育发展需要尊重竞技体育人才成长的规律,遵循科学化训练和办赛的要求等,不断规范自身发展标准和要求,提升自身的发展竞争能力和优势。

(二)实现3类主体的领域分离与作用互补

(1)领域分离,建构发展中的多中心。政府、社会和市场是任何一个国家都有的3类发展主体,3类主体由于具有不同的性质和特点,所以各自有不同的作用领域、核心价值及运行机理(表6-3)。三者应尊重各领域的不同价值,相对独立且自律地存在,与其他领域形成各司其职、互不侵犯或不越过领域间界限的社会状态[①]。

---

① 李伟. 政府职能转变:领域适度分离的视角[J]. 行政论坛,2011,18(4):63-67.

表 6-3　不同领域的核心价值与运行机理

领域	政治领域	社会领域	经济领域
目标	公共利益	社会权利	经济利益
主体	政党、政府、公务员、利益团体	公民、社会组织	企业、消费者
价值	合法性、秩序、正当性、公平、正义、民主与法治	安全、自由、信任与公民权利	效率与效益（更有效满足人类生活和生产的需要）
机制	权威、强制	自愿、合作、互惠	供求、价格、竞争
弊端	政府失灵	社会失灵	市场失灵

从我国经济社会的发展历史来看，改革开放前三者高度合一，行政力量不仅是政治统合的手段，还是推动经济发展、整合社会发展的手段，经济社会发展形成的是以政治利益为核心的单中心结构。改革开放后三者则逐步走向了分离，社会和市场领域逐渐有了更多的表达和生长空间，社会权利和个人、企业经济利益不断彰显，与政治利益一道形成了发展的多中心结构[①]。

从领域合一到领域分离，行政权力对经济、社会领域的干预逐渐减弱，社会领域和市场领域的核心价值逐步回归，社会和市场的利益诉求迅速发展并不断多元化，其内在的运行机制也开始发挥越来越大的作用。

实际上，我国不断深化推进的管理体制改革也是领域分离的一种体现，政企分开、政社分离就是将行政权力从企业和社会组织中剥离出来，使它们有更大的自主发展空间。

无疑，三大发展领域的适度分离有利于保持经济社会的全面可持续发展。新时代我国政治、社会和经济等领域较之以往有更为复杂、更为多元的需求，任何单一化的发展中心结构，都已经不能再适应社会发展变化的形势，对社会和市场力量要按照其发展领域的核心价值、作用机制进行更有针对性的培育。

（2）作用互补，建构发展中的协同作用机制。由于社会、市场与政府的核心利益诉求、作用机制不同，所以它们应当分类生产与供给竞技体育产品、服务，相互间互为补充。

协同发挥政府、社会、市场 3 种作用机制的优势。政府在制定竞技体育相关政策时要更加科学、民主，在投放竞技体育经费时要更加公开、透明。政府要进一步完善俱乐部、企业等参与竞技体育发展的税收和激励政策，完善体育志愿者

[①] 辜德宏，符丁友，曹国强. 新时代我国竞技体育发展中社会和市场力量的培育路径研究[J]. 武汉体育学院学报，2021，55（3）：20-27，35.

从事志愿服务的激励政策[①]。

当前我国竞技体育发展中的志愿机制还很薄弱,志愿服务的阶段性和突击性特点明显,提供服务的人群单一,主要为学生[②],例如,北京奥运会志愿者以35岁以下年轻人为主体,所占比例达97.87%[③];广州亚运会志愿者报名人员仍以高校师生为主,有80多万人,约占总报名人数的56%[④]。未来,要更好地发挥社会和市场力量的作用,就需要进一步培育和激发更多民众的志愿精神。市场作用机制主要体现在职业化发展和商业性赛事开发等方面,职业联赛是否具有较高质量,体育产业化的法规制度是否健全完善,体育中介公司、体育经纪人发展是否成熟完善,运动员成才的途径是否有多种市场机制的保障等,应当成为衡量市场作用机制成熟状况的主要指标。

(三)形成社会和市场力量良性成长的机制

(1)政府帮扶社会和市场力量成长,切实发挥好自身的元治理作用。基于我国制度生态及社会和市场力量的发展实际,政府不可能也不应从竞技体育发展中完全抽离出来,而应在有效发挥自己作用的前提下,利用自身体制内优势,帮扶社会和市场力量成长,自身则致力于扮演有限政府、有效政府、服务型政府的角色。同时,政府应着力推进社会和市场力量形成行业性组织引领机制,自身则扮演好监管者角色,切实发挥好自身的元治理作用,建立多中心协同治理体系。

首先,继续坚守、落实近年来的"放管服"政府职能转变理念,进一步转变政府在竞技体育发展政策引导方面的职能,推进政府对竞技体育作用方式及宏观调控手段的创新,秉持简政放权、大部制机构改革、协会实体化改革理念,帮扶社会和市场力量成长壮大,充分发挥它们在竞技体育发展中的作用,促进政府角色向"有限、有效、服务型政府"转变。其次,应清楚认知我国是社会主义国家及中国共产党为唯一执政党的制度特色,以及社会和市场力量自身能力发展不足、市场机制也不尽完善的发展现状,继续保持政府的掌舵人角色。优化政府与社会

---

① 辜德宏,符丁友,曹国强. 新时代我国竞技体育发展中社会和市场力量的培育路径研究[J]. 武汉体育学院学报,2021,55(3):20-27,35.

② 何珍文,王群. 试论北京奥运会志愿服务活动对建立和完善我国社会志愿服务体系的影响[J]. 北京体育大学学报,2008,31(3):297-299.

③ 冯卫. 奥运会志愿者招募情况的解读:以伦敦运会和近几届奥运会为例[J]. 沈阳体育学院学报,2012,31(4):19-21.

④ 佚名. 亚运筹备进入冲刺阶段 年轻志愿者:我们准备好了[EB/OL]. (2010-10-23)[2024-04-11]. https://sports.sina.com.cn/o/2010-10-23/00045264361.shtml?from=wap.

和市场力量之间的关系,建立目标一致、合作紧密、均衡高效的体育组织网络和体育治理体系[1],为其提供多方支持和规范化的发展环境。最后,由于社会和市场力量具有一定的盲目性和趋利性,政府应做好监管工作,对其准入资格进行审查,对其相关运营活动进行质量监管。

(2)社会和市场力量以办训、办赛为核心,不断提升自身的发展竞争力。基于我国社会和市场力量自身能力发展不足、市场机制不尽完善的现状,一定时间内政府仍将利用其行政权力和公共资源培育、扶持社会和市场力量,但与此同时,社会和市场力量更要主动作为,不断提升自身的发展竞争力。

首先,社会和市场力量应积极关注和致力于青训发展。竞技体育人口的开发及后备人才的培养既是保证竞技体育可持续发展的基础,也是拓展消费群体、培养消费观念,推动体育产业发展的关键。从西方发达国家来看,很多国家或地区都非常重视青训的发展,纷纷投入大量的人力、物力和财力资源,同时也都收获了非常可观的经济和社会效益。例如,英国、美国、德国的职业体育高度发达,每年为国家 GDP 的增长作出了巨大贡献,为解决社会就业问题提供了大量的工作岗位,同时还帮助青少年和成人建立了健康生活方式,塑造了良好精神面貌,磨砺了坚强意志品质。青少年儿童参与运动训练已经成为它们培养精英人才的一种重要手段。当前我国不仅出台了"双减政策",而且明确校外培训时体育按照非学科类进行管理。体育对青少年身心健康成长和全面发展的独特作用有了更好的制度保障。无疑,我国社会和市场力量应进一步加大对青训的投入与开发力度,提升自身办训对青少年健康成长与发展的作用,获取更多的发展认同与机遇。其次,社会和市场力量应在办赛方面加大投入。竞技体育赛事是人们进行身体对抗与竞技,开发、培养竞技精神,宣泄不良情绪的载体或平台。由于它是人们最终参与、展示、竞技的舞台,发展竞技体育必须充分重视对运动竞赛产品、服务的开发与利用。综合国外发展先进经验来看,建构好校园竞赛系统、社会竞赛系统是丰富人们业余文化生活的关键。针对前者,打造校园内的班级赛事、校园联赛、校级联赛是关键,区域性和全国性赛事的分级、分类设计与组织至关重要。针对后者,一般以职业体育为顶层,拉动区域中人们对竞技体育的发展热情,再辅以社区体育、俱乐部体育以实现家庭、学校、单位等多场域,学习、工作、生活等诸环节的无缝衔接。

---

[1] 杜丛新,吴家乐,高缘,等. 美、英、澳、中体育治理体系比较研究[J]. 体育成人教育学刊,2020,36(3):71-76.

（3）社会和市场力量把握民众需求变化特点，提升多元竞技体育产品生产与供给的质量。社会和市场力量依靠依附策略获得官方身份、权威地位和体制内资源等发展优势固然重要，但其若想实现最大化效益、获得可持续发展，更重要的是要面向民众，把握他们日益变化的竞技体育需求，提供多元化、高质量的竞技体育产品，因为他们是竞技参与类、表演类产品的最终消费者、买单者。

首先，由于网络、新媒体等技术的应用平民化及人们生活环境的多情景化，人们已逐渐迈入了"快进"式的生活状态，快速地浏览和删除信息，对各种行为具有非常高的效率要求。快节奏的生活状态也容易使人们产生消费依赖与一次性消费的习惯，即当某件产品符合人们的消费习惯时，人们在很大程度上会一直选择该产品，产生消费依赖。同样当其第一次消费某产品没有获得理想体验时，后期绝大可能会对之选择性忽视。因此，社会和市场力量应把握现实人群的生活、消费特点，提升竞技体育产品生产与供给的及时性和有效性。其次，由于民众长期受多元文化影响及自身科学文化素养逐步提升，其主人翁意识明显增强，也更具批判意识。因此，不仅要注意保证竞技体育产品生产与供给的多样性、多层性、全面性，而且要注重提升多元竞技体育产品生产与供给的质量。

（4）以服务基层需求为根本，激发社会和市场力量参与竞技体育发展的活力。社会是由不同的基层群体所组成的，由于基层群体散落在国家不同地域，具有不同的需求内容和特征，因此竞技体育产品生产与供给的个性化、差异化是满足基层群众需求的关键，由政府来提供这样的服务很难做到有效或将产生大量浪费，化整为零让更多的发展主体充斥在不同区域，甄别不同类型群体需求，生产与供给不同规模、不同层次的竞技体育产品与服务是较好的解决途径。由此，社会和市场力量需要依托基层人民而生存和发展，在其参与竞技体育发展中应以服务基层为根本，甄别民众需求特点，差异化竞争，以打牢发展根基，提升自身适应区域群体发展需求的竞争力，从而在服务最广大基层群众竞技体育需求的基础上集聚发展实力，壮大自身，为承担政府下放的高层次、大型的竞技体育服务做好准备，赢得先机。

首先，社会和市场力量对自身应有清醒的认知，对政府所需购买的竞技体育服务规模有清晰的判断，从而明确自己是否有能力提供服务，避免无效局面的发生。例如，2021年5月，注册资金仅500万元、仅有22名员工的甘肃晟景体育文化发展有限公司盲目承接了总计参赛者多达万人、百公里组多达172人的山地马拉松百公里越野赛事，最终造成22人死亡、8人受伤。诚然，事故原因错综复杂，但运营方自身能力估计不足、盲目承接大型赛事等问题亟须重视。其次，由于民众经济水平、专业背景不同，民众对竞技体育产品的需求也往往不同，社会和市场力量在提供竞技体育产品的过程中，应注意照顾不同人群的需求。例如，体育从业者或体育专业学生等更倾向于喜爱奥运会、职业联赛等竞技水平、专业性都非常高的精英竞技赛事，而普通大众则大概率偏爱趣味运动会、运动嘉年华、大学生篮球赛等专业化程度较低的大众竞技赛事。因此，社会和市场力量在提供竞技体育产品时要注意精英竞技和大众竞技产品的辩证统一，推进精英竞技与大众竞技的共同发展[①]。最后，由于社会和市场力量是理性逐利者，其有合理的利益追求和需要本无可厚非，但要想成为一个可以长远发展的企业，还需要有一定的社会责任与企业文化、精神，在追求经济利益的同时，还需要勇于承担一些社会责任，如提供公益性助教、助学活动。尤其是那些已经在市场上获得丰厚利润的企业，可以投入一定比例的资金用于扶持与发展一些小众项目。同时，还应注意关注发展相对缓慢的冷门项目，提供更加全面的项目产品，注意照顾更多人的需求。还应注意不同年龄人群竞技体育产品需求的不一致性，在生产、供给竞技体育产品时照顾不同年龄人群的喜爱与偏好，最大化覆盖全年龄人群。

二、培育的技术手段

（一）政策激励

（1）继续巩固政府购买服务和体育产业发展扶持资金政策。近些年各地相继出台了"体育产业发展扶持或引导资金管理办法"，主要为达到一定规模和条件的体育企业提供银行贷款贴息补助、举办大型体育赛事补贴，对有一定规模、有一定公益作用的体育场馆建设与运营予以一定补助，对符合一定条件进行体育技能培训的企业予以一定补助等。与此同时，各地还出台了政府购买体育服务的清单和相关政策，主要针对社会力量办赛、运动技能培训、大众运动参与、场地设施维护等进行购买服务。

在这两大政策的激励下，近些年各地成长了一批批体育社会组织、体育企业，如北京市亦庄就在此政策红利支持下建设成了综合性体育园区。今后，各地政府部门仍需不断加大投入力度，优化审批和申报流程，让体育社会组织、体育企业能够更便利地享受政策红利，同时在选拔和扶持力度上，可以有选择性地集中力

---

① 辜德宏. 我国竞技体育发展方式转变的逻辑起点辨析[J]. 天津体育学院报，2015，30（5）：383-387.

量打造几个区域性和全国性的品牌体育社会组织、体育企业，让其发挥龙头作用，引领区域发展和产业联动。

（2）研究对体育小微企业发展的相关扶持政策。因为对发展规模、场地、器材、设备、资质等都有一定的限制或要求，所以体育产业发展扶持或引导资金和购买体育服务政策针对的扶持对象相对有限。从基层竞技体育的发展来看，更多的是一些针对青少年运动技能发展的小微型体育培训机构，它们可能是由退役运动员主办的，可能是由体育教师主办的，或者是由其他运动项目爱好者举办的等。它们的相同点是规模较小，甚至可能没有自己固定的场地、设施，要向学校、俱乐部、企业等进行租借。

虽然规模很小，但放大到全国不同的基层区域，这些小微企业就形成了我国培育竞技体育人口的一个基座。为此，我们需要对这部分群体进行更为深入的调查研究，在政策扶持上重点考察它们在场地、器材方面的难处，考察学校场地设施向社会培训机构开放的相关政策，既让体育小微企业能够合理租借场地，也能保持学校自身对体育场地的正常使用。其中，收费标准的确定及创收后的收入用途，亟须有所改变和突破。政府在购买服务方面，可以考虑将一些基础性的赛事活动、运动技能的普及与推广等任务定向向一些体育小微企业招标，给它们营造一个发展的空间和平台。

（3）研究对社会力量办赛层次或权威性认定的相关政策。从个人角度来看，参加不同的体育比赛除了可以得到锻炼及收获一定的参与乐趣，还需要承担相应的参赛成本。从组织的角度来看，参加不同的体育比赛，除了可以激发成员的活力及证明自身的办训实力，也需要承担一定的参赛成本，那么只有获取一定的收益，才能让组织投入和产出保持正比。因而，不论是个人还是组织，都会认真地考量参赛的成本和收益问题。

从收益的角度来看，体育竞赛的规模、层次是社会力量考量的一个方面，但最为关键的还是最终能拿到有利于个人发展或有利于机构宣传的高级别、高层次竞赛结果。由于官方举办的体育竞赛，运动员拿牌或获奖都会收获有官方印章的证书或奖章，这在现行中国社会的评价体系中具有高认可度，因而也就具有了高含金量。一旦社会力量办赛，由于现行各类评价体系不予承认非官方的印章，所以这类比赛的吸引力和含金量相对较低，较难得到运动员和体育社会组织的认可，其参与意愿也相对偏低。这也是目前制约社会力量办赛的一大难题。

在访谈中，杭州市 J 区体育舞蹈协会秘书长 HJL 在举办体育舞蹈大赛后谈道：

"近几年我们办赛虽然取得了一定成绩,但参加者主要为兄弟院校、有关机关部门单位,而社会俱乐部或培训机构相对较少,因为我们仅仅算一个区级比赛,人家要掂量参加的效果和影响力。"为此,我们需要认真研究能否对之在政策上予以一定的支持,是否可以考虑将达到一定规模、水平的社会性赛事认定为某种级别或层次的高水平赛事,并让这样的赛事评定等级,成为在社会组织发展绩效及个人升学、工作、就业等方面的一个衡量或评价指标。

(二)技术帮扶

(1)针对体育社会组织的生长发育,做好专业指导方面的技术帮扶。从体育培训业来看,教练员要掌握一定的项目技能,懂得项目教学、训练、竞赛的组织要求、发展规律等。从体育竞赛表演业来看,要懂得不同项目的竞赛规则、竞赛编排、赛场的组织与管理等。因此,运动训练、运动竞赛本身的专业性和复杂性特点决定了发展主体要具备较高的专业化水准。

由于我国竞技体育的发展长期以来是政府主导型发展模式,所以政府主管部门无论是在训练方面还是在竞赛方面都具有更高的专业化水准,多年专业体育的发展模式为竞技体育的发展培育了众多专业组织机构、专业性人才。从我国竞技体育的社会化和市场化发展情况来看,目前普遍认为我国的专业化程度和水平还有很大提升空间,尤其是在青训方面体现得更为明显。因此,针对社会和市场进行一些专业技术帮扶,将有助于它们的成长。

鉴于我国的专业优势主要集中在体制内相关单位或部门,可以考虑以下几点:第一,专业教练员下基层俱乐部或与相关院校教师结对子,进行一对一或一对多的技术帮扶。这在上海、南京等城市已经有了一些发展经验和借鉴。第二,俱乐部教练员、院校教师跟队(跟赛)学习,在实践中提升自身专业化水平。其中,针对一线、二线、三线运动队可以有针对性地给予名额和扩大开放程度。第三,体育主管部门定期和不定期组织各类专业性培训班,组织相关社会和市场力量进行专业性学习,不断提高它们在训练、竞赛、组织管理等方面的专业化水平。

(2)针对体育社会组织的一些大型活动,做好组织协调方面的技术帮扶。从近些年我国体育社会组织的发展实践来看,它们反映最多的问题就是由于自身是体制外力量,在实践中很多事都很难办,很多问题的解决牵涉到一系列单位、部门的协调问题,而由于缺乏行政力量的干预,它们往往无法有效或及时解决问题。例如,社会和市场力量举办一些大型体育赛事,就涉及了参与竞赛时的安保、住宿、吃饭、交通等问题的协调。

安保和交通属于公共部门，其参与与否、参与的程度不是仅仅依靠资金能解决的，而是要靠主管部门的行政审批和统筹协调安排。住宿和吃饭虽然可以由资金来进行协调，但如果达到一定规模，其食品采购的安全、卫生问题，垃圾的处理问题等就升级成了公共问题，只有相关部门予以配合协调，才能有序有效地完成。因此，政府主管部门需要针对体育社会组织在申办大型体育赛事、体育培训、体育嘉年华、体育夏令营等大型活动时做好专业性的技术帮扶。

（三）管理革新

（1）发展枢纽型社会组织，发挥其专业引领和规范发展作用。

① 加快推进单项运动项目协会的实体化改革，让其更好地发挥项目发展的引领和规范作用。随着国家对项目协会实体化改革时间进程的明确，项目协会实体化改革成为此阶段的重中之重。去行政化后，全国性和区域性的项目协会成为社团型社会组织，在项目发展的标准化建设、行业发展规范与监督、决策咨询、对接公共服务、参赛选拔等方面发挥枢纽作用。在访谈中，DRB 提出："可以让各项目协会将组织建立到基层单位，特别是各级各类学校，让其成为国家、省一级协会的'触角'，形成协会与协会之间的纵向联系和横向联合，让协会之间可以更方便地扶持俱乐部发展。"这一思想值得深入考量。

② 借鉴国外发展经验，探索我国职业体育联盟的可能模式与运行方式。我国职业体育的改革虽然不能完全照搬西方国家的发展模式，但探索如何建构具有中国特色的职业体育联盟是一个绕不开的话题。因为各职业体育俱乐部、职业运动员、职业教练员等，是职业体育发展中最为直接的利益相关者，他们的集体意志能够更及时和更准确地反映职业体育发展的供需问题。如何建构其联盟并符合中国国情值得深思。

③ 借鉴国外发展经验，反思我国存在的问题，优化我国学校体育联盟的发展模式及运行方式。从国外发展经验来看，建构多层级的体育竞赛体系是发展学校竞技体育的有效手段之一。重视运动员的文化教育，在训练模式和时间的控制上体现业余性是发展竞技体育的另一个有效手段。为此，我国需要进一步优化学校体育的赛事体系，根据学校层级、类别、规模等建构不同的赛事体系；改变训练和竞赛的时间安排，重视对运动员文化学习时间的保障。

④ 总结过去发展经验与教训，借鉴国外发展经验，反思新时代我国行业体育协会的发展策略。过去通过行业体育协会很好地推动了不同行业职工体育的发展，

新时代可以考虑借鉴日本的做法,让龙头企业发挥行业体育发展的带头和引领作用。

⑤ 发挥好中国体育科学学会在引领研究创新和科技攻关等方面的枢纽作用。通过学术研讨会、项目招投标、评优评奖等多种方式引领竞技体育领域的科技发展与创新。

(2) 取消"一业一会"制,鼓励"一业多会",并以此形成体育社会组织间的竞争关系。目前,广东等地已突破了"一业一会"的限制,允许"一业多会"。其实践发展也证明这有利于激发社会力量参与体育事业发展的热情,同时也有利于激发社会组织的活力[1]。为此,我们可以考虑在更大范围内推广这一做法,首先从基层做起,在市级、区级层面尝试推广,然后逐步过渡到省级及区域间层面。在推行这一改革尝试的过程中,可以考虑以某些技术标准或要求的区分,来评价体育社会组织的等级或星级,这既是对它们的竞争发展的一种引导,也是给予它们一定的评价、激励和鞭策。

(3) 出台对从事体育志愿服务者的激励政策,探索建立社会工作者与体育志愿工作者的联动机制,以专业化的社工队伍来培训和指导体育志愿者进行体育公共服务[2]。随着改革开放的不断推进,以及国家政策、方针、教育发展等的引导,近些年我国志愿活动、志愿者的发展环境和情况较之以往产生巨大变化。2008年汶川大地震志愿者有300万余名,志愿服务的经济贡献约为185亿元。北京奥运会期间,有10万名赛会志愿者、40万名城市志愿者、上百万名社会志愿者,各类志愿者累计服务时间超过2亿小时。由于目前志愿者活动大多与政府活动或政府政策密切相关,所以政策引导仍然是今后一段时间内激励和引领志愿活动的重要手段之一。

只有有力的宣传和教育,才更有利于激发人们内在的公益精神,让志愿服务精神真正成为人们心中的一份精神自觉。为此,在体育学习、训练、活动、竞赛等中灌输志愿服务精神至关重要。与此同时,志愿服务要具有较高的服务品质,就需要有相应的专业水准、具有相关专业技能的人士的指导和帮扶。不同部门或领域的社会工作者长期以来积累了很多的专业性技能,我们需要深入思考如何构建两者间的联动机制,以专业化的社工队伍来培训和指导体育志愿者服务。

(四) 文化育人

(1) 积极传播竞技体育文化,大力弘扬竞技体育精神,激发人们对竞技体育

---

[1] 刘国永,裴立新. 中国体育社会组织发展报告:2016[M]. 北京:社会科学文献出版社,2016:52.
[2] 邓智平,饶怡. 从强政府、弱社会到强政府、强社会:转型期广东社会组织发展的战略定位与模式选择[J]. 岭南学刊,2012(2):35-39.

的文化认同。竞技体育的公平竞争、顽强拼搏、永不放弃、突破极限、超越自我等精神，使其具有了独特的文化魅力。竞技体育既然是一种特殊的文化形态，自然就具有其独特的作用与功能。要让人们充分发挥其积极作用与功能，就需要人们更好地了解其文化内涵和精神，并将对其的价值认同内化于心。

① 奥运会、亚运会等大型体育赛事是传播竞技体育文化和精神的重要窗口。基于人们对重大体育赛事的关注，将竞技体育文化和精神通过全媒体、全方位呈现给观众。

② 组织奥运冠军、知名运动员参加公益活动、体育夏令营等活动，让精英竞技人才发挥榜样示范作用，用他们的成长故事、先进事迹、公共活动等影响更多的人。

③ 加强对校园竞技体育文化的宣传、教育和领略，通过邀请更多学生和家长参观校园、校际比赛，以及对校运动队、校园体育明星的宣传、报道等，让学生、家长更好地理解和体会竞技体育的文化魅力。

（2）充分发挥竞技体育的育人功能，让竞技体育成为帮助人成材的重要手段，进而转变人们对竞技体育的消极认识。实际上，西方发达国家竞技体育获得民众广泛的、高度的认可，主要原因之一是竞技体育真正成为他们个人成长的一个重要教育手段。通过参与竞技运动，人们在拼搏与坚持中，在流汗、流血与流泪中，在成功与失败中收获成长的经历，不仅强健了体魄，还锤炼了精神和意志，进而为他们的人生发展奠定了坚实的基础。从我国的发展实践来看，竞技体育的育人功能还有待进一步加强。因为学校竞技体育主要是代表队体育，不仅与大众绝缘，而且主要针对为校争光作用的发挥。因此，要让人们更好地接受和认同竞技体育，亟须更为充分地发挥其育人功能。

① 广泛开展大众竞技体育，让其成为架接群众体育、高水平竞技体育的桥梁，让大众在竞技参与、竞技发展中强健体魄、锻炼意志品质，塑造刚强的精神面貌。

② 体育工作者加强自身队伍建设，在业务能力上进一步提高，不仅要具有较好的运动技能，而且要有较好的教学、训练组织技巧和能力。

与此同时，还要对教育事业有高度的责任感和持久的责任心。教育始终是一个主动建构的活动，要让竞技体育发挥更好的教育作用，就要对学生的学习、练习、竞赛等有所设计。这就需要体育工作者不仅要有始终如一的钻研精神，而且要保持自身的理论学习意识，与时俱进，不断提高自身专业素养，为更好地进行教学、训练、竞赛等设计打下基础。

（3）大力发展职业体育，让从事竞技体育成为一种具有较好赚钱效应的职业，进一步改善体育工作者的福利待遇,通过制度保障、经济激励、政策优惠等凸显体育工作者的重要社会地位,让人们逐渐感受到从事竞技体育的经济收益和社会地位的变化。高度发达的职业体育为西方发达国家竞技体育的发展构筑了良好的文化环境,成为经济社会发展的巨大推动力。体育产业成为它们国民经济的重要支柱产业之一,为经济社会的发展、为人们健康生活方式的建构等作出了巨大的贡献。这些大大地影响了社会各界对发展竞技体育的认识和观念。

与此同时,高度发达的职业体育和体育产业也为个人带来了巨大的财富和社会声望,从事竞技体育逐渐被人们所认可,精英竞技体育人士更是被视为成功人士,具有较高的经济和社会地位。因而,要想改变竞技体育生存的社会环境,就要让其成为让人认同的职业,成为"成功"的代名词。在访谈中,QL谈道:"我们足球小年龄阶段有非常好的苗子,但年纪大后就不走足球这条路,而是上高中、念大学去了。"由此可见,国家和社会对体育事业的认可度影响意义深远。国家或地区具体可从以下方面对体育事业给予关注和扶持。

① 国家应重视体育工作者的地位,对优秀运动员、体育教师、教练员等专业工作者的生存与发展环境更为关注,进一步消除他们在职级晋升、专业建设、学科发展等方面面临的一些不平等问题,不断改进他们的工作环境和条件,引导民众逐步改变传统的对体育的偏见。

② 国家和地区可以考虑加大对优秀的体育工作者、体育企业家、体育明星等的表彰力度,以及借助央视传媒、地方传媒等多媒体平台,组织更多的活动、报道、节目等,进一步宣扬他们的优秀事迹及肯定他们的突出贡献。

三、我国不同竞技体育发展形态中内生动力的培育思路

(一)专业体育

1. 发展的目标定位

专业体育作为主要由国家直接投入与操办的一种特殊竞技体育发展形态,政治功能是其核心价值追求。国家发展专业体育的政治意图,主要就是通过运动竞赛,彰显国家综合实力,扩大国际影响力。因此,专业体育的总体发展目标基本上就是,培养优秀运动员,发展竞技能力和竞技水平,在奥运会等国际大赛上争取优异成绩,为国争光;在国际赛场上展示大国体育风采,彰显国家综合实力,扩大国际影响力。从我国多年的奥运争光计划、竞技体育发展规划中都可以很明

显地看到国家对专业体育的这一发展定位。

2. 产品的生产与供给

专业体育主要生产竞技争光类竞技体育产品与服务，它主要通过组织或参加以国家或区域为单位的国际或国内非商业性高水平体育赛事，来满足人们的民族或地区荣誉感。由于这种荣誉的分享具有典型的非排他性和非竞争性特点，所以它属于典型的纯公益性体育产品，由政府来买单。但根据受益人群范围的不同，又区分为中央和地方政府买单两种形式。以国家为单位组织或参加的国际非商业性高水平体育赛事由中央政府买单，主要包括夏季和冬季奥运会、各项目世界单项锦标赛、亚运会等大型国际体育赛事。以区域为单位组织或参加的国内非商业性高水平体育赛事由地方政府买单，主要包括全运会、青运会、省运会等大型国内体育赛事。当然，中央和地方政府可以利用体育彩票公益金、市场开发、企业赞助等方式开发多种资金来源。

与此同时，政府要为从事专业体育的运动员、教练员、科研人员、管理人员、其他工作人员提供发展保障、配置发展资源，以保证他们有效生产竞技争光类产品。针对运动员，在切实落实原有的各项保障制度的基础上，重点解决他们文化学习的时间保障和升学资格问题。针对教练员，重点在于提高基层体校教练员的工资待遇。针对科研人员，重点在于保障先进的研究条件和公正的学术环境。针对管理人员，重点在于建立科学、公正的升降机制。针对其他工作人员，重点在于营造团结、友爱、和谐的工作环境。

3. 发展理念的调整

（1）将为国争光的发展理念转化为竞技争光的发展理念。竞技是竞技体育的本质，将发展理念定位为竞技争光，有利于将国家利益融入竞技体育本身的发展中，消减竞技体育发展中的一些非理性行为，有利于使运动训练和运动竞赛回归竞技体育发展的本源，而且竞技争光强调通过竞技实现争光，这里面包含了两层意思：一层是强调通过优异的竞赛成绩来获取荣誉；另一层则是强调通过竞技行为和精神来展示风采。这意味着我们不仅仅要注重竞赛成绩，更要注重国际体育规则和精神。

（2）贯彻"以人为本，科学文明"的发展理念。注重运动员的全面发展，合理调整训练时间，学习一些地方的"2+2 训练模式"，寒暑假＋双休日集训，平时则在课余时间走训。参加竞赛耽误的课程，一定按质按量补上。注重科学训练，重视与科研团队的沟通与交流，科医训一体化参与，切实监控好运动训练的全过程。注重对运动员道德修养的培养，教育、奖励、处罚相结合，提高运动员的道德素养，减少不文明言行。

（3）落实"以提高促进普及"的发展理念。组织优秀运动员参加不同的社会公益活动，下到社区、学校、俱乐部等地，通过一定的体育活动、游戏、讲座等，发挥体育明星的榜样作用，促进基层群众、青少年对竞技体育的喜爱，尤其是加大到一些基层体育传统校、少体校进行互动活动的力度，激发青少年运动员追求竞技体育的兴趣。

4. 资源配置手段的调整

专业体育就是一种针对少数运动精英的小众体育，其发展的服务对象主要是三级训练体制中国家队、省队、青少年业余体校编制内的运动员、教练员、科研人员、管理人员、其他工作人员。国家和地方需要根据训练单位的层级、项目数与项目特点、区域经济水平等情况，合理确定各级训练单位的运动员编制人数，教练员、科研人员、管理人员、其他工作人员的配比。各训练单位需要根据发展经费、场地规模和条件、运动员结构特点等情况，合理使用各人员编制。

以行政手段为主，辅以一定的市场手段和社会手段，采用合理的合作方式，分领域配置发展所需资源。行政手段主要通过政策法规、财政资金、行政处罚等，贯彻竞技争光任务，监控承接单位的执行情况。政府可将国家队的选拔、训练、竞赛任务委托给中国奥委会，提供一定的资金以购买服务，通过合同、审计、考核等手段对其执行情况进行监管与调控。市场手段主要通过经济收入、广告效应、社会声誉等，在训练与竞赛的组织与运行、招商引资、无形资产开发等方面发挥作用。社会手段主要通过志愿服务、募捐、赞助等，在训练和竞赛的资金来源、场地使用、工作参与等方面发挥作用。

专业体育的最高管理机构仍然是政府体育行政部门，但其管理职能转向宏观管理，具体运行则由体育社团组织执行。可以考虑改革国家体育总局的机构设置和管理职能，使中国奥委会和体育项目协会成为实体机构并承接专业体育的发展运行。中国奥委会承接国家队的训练和比赛任务，并将国家队的训练和比赛任务交付给各单项体育协会具体执行。两者受国家体育总局、民政部社团登记管理机关的业务指导和监督管理[1]。

---

[1] 鲍明晓，李元伟. 转变我国竞技体育发展方式的对策研究[J]. 北京体育大学学报，2014，37（1）：9-23，70.

专业体育发展的资金仍然主要来自中央财政和地方财政。目前关于体育发展的各级财政投入要求与标准的制度性文件较为健全。当前需要改进的重点：一是敦促经济不发达地区落实相关制度要求，保障其区域内不同层级专业体育发展的资金和资源需求。如果确因地区经济问题，无法保障当地专业体育发展所需的资金或资源，主管部门可以考虑向中央财政申请专项扶持资金。二是提高基层体校教练员及其他人员的工资待遇，建立科学、规范的职称评定标准和实施细则。可以考虑省队参照高校教师的工资待遇标准，市级和区（县）级体校参照高中和初中教师的工资待遇标准。各级体校的职称比例和职称标准也可以考虑参照相应层级学校的标准和办法。与此同时，在保证财政资金投入的基础上，可以大力开发体育彩票，开发奥运会、全运会、省运会等大型体育赛事的无形资产，以丰富资金来源渠道，减轻政府财政负担。

政府需要进一步扶持社会和市场力量参与竞技体育发展，通过基建投入和政策扶持，支持社会和市场力量办训、办队。可以考虑参考德国政府的做法，按照城市规模和区域布局，兴建各类体育场所，将之以低价租赁给职业俱乐部或社会体育俱乐部，并予以一定的税收优惠，使之参与培养青少年和中青年群体的专项竞技兴趣和技能。针对其培养的优秀苗子或运动队，实施购买服务，让其代表国家或区域参赛，从而形成多种动力来源。

5. 发展的路径

（1）对运动员培养的组织形式进行进一步改革，逐步改变体育系统单独办教育的局面。可考虑将更多的一线运动员（队）放入有条件的大学，将二线和三线运动员（队）放入有条件的中学。控制体育职业技术学校的数量，做到一省（直辖市）一校。考虑减少三集中少体校的数量，改为一集中或二集中的少体校。逐步引导少体校发展转型。可以考虑拆分人员并入相关学校，作为学校的专业训练部门。或整体向体育俱乐部转变，成为专业性体育训练机构或培训机构，承接各级学校、各类社会组织、各类团体的训练和培训任务。

（2）强化所有人员对文化教育的重要性的认识，调整集训方式和训练的时间安排，为运动员的正常文化学习创造条件。参照上海等地实行的运动员赛前文化考试制度，对考试不合格的运动员严格禁止参赛。输送的运动员必须小学、初中、高中不同阶段学习成绩合格。国家队和国青队均只设1队，包括正式队员和替补队员，取消常年集训的形式，改为寒暑假集训。各级运动队的日常训练时间调整在双休日和课余时间。建立重点苗子人才库，对其进行跟踪观察和培养资助。对小年龄成才项目如体操、跳水，可选拔北京的1～2所高校，进行"小学—中学—大学"一条龙输送和培养。

（3）合理利用区域内科技资源，加大科技合作和科技服务力度，提高对运动训练和竞赛掌控的精细化程度、科学化水平。加大各运动队尤其是基层运动队与区域内体育科学研究所、专业体院、综合大学体育院系、其他科研机构或组织的合作力度，充分利用相关机构的科研设备和人员，进行科学选材、训练监控、疲劳和损伤恢复等方面的研究。可以考虑购买区域内各研究机构的科研服务，按照不同机构的设备条件、研究优势、有效工作距离等，进行定点合作。另外，可以考虑将大型体育训练基地与当地体育科学研究所或专业院校合并，变为体育科学训练研究机构，配备业务开发团队形成事业型体育科研组织或机构，以承接各种运动训练科技攻关服务和科研研发活动。

（二）学校竞技体育

1. 发展的目标定位

学校竞技体育的核心价值追求是通过竞技运动来教育青少年，促进青少年的全面发展。在此基础上，兼顾发现和培养高水平竞技体育人才。通过学生的竞技参与，发展学生的体育兴趣、体育技能、身体素质、意志品质、人格修养等是其内在发展要求。因此，学校竞技体育的总体发展目标基本上就是，普及竞技体育项目，培养学生的竞技参与兴趣，发展学生的专项技能和竞技能力。学生通过竞技运动发展体育兴趣、提高身体素质、增强意志、完善人格。

2. 产品的生产与供给

学校竞技体育主要生产竞技参与类和竞技争光类两类不同的竞技体育产品与服务。前者针对大众学生，以参与和感受竞技运动为主要目的，主要通过组织或参加中、低水平的体育赛事，来满足学生的竞技参与、体验、发展需求。后者针对小众的运动精英学生，以获取优异竞赛成绩为主要目的，主要通过组织或参加高水平的体育赛事，来满足学校师生的荣誉感。两种类型的体育竞赛产品交互在一起，满足广大青少年对竞技体育的多元化需求。

第一类产品是一种参与类产品，具有非排他性的特点，即所有学生都有资格参与。同时还具有不完全的非竞争性特点，即参与者增多将给校方增添成本（边际生产成本不为零），每个参与者的消费品质一样（边际拥挤成本为零）。因此，它为一种准公益性体育产品，既可以由政府主管部门和学校买单，又可以采取一定的市场行为来补贴。

第二类产品是一种精神类产品，具有非排他性和非竞争性的特点，为纯公益性体育产品，可以根据其为校、为地区、为国家争取荣誉的不同，划归中央、地方政府主管部门、学校买单。各级政府和学校可以合理利用市场手段开发多种资金来源渠道。

由于两类产品均有公益性特点，所以各级政府和学校需要提供相关发展资源，保障两类产品的有效供给。针对第一类产品，重点在于建设现代化的学校体育场地、器材、设施，提高体育师资专业技能和教学水平，给予较充裕的体育运动时间保证等。针对第二类产品，重点在于提高教练员的训练水平、训练待遇，落实对运动员的文化学习保障、升学保障等。

考虑到竞技体育典型的竞争性及身体运动特点，可以更为全面地发挥其对青少年生长发育的促进作用，因此学校竞技体育需要以身体活动类运动项目为主。同时，考虑到三大球、田径、体操项目的运动特点，以及其对青少年身体素质、意志品质、道德人格等方面的突出作用，学校竞技体育需要加强对此3类运动项目的投入与发展。此外，学校可根据地域特点、学校传统、体育资源情况等，设置适量的传统或特色体育项目。

由于学校竞技体育是以运动技能为载体、以竞争性比赛为平台，通过两人或多人的运动竞技来促进青少年的身心发展的，所以学校还需要构建多元化的校园竞技体育训练和竞赛体系。学校竞技体育不再只是针对校代表队，而是包含全体学生。学校需要发挥学生社团、体育教师、各类体育骨干等的作用，组织针对不同层次水平学生的训练和竞赛活动。可以考虑进一步推动各级各类学校改革教学组织形式，按项目俱乐部的形式开展体育教学、训练和竞赛活动；支持、扶持体育教师、学生组建课余体育俱乐部或体育社团，开展相关业余训练和竞赛活动。

3. 发展理念的调整

（1）树立"大众竞技"的发展理念。转变"学校竞技体育就是培养运动尖子为学校竞技争光"的观念，将学校竞技体育推向全体学生，让竞技运动融入校园生活，成为学生校园文化生活的一部分。以普及性的竞技体育为基础，以提高性的竞技体育为标杆，将大多数学生的竞技参与和少数运动精英的竞技发展有机统一起来，统筹规划，科学安排，促进两者的协调、互动发展。

(2) 贯彻"竞技育人"的发展理念。落实这一理念，主要在于把握两个方面：一是保证"竞技育人"的全面性。通过竞技参与，促进学生身心全面发展，达到掌技能、促兴趣、增体质、强意志、健人格的教育效果，最终实现促进青少年全面成长的目标。二是保证"竞技育人"的有效性。让学生经历强化体能和技能的运动体验，经历竞技运动的成功与失败体验，通过对苦、累、成功、失败、友谊等的感受，提高其社会适应能力，促进其全面发展，最终生成健康的体魄、顽强的意志、健全的人格。

(3) 形成"竞技成才"的发展理念。放飞学生在竞技场上追求卓越的梦想，让学生对高超的运动技能、出色的运动表现充满向往，主动发展自身运动技能，不断提高自身运动能力。同时，让学生对成为竞技精英充满憧憬，让竞技参与、竞技发展与学生的人生发展、未来成就建立积极的内在关联，让更多具有运动天赋的学生愿意从事精英竞技，能够通过参与精英竞技获得理想生活，赢得人生梦想。

4. 资源配置手段的调整

学校竞技体育是一种针对全体学生的"大众体育"，其发展的服务对象就是全体学生（由于身体原因而不能或不宜参加体育运动的学生除外）。这种针对全体学生的竞技体育，根据竞技水平的高低，进一步划分为两类群体，一是大众性群体，二是高水平群体。前者是后者的基础，在一定条件下能转化为后者。后者是前者的榜样，能带动前者的发展。两者的互利共生状况将决定学校竞技体育工作的发展成效。

以行政手段和社会手段为主，辅以必要的市场手段。行政手段主要通过政策法规、财政资金、行政处罚等，来配置学校竞技体育发展所需的基本体育场地、资金、师资，监管教育系统内开展的大型体育赛事的组织与运营情况。社会手段主要通过志愿服务、募捐、赞助等，拓展学校竞技体育发展所需的资金来源，完善发展的资金条件和场地条件，降低发展中的劳务支出费用等。市场手段主要通过对学生参与校园俱乐部的低价收费、赛事的市场开发、学校体育场地的经营等，获取一定的发展资金，以支持训练、竞赛、场地维护、人员津贴等方面所需。

调整学校竞技体育的管理机构与管理职能，减少政府对学校竞技体育发展的行政干预，充分发挥学生体育协会的作用。学校竞技体育的最高管理机构仍然为教育部，但其管理职能转向规划、拨款、监督、审计等宏观管理，具体运行则交由学生体育协会组织执行。可以考虑以学生体育协会联合秘书处为班底做实大学生和中学生体育协会，建立少儿体育指导委员会[①]，使三者都成为独立性的民间社会团体，承担学校竞技体育的具体运作。

各级政府在落实各级各类学校体育发展经费的前提下，进一步加大对学校竞技体育发展的资金或政策扶持。主管部门应允许各级各类学校采取适当的市场化手段来补充学校体育发展经费的不足。事实上，当下全国已有一些学校实行了俱乐部式教学，部分学校在学生自愿的前提下收取了少量的费用。还有一些学校在收取少量管理费的基础上开放了校园体育场地，或依托校园体育场地建立了课余体育俱乐部，实施低价收费。纵观西方发达国家经验，学校体育也大多采取了一定的市场化和社会化手段来补充自身发展经费的不足。因此，目前政府亟须解决的问题主要在于出台关于学校、校园体育俱乐部、学生体育协会等社会组织进行相关市场和社会筹资行为的职责、要求、标准等的政策法规。

学校利用多种方式动员社会和市场力量参与学校竞技体育的发展，以提高学校竞技体育的发展活力和水平。从体育场馆的利用来看，可以考虑由政府或学校出面，对社区内有相关体育场馆的俱乐部或企业实施低价购买服务，错开其营业或使用高峰期使用场馆。从体育师资的利用来看，既可以考虑采用购买服务形式，购买区域内体育俱乐部、专业院校、少体校等机构高水平教练员的错时训练服务，又可以考虑聘请高水平专职教练员，或将训练队整体外包给专业训练机构。

5. 发展的路径

（1）转变学校发展竞技体育的观念，以重普及来促提高。每个学校形成1～3个传统竞技体育项目，开展多样化的学习、训练、竞赛活动，普及传统竞技体育项目，提高学校参与竞技体育的人口，参与人数最少达总人数的60%。在此基础上，合理布局区域内体育传统项目学校，并做到普及与提高协调发展，为培养高水平苗子打下基础。可以考虑以省为单位，统筹规划，布局布点不同项目、不同级别的体育传统项目学校。区县级体育传统项目学校可以占到所在区域学校总数的60%，市级可以占到40%，国家级可以占到20%。各级传统校除具备相应的竞技水平、竞赛成绩外，参与竞技体育的人数还需达到在校人数的70%、80%、90%。

（2）调整体育特长生的招收和培养政策，以文化成绩为基本条件，以运动技能为决定条件，确定相关标准和要求，培养全面发展的学生运动员。当前需要重点解决的是，在招生资格和升级资格上降低与文化生的差距，从制度设计上转变

[①] 赵权忠. 我国学校竞技体育体制研究[D]. 长春：东北师范大学，2011：54.

体育生重技能轻学习的传统。可以考虑升学最低标准以正常文化生招生成绩的60%～80%为准,升级最低标准为各科成绩合格。同时,配套运动员奖学金,按运动成绩和文化成绩确定奖励等级。对文化成绩达不到及格标准的运动员,奖学金扣除10%～20%。严格把控训练时间安排的业余性原则,对参加运动竞赛耽误的课程及时补课,为运动员接受正常文化教育创造条件。

(3)畅通运动员的成才道路,着力保障运动员的良好出路,解决学生和家长的后顾之忧,保证学校竞技体育的可持续发展。以输送高校为重点,以输送职业俱乐部后备队为自主选择,构建多元化人才培养和输送体系。可以考虑合理布局区域内一条龙体育人才培养学校,在每个省域内以985高校、211高校、一本高校为龙头,形成3～6个"小学—初中—高中—大学"一条龙人才培养学校。以每个省域内的职业俱乐部为重要合作伙伴,形成3～6个定点后备人才培养学校。

(三)职业体育

1. 发展的目标定位

职业体育的核心价值追求是经济利益的最大化。生产高水平体育赛事及衍生产品、服务,满足人们的观赏需求,提供运动美的享受,提供体验式服务等是其内在发展要求。因此,职业体育的总体发展目标基本上就是,建立产权明晰、符合我国国情和市场规律的职业俱乐部管理体制。各职业俱乐部发展成为自负盈亏的经济实体,按照现代企业制度进行管理与运营,并形成以职业联赛为主体产业的职业体育市场。建立完善的职业体育法规体系,保证职业体育的健康、科学、有序发展。职业联赛规模稳定,部分职业赛事水平居于国际先进水平,所有职业赛事居于亚洲先进水平。职业体育的综合服务水平显著提高,欣赏职业联赛成为大多数人的生活方式,职业体育成为推动地方和国家国内生产总值增长的支柱产业。

2. 产品的生产与供给

职业体育主要生产观赏性或体验性的竞技表演类产品与服务,它主要通过组织或参加国内或国际的高水平职业联赛、商业化体育赛事,来满足人们的观赏或体验需求。高水平体育赛事是其核心产品,也是决定其可持续发展成效的关键。同时,围绕这一核心产品,还产生了许多衍生产品,如各种俱乐部纪念物、俱乐部Logo的使用权、商业性表演赛事或活动等,它们一起服务于人们的多元化体育需求。

职业体育属于一种私益性体育产品，主要由市场来买单。各种人员的薪酬待遇、俱乐部发展的运营资金都需要自负盈亏。由于职业体育在大众赛事欣赏的供给等方面具有准公益性的特点，所以各国政府均从大型体育场馆建造和租赁、经营税收政策和场馆水、电价格等方面对之予以扶持。因此，我国职业体育的发展，也需要中央政府合理设计相关产业的政策法规，地方政府合理布局和使用大型体育场馆，为职业体育创造良好发展环境和条件，使之更有效地促进地方和国家的经济发展。

目前，我国推行了职业联赛的项目主要有足球、篮球、排球、乒乓球、羽毛球、网球、高尔夫、棒球、围棋、象棋等。大部分项目的职业化程度较低，大部分职业俱乐部依靠企业赞助或投资维持运营，极少数俱乐部通过职业联赛实现盈利。因此，我国职业化发展的内容重在把现已开展职业化的项目发展成熟。

鲍明晓[①]根据西方发达国家职业体育发展的项目特点，以及我国职业化项目发展的群众基础、体育明星、影响力等情况，建议重点发展乒乓球、羽毛球和篮球3个项目的职业联赛赛事体系。另外，建议考虑学习国外体育表演市场的先进经验，以武术项目为重点，开发我国的体育表演市场。这符合我国国情，需要在实践中予以贯彻与发展完善。另外，花样滑冰、花样游泳、艺术体操等具有较高艺术表现性的项目，也可以考虑将其适度推向市场，开发体育表演市场。

3. 发展理念的调整

职业体育是一种纯私益性的体育产品，是按照市场规律和要求进行生产和服务的行业，优胜劣汰是其基本生存法则，体贴周到是其基本服务要求。因此，其发展理念主要围绕提高赛事质量和提高服务质量这两个方面来建构。

（1）树立"竞技水平是第一竞争力"的发展理念。俱乐部切实改变"短期速成联赛成绩"的发展理念，改变单纯依靠买外援、挖球星以保证或提升竞技水平的做法，扎实落脚于系统性培养高水平竞技人才，打造相对稳定的技战术风格、特点，建构自身独特的项目文化及俱乐部文化，提升俱乐部整体竞技水平。

（2）贯彻"全方位服务观众"的发展理念。职业赛事的设计与包装，以观众为本，采用多种方式激发观众的项目参与热情、对俱乐部的情感投入、对俱乐部的自豪感等。可以考虑合理利用赛前、中场休息、暂停、赛后的时间段落，用啦啦队、体育表演、体育游戏、项目体验等方式，增强赛事的趣味性和吸引力。同

---

① 鲍明晓. 中国职业体育评述[M]. 北京：人民体育出版社，2010：229-232.

时，考虑设计球迷活动日、全民参与日等球星、球迷、观众互动的活动节日。

4. 资源配置手段的调整

职业体育也是一种针对少数运动精英的小众体育，其服务对象主要是相关项目中具有突出专项技能或专项竞技能力的运动员，以及服务于俱乐部运营与发展的教练员、科研人员、管理人员、俱乐部产业开发人员、其他工作人员。由于我国职业化开展的时间尚短，各俱乐部的人员结构还存在较大的调整优化空间，尤其"熟悉国际体育商务规则的高级体育商务人才奇缺"[①]。因此，各俱乐部需要学习国外发达国家职业俱乐部的先进发展经验，把握市场规律和需求，合理引进、培养各类专业人才，尤其需要重视培育高水平教练员团队和专业市场开发团队。

以市场手段为主，辅以必要的行政手段和社会手段。市场手段主要是通过职业赛事及其衍生产品的市场开发，获取充足的经济效益，以提高发展所需的软件和硬件条件。行政手段主要是政府在用地、场馆建设与租赁、场馆水电费、税收等方面予以一定的优惠。社会手段主要是社会团体或个人在各项工作中的义务或低价服务，如本科生实习团队、研究生科研团队、啦啦队等。各俱乐部可以考虑根据发展的阶段需求，组合不同的市场手段和社会手段，协调提高竞技水平与开发市场价值间的关系。

调整职业体育的管理机构与管理职能，让各俱乐部真正成为决定职业联赛发展的主体。进一步落实国家提出的以运动项目管理中心为班底做实单项体育协会，加强协会内部自治与外部共治，强化社会责任意识，使之成为真正的实体化社会团体，负责职业体育的业务指导[②]。国家体育总局实施行政监管，主要监管大型赛事活动的合法性，职业联赛中的违法、违规行为，以及协调抽调国家队集训与参赛的相关事宜。

中央政府和地方政府把握国家产业发展结构调整的契机，加大为体育产业发展营造良好市场环境、条件的服务力度。当前需要改进的重点：一是加快完善体育产业相关政策法规的步伐，为职业体育发展中的各类市场行为确立制度依据，规范其市场行为；二是根据区域发展的经济基础、人文环境、市场规模，以及竞技体育资源优势、文化产业特色等条件，选择合适的职业化项目，发展相应的职业赛事，打造相应的品牌职业赛事。

---

① 鲍明晓. 中国职业体育评述[M]. 北京：人民体育出版社，2010：218.
② 张旭，王政，周铭扬. 我国体育协会的脱钩问题研究[J]. 体育成人教育学刊，2019，35（1）：68-72.

以各级各类学校为基础，建构职业体育后备人才培养体系。在各级各类学校中推广已经职业化发展的项目，完善相应的"小学—初中—高中—大学"项目联赛，挖掘和培养高水平后备人才。在此基础上，羽毛球可以考虑在北京，以北京体育大学为训练基地，布局布点一条龙国家级传统项目学校，面向全国招收各年龄段优秀运动员。乒乓球则可以考虑在上海，以上海体育大学为训练基地，布局布点一条龙国家级传统项目学校，面向全国招收各年龄段优秀运动员。小学、初中、高中在寒暑假期间到训练基地集训，日常则在各学校训练，训练基地长期或定期派驻教练员带训或跟训。小学、初中、高中联赛按学籍所在单位参赛计分。

5. 发展的路径

（1）加强与培养相关项目高水平竞技人才的社会力量、其他市场力量的交流、合作，为其人才选拔、储备打下基础。有条件的俱乐部自己组建专业培训机构，一条龙培养青少年体育后备人才，如山东鲁能泰山足球学校。不具备条件的俱乐部可以考虑建立专门的选、育苗部门，与区域内传统项目学校、特色俱乐部建立定点联系，定期组织交流活动，加深情感认同；建立重点苗子档案，对其进行跟踪观察，甚至考虑给予其适当资助。

（2）配备复合型训练团队，提高运动队的科学化训练水平。合理配置不同类别教练员、科技人员、医务人员的数量和结构。增强科技服务意识，有条件的俱乐部可以组建专业科研团队，条件不成熟的可以考虑利用区域内的科技资源，通过购买服务，使科研团队参与运动训练过程监控、运动疲劳恢复、运动损伤修复、运动竞赛监控等方面的专业服务。

（3）国家有选择性地参加国际大赛，并采取相应措施减少对职业联赛的干扰，减少俱乐部的损失。可以考虑只针对奥运会、世界杯、世锦赛、亚运会这几类重大国际比赛，抽调主力运动员参加赛前集训，且集训和参赛时间不超过 3 个月。与此同时，主管行政部门与职业联赛相关部门协调职业联赛的日程调整，要么顺延职业联赛，要么调整比赛顺序。针对其他一些不具有重大国际影响力的国际赛事，可抽调一些非一线运动员集训、参赛，这既可保证职业联赛的正常运转，也可锻炼后备人才。

（四）大众竞技体育

1. 发展的目标定位

大众竞技体育的核心价值追求是使参与竞技运动成为人们的生活方式。通过人们的竞技参与，发展体育技能和身体素质，追求运动竞技的完美表现，享受竞技运动的畅快感，愉悦生活，增强社会交往等，是其内在发展要求。因此，大众竞技体育的总体发展目标基本上就是，推动大众参与竞技运动，让更多的人有条件参与并享受竞技运动，通过大众化的竞技运动发展民众的体育兴趣、体育技能、身体素质，丰富人们的业余文化生活，营造和谐的人文社会环境，塑造健康的民族精神风貌，带动体育消费人口的增长。

2. 产品的生产与供给

大众竞技体育主要生产注重"竞技参与"和注重"竞技表现"两种不同层次的竞技体育产品与服务[①]。前者主要针对中、低竞技水平的群体，以参与和感受竞技运动为主要目的，主要通过组织或参加竞技程度不激烈的体育赛事，来满足人们的竞技参与、体验、发展需求。后者主要针对较高竞技水平的群体，以最大限度地展现个人竞技水平为主要目的，主要通过组织或参加具有一定规模、影响力和竞技水平的体育赛事，来满足人们的表现欲和成就感。

两种产品都具有非排他性特点和非竞争性不完全的特点，而且作为个人消费参与的私利产品，在民众参与其中的同时，也会对整个社会风气、秩序及国民体质等方面产生一定的积极效应，即它的参与效益有部分外溢给了社会。因此，它属于一种准公益性体育产品，既需要由参与者个人来买单，又需要政府主管部门予以一定的扶持。

第一种产品具有更为明显的自发性、不稳定性，非规范化、日常化、小规模化等竞赛组织形式的特点。这类竞赛发生在民众身边，便于"草根"们常态化地组织和参与，但其规模不大，比赛的组织也不完全按照正规比赛进行，竞赛时间和日程安排相对随意，组织相对松散，各种活动观众较少。因此，尽管它也有竞技表现的特点，但这不是其主要目的。这种产品主要在于根据城市的发展布局配套充足的活动场地。

第二种产品具有更为明显的高标准化、大规模化，规范性、正式性、稳定性等竞赛组织形式特点。这类竞赛会有一定的竞赛周期和固定的赛事日程安排，参与的人群涉及广泛，可能是整个城市、省、国家，甚至多个国家的参与者，竞赛的组织按照正规比赛的要求进行，还有较多的观众或关注者。因此，它更多地体现了一种竞技表现的特点。这种产品主要在于提供相应的组织保障和技术指导。

---

① 辜德宏. 我国竞技体育发展方式转变的逻辑起点辨析[J]. 天津体育学院学报，2015，30（5）：383-387.

所有已经在我国正式开展的奥运和非奥运类体育运动项目都可作为大众竞技体育的发展内容，但需要以身体活动类运动项目为主。同时，考虑到我国三大球和三小球项目群众参与的广泛性，以及目前我国大众竞技体育赛事的发展形势，大众竞技体育需要加强对此6类运动项目的扶持与指导。此外，不同地区可根据地域文化特点、体育资源情况等，推广相应的传统或特色体育项目。

与此同时，大众竞技体育还需要为广大民众打造一个多元化的赛事参与体系。全国性单项项目协会可根据项目开展情况，设置全国性的业余联赛，让具有较好运动技能水平的选手有更大的参与和展示平台。地区单项项目协会可根据区域发展特点和情况，设置区域性的"草根"大联赛。基层的体育社团或组织，可根据自身需要，组织不同规模的社区、单位、群体间的业余比赛。可以考虑发挥基层不同行业精英（指具有某些独特的资源，具有某些方面的特长，能够对其他人产生较大影响的人[①②]）的社会公益作用，组建"草根"体育社团或组织，开展大众竞技体育的训练、比赛等活动。

3. 发展理念的调整

（1）树立"竞技融入大众生活"的发展理念。让竞技运动融入大众的业余生活，成为大众生活方式的一部分，丰富人们的业余文化生活，提高人们的生命质量和生活质量，也使竞技体育更好地服务于民生。

（2）建构"竞技提高生活品位"的发展理念。让竞技运动成为人们的一种生活习惯、一道"生活盛宴"，全民欢享并崇尚竞技运动，让这种健康的、积极的运动形式最终成为精英的一种标签或符号。

（3）形成"竞技展示个人风采"的发展理念。让竞技运动成为人们工作之外展现个人成就的一个平台，通过参与竞技运动，宣泄不良情绪，展示运动技艺，争优取胜，满足人们的个人表现欲和成就感。

4. 资源配置手段的调整

理论上，大众竞技体育可以针对所有群体，但由于它有不同程度的强化专项体能或技能的特点，且按照一定的组织形式进行竞赛，具有一定的运动强度和竞

---

① 周红云. 村级治理中的社会资本因素分析：对山东C县和湖北G市等地若干村落的实证研究[D]. 北京：清华大学，2004：62-90.
② 胡科. 社会精英、民间组织、政府之于群众体育运行研究：三个个案的考察[D]. 上海：上海体育学院，2012：13.

赛组织要求。因此，它主要针对儿童、少年、青年、中年4个年龄阶段的群体（因身体原因而不能或不宜参加体育运动的人除外）。当前，我国大众竞技体育发展迅速，多个项目的业余竞技水平大幅提高，在足球、篮球、乒乓球、羽毛球、网球、高尔夫球等项目中出现了多名具有较高竞技水平的业余选手。大众竞技体育开始显现其为高水平竞技体育打基础的作用，同时其自身发展的服务对象也演化为了较高竞技水平和中、低竞技水平两类群体。

以市场手段和社会手段为主，辅以一定的行政手段。市场手段主要是参与者承担自己的服装、器材等个人消费性费用，以及分担练习（训练）、竞赛、活动等集体消费性费用。社会手段主要有：通过拉赞助的方式，拓展大众竞技体育发展所需的资金；通过个人资源平台，获取一定的资金、场地、技术指导等资源；通过赛事志愿者的招募，降低大型竞赛中的劳务支出费用等。行政手段主要是通过政策法规、财政资金、行政处罚等，配备大众竞技体育发展所需的基本体育场地、大型体育设施、专业指导者等，监管各种大型大众竞技体育赛事的组织与运行。

调整大众竞技体育的管理机构与管理职能，充分发挥中华全国体育总会和单项体育协会的作用。可以考虑以国家体育总局下的群体处为班底做实中华全国体育总会[1]。大众竞技体育的最高管理机构仍然为国家体育总局，但其管理职能转向规划、拨款、监督、审计等宏观管理，具体运行则交由中华全国体育总会和单项体育协会组织执行。

各级政府进一步加大推进体育公共服务建设的力度，合理规划与布局城市体育场所和大型体育设施等专业性资源，为大众竞技体育活动的开展创造条件。主管部门需要充分利用城市已有的体育场馆与设施条件，采用不同的方式开放给大众使用。针对大型体育场馆，实行俱乐部会员制，政府通过购买服务，让其在部分时段对非会员进行低价或免费开放。针对学校体育场馆，中小学场馆对全区或全市青少年实施部分时段的免费开放，职校、高校场馆对全区或全市居民实施部分时段的免费开放。对于场馆、设施不足的城市，地方政府财政需合理规划与布局新建场馆和设施。

充分发挥体育协会、体育社团、体育组织、体育志愿者等的作用，推动广大群众参与竞技运动。开展大众竞技运动，需要具备一定的专业理论知识和专项技能基础。这就需要一些具备一定专业能力的组织者和指导者，带领大众进行练习

---

[1] 鲍明晓，李元伟. 转变我国竞技体育发展方式的对策研究[J]. 北京体育大学学报，2014，37（1）：9-23，70.

（训练），组织、指导比赛。体育协会、体育社团、体育组织、体育志愿者等具有较好的专业指导能力，当下政府要大力扶持这些社会力量的成长，通过政策和资金扶持，结合市场和社会手段，让其积极参与推动大众竞技体育的发展。

5. 发展的路径

（1）合理利用我国专业体育、学校竞技体育、职业体育的优质资源，带动大众竞技体育的发展，积极发挥社会精英的作用，形成多样态的组织结构，促成大众竞技体育的稳定、可持续发展。多年来，我国在高水平竞技体育发展的过程中，积累了较好的体育场地条件、教练员和裁判员队伍、训练经验、竞赛组织和管理经验等。如何开发和利用这些优质资源，推动大众竞技体育的发展是亟待关注的课题。可以考虑通过制度设计，将相关人员的公益行为与职称、职务晋级、就业推荐、奖学金评定等联系起来。与此同时，基层有很多个人自发性地组织在一起，成立相对松散的发烧友组织，自我筹资或出资组织练习（训练）和比赛。政府、体育总会、单项协会需要重视和扶持这类组织的生长发育，为这种非正式及其他正式组织中的领头人、发起人、骨干提供交流平台、培训机会。

（2）全面发挥大众竞技体育的社会效应，通过老百姓身边的竞技运动，带动更多的人参与运动，通过发展运动迷或运动发烧友，带动体育消费人口的增长，促进体育消费的增加。竞技运动不同于健身运动，参与者将体验到更强的身、心畅快感和刺激感，将产生更强的示范效应，大众竞技参与的形式有利于让广大民众感觉竞技运动其实距离自己并不远，有利于培养人们的体育运动兴趣，发展竞技体育人口。当前亟须做的是开发不同题材、不同形式、不同层次的大众化运动竞赛产品。同时，大力发展大众竞技体育，让更多的人对运动"成瘾"，让参与者形成良好的生活习惯、健康的体魄、良好的精神风貌，将参与者转化为竞技体育的"粉丝"和消费群体，使其成为支撑职业体育和体育服装、器材、博彩等体育产业发展的一分子。

（3）通过设计不同层次的业余体育联赛，让高、中、低水平的参与者都能找到自己的舞台，欢享竞技。同时，完善低水平向高水平、业余向职业转化或对接机制，让竞技参与和竞技发展内在统一于大众竞技体育的推广中。当前我国已经产生了一批具有较高竞技水平的大众竞技体育联赛，如"谁是球王"之羽毛球、乒乓球、足球民间争霸赛，肯德基三人篮球赛和国际篮球三人篮球挑战赛，足球回超联赛等。因此，当前我国亟须完善的就是进一步提升已有相关赛事的品牌形象，让赛事的知名度、影响力、吸引力不断扩大，促进项目在更大范围内被民众所熟知、所热爱、所从事，吸引一些企业投资、开发相关赛事。对一些达到较高竞技水平的运动员（队），可以采用政府购买的形式，代表国家或地区参加一些大型比赛；也可以加盟职业体育，转为职业运动员（队）。

第四节　新时代我国竞技体育内生式发展的治理机制

一、政府元治理

元治理认为治理也会失效，因为治理各方有不同的地位、立场及利益考量，这可能使它们无法达成共同的治理目标。因而国家（政府）要承担起元治理的角色，保留自身对治理机制开启、关闭、调整和另行建制的权力[1]。元治理的本质是在国家（政府）的良好安排和指导下，形成良好的社会管理机制[2][3]。从学者们的研究中可以得知，治理并不是不要政府参与，而是要政府有所为、有所不为。为此，有限政府、有效政府、服务型政府理念将成为指导政府发挥元治理作用的理论基础。

在访谈中，学者们对此一致认同。MDH 认为，未来我国竞技体育发展，理想的状态是英国模式，即中央政府有体育管理机构，但具体运作由协会进行。例如，英国竞技体育主要由 UK Sport 来运作，群众体育主要由 Sport England 来运作。我国未来的改革可以保留国家体育总局，但具体事务应分别交给中华全国体育总会及中国奥委会来操作。ZB 认为，未来，我国竞技体育应该是社会和市场力量主导，政府做好基本公共服务（最为重要的是顶层设计，而其中最为要紧的是人才培养体系和竞赛体系）即可，其余都应以资源效用最大化发挥为原则交给社会和市场。

（一）按照有限政府、有效政府、服务型政府理念调整自身角色定位

（1）有限政府是指在权力、职能、规模和行为方式上都要受到法律明确规定

---

[1] 王诗宗. 治理理论的内在矛盾及其出路[J]. 哲学研究，2008（2）：83-89.
[2] 郁建兴. 治理与国家建构的张力[J]. 马克思主义与现实，2008（1）：86-93.
[3] 丁冬汉. 从"元治理"理论视角构建服务型政府[J]. 海南大学学报：人文社会科学版，2010，28（5）：18-24.

和社会有效控制的政府[①]。根据这一理念，任何领域内的政府职能都有明确的职责权限范围。虽然政府具有政治、经济、社会、文化和生态五大职能，但政府在竞技体育发展中只能行使相应权限的政治、经济、社会、文化和生态职能。

政府管理竞技体育是为了使之更好地服务和推动社会发展，只有全面实现其政治、经济、文化、社会、生态等多重功能，才能更好地发挥其效用。因而，政府要在竞技体育发展的五大行为领域行使管理职能。有限政府是将政府管理的每一项职能都置于合理的限度范围内。笔者认为，这个限度应该以公共利益为衡量的标尺。正如罗峰所说："政府作为一种实现民众利益的工具，应该将公共性作为自身努力的方向，将公共性作为现代政府职能的价值定位。"[②]

那么，政府在管理竞技体育时，在追求其政治、经济、文化、社会、生态利益等过程中，其管理行为是否是为了实现私利？是否危害到公共利益？是否有利于实现公共利益？这成为衡量政府管理职能合理与否的基准。因此，政府在竞技体育中的政治职能要以体育竞赛成绩的稳定为基准，经济职能要以竞技体育市场化的成熟为基准，文化职能要以弘扬中华体育精神为基准，社会职能要以培育健康的体育生活方式为基准，生态职能要以体育场所与环境的协调发展为基准。

（2）有效政府是指在公共行政中，政府按照行政目标的要求，以尽可能少的行政成本，获得尽可能多的行政产出[③]。根据这一理念，政府行使管理职能需要体现良好的行政效率。这就要求政府在管理竞技体育的过程中，避免管理的缺位、越位、错位，做到科学定位及有效行使管理职能，即找准自身应该做什么、不应该做什么，能做什么、不能做什么。这就需要把握好自身的职责权限边界，有效发展自身管理能力等。

从应该做什么和不应该做什么的层面来看，理论界普遍认为，政府应该发挥宏观层面的调控职能，而不应该是微观层面的操作职能。在社会主义市场经济条件下，政府应该通过行使规划、监督、调控等职能，引导竞技体育发展中的市场、社会等微观作用机制的良性运行，使竞技体育产生自我发展动力和能力，呈现出科学可持续的发展态势。因此，政府应该肩负起竞技体育科学可持续发展的指引、监管、协调等功能。例如，对竞技体育职业化进程的改革设计、运行监督、利益协调；对竞技体育发展方式改革的设想、考核、评价、调整；对竞技体育发展结

---

① 白晋湘. 从全能政府到有限政府：市场经济条件下政府体育职能转变的思考[J]. 体育科学，2006，26（5）：7-11.
② 罗峰. 渐进过程中的政府职能转变：价值、动因与阻力[J]. 学术月刊，2011，43（5）：23-30.
③ 戴健."后奥运时代"政府竞技体育管理职能转变的目标选择[J]. 上海体育学院学报，2010，34（6）：1-3，9.

构的调整与优化、项目布局的统筹协调等。

从能做什么和不能做什么的层面来看,由于我国竞技体育的市场化、社会化程度还相对偏低,社会和市场力量参与发展,不仅自身获利能力偏低,而且所能发挥的作用相对偏弱,所以政府需要先通过利益杠杆,驱动它们参与竞技体育的发展,然后通过政策扶持它们成长,使之发挥更大作用。因此,政府能做的就是进一步推进管理体制和机制改革,给市场和社会创造更大更好的成长空间,打造更为便利的成长平台,发展壮大社会和市场力量,使之更有效地在竞技体育发展中发挥主体作用。

政府不能做的是压制竞技体育发展中市场、社会的活力,损害它们的利益,打消它们发展竞技体育的积极性,阻碍它们的发育和成熟。因此,政府要肩负起培育民间力量的重任,促使竞技体育内在发展动力和能力不断发展完善。例如,大力治理体育竞赛市场,形成公平、公正、有序的发展环境;充分尊重社会和市场力量发展竞技体育的利益追求,积极保障社会和市场力量的决策参与权、利益表达权等。

从把握好自身与其他发展主体之间职能边界的层面看,由于政府、社会、市场三者追求的核心利益不同,它们在竞技体育的发展中会行使不同的职责和功能,这就意味着三者之间会存在一定的职能边界。鉴于政治利益、社会利益、经济利益是三大发展主体的核心利益诉求,处理好三者之间的职责和功能的边界,主要在于平衡三者追求各自核心利益的能力。

因此,三者职能的边界主要在于三者在不损害公共利益的基础上,能够有效追求自身的合理利益,在利益均衡的基础上实现各自利益的最大化,即处理好行政作用机制、市场作用机制、社会作用机制之间的关系,达到政府主导、市场运作、社会参与,提升竞技体育内生发展动力和能力。例如,竞技体育举国体制做减法,按项目的市场化和社会化成熟情况逐步减少政府投入;完善体育项目协会的实体化进程,使之尽早与国际通行标准接轨;在大部制改革的背景下,推进体育系统与教育系统的融合,切实提高体教结合的实效等[①]。

(3)服务型政府是在公民本位、社会本位理念指导下,在整个社会民主秩序的框架下,通过法定程序,按照公民意志组建起来的以为公民服务为宗旨并承担

---

① 辜德宏,吴贻刚,王金稳.新时期我国竞技体育发展中的政府职能[J].北京体育大学学报,2013,36(10):16-20,50.

相应服务责任的政府[①]。它强调以社会公众为服务对象,以多元参与为服务形式,以合作协调为服务基础,以满足公共需求为服务导向[②]。根据这一理念,政府职能应该以服务于广大人民群众对竞技体育的需求为基准,以一种服务的姿态或形式实践其管理职能,即政府在竞技体育发展中的管理职能,要以实现公共利益为核心,要以公共服务为行政管理目的和手段。

目前,主流观点认为,政府在竞技体育发展中的服务职能主要在于两个方面。

① 政府按照民众的需求提供多元化竞技体育公共产品或服务。在竞技体育领域,广大人民群众享受的主要是竞技体育带给他们的精神层面的感受。这种精神层面的感受主要体现在两个方面:一是竞赛带给他们的精神上的自豪感,如奥运争光、全运会争光、省运会争光等;二是竞赛带给他们的感官上的刺激感,如欣赏 NBA、足球世界杯、奥运会等精彩赛事。因此,政府要有力保障人们的这两大需求,采用政府购买、补贴、外包等多种形式,由政府、非营利组织、企业等多元主体,按照"竞技体育公共产品和服务的特定受益区域,建设好全国性和地方性竞技体育公共服务体系"[③]。例如,建立运动员伤病防治、社会保险保障基金;设置青少年体育竞赛赛前文化课测试管理条例;购买体育竞赛参观权、体育场馆使用权服务于公众;组织体育公益活动,传播竞技精神与文化等。

② 政府服务于竞技体育的科学可持续发展,即政府遵循竞技体育的发展规律和人民群众的竞技体育需求,为竞技体育的内生式发展提供服务,使竞技体育更好地实现综合功能和多元价值,为社会主义现代化建设服务。例如,淡化金牌考核标准,加大对竞技体育公共服务体系建设的评价力度;设置体育竞赛、体育场馆建设的环保标准,规制企业破坏生态环境的行为;调整与优化竞技体育发展的项目结构、类别结构、区域结构,引导其走向协调、均衡发展。

(二)以发展定位的调整服务于竞技体育的核心价值主体

(1)调整竞技体育发展的功能定位。竞技体育的功能具有两种不同的维度:一是个体的人的维度,在这一维度,竞技体育具有休闲娱乐、强身健体、展示自我、教育、社会化等功能;二是整体的社会的维度,在这一维度,竞技体育具有

---

① 郇昌店,肖林鹏,李宗浩,等. 我国体育行政部门建设服务型政府的价值取向与路径研究[J]. 山东体育学院学报,2009,25(9):5-8.
② 陶学荣,黄元龙. 论公共服务型政府建设途径[J]. 甘肃社会科学,2005(3):235-237.
③ 马志和,戴建. 社会转型期我国政府竞技体育管理职能的定位[J]. 上海体育学院学报,2006,30(1):6-9.

经济、政治、文化、社会、生态等功能。我国竞技体育发展功能的调整，需要重视竞技体育在这两个层面上的功能，协调发挥两个层面上的多元功能，形成双维度多中心的功能结构。

从人的维度来看，竞技体育要充分发挥促进人的全面发展的教育功能。同时，现代竞技体育催生了职业体育，具有运动天赋的人将竞技体育当作一种职业，通过竞技体育展示自己的高超运动技能，达到自我实现。对这个特殊群体来说，竞技体育的自我实现功能成为核心功能。

从社会的维度来看，竞技体育要协调、全面发挥经济、政治、社会、文化、生态这5个方面的功能。同时，由于当前我国对内仍以经济建设为中心，并强调经济、社会的科学、和谐发展，对外则以建设世界强国为中心。因此，竞技体育发展的经济、社会、政治功能应当成为此阶段内的核心功能。

（2）关照竞技体育的多元价值主体，尊重不同价值主体的合理需求。人和社会是竞技体育发展的两大价值主体。从服务于人的发展来看，它主要通过提供竞技体育产品或服务，服务于人在身体和精神层面的发展需求。从服务于社会的发展来看，它主要服务于人类社会在经济、社会、政治、文化、生态等领域的发展需求。由于国家、集体和个人是抽象出来的人和社会的具体存在形态，所以竞技体育的发展更直观地体现在服务于这3类不同主体的需求上。

既然竞技体育具有多元价值主体，那么各价值主体都可以对竞技体育的发展提出合理需求。这就意味着，在竞技体育产品的生产与供给中，不能再以国家的政治需求来同构其他价值主体的多元需求，而要正视不同价值主体的合理需求，生产和提供多元竞技体育产品，满足不同价值主体的不同需求。在访谈中，学者们也强调应完整发挥竞技体育的综合效应。

个人可以区分为运动员和非运动员。针对运动员，竞技体育主要在于生产和提供保障他们竞技能力和水平发展，以及促进他们自我实现的服务或产品。针对非运动员，竞技体育主要在于生产和提供满足他们竞技参与、竞技欣赏、竞技体验等方面需求的服务或产品。集体则会根据目的或性质的不同产生多类团队组合，从我国的发展实践来看，主要有企业、俱乐部、学校等不同行业或利益集团。竞技体育根据不同行业或利益集团的需求生产和提供竞技争光类、竞技参与类和竞技表演类服务或产品。国家可以视为由中央政府和地方政府为代表组成的行政体。针对中央政府，竞技体育主要聚焦于生产和提供满足为国争光的服务或产品。针对地方政府，则主要聚焦于生产和提供满足为区域争光的服务或产品。竞技体育的发展需要全面关照这些不同价值主体的需求。

（3）调整竞技体育发展的价值定位，关注重心由国家转移到民众。竞技体育发展的价值调整，首先在于其价值主体的调整，在于协调处理国家、集体和个人三者的利益关系。由于人是构成人类社会的基本单元，所以竞技体育发展的核心价值主体是人。因此，竞技体育价值主体的调整关键在于将之归还于大众。正如国内、国外学者所言，小众精英竞技应转变为大众竞技运动[①]。获取金牌与让更多的人参与竞技运动同样重要[②]。

竞技体育发展的价值调整，其次在于价值取向的调整。为国争光、满足国家利益虽然仍然不容忽视，但我们需要有更为理性和全面的认识，需要淡化金牌意识，破除以竞赛成绩论成败的单一价值取向，协调处理3个不同层次主体的利益需求。竞技体育的发展要从国家需求主导逐步过渡到民众需求主导，竞技体育发展的价值取向不再单单聚焦在国家层面，而是更加重视满足广大人民群众的多元化体育需求，如为构建青少年健康生活方式服务，为社区和谐发展服务等[③]。在当前我国竞技体育发展的起点、目标和要求与以往相比具有明显不同的情况下，虽然仍然不能忽视竞技体育发展的国家需求，但需要重新审视其核心价值主体，充分发挥竞技体育发展为人的核心价值属性，将其核心价值主体由国家转移到民众，形成由"民众—社会—国家"构成"塔基—塔身—塔尖"的发展服务对象关系及需求序列[④]。

（三）以制度创新引领竞技体育产品供给结构的优化

（1）创新政府体育主管部门的绩效考核评价制度。长期以来，我国体育事业的发展将奥运金牌、世界冠军作为政府主管部门绩效考核的核心指标[⑤]。这不仅使竞技体育成为体育工作的核心，而且使竞技体育以争光类产品的生产与供给为核心。为此，要实现3类竞技体育产品生产与供给的协调发展，需要改革创新政府

[①] 任海."竞技运动"还是"精英运动"？：对我国"竞技运动"概念的质疑[J]. 南京体育学院学报（社会科学版），2011，25（6）：1-6.

[②] GREEN M.Power, policy, and political priorities: Elite sport development in Canada and the United Kingdom[J]. Sociology of sport journal, 2004, 21(4): 376-396.

[③] THOMSON A, DARCY S, PEARCE S. Ganma theory and third-sector sport-development programmes for Aboriginal and Torres Strait Islander youth: Implications for sports management[J]. Sport management review, 2010, 13(4): 313-330.

[④] 辜德宏，蔡端伟，吴贻刚. 我国竞技体育发展方式转向的思考[J]. 首都体育学院学报，2014，26（2）：141-144.

[⑤] 黄波. 论我国竞技体育发展的制度因素[J]. 体育文化导刊，2015（5）：5-8.

体育绩效考核评价制度。由于竞技体育的发展具有服务于人和社会发展两个维度的作用与功能，所以创新政府体育绩效考核评价制度主要在于权衡竞技体育发展服务于国家、集体、个人三层级主体的作用与功能，权衡竞技体育发展在促进经济、社会、政治、文化、生态5个领域发展的作用与功能。

构建竞技体育发展的评价指标需要把握过程性评价和结果性评价两个方面[①]。过程性评价是一种对发展的状态、性质的评价，可以从发展的全面性、科学性、可持续性、文明性等方面来衡量。发展的全面性可以从奥运项目和非奥项目，基础大项、优势项目、冷门项目，冬奥项目和夏奥项目等的投入的均衡程度、政策保障的兼顾程度、监督考核的同一程度等方面来衡量；发展的科学性可以从竞技体育发展与科学技术发展的同步程度，与先进训练理念、手段、方法的同步程度，与先进恢复及疗伤手段、方法的同步程度，与先进管理理念、手段、方法的同步程度等方面来衡量；发展的可持续性可以从竞技体育发展与人民群众体育需求的吻合程度、与经济社会发展需要的适应程度、与自然环境之间的协调程度、与市场和社会作为内生动力的有效程度等方面来衡量；发展的文明性可以从体育竞赛的公平与正义程度、运动训练的规范与有序程度、管理的民主与法治程度、后备人才培养的人文与保障程度、教练员与运动员权利保障的有效程度等方面来衡量。

结果性评价是一种对发展的程度、效果的评价，可以从发展的水平、发展的速度、发展的影响力等方面来衡量。发展的水平可以从国际大赛的金牌和奖牌排名、世界纪录的拥有数、技术动作的命名数、等级运动员人数、国内职业联赛的入座率、国内体育赛事转播的收视率、大型赛事后体育场馆的利用率、体育俱乐部公益活动的多少、教练员与运动员职业道德素养的高低等方面来衡量；发展的速度可以从奥运会排名与GDP排名的同步程度、优势项目竞赛成绩的领先程度、弱势项目竞赛成绩的进步程度、竞技体育公共服务与人民群众公共体育需求的匹配程度、体育产业对国民经济的贡献程度、职业体育发展的成熟程度、学校竞技体育发展的成功程度等方面来衡量；发展的影响力可以从田径、游泳、三大球的竞赛成绩，我国产生的国际知名运动员人数，国外聘请的运动员人数，国外执教的教练员人数，国际级裁判人数，大型国际赛事的承办次数，国内联赛的国际运动员人数等方面来衡量。

（2）创新管理制度，降低社会和市场力量参与竞技体育产品生产与供给的制

[①] 辜德宏，吴贻刚. 竞技体育发展方式基本理论问题探析[J]. 北京体育大学学报，2014，37（10）：7-12.

度性交易成本。供给侧改革的核心是放松管制、释放活力、让市场机制发挥决定性作用,从而降低制度性交易成本,提高供给体系的质量和效率,提高投资有效性[1]。为此,政府需要进一步释放在竞技体育领域的管制范围,打破体育部门的垄断性竞争形式,释放民间资本的活力。

① 政府需要进一步明晰自身对 3 类竞技体育产品生产与供给的管理权限,尤其是在竞技表演类产品生产与供给中的让利放权,以及竞技争光类产品生产与供给中的利益协调。

② 政府需要综合利用多种管理手段来促进社会和市场力量的成长。正如戴健等[2]所说:"各级政府需要通过优先注册、资金扶持、税收优惠等措施,进一步增强体育社会组织的活动能力。"尤其是针对体育俱乐部在大型体育场馆建设与使用方面的政策优惠,以及对社会和市场力量参与争光类、参与类产品生产与供给的资助或购买服务标准及考核要求等。

(3) 协调均衡发展竞技争光类、竞技参与类和竞技表演类 3 类产品。

① 打破多年来竞技争光为先的惯性思维。从奥林匹克运动精神来看,参与比取胜更重要。从现代竞技体育的发展演变来看,职业体育或体育商业性赛事已经成为人们生活的重要组成部分,而且对国民经济的发展具有积极作用。淡化竞技争光,注重发展竞技参与类和竞技表演类产品是当下所需。

② 重构 3 类产品的结构关系。从 3 类产品的关系来看,竞技争光类产品和竞技表演类产品都是建构在竞技参与类产品之上的。三者间应该形成以竞技参与类产品为核心,竞技争光类产品和竞技表演类产品以之为根基的产品发展结构。这需要转变实践中依托提高来推动普及的思路,改由依托普及来推动提高,进而使小众精英的竞技争光、竞技表演建构在大众竞技参与之上。

③ 依托学校和单位来提升竞技参与类产品的生产与供给规模、质量。对大多数人来说,学校和单位生活覆盖了他们人生中的绝大部分时间。充分发挥学校体育课程、课外体育活动、校园体育组织和单位工会的作用将起到有效推动作用。

(4) 从注重精神层面需求转移到注重身体层面需求。

① 正视人们精神需求的多样性。人们精神层面的需求不局限于荣誉需求,还有欣赏需求、精神引领需求、道德建构需求等。生产和提供竞技体育产品需要注

---

[1] 冯志峰. 供给侧结构性改革的理论逻辑与实践路径[J]. 经济问题,2016(2):12-17.
[2] 戴健,张盛,唐炎,等. 治理语境下公共体育服务制度创新的价值导向与路径选择[J]. 体育科学,2015,35(11):3-12,51.

意满足人们不同类别和层次上的精神需求。

② 重视人们的身体发展需求。体育的功能主要是通过肢体活动来实现的，竞技体育更是如此，而且竞技体育与健身活动、休闲活动等相比，在强体魄健意志方面更具特点。在当前国民体质与健康已经成为社会问题的情况下，通过参与竞技运动强健国民身体素质和精神面貌，通过竞技表演带动人们改变生活方式，促使人们喜爱并积极参与竞技运动，具有重要现实意义。

③ 依托项目推广和赛事设计来满足人们的参与需求。调查不同运动项目开展的群众基础，把握我国不同群体喜爱参与的大众化运动项目，大力扶持相关项目协会做好普及与推广工作，如培养更多的专项指导员，组织社区、单位、学校等进行专项技能培训等。同时，通过对赛事的改革与创新，让更多的人能够参与运动竞赛，如上海一年一度的青少年10项系列赛、四年一度的市民运动会、一年一度的市民大联赛。办赛事要亲民，通过分层分类设计让部分专业性和综合性运动竞赛参与人群更广，更好地发挥竞赛杠杆作用来促进普及与提高[1][2]。

(四) 以政府竞技体育管理职能改革推进社会和市场力量的成长

(1) 进一步推进有限政府和有效政府建设。

① 竞技体育举国体制做减法，按项目的市场化、社会化发展程度，结合拿牌效应、所需资金量等逐步减少支持项目。针对一些具有一定社会发展基础的重点夺金项目，可以考虑先行适度放开，将二线、三线后备人才培养交给社会和市场力量。

② 政府合理调整职能处室的业务管理范围和权限，以提高行政效率。例如江苏省体育局将分散在多个部门的7个行政审批事项合并调整给了综合业务处一个部门[3]。同时要进一步修改、完善相关管理制度、办法和实施细则，让中国奥委会、单项体育协会、其他社会组织承接更多的具体运作事务。例如，运动员注册、参赛资格审查交由单项协会负责，主管部门只负责监管，采用畅通举报途径和现场抽检、蹲点监管的方式，对违规现象严厉处罚，并追究责任。

③ 政府进一步减少对职业体育在市场开发与运营方面的干预，给予职业体育

---

[1] 辜德宏，周战伟，郭蓓. 政府对专业性运动竞赛的改革与创新：基于对上海市青少年10项系列赛的分析[J]. 首都体育学院学报，2016，28（1）：64-68，76.
[2] 辜德宏，尚志强，周après将，等. 从"小众竞技"到"大众竞技"：运动竞赛的发展动向：基于上海市民运动会的个案分析[J]. 上海体育学院学报，2016，40（3）：40-45.
[3] 江苏省体育局. 省体育局关于调整行政审批事项办理部门的通知[EB/OL].（2013-06-03）[2024-04-11]. http://jsstyj.jiangsu.gov.cn/art/2013/6/3/art_79487_9426561.html.

联盟、体育企业、体育俱乐部更大的自主发展权，将自身管理职能切实转向对赛事举办的标准、要求的制度设计，赛事开发与运营的相关法律法规的制度设计，赛事运作中违法违规行为的监督、判定、处罚等宏观管理职能。

④ 协调发挥职业体育的政治、社会、文化、生态职能。例如，通过税收优惠或购买服务的形式，让其针对部分国际比赛承担临时性的竞技争光任务；通过降低税收，降低场馆运营水、电等成本，让民众观看赛事的成本更低，使民众业余文化生活的内容和形式更为丰富、健康；将政策优惠与承办公益性活动的要求适度捆绑；对大型体育场馆排污标准的要求和执行等。

（2）进一步推进服务型政府建设。

① 把握民众对竞技体育的多元化公共需求，提供符合民众需求的多元化竞技体育公共产品与服务。从高水平竞技体育和大众竞技体育两个层面出发，立足人的身心发展需求，把握民众的竞技参与、竞技发展、竞技表演、竞技欣赏、竞技娱乐等多元化公共需求，构建多元化竞技体育公共产品与服务体系。在访谈中，ZCH也提到，培育市场需要精细化调研市场对竞技体育的需要，然后采用针对性的措施来满足市场需求。

② 区分不同竞技体育产品的属性，明确政府提供竞技体育公共服务的范畴。把握公益性、准公益性、私益性的标准，区分不同竞技体育产品的属性，政府切实退出职业体育等私益性竞技体育产品领域，转而为参与其中的民间力量创造良好的发展环境和条件。政府对争光类、参与类的公益性和准公益性竞技体育产品既可直接参与提供，也可通过与社会和市场力量的合作来共同提供。

③ 充分利用经济杠杆，撬动社会和市场力量参与生产与提供竞技体育公共服务，丰富生产和提供竞技体育公共服务的主体，提升竞技体育公共服务水平。尤其在当前政府购买公共服务成为提供公共服务的有效途径的背景下，政府需要更多地探寻有效的购买或补贴公共服务的市场化运作形式，调动更多民间力量参与其中，以实现政府的多元化竞技体育公共服务目标。

二、行业自治

（一）主动提升自身治理能力，积极参与竞技体育治理，改造竞技体育治理格局

（1）积极参与竞技体育发展的各项治理，增强体育社会组织的自治和共治意识、能力。近些年，国家出台了一系列政策法规或改革举措，针对运动训练，运

动竞赛,体育赛事开发、运营、转播等探索改革创新的思路,而体育主管部门出台相关政策文本或改革方案、措施前都会进行相关的咨询、公示,针对一些重大改革问题还会举行相关听证会。这虽然在一定程度上保障了信息的公开、透明及社会关注度、参与度,但实践中仍有不少体育社会组织对此漠不关心或认为自身的意见提与不提都没有什么影响。在访谈中,杭州办青少年运动培训班的体育教师T谈道:"我们哪会关注那么高层的东西,一般都是微信朋友圈转发或网络、电视新闻报道相关信息,我们才会关注到,更不用说给相关部门或改革提建议,况且就算我们提了意见可能别人也未必理会。"实际上,从世界发达国家的发展经验来看,强大的公民意识、参政意识、议政意识和能力,是保证其公民社会发育和社会自治的关键,其体育社会组织也具有较好的自治意识和能力,如美国大学生冰球、橄榄球、篮球等的市场开发,学校体育基金的募集及其对运动员奖学金、教练员酬金的作用等,这些较好地保证了它们具有与政府博弈的资本及发展竞技体育的能力。因此,我国社会和市场力量应该积极主动关注竞技体育改革与发展的相关信息,多提具体的意见或建议,让主管部门更好地了解社会和市场的需求及发展困境,进而促成主管部门出台更有效的改革设计。同时,不断发展自身的参政、议政能力,提升自身的组织与管理能力,为自身参与共治或实施自治打下基础[①]。

(2)大力发展行业协会,增强自身在项目协会改革中的话语权,加强自身引领体育行业发展的能力。纵观西方发达国家竞技体育的发展历史,项目的普及与发展,首先是项目本身被大众广泛接受,然后形成项目协会和行业组织,由它们推动项目的普及、发展及形成相应的产业链。也就是说,项目协会、行业组织引领着竞技体育的自组织发展,并最终建构了竞技体育发展中社会、市场、政府间的多元发展格局。因此,我国项目协会的改革,除了需要政府主管部门简政放权,还需要发展体育行业组织或联盟,让不同项目、不同行业有可以承担相关组织与管理工作的体育社会组织或机构。目前,足球和篮球协会改革搁浅,诚然其中涉及了诸多复杂的利益关系,然而项目协会实体化改革终究要推进落实,那么,在改革陷入僵局的时期,各体育俱乐部、体育企业、体育组织建构职业联盟、行业协会等,未尝不是一种突破的思路。一方面,这有利于形成一种自下而上的"倒逼"改革形势,通过自身能力的提升向高层和管理机构施加影响;另一方面,这

---

① 傅振磊.我国体育社会组织发展改革的问题与对策:从自发到自觉[J].体育成人教育学刊,2020,36(1):18-22,50.

有利于提前发展自身的承接能力，为日后推进落实项目协会实体化后的承接工作打下基础。由此，我们可以借鉴美国、德国、英国等国竞技体育发展的经验，建构职业体育联盟、各类体育协会，形成项目发展和行业发展的体育社会组织或机构。例如，英国校园足球的发展，就由英格兰学校足球总会、学校足球协会、足球基金会等体育社会组织机构来支撑其发展[①]。

（3）体育主管机构进一步简政放权，深化推进竞技体育领域的"放管服"改革，逐步拓宽社会和市场力量参与竞技体育发展的领域。从我国竞技体育发展的历史来看，我们一直实行的是渐进式改革，即逐次释放管理权限、转变管理职能、下放管理领域等。这既是我国国情和管理体制使然，又是出于保证改革平稳过渡和竞技体育发展的稳定性的考量。未来，这一改革方式不会轻易改变。尤其是竞技争光类产品或服务由于具有专业性强、涉及面广、精细化程度高等特点，目前还需要主要采取政府兜底或保障的发展模式，待到青训有了较好的发展规模、成熟的发展模式和成效后，可以逐步将更多的项目过渡到由社会和市场力量来承担。竞技参与、竞技欣赏等领域则可以大胆地放权给社会和市场力量。同时，可以将运动训练和竞赛中的一些服务环节开放给社会和市场。例如，运动员、教练员、裁判员等专业人员的信息采集、大数据库建立；运动员及对手的竞赛表现、数据分析；运动训练后的保健、运动损伤后的康复；训练的技战术跟踪、生物力学分析等。当然，这里面涉及一些保密问题，可以通过法律条款和合同来约束、规范各行为。针对职业体育的改革，主要在于建构我国职业联赛组织管理结构，这需要将政府与俱乐部的"领导者-跟随者"非合作博弈关系，转变为力量相对均衡的合作博弈关系，政府主要通过政策制定和法规监管进行制度化管控，对职业联赛进行宏观的依法管理，如中国足球协会改革成为政府与市场投资者的双重代理人，两者间形成相对均衡的博弈形势[②]。此外，政府还需要对大型体育场馆的建设、俱乐部的运营、关键赛事的安保等提供政策、税收优惠、服务。

（二）扩大体育社会组织规模，拓展其参与的项目和领域，提升其参与发展的效力

（1）大力培育青训体育社会组织，不断壮大其发展规模，让竞技体育的发展可以覆盖更多更广的地方，涉及更多更广的人群，通过培养更多更好的竞技体育

---

① 浦义俊，戴福祥. 英国校园足球发展特征及启示[J]. 体育文化导刊，2020（1）：6-11.
② 梁伟，邢尊明. 基于中国足球协会双重代理的中超联赛组织管理结构变革[J]. 体育学刊，2016，23（1）：67-71.

人口，为我国竞技体育的发展打下坚实基础。社会主导型发展模式与政府主导型发展模式，一个突出的不同之处就在于前者具有更为广泛的竞技体育人口，后者则相对有限。美国竞技体育是典型的社会主导型发展模式，其发展的基础是建立在广泛的社会参与性基础上的，精英竞技与大众竞技之间有较好的架接、融通，宽口径的竞技体育人口和大众群体的参与，也是其竞技体育发展多年来保持长盛不衰的关键。我国竞技体育是典型的政府主导型发展模式，竞技体育被等同于精英竞技，走的是一条小众群体参与的专业体育、代表队体育的发展路子[1]。两相比较，大众参与竞技体育的发展方式、宽口径的竞技体育人口培养，相对来说更有利于人才储备和人才梯队的搭建。近些年，我国一些优势项目后备人才萎缩的形势也说明了这个问题的重要性。实际上，培养更多的竞技体育人口，不仅有利于为选材、育才打基础，而且为推动体育产业发展、拉动体育消费打下了基础。因为竞技体育参与的专业性更强，参与者具有相当的专业基础、稳定的运动习惯，他们对运动装备、运动场地、赛事欣赏等的要求更高，具有更强烈的体育消费动机和愿望，所以培育更多的青训体育社会组织，让更多人能够参与竞技体育，具有重要的战略意义。

（2）进一步推进职业体育改革，建构良性发展循环的市场环境，为我国竞技体育发展打造高水平的锻造平台。从学者们的相关研究来看，我国职业体育有序发展的前提条件和基础，主要在于解决职业体育发展主体的权益保障问题，以及进一步规范职业体育的发展运行。结合实践发展来看，近些年国家进行了相关专项整治，出台了一系列政策法规，解决了职业体育发展运行中的一些基本规范问题，如球员流动、球员薪酬等。发展主体权益保障的问题，一直是我国职业体育改革的焦点和难点问题。学者们指出，清晰的产权是保障我国职业体育发展主体权益的根本，产权制度的设计是明晰产权划分与归属的基础，其中对产权结构的治理与重新规划是突破口，而且，由于对产权的理解已经由物权关系演变到了行为权利关系，获得资源配置主导权比直接争夺联赛"物"资源的归属更为重要[2][3]。他们据此提出了我国足球职业联赛"政府产权"边界的界定及约束，在宏观、中观、微观不同层面的改革构想。从学者们的研究看，政府需要站在元治理的层面

---

[1] 辜德宏. 我国竞技体育发展方式转变的逻辑起点辨析[J]. 天津体育学院学报，2015，30（5）：383-387.
[2] 许延威，于文谦. 我国职业体育的制度结构失序与产权结构治理[J]. 沈阳体育学院学报，2013，32（3）：12-15.
[3] 梁伟. 中国足球职业联赛"政府产权"的界定及其边界约束研究：基于产权由物权关系向行为权利关系演化的理论视角[J]. 体育科学，2015，35（7）：10-17.

为推进职业体育的市场化发展进行保障和协调。以足球改革为例,政府可以考虑将联赛国有股权由普通股转为优先股,放弃控制权而获取利润盈余分配和剩余财产分配上的优先权,非国有股东则获取控制权和管理权,职业联赛发展的转播权、商品开发、比赛收益等由俱乐部、联赛理事会自主经营和处置,中国足球协会退出联赛日常运营的各项事务,拥有对联赛重大事项监管、审核的一票否决权[①]。

(3)高度重视发挥竞技体育的育人功能及社会、文化功能,转变人们对竞技体育的错误认识。从现代竞技体育的起源与发展来看,美国、英国、德国等西方发达国家的社会各界之所以高度认可和支持竞技体育的发展,是因为主要看到了它在人的成长、充当社会减压阀、丰富业余文化生活这些方面的积极作用。当然,后期又诞生了职业体育,生发了竞技体育的经济功能。无疑,要让国人更好地接受竞技体育,进而建构竞技体育发展的良好社会环境和氛围,就需要充分发挥竞技体育在这些方面的作用与功能。

① 更为完整地发挥竞技体育的育人功能。要让参与竞技体育不仅仅是发展参与者的运动技能和体能,更要在锤炼参与者的意志品质及社会适应能力等方面发挥独到的作用。这就需要青训机构、学校、教师、教练员等注意改造教学、训练、竞赛、评价等的方法、手段,使参与者在竞技运动中由自发、被动发展向提前设计、有计划建构转变。

② 提供更为丰富和多元的运动竞赛产品与服务,让更多的人有更多机会参与不同运动竞赛,充分发挥竞技体育的社会减压阀作用。在现代化社会中,人们的工作节奏越来越快,工作压力越来越大,工作中的一些负面情绪需要宣泄,竞技场无疑是成本较小且健康的释放、缓冲压力的场所。因此,通过各类体育社会组织,组织不同层次、不同类别、不同项目的竞技参与、运动竞赛,有利于人们在运动参与和竞技中宣泄负能量。

③ 以家庭、社区、单位、城市为载体,组织开展丰富多样的体育活动和赛事,丰富人们的业余文化生活,建构良好的生活方式。国人历来重视子女的培养问题,营造良好的亲子关系也受到越来越多家庭的重视。婴幼儿、青少年阶段是身心健康发展的启蒙和打基础阶段,因此家长陪同孩子进行竞技参与、运动竞赛,既能更好地激发孩子们参与的主动性和积极性,又能建构良好的家庭生活方式。这样也就创设了竞技体育发展的日常活动单元。在此基础上,推动社区、学校、单位、

---

① 梁伟. 基于资本权力错配与重置的中国足球超级联赛股权管办分离研究[J]. 体育科学,2013,33(1):17-22.

城市等多元主体提供多元的竞技参与活动、运动竞赛活动，为人们的竞技参与和发展搭建更多的发展平台。

（4）利用"互联网＋体育"手段，大力发展体育产业，创造更多的就业机会和致富平台，让从事竞技体育成为一项赚钱的行业，充分发挥其示范、带动效应。近些年，我国体育产业的发展体现了科技推动和创新引领的趋势。体育智能穿戴和制造、体育智慧社区、运动技术软件分析、大数据服务等在体育健身、运动训练、体育赛事中广泛应用，有效提升了人们的运动品质或体验感。随着国家对体育产业的大力扶持和发展，其吸金效应越来越显现，这将更好地改造人们对从事和发展竞技体育的认识。

（三）扶持体育小微企业发展，按基层需求及区域特点，凝练其参与发展的优势

（1）扎根基层，大力扶持体育小微企业发展，构建我国竞技体育发展的微单元，激发基层竞技体育的发展活力。由于多年来一直倡导和宣扬素质教育，近些年，越来越多的家长开始重视对孩子的特长或技能的开发与培养，音体美特长培养更是其中之重中之重。从相关体育培训机构或组织的经营规模和方式看，主要分为两种类型：一是大型化的培训机构或组织，它们有营业执照，有销售、教练员、前台等组织机构和职责分工，有固定的教学场所；二是小型化的培训机构或组织，它们大多有营业执照，但也有部分没有（如体育教师、体校教练员、体育爱好者等组织的针对特定对象的培训班、私教之类），它们没有严格意义上的组织架构和管理团队，大多是自己或与合伙人一起身兼招生、培训、管理等各项事务，一般是租借运动场地或借用社区、学校运动场地。实际上，后者是一种体育小微企业的组织形式，这种组织形式广泛存在于各级各类学校、小区周边，其知名度和招生规模不如前者，但也能吸引不同群体的注意和参与，并且其规模虽小，但数量庞大，又各自散落在不同区域，形成了一种基层民众竞技参与和发展的微单元。从这样的角度来看，鼓励和扶持此类体育小微企业具有重要意义。因此，如何鼓励、引导体育教师、体校教练员、体育爱好者等从事相关青训工作，需要慎重考虑和适度支持，如为其组织青训提供合法性依据与税收优惠，引导其依法办理营业执照、规范执教行为等。

（2）体育主管部门和项目协会组织相关业务培训、学习，社会、市场组织建立自身的学习、进修制度，不断提高自身专业知识和素养。随着科技的发展、知识更新的加快、创新的加速等，建构学习型社会早已获得世界各国的普遍认同。

通过持续不断地学习，提高自身专业知识素养和技能水平，也是体育社会组织或机构保持发展竞争力的关键。为此，体育社会组织或机构需要建立相关业务考核制度，定期考核其成员在专业技能、素养等方面的知识更新情况，建立相关管理制度对其成员在学习时间、经费等方面予以一定支持。政府可以考虑对发展达到一定层级或水平的社会和市场力量给予一定的经费或政策支持。例如，为贡献大的社会和市场力量分配高级研修班、出国学习的名额，为其人员进修提供一定比例的扶持资金等。与此同时，由于多年来我国专业体育的发展模式积累了丰富的竞技体育发展经验和知识，所以体育主管部门和项目协会需要更好地发挥其专业性帮扶作用，针对重大、关键、前沿体育理论与实践问题，定期或不定期对社会和市场力量进行相关介绍、培训。

（3）甄别人民群众日益增长的多元竞技体育需求，不断改革创新，以提供更优质的竞技体育产品或服务，进而提升自身发展的生命力和竞争力。

① 提供多类别、多层次的体育活动。人们的体育需求会根据项目、运动水平、性别、年龄等的不同而产生差异，要想有效促进基层民众参与竞技体育，就需要根据他们的多元需求，分层分类生产与供给竞技体育产品或服务的内容。因此，体育社会组织或机构需要甄别基层民众体育需求的种类、特点、供给现状等，为定位自身生产与供给的类别、内容、标准、要求等提供依据。

② 创新体育活动内容和形式。当下，人们的体育兴趣更为广泛，新兴体育项目层出不穷，人们活动的时间短促且不容易固定，参与也更多地以个人或亲朋好友三五成群的方式进行，这就要求竞技体育活动内容和形式的生产与供给更富创造性。因此，体育社会组织或机构需要把握世界体育发展潮流，结合基层民众的需求及参与活动的时间、方式等方面的特点，设计更具趣味性的竞技体育活动内容与方式，让民众有更多的竞技体育活动内容、活动形式、活动单元可以选择。

（4）根据区域发展优势和资源特点，选取重点企业予以扶持和关照，打造竞技体育发展的社会品牌。

① 地方政府注重培育不同规模、作用和影响力的品牌体育企业。地方政府可以根据地域文化、风俗、资源等方面的特点，通过政策和资金扶持来予以打造。例如，整合利用区域内各级各类学校的体育资源，并使之与相关体育企业形成强强联合。这需要对不同规模的体育企业采取不同的政策或资金扶持策略。例如，针对场馆条件缺乏的企业，在场地建设和租赁方面给予更大的政策支持；针对承担竞技体育人才培养任务的企业，给予更多的教练员和奖励资金支持等。

② 中央政府重点培育具有国际竞争力的体育企业。实际上，近些年我国一些体育企业茁壮成长，也形成了一定的品牌效应。但它们仍然与相关领域的国际知名体育企业有较大差距。因此，中央政府需要为我国知名体育企业提供更多的服务和关照，帮助它们更快地成长为国际知名企业。

（四）健全激励及约束机制，营造良性有序的竞争环境，规范其参与发展的行为

（1）进一步加强体育法制建设，制定行业标准，逐步规范行业发展。从西方职业体育和社会俱乐部的发展来看，一系列完善的政策法规规范、引领其走向自组织发展，如关于教练员资格和等级的考核、再进修制度，球员转会制度，职业球员工会制度，职业运动员薪酬制度等。从我国竞技体育社会化和市场化的发展来看，相关政策法规建设相对落后，传统的人治色彩相对浓厚，在一定程度上影响了竞技体育社会化和市场化发展的规范化、标准化水平。虽然近些年国家也意识到了这一问题，国家层面和行业协会层面也都相继出台了一些相关政策法规，但是从政策法规涉及的范围来看，仍有一些重要领域、重要问题没有涉及或缺乏效力，如对教练员从业资格的监督、考核，对社会力量办赛不达标、违规、违法行为的管理，对运动员参赛资格争议处理的仲裁等。社会和市场力量的成长要走上科学有序发展的轨道，就要加强法制建设，通过对相关政策法规的完善，让行业发展具有一套规范化、标准化、制度化的内容、要求、流程等。

（2）尝试和鼓励"一业多会"，让行业协会产生竞争压力，进而形成行业发展的内生动力。英格兰学校足球总会下设40个学校足协，负责所有地方校园足球竞赛工作的组织和推广，带动了约18000所小学常年开展足球比赛，开展校园足球的学校更是高达32000所[①]。这启示我们，试行和尝试"一业多会"，有助于项目的普及与发展。实际上，我国跆拳道项目的培训有多个考级体系和标准，上海体育大学还推出了诸多项目的青少年运动等级标准。未来，可以针对业余层面，允许有全国性和区域性运动员等级标准。当然，标准出台只是一个方面，要被各方接受和使用，还需要将相应的标准引入一些评价体系中，这就需要政府部门对不同标准进行考量，让区域性或行业性标准成为某些考核的内容。例如，达到某些运动等级标准，等同于几级运动员，等同于中考、高考体育的满分等。

（3）建构良好的体育企业或社会组织文化，积淀企业或组织独特的文化内涵与传统，逐步构筑体育企业或体育社会组织的文化品牌。一个好的企业或组织，

---

① 浦义俊，戴福祥. 英国校园足球发展特征及启示[J]. 体育文化导刊，2020（1）：6-11.

总会形成有自身特色的企业或组织文化和精神，激励和指引员工建构更为科学的价值观、人生观。事实上，如果体育企业或组织具有高度的社会责任感、使命感，就会更好地起到示范效应，激发员工的爱岗敬业、乐于奉献、不屈不挠、拼搏奋斗等精神。这些是任何企业或组织发展都需要的良好精神品质。因此，不同规模的体育企业或社会组织，首先要对致力于推进我国体育事业的高质量发展有高度的责任感和使命感；其次要将之作为企业或组织文化的一个有机组成部分，结合自身发展领域、特色建构企业或组织文化；最后要更为深刻地学习、领略竞技体育文化和精神的要义，在发展运营中更好地弘扬体育精神和中华体育精神。

（4）采用星级管理，动态评价，以形成体育社会组织成长的良性竞争环境。多年来，促进各类社会组织更好更快地成长是民政部关心的重要问题之一。从民政部官网的报道来看，养老服务、旅游产业、物业服务项目、志愿服务等不少领域都已开展社会组织的星级评定，通过标准设定和定期考核来引领社会组织规范自身发展，加强内涵建设，提升服务品质。实际上，体育领域也有一些项目、一些城市采取了类似的做法。例如，健身房就有星级评定标准及专业认证机构[①]；上海通过对青少年体育俱乐部的星级评定，激励其规范发展，引导其做大做强[②]。今后，可以参照相关做法和经验，让更多项目、更多城市实施体育社会组织的星级管理，拟定各星级服务内容、要求、标准、考核办法等，采用动态评价，以督促它们规范发展，加强内涵建设，不断优化提升自身的发展竞争力。

三、多元共治

（一）逐步调整与强化社会和市场力量在竞技体育发展中的作用

（1）从"强政府、弱社会"的运行模式转变为"强政府、大社会"的运行模式。多年来，我国竞技体育实行政府主导的运行模式，在取得了跨越式发展的同时，也伴随发展成本高、代价大、发展结构不均衡、发展可持续性差等问题。但是已经有越来越多的社会和市场力量从事青少年体育培训，在推动普及中发现优秀苗子。这不仅为培养高水平竞技人才拓展了途径，而且为推进大众参与竞技，进而增加竞技人口、扩大选材面打下了基础。

---

① 健人. 中国体育服务认证健身房星级评定会议在北京召开[EB/OL]. （2017-08-22）[2024-04-11]. https://www.sohu.com/a/166501057_156811.

② 上海市青少年体育. 总局青少司领导赴上海调研青少年体育工作，社会力量要扮演好"生力军"角色[EB/OL]. （2019-01-07）[2024-04-11]. https://univsport.com/index.php?a=news_detail&c=new&d=6747&m=index.

第六章　新时代我国竞技体育内生动力的培育与治理

（2）引导民间资本对竞技表演类、竞技参与类、竞技争光类 3 类产品加大投入。改革开放以来，我国民间资本获得了迅速发展。2014 年 10 月，《国务院关于加快发展体育产业促进体育消费的若干意见》发布，使得众多民间资本纷纷瞄向了体育这块"蛋糕"。2015 年以来，万达并购了瑞士盈方体育、美国世界铁人公司、法国拉加代尔公司运动部门，阿里巴巴集团与 NCAA 达成两年合作，腾讯拿下了 NBA 5 年的版权，PPTV 拿下西甲 5 年版权，乐视体育拥有英超、中超等 17 类运动项目的赛事版权[①]。

从西方发达国家体育产业的发展情况来看，体育产业发展形成的是一条产业链，这条产业链以职业联赛或体育商业性赛事为核心，带动了体育制造业、体育表演业、体育服务业、体育培训业等多条产业链的发展。由于竞技参与是保障竞技表演发展高度和可持续性的根本，所以它不仅从中获得丰厚的资金支持，而且获得家庭、学校、体育俱乐部等不同发展主体的青睐和投入。竞技争光更是需要政府在集中训练、比赛及奖励等方面出资支持。在当前我国体育产业逐步放开的背景下，需要多途径动员民间资本参与更多项目的后备人才和高水平人才培养，以进一步缩小政府财政资金的投放范围。

（二）进一步调整与优化 3 类主体在竞技体育产品生产中的结构关系

（1）进一步协调政府、社会、市场三者在竞技体育产品生产与供给中的作用与关系。

① 进一步推进项目协会实体化，让政府逐步退出竞技体育表演类产品的生产与供给。在访谈中，DRB 谈道："过去，政府主要是没有形成完善的市场管理体制和运行机制，没有给予市场应有的自主权和经营权。今后，政府应将其工作重点更多地放在宏观调控上，制定体育政策和监督政策，把对运动项目的管理权逐步转交给相应的单项运动协会，保证项目协会和市场的良性运行。"随着我国高层推进落实足球项目的协会实体化改革，我国竞技体育项目的协会实体化改革将迎来新的发展局势。从多年来我国体育领域改革的实践来看，针对非奥项目、奥运非重点项目的改革始终走在前面。因此，以此两类项目的协会实体化改革为切入点逐步推进项目协会"由项目事业型和项群事业型向社团型转变"[②]是现实可行的

---

① 王丽新. 万达体育产业遭遇阿里挑战 王健林马云近期频"撞衫"[EB/OL].（2015-09-14）[2024-04-11]. http://business.sohu.com/20150914/n421049063.shtml.
② 鲍明晓，李元伟. 转变我国竞技体育发展方式的对策研究[J]. 北京体育大学学报，2014，37（1）：9-23，70.

推进路径。

② 进一步发挥社会和市场力量的作用与功能。2014年，上海市青少年训练管理中心对全市社会和市场力量办训情况开展了一次调研，笔者有幸参与其中。调研结果表明，缺乏高水平教练、资金匮乏、学训矛盾、生源短缺、场地设施缺乏是制约它们办训的前5项因素。另外，当前社会和市场力量办训还在运动员注册和参赛资格方面受到较大的行政管制。从这两个方面来看，存在以下问题：一是它们参与发展的核心资源较为缺乏；二是它们参与获得的利益受限。因此，需要政府从这两个方面入手对其提供帮助和支持。

③ 政府根据竞技体育产品属性与项目发展特点厘定自身角色和职能。政府需要进一步探索市场化手段在竞技争光类和竞技参与类产品生产与供给中的作用，以及在竞技表演类产品的生产与供给中逐步放权。近年来，政府购买体育服务的成功案例不断增加。政府需要不断借鉴国内外先进发展经验，创新购买服务的模式，推进社会和市场力量参与3类产品的生产与供给。2016年4月，姚明牵头的中职联公司与中国篮协的谈判将职业化改革中的产权、国有资产等问题之争推上了风口浪尖。如何评估前期职业化发展中的国有资产及其市场价值，对这些国有资产以何种方式资本化，如何引导职业联赛为体育公益事业发展服务等，是当前政府进一步简政放权、转变自身管理角色和职能的关键。

（2）调整运动员培养的组织形式，逐步从"专业体育"转变为"业余体育"。

① 调整3种办训模式的布局结构，适当缩减三集中办训模式学校数量，增加一集中和二集中办训模式学校数量。在小学和初中阶段更多地布局一集中和二集中办训学校，更符合青少年的身体发育特点，可以帮助他们养成良好的学习习惯，打好学习基础。高中和大学阶段习惯已养成，基础已打好，可以更多地考虑三集中的训练模式。

② 调整训练和竞赛的时间安排，让其更多集中在课余时间段。从美国、德国、英国等国竞技体育的发展来看，他们的训练时间大多安排在运动员学习、工作之余。世界发展经验向我们示例了另一种发展可能。因此，当前我国需要借鉴其业余性原则，将训练和竞赛更多地安排在周末、节假日及课程时间之外。当然，这需要不断提高训练的科学化水平保障。

③ 逐步依托各级各类体育传统项目学校培养高水平运动员。目前已经有一些地区将部分项目的一线、二线、三线运动员培养放在了不同层级的学校中，这些普通学校不同于少体校、体工队，运动员与普通学生居于同一个学习、生活环境

中，更有利于他们的身心发展和成长。未来需要进一步合理规划与布局区域内体育传统项目学校的数量和层次，在地方形成不同项目的"小学—初中—高中—大学"一条龙人才培养体系。

(三) 对竞技体育发展的资源配置手段与方式进行结构性调整

(1) 行政、志愿、市场手段三位一体，共同作用于竞技体育产品的生产与供给。从世界竞技体育的发展来看，没有完全脱离行政手段的竞技体育产品生产与供给实践。即使高度市场化的职业体育，地方政府也在场馆建设及税收方面予以支持。从我国改革开放以来竞技体育社会化和市场化发展的情况来看，体育彩票、体育赛事与体育场馆的市场开发等为竞技体育的发展募集了大量资金。近年来，各级政府向社会力量购买体育服务也取得了诸多成绩。这些都反映了结合市场手段的竞技体育产品生产与供给实践，不仅同样能保证发展的质量，而且能减轻财政负担。因此，针对竞技体育3类产品的属性和发展特点，组合行政、志愿、市场3种手段，更能提高资源配置的效果和效率。与国外发展相比，当前我国竞技体育发展中的募捐和志愿服务差距较大，需要进一步加强对此两类活动的政策引导和制度安排。与此同时，政府在竞技争光类和竞技参与类产品的生产与供给中，放开哪些领域让社会和市场力量进入，以及设计和规范好政府购买服务的标准、程序和要求至关重要。

(2) 采用相对均衡、协调发展的资源配置方式。

① 根据各项目在全国不同区域内的资源配置现状来进行统筹安排与协调。掌握全国各省市不同项目发展的资源配置情况，根据促进各省市项目相对均衡、协调发展的原则，结合地域特点、项目发展要求等来调配发展资源。在实践中，可以考虑根据各项目在竞技争光类、竞技参与类、竞技表演类产品生产与供给中，发展基础、发展质量、发展效益、发展差距等方面情况来进行评估与资源配比。

② 优化整合区域内和邻近区域间的竞技体育发展资源。根据省域内体育场地、器材、设施、人员等资源的状况，来调整与优化发展的资金配置；根据城市发展规模、条件、区域大小等，来规划布局不同区域的体育功能区，做到资源共享和综合利用；根据省域间经济发展的联动、人文习俗的勾连、资源共享的空间距离小等特点，在体育竞赛、体育产业、体育文化等方面形成联动，构建竞技体育发展区域间的资源互补与合作机制。

③ 加大对基层竞技体育发展的资源配置力度。将竞技体育发展的资源要素适

当下沉,以扩大竞技体育发展的人口基数,保证竞技体育发展的可持续性。具体如下:一是要适当加大对县、乡竞技体育发展的投入,尤其是在扩大竞技参与人口方面;二是要适当加大对参与二线、三线运动员培养的基层学校、教练员的扶持力度,尤其是在基层教练员待遇和职称晋升方面。

(四)以技术创新不断提升竞技体育发展的资源配置效率和水平

(1)创新管理模式,以盘活存量资源,增加增量资源[①]。

① 进一步完善多元发展主体间的利益博弈与均衡机制[②]。建立健全政府对重大体育投资事项的决策咨询机制,让多元利益主体能够对竞技体育发展的资源配置走向、领域、手段、方式等进行表达与决策参与。这样更有利于实现对现有体育资源的有效利用及对新体育资源的合理开发,即按照公共意志来确定哪些领域该综合利用现有的存量资源,哪些领域该开发新的增量资源,以及该如何或更好地利用与开发存量和增量资源。

② 创新资源共享的运作模式,进一步整合不同行业、部门、组织的体育资源。当前,我国出现了政府针对中小学生向体育俱乐部购买培训服务的例子,校企合作培养体育后备人才的例子,部分一线、二线教练员进校园结对子帮扶基层教练员成长的例子。这提示我们,利用经济和政策杠杆来进一步整合不同行业、部门、组织的优质体育资源,有利于盘活存量资源,提高资源利用率。尤其是我国体育系统拥有丰富的人力、场地、设备等优质资源,如何利用其闲置时间,如何向学校、俱乐部、社区开放共享资源,如何带动区域内的大众竞技参与、竞技人才培养,提升运动竞赛规模和水平等值得深入思考。

③ 创新大型体育场馆修建与运营模式。改革大型体育场馆的修建与运营主要结合财政资金投入的现状,进一步发挥市场作用机制,借鉴国外发展经验,新建大型体育场馆,合理选用"BOT(Build-Operate-Transfer,建设-经营-转让)模式、BTO(Build-Transfer-Operate,建设-转让-经营)模式、BOO(Build-Own-Operate,建设-拥有-经营)模式"[③]。现有大型体育场馆要提升场馆运营的专业化水平和多元化发展面向[④][⑤],扩大面向的服务群体与内容,努力将自身建成城市体育综合服

[①] 钟武,胡科.实践取向与推进模式:基层体育组织建设的战略思考[J].武汉体育学院学报,2014,48(6):19-24.
[②] 董艳芹.转型时期中国体育资源配置中的利益均衡[J].河北学刊,2015,35(4):202-205.
[③] 高斌.政府购买体育公共服务的可行性研究[D].苏州:苏州大学,2010:13-14.
[④] 陈元欣,王健.大型体育场(馆)运营管理企业化改革研究[J].体育科学,2015,35(10):17-24.
[⑤] 陈元欣,王健,张洪武.后奥运时期大型体育场馆运营现状、问题及其发展研究[J].北京体育大学学报,2012,35(8):26-30,35.

务体，提供专业化和多元化的竞技体育产品与服务。同时，政府针对其承担公共体育服务的效果予以相应比例的资助。

（2）提高科学化训练水平，以提升资源配置效率和运动员成材率。

① 更好地发挥体育科技创新平台的引领作用。进一步加强对国家体育总局重点实验室、国家体育科技示范园、国家体育用品工程技术研究中心、体育科技信息化平台、训练基地科技平台等体育科技创新平台的考核与投入力度，发挥其研究优势，进一步深化对专项运动训练、保健与康复的规律、特点、要求等的理论研究，并立足于它们邻近运动训练一线的便利，进一步推进科学训练理论向科学训练实践转化。

② 建立健全运动员大数据库，进行实时跟踪、监控与分类管理，实现科学选材、育才。设计运动员大数据库软件，让各级各类注册运动员以年度为单位，建立自身在身体形态、身体机能、身体素质、负荷量、负荷强度、竞赛成绩、运动经历、伤病情况、文化成绩等方面的数据信息，并能根据数据对运动员发展的实时或阶段性情况进行统计分析。

③ 进一步加大对训练过程的考核、评价与监控力度，提高单位时间训练质量。进一步完善各项目的训练大纲，参照大纲进一步规范训练设计和过程。同时，制定训练计划检查与实施情况调查办法、训练课质量评价标准与实施细则、训练课质量督导检查办法等管理制度，进一步规范训练行为和过程，提高单位时间训练质量，提高运动员成材率。

（五）以管理机制改革为突破口建构科学合理的竞技体育多元治理机制

（1）以足球和篮球职业化改革为突破口，进一步发展完善体育行业自治机制。

① 进一步推进落实体育行业组织的自治权。首先要让项目协会在人事选举、机构设置、管理权限、组织决策、发展运营等方面真正去行政化且拥有自主权。其次要尊重其在"制定章程、体育职业道德规范、体育行业标准和准则等自治规章权，体育行业许可和认证权，对成员有监督管理及组织比赛权，奖励处罚权，纠纷裁决权，参与体育行业发展规划权"[1]等业务发展方面的决定权。

② 进一步完善体育行业自治主体间的协商与决策机制。议事信息公开，保证单项体育协会、体育俱乐部、体育联盟组织等自治主体的充分知情权。议事流程具体规范，议事范围、方式及决策程序清晰，以保证决策的公平民主。定期召开

---

[1] 谭小勇．依法治体语境下的体育行业自治路径[J]．上海体育学院学报，2016，40（1）：37-45，73．

联席会议，收集与反馈发展中的问题，并针对问题进行磋商，以达成共识。畅听言路，注意利用网络媒体收集各种反馈信息，尊重各自治主体对议事过程的监督权等。

③ 进一步完善体育仲裁机制。从体育行业自治的国际经验来看，国际体育仲裁庭（Court of Arbitration for Sport，CAS）成为真正独立的仲裁机构，更有利于推进行业的规范发展。为此，"设置统一的体育仲裁机制，实现体育行业总体上的司法职能独立化、专业化和权威化将是我国体育行业仲裁改革的最终目标"[①]。

（2）推进行业发展的标准化建设，健全政策法规体系，让体育社会组织的发展与运作更加规范化、法治化。

① 考虑出台社会组织管理办法或条例，进一步完善社会组织发展与运行的法规体系。从民政部官网查知，2016年2月，国家修订了《社会团体登记管理条例》；2018年1月，国家出台了《社会组织信用信息管理办法》。虽然两项法规有一些规定要求及奖励、处罚内容，但管理范围和效力相对局限，在一定程度上会影响对社会组织的监管效力。这也是实践中广州、辽宁等地颁布地方性社会组织管理办法或条例的原因。为此，下一步需要尽快完善相关立法，进一步引导、规范体育社会组织的发展与运行。

② 加强对体育社会组织发展运行情况的监督、考核和评估。逐步由重入口登记向准入和日常管理并重转变[②]，贯彻落实《社会团体登记管理条例》《社会组织信用信息管理办法》《社会组织评估管理办法》《民办非企业单位年度检查办法》，将年检工作与日常监督、绩效管理、信用建设、执法查处等结合。健全信息公开制度，有重点、分步骤推进社会组织信息公开工作。加强社会组织监管队伍建设，建立联合执法监督机制，形成跨部门的联合监管治理机制。

③ 进一步引导体育社会组织加强自身内部制度的建设。按法人登记的社会组织要建立健全权责明确、运转协调、有效制衡的法人治理结构和治理机制。为此，相关体育社会组织需要借鉴其他成熟社会组织甚至是企业的一些做法，设定好自身规范的工作制度、流程、标准，尤其是在财务、人事、组织与运行等方面的规范化、标准化建设。

---

① 张春良. 体育协会内部治理的法治度评估：以中国足协争端解决机制为样本的实证考察[J]. 体育科学，2015，35（7）：18-26，57.

② 邓智平，饶怡. 从强政府、弱社会到强政府、强社会：转型期广东社会组织发展的战略定位与模式选择[J]. 岭南学刊，2012（2）：35-39.

（3）依法治体，构建政府元治理基础上的多元主体共治机制，由单中心管理到多中心治理。

① 政府主管部门区分3类竞技体育产品的属性和发展特点，设计自身管理范畴、权限、方式，与社会和市场力量一起形成合作治理的多中心治理格局。针对竞技争光类和竞技参与类产品，政府仍将作为发展的主导力量，但需要更多地作为政策制定者、发展规划者、监督考核者等，履行自身作为发展责任主体的角色和职能定位。生产与供给职能则更多地发包给社会和市场力量。针对竞技表演类产品，社会和市场力量成为发展的主导力量，而政府需要退居其后发挥政策、资金支持，监督协调等宏观管理职能。

② 政府主管部门做好自身的元治理角色。元治理是对治理的治理，是对不同形式治理的协调[①]。因此，政府体育主管部门需要加强自身对多元主体参与治理的治理和协调能力。对内，提升各层级政府主管部门的宏观管理能力，提高自身在政策制定、方向指引、监督协调等方面的治理和协调能力。对外，提升自身公共服务职能，提高自身在发展信息咨询、发展环境营造、发展利益协调等方面的治理和协调能力。

③ 体育行业自治与法治有机结合。无论是实践发展还是理论研究均已表明，权力制衡不仅需要权力内部的分权制衡，还需要依托权力外部的监督。推进体育行业自治与法治的合作对实现共治的有效性至关重要。针对二者的合作，有学者提出了一种"反思性的合作思路，即通过外部力量来刺激主体（子系统）内部的自我修复、自我完善来达到'规制的自治'。强调通过提供组织、能力、程序上的规范等间接合作方式，激活行业组织的自我纠错能力，提升自治能力"[②]。因此，司法需要适度介入行业自治，在用尽内部救济后，针对纠纷中的程序性问题进行审查。

---

① 于水，查荣林，帖明. 元治理视域下政府治道逻辑与治理能力提升[J]. 江苏社会科学，2014（4）：139-145.
② 韦志明. 论体育行业自治与法治的反思性合作：以中国足球协会为中心[J]. 体育科学，2016，36（4）：90-96.

第七章

总结与展望

第一节 研究结论

（1）在我国竞技体育发展中，培育社会和市场力量具有独特的战略价值，在不同经济社会发展阶段，社会和市场力量承担了不同的战略任务，为贯彻落实国家发展战略提供了有力的帮助。它们在培养多层次竞技体育人才、传播竞技体育精神和文化、推进竞技体育的专业化发展、优化竞技体育的产品结构、拓展竞技体育人才培养模式、促进职业体育的生根发芽等方面发挥了积极作用。它们也存在参与的运动项目和发展领域具有明显的局限性、在竞技体育人才培养效果和效力方面相对偏弱、参与竞技体育发展的规范性和专业性有待提高、参与竞技体育发展过于追求利益淡漠人才培养等不足。

（2）从社会和市场力量成长的轨迹、特点、路径来看，政府对竞技体育发展的价值定位及功能导向不同，社会和市场力量成长的空间、目标、侧重点、方式就不同。社会和市场力量的成长与国家对竞技体育发展的多元价值和功能开发密切相关，即随着国家经济、社会、政治、文化的不断发展，竞技体育发展的价值需求越来越多元化，要发挥的功能作用越来越综合化，原有的政府一元主导型发展模式，不仅与这一现代竞技体育的内在发展要求存在一定的矛盾，而且难以有效解决多元竞技体育产品的分层、分类生产与供给问题，这就越来越需要政府之外的主体力量来予以弥补和支撑。

（3）从我国竞技体育发展中社会和市场力量的成长模式来看，政府的强干预特征明显，社会和市场的主动应对与实时调整特征明显，并且政府与社会和市场力量之间形成了一种相对稳定而又富有弹性的结构性关系。"嵌入-依附-革新-共赢"四位一体的作用机制，让政府与社会和市场力量之间形成了一种发展引导与作用互补的关系。其中，嵌入与依附机制形成了政府与社会和市场力量间稳定的结构关系，革新与共赢则是调适政府与社会和市场力量之间关系及作用空间的机制，它们结合在一起不断调适着政府与社会和市场力量间的作用范围、边界、方式等，保持对三者间作用的优化组合与开发，维系我国竞技体育的稳定、变革与发展。

（4）新时代我国竞技体育内生动力的培育路径应为：在培育目标上，主要在于建构强政府与大社会共存的发展格局、实现3类发展主体的领域分离与作用互补；在培育的技术手段上，主要在于从政策激励、技术帮扶、管理革新、文化传输等方面采用合理的设计与规划，并根据专业体育、学校竞技体育、职业体育、大众竞技体育4种发展形态的属性和特点，从发展的目标定位、产品的生产与供给、发展理念的调整、资源配置手段的调整、发展路径等方面进行相应的考量、规划与安排。

（5）培育我国竞技体育内生动力要形成相应的多元治理机制。政府发挥元治理作用，社会和市场形成自组织的行业自治机制，政府、社会、市场等主体间形成多元共治机制。从政府元治理机制来看，主要在于发挥有限政府、有效政府、服务型政府的作用；从行业自治机制来看，主要在于让社会和市场从边缘走向中心，并形成和不断提升发展的自组织能力；从多元共治机制来看，主要在于建构多中心治理格局，形成多主体间的交流、沟通、协商、博弈、均衡机制。

第二节 研究建议

（1）进一步促进我国社会和市场力量在成长质量、作用发挥、作用效力3个方面的不同指标的发展，针对管理机制、发展条件、发展环境3个方面的不同影响因素进行更为深入的改革与创新，有效改进社会和市场力量在作用范围、作用效力、造血功能、发展定位等方面的不足。

（2）我国竞技体育发展中，国家与社会间的嵌入与依附的结构性关系仍将长期存在。为此，建构"强政府、大社会"发展模式，需要牢牢把握革新与共赢这两大手段来做文章，即立足于管理体制、机制改革，制度创新，技术创新，政府宏观调控，市场运作机制及志愿服务机制的有机统一，利益的博弈与均衡、多元主体间的妥协与协商等来推进社会和市场力量的成长。

(3）借鉴西方发达国家在内生动力培育中的先进经验和做法，进一步完善在购买服务、行业发展标准与规范、税收优惠等方面的政策、法规，充分发挥其在规范、指引与扶持等方面的积极作用。针对大型场馆建设与维护、重大赛事举办、运动员培养等不同领域、环节，利用体育彩票、财政资金等，选择合适的直接性或间接性投融资方式，有效帮助社会和市场力量成长。

（4）培育我国竞技体育内生动力，在政策激励方面，继续巩固政府购买服务和体育产业发展扶持资金政策，研究针对体育小微企业发展的相关扶持政策，研究针对社会力量办赛层次或权威性认定的相关政策。在技术帮扶方面，针对体育社会组织的生长发育做好专业指导方面的技术帮扶，针对一些大型活动做好组织协调方面的技术帮扶。在管理革新方面，发展枢纽型社会组织，发挥其专业引领和规范发展作用，取消"一业一会"制，鼓励"一业多会"，并以此形成体育社会组织间的竞争关系，出台对从事体育志愿服务者的激励政策，探索建立社会工作者与体育志愿工作者的联动机制。在文化传输方面，激发人们对竞技体育的文化认同，充分发挥其育人功能，进而转变人们对之的消极认识，大力发展体育产业，保障体育工作者的社会地位，让人们逐渐感受到从事竞技体育的经济收益和社会地位的变化。

（5）政府元治理机制主要在于，按照有限政府、有效政府、服务型政府理念调整自身角色定位，以发展定位的调整服务于竞技体育的核心价值主体，以制度创新引领竞技体育产品供给结构的优化，以政府竞技体育管理职能改革推进社会和市场力量的成长；行业自治机制主要在于，主动提升自身治理能力，积极参与竞技体育治理，改造竞技体育治理格局，扩大体育社会组织规模，优化其参与发展的布局，提升其参与发展的效力，扶持体育小微企业发展，按基层需求及区域特点，凝练其参与发展的优势，健全激励及约束机制，营造良性有序的竞争环境，规范其参与发展的行为；多元共治机制主要在于，逐步调整与强化社会和市场力量在竞技体育发展中的作用，进一步调整与优化 3 类主体在竞技体育产品生产中的结构关系，对竞技体育发展的资源配置手段与方式进行结构性调整，以技术创新不断提升竞技体育发展的资源配置效率和水平，以管理机制改革为突破口建构科学合理的竞技体育多元治理机制。

第三节 研究贡献、不足与展望

（1）本研究依据内生发展理论和自组织理论，从需求归属、价值生产、功能发挥、运行态势等角度出发，审视了竞技体育发展动力的内生性和外生性问题，指出了竞技体育发展的内生动力就是推动竞技体育发展更好地服务于其内在发展需求，并使其内在价值和功能得以统一，进而形成自组织发展机制的力量（发展主体）。这对进一步深化认识我国竞技体育发展的价值和功能定位，推进竞技体育内生式发展，审视竞技体育发展中的动力结构和发展主体间的关系具有重要意义。

（2）本研究分析了我国竞技体育发展中社会和市场力量所起的六大积极作用及其作用机理，以及4个方面存在的局限性，建构了考察我国竞技体育发展中社会和市场力量成长情况及影响因素的操作化指标，以及两者之间作用与关系的结构方程模型。这对认识我国竞技体育发展内生动力培育状况及把握改革方向、目标、内容等具有启发作用。

（3）本研究分别从国家对竞技体育的发展定位、竞技体育的管理体制和机制、社会和市场力量的作用3个方面，形成的历史缘由、发展的目标定位、发展的基础条件、发展的技术手段、成长的特征与效果5个方面，对我国、美国、俄罗斯、德国、英国、法国竞技体育发展中社会和市场力量的成长轨迹与路径进行了历史梳理，这为审视竞技体育发展中的政社关系及梳理竞技体育内生动力培育路径问题，提供了一个可供参考的分析框架。

（4）本研究从国家与社会互动的视角分析了竞技体育发展中社会和市场力量的成长模式，指出了嵌入与依附是我国竞技体育发展中国家与社会间相对稳定的结构性关系，即嵌入式的国家干预与治理方式，依附式的社会和市场成长策略反映。但两者的关系并不是绝对刚性的，而是通过革新与共赢机制不断协调，保持双向互动，激发彼此的发展活力。"嵌入-依附-革新-共赢"四位一体的作用机制，让政府与社会和市场力量之间形成了一种发展引导与作用互补的关系。这对厘清政府与社会和市场力量在参与我国竞技体育发展中的作用、关系、博弈、均衡策略等问题具有重要意义。

（5）本研究立足于三大发展主体作用与功能的嵌入、分立、互补，以及其在不同竞技体育形态中的发展考量、作用范畴、方式等，提出了我国竞技体育内生动力培育路径及治理机制。这为认识我国竞技体育内生式发展方式转变及治理转型问题，提供了一个客观的、具有较好针对性的分析视角。

（6）本研究最初设想针对政府元治理机制、社会和市场的自治机制、多元主体共治机制各选取 1 个典型案例进行参与式观察，但由于时间和精力上的限制，最终放弃了这种要耗费大量时间和精力的初期考虑，这也导致了在治理机制部分的研究深度上还存在一些不足，未来需要在实证研究方面进一步加强。同时，本研究虽然根据专业体育、学校竞技体育、职业体育、大众竞技体育 4 种发展形态的属性和特点，从发展的目标定位、产品的生产与供给、发展理念和资源配置手段的调整、发展路径等方面出发进行相应改革构想，但由于缺乏对相关主管部门领导及改革实践者们的深度访谈，可能存在一些理想化的情况。未来需要通过多种途径进一步深入了解顶层设计者们改革的意图和考量。

参 考 文 献

[1] JOHN W L. 竞技运动的本质含义[J]. 吕继光, 孙桂秋, 译. 体育文史, 1998（5）：49-52.
[2] 鲍明晓. 中国职业体育评述[M]. 北京：人民体育出版社, 2010.
[3] 辜德宏. 我国竞技体育发展方式转变研究：基于政府作用的视角[M]. 苏州：苏州大学出版社, 2016.
[4] 国家体育总局. 改革开放30年的中国体育[M]. 北京：人民体育出版社, 2008.
[5] 梁晓龙, 鲍明晓, 张林. 举国体制[M]. 北京：人民体育出版社, 2006.
[6] 伍绍祖. 中华人民共和国体育史（1949—1998）：综合卷[M]. 北京：中国书籍出版社, 1999.
[7] 熊晓正, 夏思永, 唐炎, 等. 我国竞技体育发展模式的研究[M]. 北京：人民体育出版社, 2008.
[8] 张琢, 马福云. 发展社会学[M]. 北京：中国社会科学出版社, 2001.
[9] 中国社会科学院语言研究所词典编辑室. 现代汉语词典[M]. 7版. 北京：商务印书馆, 2016.
[10] 周黎安. 转型中的地方政府：官员激励与治理[M]. 上海：格致出版社, 2008.
[11] 白晋湘. 从全能政府到有限政府：市场经济条件下政府体育职能转变的思考[J]. 体育科学, 2006, 26（5）：7-11.
[12] 鲍明晓, 李元伟. 转变我国竞技体育发展方式的对策研究[J]. 北京体育大学学报, 2014, 37（1）：9-23, 70.
[13] 鲍明晓. 构建举国体制与市场机制相结合新机制[J]. 体育科学, 2018, 38（10）：3-11.
[14] 辜德宏. 我国竞技体育发展方式转变的逻辑起点辨析[J]. 天津体育学院学报, 2015, 30（5）：383-387.
[15] 辜德宏, 王家宏, 尚志强. 我国政府竞技体育管理职能存在的问题及解决措施[J]. 西安体育学院学报, 2017, 34（1）：27-33, 81.
[16] 辜德宏, 吴贻刚, 王金稳. 新时期我国竞技体育发展中的政府职能[J]. 北京体育大学学报, 2013, 36（10）：16-20, 50.
[17] 辜德宏. 我国竞技体育发展中社会和市场力量的作用及优化策略研究[J]. 体育科学, 2022, 42（2）：12-20, 38.
[18] 李伟. 政府职能转变：领域适度分离的视角[J]. 行政论坛, 2011, 18（4）：63-67.
[19] 梁伟. 中国足球职业联赛"政府产权"的界定及其边界约束研究：基于产权由物权关系向行为权利关系演化的理论视角[J]. 体育科学, 2015, 35（7）：10-17.
[20] 彭国强, 杨国庆. 世界竞技体育强国重点项目奥运备战举措及对我国备战东京奥运会的启示[J]. 体育科学, 2020, 40（2）：3-14, 39.
[21] 任海. "竞技运动"还是"精英运动"？：对我国"竞技运动"概念的质疑[J]. 南京体育学院学报：社会科学版, 2011, 25（6）：1-6.
[22] 任海. 体育强国：由重在国家建构到重在国族建构[J]. 上海体育学院学报, 2018, 42（1）：1-6, 40.
[23] 杨国庆, 彭国强. 新时代中国竞技体育的战略使命与创新路径研究[J]. 体育科学, 2018, 38（9）：3-14, 46.
[24] 袁守龙. 从"举国体制"到政府、市场和社会协同：对中国竞技体育发展的思考[J]. 体育科学, 2018, 38（7）：12-14.
[25] 钟秉枢. 新型举国体制：体育强国建设之保障[J]. 上海体育学院学报, 2021, 45（3）：1-7.
[26] 周爱光. 试论"竞技体育"的本质属性：从游戏论的观点出发[J]. 体育科学, 1996, 16（5）：4-12.
[27] 国家体育总局.体育行业标准项目计划[EB/OL].（2006-03-15）[2022-01-22]. https://www.sport.gov.cn/n4/n23362064/n23362030/n23708992/n23709044/c23709208/content.html.
[28] 国家统计局.《2013年统计公报》评读[EB/OL].（2014-02-24）[2022-01-22]. https://www.stats.gov.cn/sj/sjjd/202302/t20230202_1896813.html.
[29] 教育部办公厅. 教育部办公厅关于公布2020年普通高校高水平运动队技术调整结果的通知[EB/OL].（2020-01-14）[2022-01-22]. http://www.moe.gov.cn/srcsite/A17/moe_938/s3279/202001/t20200122_416289.html.

[30] BECKER C. German sports, doping, and politics:A history of performance enhancement[M]. Washington: Rowman&Littlefield Publishers, 2015.
[31] FEILER S, BREUER C. Germany: Sports clubs as important players of civil society functions of sports clubs in European societies[M]. Cham:Springer International Publishing, 2020.
[32] SMITH R A. Pay for play: A history of big-time college athletic reform[M].Urbana, Chicago and Springfield: University of Illinois Press, 2011.
[33] AQUILINA D. A study of the relationship between elite athletes' educational development and sporting performance[J]. International journal of the history of sport, 2013, 30(4): 374-392.
[34] AUBEL O, LEFÈVRE B.The comparability of quantitative surveys on sport participation in France (1967–2010)[J]. International review for the sociology of sport, 2015, 50(6): 722-739.
[35] BOREN S, WINNER L. Going for gold and protecting it too: Intellectual property and the Olympic Games[J]. Entertainment, arts and sports law journal, 2021, 32(2): 30-38.
[36] CHUDACOFF H P. AAU v. NCAA: The bitter feud that altered the structure of American amateur sports[J]. Journal of sport history, 2021, 48(1): 50-65.
[37] ANTHONY C, JONATHAN L. Bigger than ourselves: The Southgate narrative and the search for a sense of common purpose[J]. Sport in society, 2020, 24(1): 56-73.
[38] ACTIVE PARTNERSHIPS. About active partnerships[EB/OL]. [2023-10-01]. https://www.activepartnerships.org/about-us.
[39] GEOFF N, PETER T, DAVID B, et al. Youth sport volunteers in England: A paradox between reducing the state and promoting a Big Society[J]. Sport management review, 2014(3): 337-346.
[40] JSPO. Junior Sport Clubs[EB/OL].[2022-04-11]. https://www.japan-sports.or.jp/english/tabid649.html.

附录

附录一 访谈提纲（一）

1. 我们认为竞技体育发展的功能和价值定位存在偏颇，以及竞技体育发展的内生动力（社会和市场力量作为主导发展主体）缺乏，是当前制约我国竞技体育可持续发展的关键问题。对于这一观点，您怎么看？

2. 当前国家大力推进多元治理，您认为这是否会对竞技体育的发展环境或条件产生影响？这又将对我国竞技体育发展中社会和市场力量的培育与成长产生什么作用或影响？

3. 您认为将竞技体育产品分为竞技争光类产品、竞技表演类产品和竞技参与类产品是否合适？根据此3类产品的特点来区分政府、社会、市场三大发展主体的作用范畴与方式是否可行？如果可行，您认为需要注意些什么？如果不合适或不可行，您认为该如何考虑？

4. 您认为培育我国竞技体育发展的内生动力（社会和市场力量作为主导发展主体）的关键在于解决什么层面的问题？是体制性问题，还是机制性问题，抑或是其他问题？为什么？

附录二 访谈提纲（二）

1. 国家在加速推进项目协会实体化改革，您认为项目协会实体化后是否会跟西方发达国家项目协会的运作一样？如果不一样，那么会在哪些方面有所区别？

2. 您认为在我国竞技体育的发展中，社会和市场力量有没有起到作用？未来在我国竞技体育发展中，您认为社会和市场力量应如何与政府分工合作？

3. 您认为过去我国在培育社会和市场力量方面还存在哪些问题或不足？今后在我国竞技体育发展中，应如何更有效地培育社会和市场力量？

4. 您认为当前我国社会和市场力量，在参与办训、办赛方面主要存在哪些困难或问题？今后，若要进一步激发它们在办训、办赛方面的积极性，进一步提升它们办训、办赛的效果，您认为政府需要做些什么？

附录三　访谈提纲（三）

1. 一直以来，我国竞技体育的发展都是以为国争光功能为核心的，而这一发展功能定位导致了不少争议，对此您怎么看？您认为新时代我国竞技体育发展应如何进行功能定位？

2. 有人认为竞技体育就是拿金牌，为国家争夺荣誉；有人认为竞技体育应服务于不同人群和不同需求。对此您怎么看？您认为新时代我国竞技体育发展需要如何进行价值定位？

3. 从我国竞技体育的发展实践来看，我国出现了专业体育、学校体育、社会体育、职业体育4种形态，其中，专业体育主要生产竞技争光类产品，学校体育和社会体育主要生产竞技参与类、竞技表现类、竞技争光类产品，职业体育主要生产竞技表演类产品。按照国际经验，学校体育和社会体育应是高水平精英竞技的基础，然而在我国发展实践中却并非如此。您认为原因何在？该如何破解？新时代我国竞技体育产品的生产与供给需要注意些什么？

附录四　调 查 问 卷

我国竞技体育发展中社会力量的成长情况及其影响因素调查问卷

尊敬的专家：

您好！

为了解我国竞技体育发展中社会力量的成长情况及影响其成长或作用发挥的因素，特编制这份问卷，深信您的看法和意见将对本课题的研究有很大的帮助和重要的借鉴作用。因此，希望您在百忙中抽出时间填写问卷，在相应选项处画√。我们对您的支持表示衷心感谢！恳请得到您的帮助与支持。谢谢！（问卷涉及的问题不存在正确与否，也无好坏之分，只需按您的真实想法填写即可。）

说明：

1. 社会力量在这里指从事青训、体育赛事运营或服务等竞技体育产品生产与供给活动的各类非政府主体（如个人，家庭，学校，其他社会团体、组织，俱乐部，企业等）。

2. 竞技体育在这里包括精英竞技和大众竞技两个层面，即涵括争金夺银的高水平竞技体育，以及满足大众参与、自我发展和自我实现等需求的非高水平竞技体育。

（一）基本信息

1. 您的年龄是多大？

　　A．18 岁以下

　　B．18～24 岁

　　C．25～30 岁

　　D．31～40 岁

　　E．41～50 岁

　　F．51～60 岁

G. 61岁及以上

2. 您的性别是什么？

    A. 男

    B. 女

3. 您的最高学历（含目前在读）是什么？

    A. 小学及以下

    B. 初中

    C. 高中/中专/技校

    D. 大学专科

    E. 大学本科

    F. 硕士研究生

    G. 博士研究生

4. 您的职称是什么？

    A. 初级

    B. 中级

    C. 副高级

    D. 正高级

    E. 其他（请填写）_____

    F. 无

5. 您担任导师的情况如何？

    A. 担任硕士研究生导师

    B. 担任博士研究生导师

    C. 其他（请填写）_____

    D. 无

6. 您对社会力量从事办训、办赛等体育经营情况的了解程度如何？

    A. 非常不了解

    B. 比较不了解

    C. 一般

    D. 比较了解

    E. 非常了解

7. 您的职业是什么？

　　A. 体育教师

　　B. 教练员

　　C. 体育科研人员

　　D. 体育俱乐部/企业从业人员

　　E. 体育俱乐部/企业管理人员

　　F. 体育行政管理人员

　　G. 教育行政管理人员

　　H. 其他职业人员（请填写）_____

8. 您的主要研究领域是什么？

　　A. 竞技体育

　　B. 职业体育

　　C. 学校体育

　　D. 社会体育

　　E. 体育产业

　　F. 体育管理

　　G. 体育法学

　　H. 体育文化

　　I. 体育新闻

　　J. 运动训练

　　K. 运动人体

　　L. 其他（请填写）_____

（二）调查内容

1. 请您对我国竞技体育发展中社会力量的成长情况进行评价，1为最不好，5为最好，1～5级正向程度依次增加（请根据个人理解在下面的表格中画√，或者直接把相应的数字删掉）。

内容	目前状况（1～5 正向程度依次增加）				
1. 您认为当前社会力量的数量（发展规模）对竞技体育发展需求满足程度如何	1	2	3	4	5
2. 您认为当前社会力量发展的规范化程度如何	1	2	3	4	5
3. 您认为当前学校对竞技体育发展的贡献程度如何	1	2	3	4	5
4. 您认为当前不同区域社会力量发展的均衡性情况如何	1	2	3	4	5
5. 您认为当前社会力量发展的专业化程度如何	1	2	3	4	5
6. 您认为当前体育社会组织对竞技体育发展的贡献程度如何	1	2	3	4	5
7. 您认为当前社会力量在推进职业体育发展方面的作用如何	1	2	3	4	5
8. 您认为当前社会力量涉足竞技体育发展领域的全面性情况如何	1	2	3	4	5
9. 您认为当前社会力量在体育后备人才培养方面（青训）的作用如何	1	2	3	4	5
10. 您认为当前家庭和个人对竞技体育发展的贡献程度如何	1	2	3	4	5
11. 您认为当前社会力量在精英运动员培养方面的作用如何	1	2	3	4	5
12. 您认为当前企业（体育俱乐部）对竞技体育发展的贡献程度如何	1	2	3	4	5
13. 您认为当前社会力量在高水平赛事开发方面的作用如何	1	2	3	4	5

2. 请对下述影响我国竞技体育发展中社会力量成长或作用发挥的因素进行评价，1 为最没有影响，5 为最有影响，1～5 级正向程度依次增加（请根据个人理解在下面的表格中画√，或者直接把相应的数字删掉）。

内容	目前状况（1～5 正向程度依次增加）				
1. 我国政府的简政放权程度	1	2	3	4	5
2. 我国 GDP	1	2	3	4	5
3. 社会和市场力量中相关场地、设施、器具等硬件资源的匮乏	1	2	3	4	5
4. 我国重人情和关系的办事传统	1	2	3	4	5
5. 我国人均 GDP	1	2	3	4	5
6. 我国竞技体育发展中标准化建设的情况（行业发展各环节基础性或统一性的要求、标准建设情况）	1	2	3	4	5
7. 我国"重文轻武"的传统观念	1	2	3	4	5

续表

内容	目前状况（1~5 正向程度依次增加）				
8. 我国产业发展结构［第一产业（种植业、林业、畜牧业、水产养殖业等）、第二产业（加工制造业等）、第三产业（除了第一产业、第二产业的其他行业）结构发展情况］	1	2	3	4	5
9. 我国竞技体育发展中规范化发展的情况（遵循相关制度、标准等进行发展的情况）	1	2	3	4	5
10. 我国区域经济发展的均衡性	1	2	3	4	5
11. 我国重权力、以官为尊的思想观念	1	2	3	4	5
12. 我国市场经济的发展程度	1	2	3	4	5
13. 社会和市场力量中相关专业人员的匮乏	1	2	3	4	5
14. 我国竞技体育发展中的既得利益集团（在传统体制中有利益保障或更能谋取利益的群体、团体）	1	2	3	4	5
15. 我国竞技体育社会化和市场化发展的程度	1	2	3	4	5
16. 我国竞技体育发展中法制化建设的情况（相关政策、法规、制度、规章等建设情况）	1	2	3	4	5
17. 我国传统的"小农意识"（保守、个人主义、自由散漫、不思进取等）	1	2	3	4	5
18. 社会和市场力量中相关人员专业水准的参差不齐	1	2	3	4	5
19. 我国竞技体育发展中法治化发展的情况（依靠政策、法规、制度、规章等进行治理的情况）	1	2	3	4	5
20. 金牌至上的竞技体育发展理念	1	2	3	4	5

如果您有不同意见或建议，请填写在下面。谢谢！

致　　谢

2016年1月，幸得恩师王家宏教授不弃，忝列师门（博士后编号：168646）。进站前，王老师就询问了我对于博士后阶段的研究设想，我回复说希望在博士论文基础上进一步深化对竞技体育内生式发展方式相关问题的研究。王老师对于我希冀瞄准一个方向深入研究的想法深表认同，并对我的进站报告和科研设想进行了多次讨论和指导，最终确定了"我国竞技体育内生动力培育路径及治理机制"的研究选题。2020年2月，我完成了博士后研究报告，进行出站答辩并获优秀评价，为博士后的学习生涯画上一个圆满的休止符。本书便是在我博士后出站报告基础上经适当修改、补充而成的。虽感叹时光易逝，却更难忘恩师的育教之恩和同门的扶助之谊。

回忆博士后就读历程，有因工作和家庭事务而无暇顾及学业的无奈，也有与老师、同门、朋友多次探讨后柳暗花明的欣喜。幸运的是在这个过程中，我得到了很多人强而有力的支持与帮助。首先，我要感谢的是导师王家宏教授，王老师一直着力引导我走上一条科学、严谨、创新的研究道路。在我论文的写作和课题的申报中，王老师可谓倾囊相授，使我在科研思维、科研方法上都受益匪浅。正直、乐观、严谨、和蔼的王老师不仅在科研上为我保驾护航，在生活中也给予我深切的关怀。这份关爱和培育之情，将永存于学生心中。

在进行课题研究的过程中，梁晓龙、吴瑛、吴贻刚、汤长发、舒盛芳、尚志强、熊焰、樊炳有、胡科、陈颁、张凤彪、叶世俊、王国军等提出了许多有关研究思路、研究框架、材料搜集、研究方法等方面的建议，也给予了我诸多鼓励。我是何其幸运，正是得到这么多位老师的无私帮助与热诚鼓励，这些任务才得以完成。

我还要感谢陶玉流、张春合、张兵、梁伟、李燕领、赵毅、陈华荣、姜熙、马德浩、张大志、张鑫华、邱林、付冰、王茜、蔡端伟、浦义俊、吕和武等，如兄弟姐妹般的他（她）们，与我一起探讨论文的构思、框架，在一次次的探讨中启发了我的灵感。他（她）们还热心帮助我搜集材料，处理其他琐碎事宜，并且在生活中对我关爱有加，他（她）们的陪伴让我倍觉求学生活的温暖，这份情谊我将永记心间。

感谢布特和范海波关于调研给予我的帮助；感谢刘石军、王禹关于数据处理给予我的帮助；感谢博士生田兵兵，硕士生周倩、向优兰、蒋雨轩等，他（她）们在国外部分内容的修改完善上做了很多工作；感谢我的家人，是他（她）们的付出保证了我的科研时间和科研精力，孩子们的天真与亲昵化解着我撰写论文时的苦恼，他们既是我强有力的后盾，也是我不懈怠、不放弃的动力来源。

感谢苏州大学体育学院的培养，感谢湖南师范大学体育学院的出版资助，感谢所有教导和帮助过我的老师、同学、朋友们，感谢所有帮我分忧解难的学生们。言辞有尽而敬谢无穷，我将身怀感恩之心，在学术研究的道路上执着前行，在今后的人生道路上坚守初心、奋勇向前，尽我所能回报我的母校，回报我的导师，回报我的家人，回报所有支持和帮助我的人。

辜德宏

2023 年 2 月 7 日